普通高等学校体育专业教材

# 运动训练学

## （第二版）

田麦久　主编

高等教育出版社·北京

### 内容提要

运动训练学是研究运动训练规律以及有效组织训练行为的科学,是体育学理论体系中重要的核心学科之一,在高校体育专业教学中,有着重要的学科价值。本教材由田麦久教授主编,秉承继承与发展协同的理念,深入地论述了运动训练的原则、内容、方法、负荷与安排等基本理论问题。

运动训练理论与方法有着广泛的应用空间。在指导竞技选手科学训练的同时,对大众健身、体育教学、军警安保、康复休闲等活动,也都有重要的指导意义和实用价值。

### 图书在版编目(CIP)数据

运动训练学/田麦久主编. --2 版. --北京:高等教育出版社,2017.4(2023.5 重印)
ISBN 978-7-04-047386-5

Ⅰ.①运… Ⅱ.①田… Ⅲ.①运动训练-高等学校-教材 Ⅳ.①G808.1

中国版本图书馆 CIP 数据核字(2017)第 024059 号

Yundong Xunlian Xue

| 策划编辑 | 范 峰 | 责任编辑 | 汪 鹂 | 封面设计 | 张申申 | 版式设计 | 范晓红 |
| --- | --- | --- | --- | --- | --- | --- | --- |
| 插图绘制 | 杜晓丹 | 责任校对 | 殷 然 | 责任印制 | 赵 振 | | |

| | | | |
| --- | --- | --- | --- |
| 出版发行 | 高等教育出版社 | 网　址 | http://www.hep.edu.cn |
| 社　址 | 北京市西城区德外大街4号 | | http://www.hep.com.cn |
| 邮政编码 | 100120 | 网上订购 | http://www.hepmall.com.cn |
| 印　刷 | 唐山市润丰印务有限公司 | | http://www.hepmall.com |
| 开　本 | 787 mm×1092 mm 1/16 | | http://www.hepmall.cn |
| 印　张 | 20.75 | 版　次 | 2006年7月第1版 |
| 字　数 | 490 千字 | | 2017年4月第2版 |
| 购书热线 | 010-58581118 | 印　次 | 2023年5月第18次印刷 |
| 咨询电话 | 400-810-0598 | 定　价 | 40.50元 |

本书如有缺页、倒页、脱页等质量问题,请到所购图书销售部门联系调换
版权所有 侵权必究
物 料 号 47386-00

# 编写人员名单

主　　编　田麦久　体育科学博士、北京体育大学教授、博士生导师
编写人员　(按姓氏笔画为序)
　　　　　田麦久　体育科学博士、北京体育大学教授、博士生导师
　　　　　刘大庆　教育学博士、北京体育大学教授、博士生导师
　　　　　刘建和　教育学博士、成都体育学院教授、博士生导师
　　　　　许小冬　教育学博士、北京体育大学教授、博士生导师
　　　　　胡亦海　武汉体育学院教授、博士生导师
　　　　　姚家新　教育学博士、天津体育学院教授、博士生导师
　　　　　钟秉枢　教育学博士、首都体育学院教授、博士生导师
　　　　　徐　刚　教育学博士、北京体育大学副教授、硕士生导师
　　　　　熊　焰　教育学博士、苏州大学教授、博士生导师

# 前言

运动训练学是研究运动训练规律以及有效组织训练活动行为的科学,是发轫于运动训练实践的本源性学科,是体育学理论体系中重要的核心学科之一。运动训练学在高校体育专业的教学中,有着重要的学科价值。

运动训练活动的直接任务是培养和发展运动员的竞技能力,并进而在比赛中将其转化为运动成绩。在各种时段的运动训练活动中,确定什么样的训练内容,选择什么样的训练方法,安排什么样的训练负荷,制订什么样的训练计划,都对培养和发展运动员竞技能力的效果有着重要的影响。运动训练学理论就是对上述问题给予的科学回答,就是指导运动训练从业者有效提高运动员竞技能力的科学理论。

现代竞技体育已然度过了 120 年的发展历程。竞技运动水平的飞速提高,对于运动训练学理论不断提出更高的要求;运动训练实践的日益进展,也在不断地为运动训练学理论提供丰沃的营养。丰富与完善科学的运动训练理论,是我们肩负的光荣职责。在 2006 年版《运动训练学》教材的基础上,我们组织国内知名运动训练学者编写了这本新的教材。

继承与发展的有机协同是编写本教材的重要理念。半个多世纪以来,我国在运动训练学领域已经构建了比较完善的理论体系,业已积累了丰富的研究成果。其中有许多成熟的科学认识,应该很好地继承下来。稳定的理论构架和基本论点是成熟的理论体系的重要特点。与此同时,也必须随着竞技运动训练实践的发展,不断吸纳新的营养,促进理论的创新。在这本教材中,关于辩证协同训练原则的进一步概括、关于运动训练方法新的补充、关于运动训练负荷问题的理论架构、关于教练员职责与教练行为的系统论述等等,都展示了当代运动训练理论研究的新成果、新进展。

运动训练理论有着广泛的社会应用空间。体育是内容丰富的社会活动,无论是竞技、健身,还是休闲、康复,都需要进行身体练习。练习者或徒手,或借助于某种器械做任何身体练习时,都要完成特定的动作。人们既要学会做这个动作,也要反复地演练这个动作,因此都要面对技能学习和训练提高的问题,而运动训练理论正是为练习者提供有益指导的学科,在大众健身、体育教学、军警安保、康复休闲等各个领域,有着广泛的指导意义和实际的应用价值;对体育院校各个专业的学生,更是对他们终生的职业生涯都会产生积极的影响。

本教材由田麦久教授主编,编写组成员都是全国多所体育院校的知名学者。全书共分8章,各章章目及撰稿人如下:

第一章　运动训练学导言　　　　　　　　田麦久
第二章　运动训练的辩证协同原则　　　　田麦久
第三章　运动员竞技能力及其训练(上)　刘大庆　刘建和
第四章　运动员竞技能力及其训练(下)　刘建和　姚家新　许小冬
第五章　运动训练方法及其应用　　　　　胡亦海
第六章　运动训练负荷及其设计与安排　　熊焰
第七章　运动训练过程与训练计划　　　　徐刚
第八章　教练员职责与教练行为　　　　　钟秉枢

运动训练的实践与理论都在不断发展,这本教材定有许多有待改进、完善之处,真诚希望广大师生和读者提出宝贵意见。

田麦久
2016年10月

# 目　录

**第一章　运动训练学导言** ………………………………………………… 1
　第一节　运动训练与运动训练学 ………………………………………… 2
　第二节　不同层级的运动训练理论体系 ………………………………… 8
　第三节　运动训练构成要素的理论体系 ………………………………… 13

**第二章　运动训练的辩证协同原则** ……………………………………… 49
　第一节　运动员竞技能力构成、变化与表现的基本规律 ……… 50
　第二节　基于辩证协同思想的运动训练原则体系 ……………… 59
　第三节　导向激励与健康保障训练原则 ………………………… 63
　第四节　竞技需要与区别对待训练原则 ………………………… 66
　第五节　系统持续与周期安排训练原则 ………………………… 69
　第六节　适宜负荷与适时恢复训练原则 ………………………… 72

**第三章　运动员竞技能力及其训练（上）** ……………………………… 77
　第一节　运动员体能及其训练 …………………………………… 78
　第二节　运动员技术能力及其训练 ……………………………… 111

**第四章　运动员竞技能力及其训练（下）** ……………………………… 127
　第一节　运动员战术能力及其训练 ……………………………… 128
　第二节　运动员心理能力及其训练 ……………………………… 141
　第三节　运动员知识能力及其训练 ……………………………… 154

## 第五章　运动训练方法及其应用 …………………………………………… 167
### 第一节　运动训练方法概述 ………………………………………… 168
### 第二节　运动训练控制方法 ………………………………………… 173
### 第三节　操作性训练方法 …………………………………………… 187
### 第四节　运动训练基本手段 ………………………………………… 199

## 第六章　运动训练负荷及其设计与安排 ……………………………………… 209
### 第一节　运动训练负荷概述 ………………………………………… 210
### 第二节　运动训练负荷的设计基础 ………………………………… 214
### 第三节　运动训练负荷的设计与安排 ……………………………… 226
### 第四节　运动训练负荷的监控与评定 ……………………………… 236
### 第五节　运动训练负荷的项群特征 ………………………………… 246

## 第七章　运动训练过程与训练计划 …………………………………………… 251
### 第一节　运动训练过程的基本构架 ………………………………… 252
### 第二节　运动训练计划的制订与实施 ……………………………… 260
### 第三节　运动训练过程的调控 ……………………………………… 286

## 第八章　教练员职责与教练行为 ……………………………………………… 295
### 第一节　教练员的认知 ……………………………………………… 296
### 第二节　教练员的执教 ……………………………………………… 300
### 第三节　教练员的知识与能力 ……………………………………… 306
### 第四节　教练员的领导行为 ………………………………………… 311

## 参考文献 ………………………………………………………………………… 319

# 第一章 运动训练学导言

**本章导读**：本章从运动训练活动的定义、运动训练活动的竞技价值以及运动训练活动的主体谈起，论及运动训练学理论的定义、研究任务与基本学科特征，并进而从理论覆盖领域和研究范畴这样两个维度上阐述了运动训练学的理论体系。依理论覆盖领域大小的不同可将运动训练学理论分为一般训练理论、项群训练理论和专项训练理论三个层面。本教材属涵盖所有运动项目共同特征的一般训练理论层面。依运动训练理论研究范畴的不同，则主要包括训练原则、训练内容、训练方法、训练负荷和训练安排五个方面。

**学习目标**：使学生对运动训练学理论具有框架性的全面认识，掌握运动训练学的研究任务和基本学科特征，了解运动训练学在体育学中的重要地位，了解运动训练学对运动训练实践的指导意义。使学生全面把握运动训练学在覆盖领域和范畴两个维度上的理论架构，了解这门课程所要讲授的内容、所要思考的问题，激发学生对运动训练学课程的学习兴趣。

## 第一节　运动训练与运动训练学

### 一、运动训练概述

（一）运动训练释义

运动训练是竞技体育活动的重要组成部分，是为了提高运动员的竞技能力和运动成绩，而专门组织的有计划的体育活动。

运动训练的最终目标是创造运动成绩，这一终极产品只有在运动竞赛中表现出来，才能够得到社会的承认。而在投入大量时间和精力的日常训练中，教练员和运动员关注的具体目标则是运动员竞技能力的变化和提高。运动员的竞技能力是决定其比赛中可能创造的运动成绩的首要基础，因此，这里把提高运动员的竞技能力和运动成绩一同列为运动训练活动的目标。

依训练活动在从训者生活中的地位，可将其划分为职业训练、专业训练与业余训练。运动员也相应地分别称为职业选手、专业选手与业余选手。职业选手以参加训练与比赛作为从事的职业，通常由体育运动俱乐部管理，按照市场规律依竞技成绩的高低获取报酬；专业选手亦以参加训练与比赛作为从事的职业，在我国，通常由体育行政部门下属的事业单位体育运动技术学院、体育运动学校或体育工作队管理，以工资和奖金的形式获取报酬；业余选手在本职工作或学校就学之外参加训练和比赛，不以其为职业，也不靠其获取基本的生活保障。

运动训练活动应该是有计划的行为。在运动训练活动中，教练员和运动员应该根据运动员的具体情况和专项竞技的需要，认真考虑选择什么样的训练内容，采用什么样的训练方法，承受什么样的训练负荷，怎样安排训练的节奏等问题，设计和制订训练计划，并予以组织实施。运动训练与健身活动、休闲娱乐活动的目的不同，训练内容、训练方法、训练负荷以及训练的安排也都有明显的区别。

（二）运动训练的竞技价值

1. 运动训练是竞技体育的主体活动

竞技体育是一种具有高度社会性的实践活动，包含着运动员选材、运动训练、竞技参赛和竞技体育管理4个组成部分（图1-1-1）。

运动员的竞技能力由先天遗传性竞技能力和后天训练获得性竞技能力两个部分组成，"运动员选材"就是挑选具有良好运动天赋及竞技潜力的儿童少年或后备力量参加运动训练。选材时，应注意考虑各个运动项目的特点，力求使用科学的测试和预测方法，努力提高选材的成功率。"运动训练"是为提高运动员的竞技能力和运动成绩，在教练员的指导下，

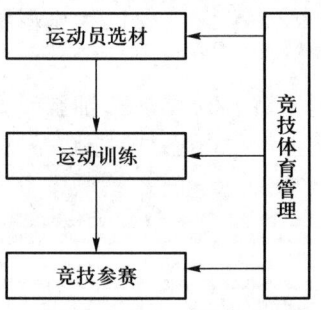

图1-1-1　竞技体育的构成

专门组织的有计划的体育活动。运动训练既是竞技体育的组成部分,也是实现竞技运动目标最重要的途径。"运动竞赛"是在裁判员主持下,按统一的规则要求组织与实施的运动员个体或运动队之间的竞技较量。竞赛是竞技体育与社会发生关系,并作用于社会的媒介。运动员通过训练不断提高的竞技能力,只有通过运动竞赛的形式表现出来,才能得到社会的承认,同时满足民众对竞技观赏的社会需求。无论是运动员选材、运动训练,还是运动竞赛,都必须在专门的管理体制组织管理下才能得以实施并达到理想的效果。因而,竞技体育管理也是竞技体育理论体系中的一个重要组成部分。

竞技体育的4个组成部分构成了一个统一的整体。只有4个部分紧密联系、有机协同,才能培养出优秀的选手,创造出优异的运动成绩,共同完成竞技体育活动的社会功能。其中,运动训练显然是竞技体育的主体活动。运动员参与竞技体育行为的大部分时间用于运动训练,竞技体育从业者组织管理的主要精力也用于运动训练,运动员只有通过持续多年的系统训练,才有可能一点一点地逐渐提高自身的竞技能力,成为具有高水平竞争力的竞技选手;只有通过有计划的运动训练活动,实现了竞技能力的发展与提高,运动员才能具备必要的主观条件,在运动竞赛中力求创造理想的运动成绩。

2. 运动训练是创造运动成绩的基础工程

竞技体育的终极产品是运动成绩,在竞技体育诸多社会功能中,创造运动成绩是其本源性的基本功能,而竞技体育激励人类奋斗精神、满足民众观赏需求、推动经济发展、适应政治需要等功能则都是其派生功能。为了不断创造优异的运动成绩,就必须使运动员的竞技能力不断得到新的发展,而这正是运动训练活动的任务与责任。

运动训练的成果必须在运动竞赛中表现出来才能够转化为运动成绩,从这个意义上来说,运动竞赛是竞技体育核心的构成要素,但在竞技体育活动的大部分时间里,竞技体育活动的主角——教练员和运动员,都是在训练场上度过的。通过一堂堂训练课,通过一次次训练负荷,通过一个个练习,使得运动员的机体得到改造,竞技能力一步步地得到提高。培养一名奥运会选手通常需要6~10年的时间,女子撑竿跳高多次世界纪录创造者、俄国运动员伊辛巴耶娃5岁开始参加体操训练,16年后第一次打破女子撑竿跳高世界纪录。13名获得男子体操世界冠军称号的中国男选手平均始训年龄为9.3岁,他们首次成为世界冠军的平均年龄为19.6岁;其间经过了平均10年日复一日的艰苦训练。2008年8月16日晚,牙买加选手博尔特在北京奥运会田径场上只用了创纪录的9.69秒的时间就跑完了100米赛程,但他多年来在训练场上度过了无数个艰苦的日夜。因此,运动训练是运动员参赛的基础,也是创造运动成绩的基础工程。

(三)运动训练活动的主体

作为具有鲜明社会性特征的运动训练活动,是由活动的主体和外部环境所组成的。运动训练的主体是运动员个人或运动训练团队。训练环境包括训练场馆、生活服务设施、医药保健条件等硬环境和训练管理、训练信息服务与传播、运动员生存与发展保障等软环境。

早期运动训练的主体只是运动员个人,逐渐发展为教练员与运动员的合作,而随着竞技运动水平的不断提高,参赛的竞技选手越来越需要更为有力的社会支持,于是围绕着直接参赛的运动员,逐渐组成了综合而专业的运动训练团队。现代竞技体育活动中高水平参

赛者普遍组建运动训练团队，以谋取更好的行为效果。

1. 运动员

运动员是运动训练活动的主体，是运动训练负荷的承载者和运动训练成果的表现者。运动训练的一切活动都是围绕着运动员竞技能力的发展，围绕着运动员机体的生物学改造与心理学建设而设计、组织和实施的；训练活动的一切成果也需要通过运动员在比赛中的竞技表现来予以展示，对训练活动计划、组织的科学化程度给予最具有说服力的评价。

培养高水平竞技选手需要两个重要的条件：一是要选拔具有巨大的先天性潜在运动天赋的少年儿童予以训练，二是受训者能够多年坚持系统的专门训练。运动员在训练和比赛中不仅仅有身体的参与，必然也有思想和心理的参与。运动员参加训练的自觉性与积极性、运动员理解把握运动训练知识的能力对于训练的效果和参赛的表现有着重要的作用。

在一个运动训练团队中，在运动员与教练员的相互关系中，运动员是教练员工作的对象，是受体；而在运动训练工作的完整系统之中，运动员则应该是与教练员一起设计、组织和控制运动训练过程的主体。

2. 运动训练团队

运动训练团队通常由教练员、运动员、管理工作人员、科研人员、医务人员组成。在我国，运动训练团队多实行主教练负责制，也有的团队实行领队负责制。

教练员是运动训练团队的核心，或独自负责，或参与团队内部事务的管理、决策等工作。教练员通常参与或者决定运动员的选拔与运动队伍的组建。教练员既是运动训练计划的制订者，也是运动训练活动的组织者与指导者。教练员还是运动竞赛直接的参与者，有些运动项目如篮球、排球比赛时，教练员作为参赛人员出席现场，直接指挥本方运动员的参赛行为；有些项目如乒乓球团体赛的教练员也出席授奖仪式，与获胜选手一起登上领奖台领受奖赏。

教练员在运动训练活动和比赛中拥有领导权与决策权，同时，也应对运动训练活动的成果以及团队在比赛中的表现负责。教练员从事的是一种高追求、高风险的职业。竞技体育不断地向前发展，比赛场上的竞争是激烈的，冠军永远只有一个。这就要求教练员善于学习，勇于创新，既能深刻地认识运动项目的竞技规律，又能准确地把握运动项目竞技的发展方向，还要能够掌握教练、教学、教育的理论与技巧，能够把自己的专业认识和理解通过运动员的竞技表现展示在比赛场上。

近年来，高水平竞技选手的教练员定向专业化的程度不断提高，有主教练、体能教练、心理教练等分工，在集体项目教练组内，还有位置分工。如足球队里设有守门员教练，篮球队里有中锋教练等。

像任何一个有人群的集合体一样，管理工作人员是运动训练团队的重要组成部分。我国运动训练团队中的管理人员包括领队及其助手。领队与主教练共同管理，或领队协助主教练管理团队，围绕实现训练与参赛的总体目标，做好思想教育、行政事务及多方保障工作。我国由职业选手或专业选手组成的运动训练团队多采取长期或较长期集中训练的组织模式，在集中训练的过程中，更要加强队伍的管理工作。

运动训练团队的管理工作必须坚持以人为本的理念，正确处理"夺标"与"育人"的关系，正确处理训练中的严格要求与保护运动员身心健康之间的关系，正确处理训练竞赛需要与保障运动员个人权益之间的关系。

在科学技术高度发达的现代社会，竞技场上的比赛越来越多地渗入了科技竞争的元素。科学家已经成为运动训练团队中的重要成员，科技服务是现代运动训练活动不可缺少的组成部分，为教练员、运动员的成功训练和参赛提供着有力的支持。

医务人员也是运动训练团队必不可少的重要成员，为运动员提供日常的医务监督，促进负荷后的积极恢复，进行及时的伤病治疗。

## 二、运动训练学概述

（一）运动训练学及其研究任务

运动训练学是研究运动训练规律以及有效组织运动训练活动行为的科学。

运动训练活动有着自身特有的属性，也就有着自身运动的规律。人们认识到这些规律，并且认真地遵循这些规律去设计和组织自己的行为，训练活动就会取得成功；而如果违反了这些规律，训练活动就不会取得成功，并且会受到规律的惩罚。运动训练学就是研究和揭示训练活动规律的科学。

人们研究和揭示训练活动规律的目的完全在于应用。运动训练学是高应用性的学科，因此，运动训练学又进一步研究如何遵循这些规律去设计和组织自己的行为，以便指导运动训练活动的实践者科学地组织好自己的训练活动，成功地实现提高运动员竞技能力的训练目标，并进而创造出理想的运动成绩。

运动训练学研究的主要任务在于：揭示运动训练活动的普遍规律，指导各专项运动训练实践，使各专项的训练活动建立在科学的训练理论基础之上，努力提高训练的科学化水平。

（二）运动训练学的主要学科特征

本源性、综合性和实践性是运动训练学的主要学科特征。

1. 本源性特征

运动训练学理论源自于运动训练实践，它没有去承接和移植其他领域的成熟学科作为构建自己学科的母学科，而是直接相伴于运动训练实践活动的产生和发展而形成和发展起来的。

运动训练实践的活动是从一个个具体运动项目开始的，随着实践活动的重复与深入，人们的理性认识逐渐丰富。在思考和总结合理的技术动作、有效的训练方法、比赛获胜及失利的原因等问题的过程中，逐渐形成了关于田径运动、篮球运动、摔跤运动、体操运动等不同项目的理论知识。在 20 世纪中叶，一些从事体育管理和体育教育工作的学者，注意到不同项目的训练活动有着许多共同的特点和规律，从覆盖所有运动项目的角度，进行了关于训练内容、训练负荷、训练方法、训练安排等方面的专题研究，与此同时，也从人体科学、社会科学、教育科学等多个领域吸收了大量的相关研究成果，逐渐构建了一般运动训练学的基本理论体系。追本溯源，运动训练理论是直接源起于运动训练实践的理论。与体育学理论体系中的许多学科相比较，本源性是运动训练学最具特色的学科特征。

2. 综合性特征

运动训练的终极目的是创造理想的运动成绩，而运动员的比赛结果却受着众多因素的影响。为了更好地回答和解决运动训练实践中遇到的各种问题，运动训练学理论也就需要从众多理论学科，包括运动人体科学、体育人文社会科学、体育教育科学中吸取营养，丰富完善自己的理论体系，表现出鲜明的综合性特征（图1-1-2）。

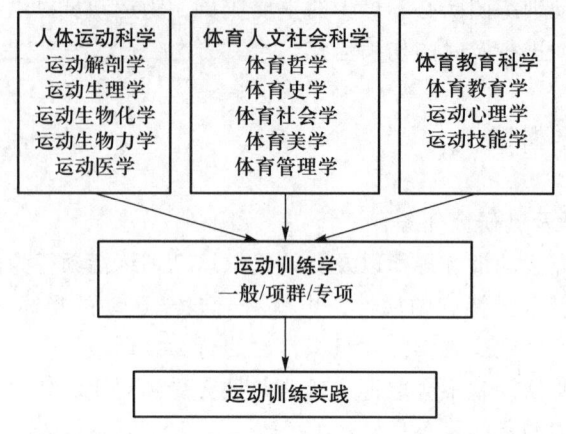

图1-1-2 运动训练学的综合性及应用性学科特征

运动训练负荷的承载者和运动训练成果的展现者是运动员，运动员需要通过自己的身体活动，或奔跑，或跳跃，或翻转，或传接实现上述职责，这就要求优秀的运动员要有健康的体魄和清醒的头脑，要有坚实有力的肌肉系统和坚强灵活的神经系统，要有准确协调的运动技能和动力充盈的代谢功能。因此，运动训练的理论必须吸取人体解剖学、运动生理学、运动生物化学、运动生物力学等运动人体科学的基本知识，并及时补充新的研究成果。

竞技体育深受社会不同层面各种成员的关注，经济、政治、文化等多元的社会生活都对竞技体育活动产生着积极的或者消极的作用。作为竞技体育系统构成要素的运动训练，也在同样的社会环境中存在和运行，国家制度、经济政策、文化传统等诸多社会学因素对于运动训练活动的组织和运动训练活动的成果有着重要的影响。因此，运动训练理论也应该吸取体育社会学、体育管理学、体育经济学、体育史学、体育美学等学科的基本知识和研究成果，丰富和完善运动训练的理论体系，更好地指导运动训练活动取得理想的结果。

教练员与运动员构成了运动训练活动中最为重要的双边组合，即"教"与"练"的组合。教练员既要把自己的知识传授给运动员，也要能让运动员把这些知识转化为支配身体运动的理念，运用各种各样的身体动作表现出运动专项的技艺与力度。怎样"教"，怎样"练"，便涉及体育教育学、运动技能学、运动心理学等众多学科的知识，因此，运动训练理论有必要从上述学科中吸取营养，更好地完成运动训练理论指导实践的任务。

3. 实践性特征

运动训练活动是以最终产出的运动成绩的水平来作效益评价的。运动训练学理论的主要价值即在于应用。因此，我们把实践性列为运动训练学的另一个重要的学科特征。无论是专项训练理论、项群训练理论，还是一般训练理论，都把指导运动训练实践作为自己重要的学科任务。

在运动训练学的理论体系中，专项训练理论紧密联系着特定运动专项的训练和参赛活动。它直接产生于专项的训练与比赛实践，也直接服务于专项的训练与比赛实践，是教练员和运动员接触最多、应用最直接的训练理论。

项群训练理论是一组运动项目各个专项训练理论的集合。它能够帮助特定运动专项的教练员和运动员，从同群项目的共同特征与不同区别中加深对于自己专项的认识，还能够从同群异项的训练理论、训练方法中，汲取或移植有益的营养，借"他山之石"，攻自己专项竞技水平"之玉"。

一般训练理论是普适性的训练理论，研究与阐释适用于所有运动项目的共同规律以及训练活动的操作行为，为运动训练活动的参与者提供基本的原理性的理论知识。既为从事专项训练工作的教练员、运动员提供丰富的理论营养，又能引导教练员和运动员以更为开阔的视野，从更为广阔的层面去观察和思考特定运动专项的训练工作。

### 三、运动训练学的理论体系

运动训练学的研究对象是运动训练活动的规律以及运动训练活动的组织行为。运动训练活动的规律存在于运动训练活动的各个构成要素与运动训练的进行过程之中，在运动训练活动的各个环节、各个方面，都需要人们依循运动训练活动的客观规律，去设计训练的组织，去实施训练的行为。运动训练学就围绕这些内容构建起自己的学科理论体系。

运动训练学的理论体系可在理论覆盖领域以及构成要素这两个维度上进行构建。

依理论研究所覆盖的领域，可把运动训练理论分为一般训练理论、项群训练理论和专项训练理论三个层次。一般训练理论研究各个运动项目的共同特性，覆盖着所有的运动项目；项群训练理论研究高度相关的一组运动项目的共同特性，覆盖着同一项群的运动项目；专项训练理论研究一个专项的独有特性，只涉及所研究的那个专项。三层次理论体系是对运动训练学理论体系的纵向描述。在任何一个层次上，都可以展开关于运动训练原则、运动训练内容、运动训练方法、运动训练负荷以及运动训练安排诸方面的研究。

服务于运动训练实践的理论研究，涉及运动训练活动的基本准则即运动训练原则，以及训练内容、训练方法、训练负荷、训练安排共5个构成要素，分别回答训练实践对于理论指导的需求（表1-1-1）。

表1-1-1 运动训练学理论研究的构成要素

| 运动训练实践提出的问题 | 理论构成要素 | 理论构建依据 |
| --- | --- | --- |
| 训练行为准则有哪些？ | 训练原则 | 运动员竞技能力提高的规律 |
| 练什么？ | 训练内容 | 发展运动员竞技能力的需要 |
| 怎么练？ | 训练方法 | 训练方法的实用性与实效性 |
| 练多少？ | 训练负荷 | 人体对外加负荷的适应性<br>实现训练目标的需要 |
| 怎样组织训练活动？ | 训练安排 | 运动员竞技能力提高与竞技状态变化的规律 |

## 第二节  不同层级的运动训练理论体系

从不同的维度可对运动训练学的理论体系作不同的描述，依运动训练学理论覆盖的运动项目领域，可将其分为一般训练理论、项群训练理论和专项训练理论三个层次。

一般训练理论研究各个运动项目的共同特性，覆盖着所有的运动项目；项群训练理论研究高度相关的一组运动项目的共同特性，覆盖着同一项群的运动项目；专项训练理论研究一个专项的独有特性，只涉及所研究的那个专项。三层次理论体系是对运动训练学理论体系的纵向描述。

本教材定名为《运动训练学》。对这一学科可作广义与狭义两种理解：广义的运动训练学应该包括一般训练理论、项群训练理论和专项训练理论三个层次，狭义的运动训练学则专指一般训练理论。在我国高等体育教育体系中，作为核心课程之一的"运动训练学"课的教学内容即为一般训练理论。

本教材在一般训练理论层面阐述运动训练的基本理论问题；专项训练理论由各个专项的学者分别组织论述；因此在本节中，重点论及项群训练理论。

### 一、一般训练理论

一般训练理论是普适性的训练理论，研究与阐释适用于所有运动项目的共同规律以及训练活动的操作行为，为运动训练活动的参与者提供基本的原理性的理论知识。在这一层面包含着大量的应用基础理论研究的重要成果，概括了众多运动专项训练实践与理论研究的精华。

本教材分为8章，均在一般训练理论层面上展开论述。论述内容包括：运动训练与运动训练学概述，运动训练的辩证协同原则，运动员体能与技能及其训练，运动员战术能力、心理能力与知识能力及其训练，运动训练方法及其应用，运动训练负荷及其设计与安排，运动训练过程与训练计划，教练员职责与教练行为。

### 二、项群训练理论

一组具有相似竞技特征及训练要求的竞技项目称为一个项群，项群训练理论就是揭示不同项群竞技规律与训练规律的理论。项群训练理论是一般训练理论与专项训练理论之间的一个理论层次，20世纪80年代由我国学者田麦久等提出并创建。项群训练理论的创立推动了三个层次的运动训练理论体系的构建，30年来，受到体育界的普遍重视，并得到不断的发展和完善。

#### （一）竞技运动项目的分类及项群体系的构成

田麦久等（1983）分别以运动员竞技能力的主导决定因素、运动项目的动作结构、运动成绩的评定方法为分类标准，建立了竞技运动项目的三个分类体系。

1. 依运动员竞技能力的主导决定因素分类

依运动员竞技能力的主导决定因素将奥运会主要竞赛项目分为体能主导类、技能主导类、技心能主导类和技战能主导类四大类，继而以各项目体能或技能的主要表现形式或特征作为二级分类标准，把体能主导类项目分为快速力量性、速度性及耐力性三个亚类，技能主导类项目为表现难美性，技心能主导类为表现准确性，技战能主导类则分成同场对抗性、隔网对抗性、格斗对抗性及轮换攻防对抗性四个亚类（表1-2-1），9个项群（田麦久、刘筱英、麻雪田等，1983、1990、2006），由于一切运动训练活动都必须围绕着运动员竞技能力的发展予以科学的规划和组织实施，所以，依决定竞技能力的主导因素所划分的项群体系为人们最多采用。

表 1-2-1　按竞技能力的主导因素对竞技项目的分类

| 大类 | 亚类 | 运动项目举例 |
| --- | --- | --- |
| 体能主导类 | 快速力量性 | 跳跃、投掷、举重、跳跃滑雪 |
| | 速度性 | 短距离跑（100 m、200 m、400 m）、短距离游泳（100 m）、短距离速度滑冰（500 m）、短距离赛场自行车、雪橇 |
| | 耐力性 | 中长距离走、跑、速滑，中长距离游泳，越野滑雪，长距离自行车、划船，铁人三项 |
| 技能主导类 | 难美性 | 体操、艺术体操、技巧、跳水、花样滑冰、花样游泳、冰舞、武术（套路）、自由式滑雪空中技巧、单板滑雪 |
| 技心能主导类 | 准确性 | 射击、射箭、弓弩、高尔夫球、台球 |
| 技战能主导类 | 隔网对抗性 | 乒乓球、羽毛球、网球、排球、键球、藤球 |
| | 同场对抗性 | 足球、手球、冰球、水球、曲棍球、篮球、橄榄球 |
| | 格斗对抗性 | 摔跤、柔道、拳击、击剑、武术（散打）、空手道 |
| | 轮换攻防对抗性 | 棒球、垒球、板球、冰壶、台球 |

2. 依运动项目的动作结构分类

按照运动项目的动作结构，首先把所有的竞技项目划分为单一动作结构、多元动作结构及多项组合结构三大类，然后以各类动作的组合形式为二级分类标准，将单一动作结构类再分为非周期性、周期性及混合性三个亚类，将多元动作结构类再分为固定组合和变异组合两个亚类，将多项组合结构类再分为同属多项组合和异属多项组合两个亚类（表1-2-2）。

表 1-2-2　按动作结构对竞技运动项目的分类

| 大类 | 亚类 | 运动项目举例 |
| --- | --- | --- |
| 单一动作结构 | 非周期性 | 铁饼、铅球、链球、举重、跳跃滑雪 |
| | 周期性 | 跑、竞走、游泳、自行车、射击、射箭、长距离滑雪、速度滑冰、划船 |
| | 混合性 | 跳高、跳远、标枪、三级跳远、撑竿跳高 |
| 多元动作结构 | 固定组合 | 体操单项、武术单项、艺术体操单项、技巧、花样滑冰、马术、回旋滑雪、自由式滑雪、单板滑雪 |
| | 变异组合 | 篮球、手球、足球、水球、曲棍球、冰球、乒乓球、羽毛球、网球、排球、拳击、摔跤、柔道、棒球、垒球 |

续表

| 大类 | 亚类 | 运动项目举例 |
|---|---|---|
| 多元组合结构 | 同属多项组合 | 田径男子十项全能和女子七项全能、体操全能、艺术体操全能、速滑全能、短道速滑全能、武术全能 |
| | 异属多项组合 | 现代五项、冬季两项、铁人三项 |

单一动作结构类的混合性亚类兼有周期性与非周期性的特点。各种跳跃及标枪的助跑为周期性动作，而最后的跳跃及掷枪则为非周期性的动作。

在多元动作结构类中，固定组合亚类项目要求运动员在比赛中完整地"再现"训练中千百次重复练习的动作组合，而变异组合亚项目运动员则要在比赛中根据对手所采取的技、战术情况，将平素训练中所掌握的技、战术"元件"即时地组合成相应的技术动作或战术配合。

在多项组合结构中，有些多项比赛的各个单项属同一个运动大项，如体操男子六项全能，田径女子七项全能等，称为同属多项组合；而也有些多项比赛的单项分属不同的运动大项，则称为异属多项组合，如现代五项、冬季两项等。

3. 依运动成绩的评定方法分类

按照各项比赛成绩的评定方法，可将众多竞技项目分为测量类、评分类、命中类、得分类及制胜类五大类（表1-2-3）。

表1-2-3 按运动成绩评定方法对运动项目的分类

| 类别 | 运动项目举例 |
|---|---|
| 测量类 | 田径、游泳、速度滑冰、滑雪、自行车、划船、举重、射击、射箭 |
| 评分类 | 艺术体操、体操、技巧、跳水、花样滑冰、花样游泳、武术、马术 |
| 命中类 | 篮球、足球、手球、水球、曲棍球、冰球、击剑 |
| 得分类 | 乒乓球、羽毛球、网球、排球、棒球、垒球 |
| 制胜-命中类 | 摔跤、拳击、柔道 |

测量类项目的运动成绩可由对高度、远度、重量或通过一定距离所需时间的测量予以确定。在评分类项目比赛中，裁判员按特定的规则和评分办法，对运动员所完成的动作质量予以评分。命中类中的无防型项目（射击等）由在没有防守的情况下，命中某一目标的次数多少来决定比赛的成绩；设防型项目则选手必须突破对方的防守命中特定目标而力求取胜。得分类项目均按局（盘）进行比赛，一方得分达到规定数目时即为获胜，得分的途径既有本方运动员进攻命中，也包括对方的失误"送分"。在制胜类项目比赛中，运动员可以通过取得绝对胜利而结束比赛，而在没有出现绝对胜利的情况下，则仍需按命中得分的情况判别胜负。

以上三个分类体系从不同的角度描绘了竞技运动项目总体的内部结构。由于三个体系的分类标准之间有着密切的相互联系，因此，各个体系中所划分的项群之间也很自然地存在着一定的对应关系。例如，技心能类表现难美性项目同时也属固定组合多元动作结构，又都是通过由裁判员打分的方式而评定其运动成绩的。体能类耐力性项目也属周期性单一动作结构，又都通过准确的计时判定其运动成绩。因此，在组织训练活动的过程中，就可以以其中一个体系为主，划分不同的项群，进行相应的研究了。

考虑到一切运动训练活动都必须围绕着运动员竞技能力的发展予以科学的规划和组织实施，本书选择了决定竞技能力的主导因素作为主要的分类标准，将以奥运会项目为主的众多竞技项目分为9个项群，并进而对各项群的训练理论进行专门的研究。

（二）项群训练理论的研究内容及应用

项群训练理论是在项群层面上进行研究的运动训练理论。各个项群都应该在一般训练理论的基础上研究本项群在训练原则、训练内容、训练方法、训练负荷、训练安排等方面的不同特点。在项群训练理论体系中，则要研究各个项群的起源、竞技能力构成特点、运动成绩影响因素的结构特点以及训练特点。

项群训练理论创立30余年来，已经得到了体育界普遍的共识。而且，"项群"这一概念正日益广泛地被应用于体育工作、体育教学、运动训练、体育健身、体育产业、体育管理等众多的领域。项群训练理论的应用具体体现在如下方面：

1. 项群训练理论与竞技体育发展战略的制订

无论对一个国家，还是对一个省市、一个地区来说，在制订其竞技体育的发展战略时，都对正确地选择重点竞技项目给予高度的重视。这里，项群训练理论可给战略制订者以有益的帮助。

首先，对现有不同水平级的运动项目进行对应的项群分析，能够帮助我们从宏观上把握众多运动项目发展的状况，便于我们从社会学、地域学、遗传学、训练学等不同角度科学地分析造成各类项目发展水平高低不一的原因。

继而，可以确定与现有优势项目隶属于同一项群但暂时落后的项目。由于这些项目的教练员和运动员可以极为方便地借鉴同项群中先进项目的训练经验，因此，可以期待，在一定的条件下，这些暂时落后的项目有可能比其他项群的落后项目更快地得到发展和提高，向优势项目的行列中转移。

2. 项群训练理论与竞技运动项目的宏观管理

有序性是系统的重要特性之一。项群的划分和项群体系的建立使得竞技项目这一巨大群体的内部结构更加有序，进而为运动训练组织机构的领导者和管理人员实施更为有效的宏观管理提供了新的可能。

例如，各级体委都对运动项目实施分组管理，如果我们把各司、处分管的运动项目尽可能与项群的划分保持一致，则会明显地有利于管理工作与训练组织的协调一致。

3. 同群项目训练规律的探讨和揭示

与原有的两层次训练理论体系相比，运动训练理论体系中这一中间层次的建立，为我们研究、揭示具有共同特点的项目群体内部的训练规律提供了极为重要的先决条件。

4. 项群训练理论与竞技人才的流动

对运动训练结果有着重要影响的选材，近年来受到教练员和体育科学家们的高度重视。在运动训练中，有为数不少的运动员是从邻项中选拔过来的。特别是当一个新兴项目开始建立时，这种现象更为突出。在运动训练界许多人的思维中，本已潜存着一种朦胧的"项群意识"。项群训练理论的研究和应用将会使人们这种朦胧的潜意识转化为科学理论

指导下的主动的积极的思维和行动，从而促进竞技人才的合理流动。

5. 项群训练理论与运动训练方法的移植、创新与发展

任何一个竞技运动项目的发展过程，都不可能处于完全闭锁式的状态，在与外界的信息交流中，很自然地会从其他项目中吸收那些对自己适用的理论、技术与方法；同时，也不断地把自己科学的理论、精湛的技巧以及有效的方法传输给别的项目。历史的经验表明，这种信息的交流主要发生在同项群内不同的项目之间。

### 三、专项训练理论

人们在体育活动实践中，逐渐形成了一些规范的活动方式，每一个运动项目都是人们从事体育活动的一种特定方式。专项训练理论即指研究运动专项训练活动规律及组织操作行为的训练理论。专项，系指特定的运动项目。这里首先要对运动专项作出明确的释义。

#### （一）"运动项目"与"专项训练理论"的分层释义

运动竞赛是以运动项目为单位组织进行的。在竞技体育的实践活动中，运动项目有着多元的含义。例如，田径运动是一个"运动项目"，田径运动中的男子跳远也是一个"运动项目"，在奥运会比赛中，田径运动这个"运动项目"就包含着男女共47个如同男子跳远这样的"运动项目"；举重是一个"运动项目"，女子48公斤级举重也是一个"运动项目"，举重这个"运动项目"中就包含着男子8个级别、女子7个级别共15个如同女子48公斤级举重这样的"运动项目"。这两个例子告诉我们，人们通常习惯所说的"运动项目"，实际上在不同层面上具有不同的含义。所以，我们需要对"运动项目"作出分层释义。

为了对不同层面的运动项目加以区分，实践中人们常用"大项""分项""小项"三个概念分别包含不同的运动内容。试以奥运会比赛为例。2008年在中国北京举行的第29届夏季奥运会共设田径、游泳、体操、篮球、足球、排球、乒乓球、羽毛球、网球、棒球、垒球、手球、曲棍球、赛艇、帆船、皮划艇、射击、射箭、铁人三项、现代五项、自行车、马术、拳击、击剑、举重、柔道、摔跤、跆拳道共28个大项，含302个小项。

28个大项分别由对应的单项运动协会管理，有些大项之下又包括几个分项，如体操大项包括竞技体操、艺术体操、蹦床3个分项，在北京奥运会上分别设立了14个、2个、2个小项；游泳大项包括游泳、跳水、水球、花样游泳4个分项，在北京奥运会上分别设立了34个、8个、2个、2个小项。每个小项都是独立的比赛单位，各设一套奖项。奖项包含个人项目和集体项目，如男子体操单杠（个人项目），女子排球（集体项目）。

与运动项目的分层设立相对应，在运动训练理论体系中的专项训练理论同样可建立于不同层次。如既有田径训练理论，又可有跳跃训练理论，也可有跳高训练理论、跳远训练理论、撑竿跳高训练理论和三级跳训练理论。

在人们的体育生活中，还有许多运动项目没有被列入奥运会，统称非奥运项目，如技巧、潜泳、武术、保龄球、台球、体育舞蹈等。国际国内都以体育大会的形式组织这些项目的运动竞赛。这些项目同样需要发展、完善自己的专项训练理论。

## （二）专项训练理论的主要特点

**1. 与训练和比赛实践联系最为密切**

专项训练理论直接产生于专项的训练与比赛实践，也直接服务于专项的训练与比赛实践，与专项的训练和参赛活动联系得最紧密，是教练员和运动员接触最多、应用最直接的训练理论。

**2. 项目特点最为鲜明**

不同的运动项目有着不同的竞赛形式和不同的竞赛规则，从而产生了不同的竞技特征和不同的训练要求，相应的专项训练理论必须反映这些不同的特征和要求。由之，不同项目的专项训练理论就都表现出鲜明的项目特点，包括专项运动员竞技能力的结构特点，比赛结果影响因素的构成特点，训练方法与负荷的特点，比赛准备与比赛战术的特点等。

**3. 发展创新速度最快**

竞技体育的持续发展不断地向运动选手的竞技能力提出新的挑战，运动项目的纪录不断创新，运动技巧的难度不断加大，运动训练实践具有巨大的生命活力。专项训练理论应该紧紧跟住训练实践前进的步伐，不断创新，持续发展。

## 第三节　运动训练构成要素的理论体系

训练活动是为参加比赛服务的。由此出发，人们需要思考：运动员怎样能够在比赛中获取胜利？为此要求运动员拥有什么样的竞技能力？这些竞技能力之中哪些是需要在训练中予以提高的？在训练中应该怎样提高这些竞技能力？又怎样将通过训练获得的竞技能力在比赛中充分地表现出来？对这些问题的回答涉及训练的原则、训练的内容、训练的方法、训练的负荷、训练的过程等诸多方面，运动训练学的学科理论体系就包括这些要素。

在运动训练学的学科理论体系的各个分论中，运动训练原则是全局性的指导性的理论部分，训练内容、训练方法、训练负荷和训练安排则是操作性的部分。本节则集中进行框架式的介绍，论述若干共性的基本理论问题。

### 一、运动成绩与竞技能力

一切训练活动都围绕着提高运动员的竞技能力而组织进行，所有运动员参加比赛都力求创造理想的运动成绩。运动成绩与竞技能力是运动训练理论中两个至为重要的基本概念。作为各项工作直接的期望目标，提高竞技能力和运动成绩对于整个运动训练以及比赛活动都起着重要的导向作用，既是对训练和比赛效果进行科学诊断的客观标准，也是对训练和比赛过程实施科学控制的重要依据。

（一）运动成绩及其决定因素

**1. 运动成绩释义**

运动成绩是一个使用极其广泛的基本概念。但是，在运动训练和竞技比赛实践中，不同项目的人们对运动成绩的解释和应用却有着很大的区别。

在田径、游泳、自行车、举重、速度滑冰、速度滑雪、赛艇、射击、射箭等竞技项目的术语中，运动员的"运动成绩"通常指完成赛程位移所用的时间、运动员人体或投掷重物位移的距离、运动员举起的重量或射中靶位的环数。依靠专门设计的测量器具定量地予以确认。而运动员在比赛中的排位则以"名次"表述。

在两两对抗的各种球类、格斗等竞技项目的术语中，运动员在一场比赛中的"运动成绩"即指比赛胜负（或者平局）的情况；而参加由多场比赛组成的整个赛事的最后排名即是其参加该赛事的"运动成绩"；运动员在比赛中投中、射中、击中等技战术水平的表现均以"得分"表述。

在体操、跳水、花样滑冰、自由式滑雪空中技巧、艺术体操、蹦床、花样游泳等竞技项目的术语中，"运动成绩"主要以比赛名次来予以衡量，运动员竞技表现的水平则由裁判员按规则给予"打分"。

尽管在不同类型的竞技项目的实践操作中，"运动成绩"的具体所指有所不同，但实质上都包含着比赛结果的排名与运动员（队）在比赛中的竞技表现这样两个基本内容。为了保持理论表述的严肃性和准确性，从适用于所有运动项目的一般训练学的角度，我们将"运动成绩"这一概念定义为"运动员参加比赛的结果"，是"根据特定的评定行为对运动员及其对手的竞技能力在比赛中发挥状况及竞技结果的综合评定"。这一评定既包括竞赛的胜负或名次，也包括运动员在比赛中表现出来的竞技水平。

（1）比赛名次。比赛名次是运动成绩的一个重要组成部分。不论哪一个运动项目，比赛结束时都必须要分出名次。在许多情况下，比赛名次的意义甚至超过运动员所表现出来的竞技水平的价值。在世界性大赛中，人们追求的首先是金牌，是胜负和名次。例如，世界冰球锦标赛决赛的结果是5∶1或者3∶2，并不是最重要的；人们最关心的是谁是比赛中的胜利者，是捷克队还是加拿大队，是俄罗斯队还是瑞典队。

（2）竞技水平。运动员所具备的竞技能力在比赛中的表现称作竞技水平。不同项目运动员在比赛中表现出来的竞技水平也有着不同的衡量标准，比赛结果的评价方法也不相同。运动员在田径、自行车、游泳、速度滑冰、举重以及射箭、射击等项目比赛中的表现，可运用标定的计量工具予以客观的测量，通过对时间、距离、重量、环数的准确测定评价其竞技水平的高低；体操、艺术体操、技巧、跳水等项目，由裁判员根据一定的标准，对运动员所完成的动作进行评分来确定该次比赛中各个选手竞技水平的高低；各种球类运动及摔跤、柔道、拳击、击剑等双方同场直接对抗性项目，则需要通过对与该专项主导竞技能力密切相关的一系列指标参数的综合评定来反映运动员（队）竞技水平的高低（表1-3-1）。

表1-3-1　不同项目运动员竞技水平的不同表现形式

| 项目类别 | | 运动项目举例 | 竞技表现形式 |
| --- | --- | --- | --- |
| 测量类 | 竞速 | 田径径赛、游泳、自行车、速度滑冰、速度滑雪、船艇、蹼泳、赛车、铁人三项 | 位移速度 |
| | 竞距 | 高度跳跃、远度跳跃、投掷 | 位移距离 |
| | 竞重 | 举重 | 举起重量 |

续表

| 项目类别 | | 运动项目举例 | 竞技表现形式 |
| --- | --- | --- | --- |
| 裁判评分类 | | 体操、艺术体操、技巧、蹦床、跳水、花样游泳、花样滑冰、自由式滑雪空中技巧、滑水技巧、马术、武术套路 | 表演得分 |
| 命中得分类 | 无设防 | 射击、射箭、高尔夫球 | 射中环数、洞数 |
| | 设防 | 篮球、足球、手球、曲棍球、冰球、水球、排球、乒乓球、羽毛球、网球、棒垒球、击剑、台球、冰壶、跆拳道、武术散打 | 射中、投中、击中得分 |
| 绝对制胜或命中得分类 | | 拳击、摔跤、柔道 | 绝对胜利或击中、进攻得分 |

2. 运动成绩的决定因素

任何一个竞技项目比赛的运动成绩，不论是竞技水平，还是比赛名次，都是由运动员在比赛中的表现，对手在比赛中的表现以及竞赛结果的评定行为这三方面因素所决定的，其中，运动员自身与对手在比赛中的表现都取决于他们所具有的竞技能力及在比赛中的发挥程度；而比赛结果的评定行为则包含着竞赛规则、评定手段及裁判员的道德与业务水平三个方面。

运动员在比赛中所表现的竞技水平是影响运动成绩的内因，是最根本的，也是最重要的原因。运动员比赛表现的基础首先是他在训练中已经具有的竞技能力，其次还要看他在比赛中的发挥水平。

运动员在比赛中的胜负状况或所取得的名次，在很大程度上还受制于竞赛对手在比赛中表现出来的竞技水平，同时也受着裁判行为的影响。在对抗性的竞赛项目中，同一名运动员在某一轮淘汰赛中与强劲的对手较量时，如果他的对手比他最好的表现还要强的话，尽管他能够表现出比前几轮更高的竞技水平，也很可能遭到失败而被淘汰。

竞赛评定行为是影响运动员运动成绩的另一个重要方面，这里包括裁判员的道德、业务水平，成绩的评定手段和竞赛规则这样三个因素。竞赛规则的改变，能带来运动成绩的显著变化。例如，1984 年，国际篮联在篮球比赛规则中，增加了在离篮筐 6.25 米距离外投篮得 3 分的规定。这项规则的改变对远投技术的发展，对运动员在场上的活动和比赛的结果产生了重大影响。

评定手段对运动成绩起作用的最突出的例子是，田径比赛中应用电动计时装置，消除了手动计时中计时员的视觉反应及空间判断等因素的干扰，大大提高了计时成绩的准确性。裁判员的道德和业务水平对运动成绩的影响也是不容忽视的。在关键时刻，裁判员有意无意的一个错判，往往会决定整个比赛结果。足球比赛中误判一次点球，体操比赛中有意抬高 0.05 分，都会对金牌的归属产生重要影响。在许多重大国际比赛中，贿赂裁判的事件屡有发生，对此许多国际体育组织也制订了严厉的惩罚措施。

## （二）竞技能力及其构成因素

### 1. 竞技能力释义

竞技能力即指运动员的参赛能力，是运动员参加比赛的主观条件或自身才能，由具有不同表现形式和不同作用的体能、技能、战术能力、心理能力以及知识能力所构成，并综合地表现于专项竞技的过程之中。任何运动项目、任何运动员的竞技能力都是由这5个要素，或称5种子能力构成的，都应该从这5个方面去认识、发展和评价自己的竞技能力（表1-3-2）。

表1-3-2 运动员竞技能力的构成因素及其在比赛中的主要表现

| 竞技能力构成因素 | 主要竞技表现 |
| --- | --- |
| 体能 | 力量、速度、耐力、柔韧、协调、灵巧 |
| 技能 | 动作质量、动作稳定性 |
| 战术能力 | 自身发挥、干扰对手、影响判定 |
| 心理能力 | 参赛情绪动员、比赛情绪控制、竞技意志保持 |
| 知识能力 | 竞技知识的掌握与运用 |

体能是通过力量、速度、耐力、协调、柔韧、灵敏等运动素质表现出来的人体基本的运动能力，是运动员竞技能力的重要构成因素，是所有项目运动员进行专项训练和参加专项竞技必备的自身物质条件。在竞技活动中，运动员的体能水平集中表现于各基本运动素质及这些素质之间的各种组合性运动素质的发展水平。人体的形态学特征是其体能的质构性基础，人体的机能特征是其体能的生物功能性基础。

技能是运动员掌握和运用运动技术的能力。合理、有效的动作技术会有助于运动员在技能竞优中获胜，还能让运动员更经济、更有效地使用和发挥其体能，能使运动员更合理、更积极地参与竞技战术的组合与实施。运动员技能水平的高低可从技术的合理性及稳定性两方面予以判定，高度发展的协调能力是运动员掌握合理的运动技术的重要先决条件。

战术能力是运动员掌握和运用比赛战术的能力，表现为力求出色地发挥自身的体能、技能、心理能力及知识能力，在规则允许的范围内干扰对手竞技能力的发挥，以及对于竞赛结果的评定行为施加合法的影响这样三个部分，在直接对抗项目比赛中，战术能力及其发挥水平常常决定着比赛的胜负。

运动员的心理能力包括其心理特征和心理过程，主要表现在训练动机、心理控制、竞技意志等方面，是所有项目运动员进行专项训练和参加专项竞技必要的自身精神条件。为了使运动员成功地参加比赛，首先必须以积极的手段激励参赛选手，有效地动员选手的生理、心理系统，积极地参与竞技活动，而同时又要把运动员的情绪激励水平控制在适度的范围之内。良好的意志品质表现为运动员能够自觉主动、充满信心地参与竞技，并在比赛中遇到困难时能够坚持不懈，顽强地、灵活地寻找竞技取胜的途径。强烈的参赛动机和良好的性格特征是运动员保持高昂而适度的参赛情绪和坚强意志的重要基础条件。

运动员的知识能力主要指其对科学知识，特别是专项竞技知识的掌握和运用，这项能力对于提高训练效益，取得竞技胜利有着重要的影响。在高水平竞技活动中常常发挥着突出的作用。

2. 竞技能力结构模型

竞技能力结构模型是依据运动员竞技能力各组成要素之间相互联系、相互作用方式的具体特性与功能建立的反映竞技能力构成共性的模型，是对运动员竞技能力结构的概括、归纳或抽象。运动员竞技能力结构模型反映着竞技能力内部各要素之间关系的本质特性。

每个运动员的竞技能力结构都有着各自不同的特点，但优秀运动员竞技能力的结构又有着许多共同的特征。建立优秀运动员竞技能力的结构模型即可科学地概括并准确地描述这些共性特征，以便为运动员确定竞技能力训练目标提供标准的参照系；同时，对运动员早期选材和基础训练起到远程导向的作用。

从不同的视角，可用不同模型来描述运动员竞技能力结构的一般性特征。如重视各种子能力平衡发展的"木桶模型"，强调运动员优势子能力带领作用非衡特征的"积木模型"。在运动员竞技能力发展过程中，前者更为关注"补短"；后者更为关注"扬长"。"木桶模型"清晰地勾勒了竞技能力的构成因素，指出了竞技能力非衡结构的存在事实，同时强调短板对系统的影响。"积木模型"则不仅承认竞技能力的非衡结构，同时注释了特长因子对弱势因子的补偿作用。

中国女子体操队在选材及训练全过程中高度重视挖掘运动员个体的"优长潜质"，形成了每个运动员自身特有的能力结构和技术风格（表1-3-3）。

表1-3-3　我国部分优秀女子体操运动员的"优长潜质"

| 姓名 | 强项及主要赛绩 | 优长潜质 |
| --- | --- | --- |
| 刘璇 | 平衡木：奥运会冠军、世界冠军 | 脚长、木感好、木上跳步开度大、动作细腻 |
| 奎媛媛 | 自由体操：世界冠军 | 性格外向豁达、比赛发挥好 |
| 毕文静 | 高低杠：世界冠军 | 高低杠动作质量高、韵律节奏及转体技术好 |
| 孙晓姣 | 平衡木：世界冠军 | 性格内秀、动作稳健、木感好 |
| 程菲 | 跳马：5次世界冠军<br>自由体操：2次世界冠军 | 爆发力强、纵轴转体的空间方位感好 |

（陆善真，2009）

对竞技参赛而言，竞技能力各因素的转移与补偿是运动员正常发挥竞技水平的保证；但是对运动训练而言，这种转移还必须体现在迁移与补偿过程中。优势因素在给予补偿后，使弱势因素得到改善和提高，而自身并不会受到削弱。

"木桶模型"与"积木模型"分别从不同的视角观察竞技能力的结构特征，用不同的图像展示竞技能力结构中各子能力之间的不同联系。两个模型在揭示这一关系时各有长短，如果将其合二为一，竞技能力结构要素关系论述中存在的瓶颈就赫然洞开。两个模型可以互为说明与补充，共同反映运动员竞技能力的存在和运动状态，二者组合而成的"复合"结构的"双子模型"，形象地展示了竞技能力各因素的互补性、整体性、整合性与内部可迁移性（图1-3-1）。

运动员竞技能力的结构模型，用多向的视角去解读运动员竞技能力各个要素之间的组合关系，从而为我们准确地把握运动员竞技能力的构成，科学地诊断运动员竞技能力的现实状态，合理地选择运动训练内容和训练方法，恰当地确定不同竞技能力训练安排的比

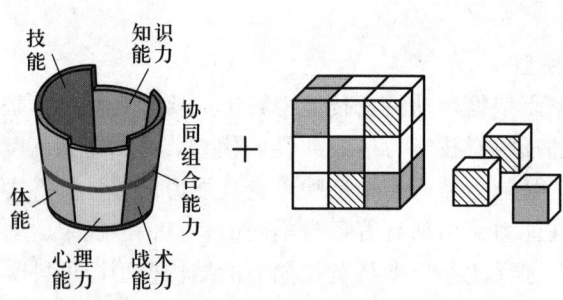

图 1-3-1 运动员竞技能力结构的"双子模型"

例,准确地制定和实施参赛战术,提供重要的科学依据。

运用"双子模型"的理论和指标的解析,在运动训练过程中,根据运动员在特定阶段、特定时刻竞技能力结构的不同特征,可以有选择地确定训练的主攻方向,决定是集中时间和精力"扬长",还是"补短",正确处理二者之间的辩证关系,以求高效益地改善和发展运动员总体的竞技水平。

## 二、运动训练方法

### (一)运动训练方法释义

在现代竞技体育百年发展的进程中,科学家、教练员、运动员们创造了许许多多不同的训练方法,每种训练方法都有着自己的练习功能和操作要求,正确地掌握和运用不同训练方法的功能和特点,则会有助于运动员顺利完成运动训练过程中不同的训练任务,并有效发展成功参与比赛所需要的竞技能力。

现代运动训练方法的发展经历了由简单到复杂,由单一到完整,由局部到综合的过程。现代训练方法与现代科技的发展紧密结合,更加适应专项训练和比赛的需要,更加适应运动员个体竞技能力发展的需要。

### (二)运动训练方法的多维分类体系

由于事物普遍具有多维特征,所以面对同一个事物,依不同的分类标准可以建立不同的分类体系。因此,需要选择能够反映事物本质特点的分类标准,进而认识和把握具有重要认识意义与实用价值的分类体系。对于运动训练方法的分类也是这样。

在众多的运动训练方法中,比较常用的有:依发展竞技能力的不同而建立的训练方法体系、依训练负荷内容特征的不同而建立的训练方法体系、依训练负荷时机体能量代谢特点的不同而建立的训练方法体系、依训练负荷与间歇的不同关系而建立的训练方法体系、依训练时外部条件的不同而建立的训练方法体系等。

1. 依运动项目分类

不同的运动项目对运动员的竞技能力构成有着不同的要求,运动员承受的训练负荷也有着不同的特点。因此,各个运动项目的教练员、运动员都会研究和发展适合自己项目需要的训练方法。如体操训练法、篮球训练法、田径训练法、射击训练法等,有些运动项目又包含着许多小项目,如田径包含着 100 米跑、马拉松跑、撑竿跳高、掷标枪等 40 几个小项目，男子体操包含着跳马、自由体操、单杠等 6 个小项目，相应地也就分别拥有各个小项目的训练法。

但是，尽管（小）项目都各有特点，某些（小）项目之间也不可避免地有着许多共同点，因此，也就出现了相应的项目组合的训练方法。同理，在项群层次上，也会有适用于同一项群不同项目的训练方法，如举重、投掷运动员通用的力量训练方法；越野滑雪、长跑、公路自行车运动员都适用的耐力训练方法；乒乓球、羽毛球、排球、手球等项目运动员都可采用的多球训练法等。

在着眼于概括所有运动项目共同规律的一般训练学层次，则需要研究者以更为广阔的视野概括出最常用的，最具普适价值的基本训练方法。

2. 依所发展的竞技能力分类

运动员的竞技能力包括体能、技能、战术能力、心理能力和知识能力 5 种子能力，每种子能力各有特定的竞技表现和训练要求，相应地就可以把有关训练方法划分为体能训练方法、技能训练方法、战术能力训练方法、心理能力训练方法和知识能力训练方法。

在每种子能力的训练方法体系中，又可以依不同子能力的构成，分为以下具体能力的训练方法。如体能训练方法包括力量训练方法、速度训练方法、耐力训练方法等，技能训练方法包括基本技能训练方法、专项技能训练方法、创新技能训练方法等，战术能力训练方法包括进攻战术训练方法、防守战术训练方法等，心理能力训练方法包括集中注意力训练方法、专门知觉训练方法、意志品质训练方法等，知识能力训练方法包括竞技体育基本知识的学习方法、专项竞技知识的学习与训练方法等。

3. 依训练负荷内容的不同特征分类

如前所述，训练负荷是构成运动训练活动的基本要素之一，许多训练方法的设计与创立都与训练负荷的特点、训练负荷对机体的影响有关。依训练负荷内容的安排与组合、依训练负荷时机体能量代谢的不同特点、依训练负荷过程中工作与间歇的不同关系，逐步形成了各自相应的训练方法体系。

依训练负荷内容的安排与组合划分的训练法有：完整训练法、分解训练法、变换训练法、循环训练法、程序训练法、意念训练法等；依训练负荷时机体能量代谢的不同特点划分的训练法有：有氧训练法、无氧训练法、混合训练法等；依训练负荷与间歇的不同关系划分的训练法有：持续训练法、间歇训练法、重复训练法等。

4. 依不同的外部训练条件分类

任何运动训练活动都要在一定的外部环境中进行，于是，依不同的外部训练条件就可以划分出示范训练法、语言训练法、助力训练法、加难训练法、模拟训练法、高原训练法、沙地训练法等。

运动员可以一个人独自训练，但更多的时候是与队友一同训练。因此依同时参加训练的人数又可以划分为个人训练方法、双人训练方法、多人训练方法，小组训练方法、全队训练方法等。

(三) 常用运动训练方法及其应用

如上所述，运动训练实践和理论研究创立了许许多多、各色各样的训练方法，提供给教练员和运动员选用。依不同标准进行的训练方法分类，可以帮助我们清晰地认识和运用

丰富的运动训练方法体系。其中，有一些是在运动训练实践中，最常用、也是比较有效的训练方法，我们依其基本作用和使用范围，将它们分为系统控制性训练方法和具体操作性训练方法两大类别（表1-3-4）。

表1-3-4 常用运动训练方法的分类

| 类别 | 运动训练方法 |
| --- | --- |
| 系统控制性训练方法 | 模式训练法 |
| | 程序训练法 |
| | 微机辅助训练法 |
| 具体操作性训练方法 | 完整训练法 |
| | 分解训练法 |
| | 持续训练法 |
| | 重复训练法 |
| | 间歇训练法 |
| | 比赛训练法 |
| | 变换训练法 |
| | 循环训练法 |

系统控制性训练方法是一种总体把握的训练方法，它为人们提供一种思维方式，一种训练的整体设计，并在一个训练阶段中运用于训练实践。系统控制性训练方法包括模式训练法、程序训练法和微机辅助训练法。

具体操作性训练方法具有现实的可操作性，为完成特定的训练任务，在一次训练课中就可采用，也可在一个阶段中，甚至多年训练过程中系统采用。常用的具体操作性训练方法包括完整训练法、分解训练法、持续训练法、间歇训练法、重复训练法、比赛训练法、变换训练法和循环训练法。

1. 系统控制性训练方法

（1）模式训练法

① 模式训练法释义：按具有高度代表性的规范式目标模型的要求，组织和把握运动训练过程的控制性方法，叫做模式训练法。优秀运动员成功的训练模式具有典型的示范价值，首先需要明确地解析优秀运动员竞技能力的结构特点，制定出相应的结构模型，比照这一标尺，通过定向的科学选材、训练组织、成功参赛，以求培养出高水平的优秀选手。

模式训练法是一种系统的控制性训练方法，不是直接地告诉人们在一堂训练课上如何组织训练，而是为人们提供一种思路，指导教练员系统地确定训练目标，并把训练目标具体化、可操作化，使得训练活动的组织定向化，使得训练过程中可以定量地检查和评价训练活动的效果，促进训练目标的实现。

② 模式训练法的应用：应用模式训练法的工作流程包括建立模型、诊断比较、确定方向、组织实施等几个环节。

构建优秀运动员竞技能力结构模型，首先要建立一个能够反映优秀运动员竞技能力结构特点的完整的指标体系。在这个指标体系中，有些指标是能够定量测试的，要通过收集一定数量运动员的具体数据，进行统计处理，得出具有高度代表性的标准数值；而对于指标体系中无法定量测试的指标则可以作出定性的描述。

在训练过程每一个阶段的起终点，应对运动员的即时训练状态进行科学诊断，以优秀运动员竞技能力结构模型作为参照，分析运动员竞技能力结构中的优缺点，确定训练中需要加速发展或重点改进的竞技能力，并采取有效措施和手段予以实施。

"木桶理论"是对模式训练法的形象化解释，在诊断、评价、比较中发现阻碍运动员竞技能力总体水平提高的"短板"，并予提升，是提高其竞技能力总体水平的有效途径。

（2）程序训练法

① 程序训练法释义：事情进行的先后次序或工作的步骤叫做"程序"。程序训练法是一种依训练内容的结构特点和训练过程的时序性特点，设计和规划多个训练单元的系列组合，按照预定的程序安排前后衔接的练习内容，组织和把握运动训练过程的控制性方法。

任何一个项目的运动技术，都由若干个技术环节所组成；任何一种运动员所需要发展的竞技能力，也都有若干个因素影响着它的发展。绝大多数运动技术和战术配合，都不是一次练习就能够完满地掌握好的；任何一种竞技能力，也都需要通过多次的训练才能够得到有效的提高。因此，在训练中，先练什么，后练什么；一个完整的技术动作，一个成功的战术配合，要分成几部分逐一地去学习和掌握，都是教练员必须面对的问题。

② 程序训练法的应用：应用程序训练法的要点是要抓好编制训练程序、逐步实施、调解控制 3 个环节。

程序训练法以训练程序为控制依据，科学编制训练程序是实施程序训练法的重要前提。编制训练程序时，要将训练内容分解成若干个小的训练内容单元（或称步子），并将其编制出具有相关性、逻辑性特点的训练内容体系。例如，田径运动中掷标枪技术训练内容可分解为若干基本环节，即：准备、助跑、引枪、交叉步、掷枪。其中每一个基本环节的训练内容都可视为一个小的训练内容单元（步子）。

程序训练法亦可用于具体技术动作的教学与训练。例如蹦床运动员陆春龙按以下程序学习和训练"向前屈体空翻三周加转 180°"动作，在 2008 年北京奥运会男子蹦床个人赛中，将这一分值为 2.0 的难度动作作为出场动作，顺利完成，获得冠军（表 1-3-5）。

表 1-3-5 奥运会冠军陆春龙蹦床向前屈体空翻三周加转 180°
动作学习步骤及训练安排

| 序号 | 学习步骤 | 练习时间　次数 |
| --- | --- | --- |
| 1 | 向前屈体空翻二周加转 180° | 已掌握 |
| 2 | 向前团身空翻三周加转 180° | 已掌握 |
| 3 | 蹦床上运用保护带完成向前屈体空翻三周 | 一周 100 次 |
| 4 | 在坑内蹦床与海绵坑相连场地上，完成向前屈体空翻三周 | 一周 100 次 |
| 5 | 在坑内蹦床与海绵坑相连场地上，学习向前屈体空翻三周加转 180° | 一周 100 次 |

续表

| 序号 | 学习步骤 | 练习时间　次数 |
|---|---|---|
| 6 | 在坑内蹦床与海绵坑相连场地上，熟练掌握向前屈体空翻三周加转180° | 一周 100 次 |
| 7 | 在坑内蹦床与海绵坑相连场地上，铺高海绵包，使其高度高出蹦床1米，熟练完成向前屈体空翻三周加转180° | 一周左右 100 次 |
| 8 | 在标准蹦床上完成向前屈体空翻三周加转180° | 一至二周 200 次左右 |

（胡星刚，2008）

（3）微机辅助训练法

① 微机辅助训练法释义：以计算机技术为辅助手段，对运动训练过程实施控制的训练方法叫做微机辅助训练法，亦称 CAD（computer assistant direction）。

计算机技术有着信息存储量大、数据处理速度快、运用方便等优点，在现代社会中得到广泛应用。用于运动训练之中能够有效地改善训练工作质量，极大地提高工作效率。

② 微机辅助训练法的应用：微机辅训法可广泛应用于运动训练活动的许多方面。主要有：辅助规划训练过程、辅助仿真模拟动作、辅助诊断训练结症、辅助设计运动战术、辅助制订训练方案、辅助安排运动负荷、辅助临场统计分析等。这些方法经过近年来的广泛应用，已在实践中取得明显成效。

2. 具体操作性训练方法

在表 1-3-4 中 8 种具体的训练方法里，完整训练法与分解训练法是一对对应的训练方法，持续训练法、重复训练法以及间歇训练法则是同属一个系列的训练方法，因此，在后面的分述部分中，把这几种训练方法组合叙述。

（1）完整训练法与分解训练法

① 完整训练法与分解训练法释义：对于一项技术动作或战术配合练习，不分部分或环节，完整地进行训练的方法叫做完整训练法；而将完整的技术动作或战术配合练习分解成若干个环节或部分，分别进行训练的方法则叫做分解训练法。这是思路与操作完全不同的两种训练方法。运用完整训练法便于运动员完整地掌握技术动作或战术配合，保持技术动作或战术配合的完整结构和各个部分之间的内在联系；而运用分解训练法则有利于逐一地解决每一个技战术训练任务，并可集中精力完成专门的训练任务。表 1-3-6 列举了奥运会举重冠军陆永 2008 年 1 月基本训练周每天的主要训练内容及相应的训练方法。

表 1-3-6　2008 年奥运会男子 85 公斤级举重冠军陆永
基本训练中使用训练方法举例
（2008 年 1 月 14 日至 19 日）

| 星期/日期 | 训练内容 | 训练方法 |
|---|---|---|
| 星期一<br>2008-01-14 | 宽上拉：150 kg—170 kg—180 kg—190 kg<br>膝抓：50 kg<br>高翻：130 kg—150 kg—130 kg | 分解训练法<br>分解训练法<br>分解训练法 |

续表

| 星期/日期 | 训练内容 | 训练方法 |
|---|---|---|
| 星期二<br>2008-01-15 | 前蹲：200 kg—230 kg—240 kg—220 kg<br>预蹲：200 kg—220 kg<br>肌肉力量训练：10 组 | 分解训练法<br>分解训练法 |
| 星期三<br>2008-01-16 | 抓举：130 kg—140 kg—150 kg<br>窄硬拉：200 kg—220 kg—240 kg<br>半挺：130 kg | 完整训练法<br>分解训练法<br>分解训练法 |
| 星期四<br>2008-01-17 | 后蹲：200 kg—230 kg—260 kg—270 kg—240 kg<br>预蹲：200 kg—220 kg | 分解训练法<br>分解训练法 |
| 星期五<br>2008-01-18 | 宽上拉：150 kg—170 kg—180 kg<br>宽硬拉：180 kg—200 kg—220 kg<br>抓举：100 kg | 分解训练法<br>分解训练法<br>完整训练法 |
| 星期六<br>2008-01-19 | 测验：<br>抓举：130 kg—135 kg—140 kg<br>挺举：160 kg—165 kg—170 kg | 完整训练法<br>完整训练法 |

（依王国新改编，2008）

② 完整训练法与分解训练法的应用：应用完整训练法与分解训练法时要注意方法的选择与训练负荷的把握。

进行技术训练或战术训练时，教练员和运动员常常面临着一个问题：应该通过完整的技术动作练习和完整的战术配合练习去掌握它，还是运用分解训练法去进行练习？完整训练法与分解训练法在练习的内容与负荷等方面均有明显的差异，训练中应在完成不同任务时分别采用，不同项目也有不同的应用特点。

速度性、力量性、表现难美性、表现准确性、格斗对抗性、隔网对抗性项目比赛时间不长，运动员按比赛同样要求做一次完整的练习后，无须太长时间即可基本恢复，并能再次承受新的负荷。因此，在一次训练课中可以多次用等于甚至高于比赛强度的训练强度进行训练；耐力性项目、同场对抗性项目、轮换攻防性项目比赛时间长，像比赛一样进行一次完整的训练，运动员须全力以赴，常常要精疲力竭地去做才能够完成，进行一次完整的（比赛）训练之后，亦需要较长时间才能比较充分地恢复，因此，运用完整训练法训练时的负荷强度一般低于比赛的负荷强度。

运用分解训练法时负荷的强度可以局部地高于比赛强度，一次练习的负荷量不大，但一堂训练课的总体负荷量可大大地增加，甚至几倍于比赛负荷。运用分解训练法也要注意练习内容的合理"分解"问题，常用的有正向递进分解、逆向递进分解、散点组合分解等方法。按照技术动作和战术组合自身固有的顺序从第一个构成部分开始组织分解练习即叫做"正向递进分解训练"，反之，从结束部分开始由后向前组织分解练习即叫做"逆向递进分解训练"，不按固有顺序，先练习和掌握其中几个点（要点、难点或者易点），逐步连接完整掌握，即叫做"散点组合分解训练"。

（2）持续训练法、间歇训练法、重复训练法

① 持续训练法、间歇训练法、重复训练法释义：依练习中负荷与间歇的不同关系而建立的训练方法体系包括持续训练法、间歇训练法和重复训练法。

运动员做一个练习，有时需要不间断地进行，有时则把一个练习分成若干段，每两段练习之间加上一定时间的间歇，经过若干段的操作，最后完成一项内容的练习。前者即不间断地连续进行练习的训练方法叫做持续训练法，如10公里越野跑，40分钟的足球赛，连续100次垫接扣来的排球；后者即负荷与休息交替进行的训练方法称为间歇训练法或重复训练法。如果分段（次）负荷之间的休息相对比较充分，则称为重复训练法；如果分段（次）负荷之间的休息明显地很不充分，则称为间歇训练法。

以运动员在一次训练课中，须完成10公里跑为例，如果运动员采用持续训练法，则要不间断地连续跑完10公里；如果运动员采用重复训练法，可以选择2 000米段落，跑5次，每两次中间休息10~20分钟；如果运动员采用间歇训练法，可以选择1 000米段落，跑10次，每两次中间以慢跑400米作为间歇；或者选择400米段落，跑25次，每两次中间以慢跑200米或100米作为间歇。

② 持续训练法、重复训练法、间歇训练法的应用。应用持续训练法、重复训练法、间歇训练法的要点在于练习负荷的准确把握。

采用持续训练法时，由于连续负荷时间长，负荷量较大，所以负荷强度比较低，主要用于发展一般耐力素质，或藉以提高掌握某一练习方法的熟练程度。

采用重复训练法时，每次负荷的强度要求接近、等于甚至高于比赛时的负荷强度，所以，两次负荷之间的休息相对充分，心率通常恢复到每分钟120次左右，再进行下一次负荷。在一个训练单元中的总负荷量通常较小。重复训练法多用于专项训练时使用。

采用间歇训练法时，运动员把一个完整的练习，分解成若干较小的部分多次进行，中间予以适当的间歇，这就使得运动员在局部的负荷中有可能达到、甚至超过比赛时的负荷强度，而一个训练单元中负荷的总量亦可大大地超过一次完整练习的数倍。机体在不完全恢复状态下，反复进行练习，可有效地提高自身的乳酸供能、磷酸盐供能能力、有氧代谢供能能力以及多种混合供能能力。

间歇训练的实施及效果与分解负荷的特点、间歇的时间与形式密切相关，并组合形成了多种练习类型。胡亦海（1998）把间歇训练法区分为三种基本类型，即：高强性间歇训练方法、强化性间歇训练方法和发展性间歇训练方法。

持续训练法、重复训练法、间歇训练法三种训练方法均起源于中长跑的理论研究和训练实践，逐渐被其他竞速项目运动员所采用，并拓展至所有的运动项目，有了更为广泛的应用价值，其方法学理论也在训练实践中日益丰富和完善（表1-3-7）。

表1-3-7　2009年田径世锦赛男子20公里亚军中国竞走运动员王浩
2009年5月周训练过程中不同训练方法的运用

| 训练课 | 主要内容 | 训练方法 |
| --- | --- | --- |
| 星期一<br>2009-05-18 | 上午：计时走15 km<br>下午：身体训练，核心力量 | 比赛训练法<br>重复训练法、间歇训练法 |

续表

| 训练课 | 主要内容 | 训练方法 |
| --- | --- | --- |
| 星期二<br>2009-05-19 | 上午：间歇走 4×2 000 m<br>下午：身体训练，核心力量 | 间歇训练法<br>重复训练法、间歇训练法 |
| 星期三<br>2009-05-20 | 上午：中速走 25 km<br>下午：身体训练，核心力量 | 持续训练法<br>重复训练法、间歇训练法 |
| 星期四<br>2009-05-21 | 上午：计时走 20 km<br>下午：身体训练，核心力量 | 比赛训练法<br>重复训练法、间歇训练法 |
| 星期五<br>2009-05-22 | 上午：2×400 m+12 km+2×400 m<br>下午：身体训练，核心力量 | 重复训练法、间歇训练法<br>重复训练法、间歇训练法 |
| 星期六<br>2009-05-23 | 上午：耐力走 30 km<br>下午：身体训练，核心力量 | 持续训练法<br>重复训练法、间歇训练法 |
| 星期日<br>2009-05-24 | 上午：计时走 15 km<br>下午：休息 | 比赛训练法 |

（依邱俊强改编，2009）

（3）比赛训练法

① 比赛训练法释义：比赛训练法是指在近似、模拟或真实、严格的比赛条件下，按比赛的规则和方式进行训练的方法。比赛训练法有两种主要的组织形式：一种是在类赛条件下进行训练，另一种是赋予某些比赛以训练的任务和意义。

比赛是竞技体育的核心活动。一切训练活动都是围绕着能够使运动员获得和提高竞技能力并在比赛中充分表现出来而组织、运行的。运动员在近似、模拟或真实、严格的比赛条件下训练，有助于培养他们的实战意识和实战能力，"有助于增强运动员坚忍不拔、顽强拼搏、努力奋斗的进取精神；有助于强化运动员自觉积极、全心投入、刻苦敬业的训练作风；有助于培养运动员遵纪守法、尊重裁判、尊敬对手的思想道德；有助于提高运动员沉着稳定、机智果断、临危不惧的心理素质；有助于形成运动员和衷共济、团结一致、协同作战的集体观念；有助于发挥运动员心身相应、骁勇善战、高度发展的竞技能力"（胡亦海，2000）。

将某些比赛本身作为训练手段，是比赛训练法的另一种实施形式。运动员参加这些比赛，既是对于前此训练效果的检查和评定，又是对于后续重要比赛的专门准备。近年来，为了更好地发挥竞技体育的社会功能，满足民众的竞技观赏需求，并适应体育经济的发展需要，优秀运动员的竞赛活动的数量明显地增加了，运动员有了更多的机会通过各种各样的热身赛、对抗赛、系列赛等众多比赛，完成特定的训练任务，以便为成功参加最重要的赛事做好准备。例如，在我国优秀乒乓球运动员2008年赛事安排中，3月3日至6月20日中的一系列公开赛对于奥运选手来说，便具有训练性比赛的含义（表1-3-8）。

表 1-3-8　中国乒乓球队 2008 年度比赛安排

| 训练大周期/时间 | 主要赛事 | 比赛目的 |
| --- | --- | --- |
| 微缩大周期<br>1月6日—3月2日 | 斯洛文尼亚公开赛，第49届世界锦标赛（团体） | 加强针对性训练，培养参赛竞技状态 |
| 赛事密集期<br>3月3日—6月20日 | 奥运会亚洲预选赛，亚洲杯，中国公开赛，日本公开赛，韩国公开赛，新加坡公开赛 | 提高综合竞技能力，保持较高的竞技水平，针对比赛解决个别技战术问题 |
| 微缩大周期<br>6月26日—8月24日 | 第29届北京奥运会 | 加强针对性训练，培养良好的竞技状态，做好适应性训练，全力参加奥运 |
| 调整恢复期<br>9月 | 男、女世界杯，中国公开赛 | 积极恢复调整，适应新规则，尽快投入正常训练 |
| 联赛期<br>10月—12月 | 中国乒乓球俱乐部超级联赛，全国锦标赛，职业巡回赛总决赛，世界冠军总决赛，女子挑战赛 | 以赛促练，保持技战术水平，解决个别技战术问题 |

（赵霞，2010）

② 比赛训练法的应用：应用比赛训练法要注意明确应用目的、把握好训练与比赛规则的吻合度以及确定适宜的训练性比赛频次等问题。

在日常训练活动中采用比赛训练法，要有明确的目的，并做出相应的安排和要求。如果要全面培养运动员综合的参赛能力，则应严格地按照比赛规则、比赛形式、比赛环境和条件组织训练；如果重点培养运动员在某一方面的参赛能力，则应着重在有关方面作出安排并提出要求。不同目的的训练课中，采用比赛训练法时有关规定和要求与正式比赛规则的吻合度亦应有所不同。

比赛中运动员所追求与展示的运动强度通常都是最高的，按比赛要求组织的训练课上的负荷强度也是很高或者比较高的。高强度的训练是必要的，但并非越多越好，因此，要适当安排采用比赛训练法的课次。

参加训练性比赛是运用比赛训练法的重要实践。运动员多参加比赛有助于提高参赛能力和积累经验，但过多的比赛则易引发运动员生理和心理上过度疲劳，而且，长时间的备战和参赛，还有可能影响运动员技术细节的改进、新的战术配合的演练以及特定专项素质的发展。因此，安排参加训练性比赛同样要明确目的和把握适宜的频次。表 1-3-9 为刘翔在 2004 年备战雅典奥运会的全年比赛情况。

表 1-3-9　2004 年雅典奥运会男子 110 米栏冠军刘翔全年比赛一览

| 日期 | 比赛 | 项目 | 参赛目标 | 比赛成绩 |
| --- | --- | --- | --- | --- |
| 2月14日 | 全国室内锦标赛 | 60米栏 | 赛前练兵 | 7″51，第一名<br>平亚洲纪录 |
| 2月28日 | 法国室内大奖赛 | 60米栏 | 赛前练兵 | 7″51，第一名 |

续表

| 日期 | 比赛 | 项目 | 参赛目标 | 比赛成绩 |
| --- | --- | --- | --- | --- |
| 3月6日 | 布达佩斯（世界室内锦标赛） | 60米栏 | 全力以赴参赛 | 7″46，第二名 |
| 5月8日 | 大阪国际赛 | 110米栏 | 赛前练兵，保持一定的竞赛能力 | 13″06，第一名，破13″12亚洲纪录 |
| 5月23日 | 石家庄，奥运选拔赛 | 110米栏 | 赛前练兵，保持一定的竞赛能力 | 13″40，第一名 |
| 6月29日 | 萨格勒布国际赛 | 110米栏 | 赛前练兵，保持一定的竞赛能力 | 13″25，第一名 |
| 7月2日 | 罗马国际赛 | 110米栏 | 赛前练兵，保持一定的竞赛能力 | 13″11，第二名 |
| 8月1日 | 天津全国比赛 | 110米栏 | 赛前练兵，保持一定的竞赛能力 | 13″06，第一名 |
| 8月25日 | 雅典奥运会 | 110米栏预赛 | 取得次赛权 | 13″27，小组第一名 |
| 8月25日 | 雅典奥运会 | 110米栏次赛 | 取得复赛权 | 13″26，第一名 |
| 8月25日 | 雅典奥运会 | 110米栏复赛 | 取得决赛权 | 13″18，第二名 |
| 8月25日 | 雅典奥运会 | 110米栏决赛 | 力争夺冠 | 12″91，第一名 |

（孙海平，2004）

（4）变换训练法

① 变换训练法释义：变换训练法是指通过变化负荷量度、练习内容、练习形式以及训练环境，提高运动员训练的趣味性和积极性或促进运动员疲劳后更快恢复的训练方法。采用变换训练法的目的有二：一是提高运动员训练的趣味性和练习的积极性，二是促进运动员疲劳后更快恢复。

依变换的内容可将变换训练法分为三种，即：负荷变换训练方法、内容变换训练方法和形式变换训练方法（胡亦海，2000）。

② 变换训练法的应用：应用变换训练法要注意根据运动员不同的情况，根据训练任务的要求和运动员的即时状态，确定变换的内容，或是变换训练的负荷，或是变换训练的内容，或是变换训练的形式，或是综合性地变换。

训练任务发生变化时，训练的内容、负荷、形式都有可能予以变换。发展不同的竞技能力，应选择各自对应的练习内容。发展体能时，负荷强度、负荷量可加大，形式宜多样；学习掌握新的技术动作时，手段应集中，负荷量宜适度；进行战术配合练习，应针对赛场可能发生的多种场景组织实施，并分别在体力充沛和疲劳状态下进行组练。

运动员在大负荷训练结束或者比赛结束之后，在心理或生理各方面需要进行调整时，则应变换训练环境、变换训练内容、降低训练负荷。此时，宽松的生活节律与新异、优美的训练环境对于帮助运动员从连续比赛或大负荷训练的紧张状态下解脱出来常常可以产生良好的效果。

（5）循环训练法

① 循环训练法释义：按照预定的路线和顺序，分站依次连续完成不同练习，组间间歇，多组进行的训练方法，称作循环训练法。

循环训练法早期主要在身体训练时采用，通常每组由6~10个练习组成，每个练习分别发展身体不同部位肌群的力量耐力。在一组之中，一个接一个地连续完成不同的练习，运动员交替训练不同肌群的力量耐力素质，同时，心血管系统则持续工作。做完一组各个练习之后，方安排一定时间的休息。由于早期循环练习的编排者将各个工作站围成一个圆圈，所以将其命名为循环训练法（图1-3-2）。近年来循环训练法的应用范围逐渐扩大，并被应用于技术、战术训练之中。例如，在排球运动训练中，可将扣球、拦网技术、防守技术等作为练习站实施循环训练；在篮球运动训练中，可将跑动接球、运球过人、急行跳投、冲抢补篮等作为练习站实施循环训练。

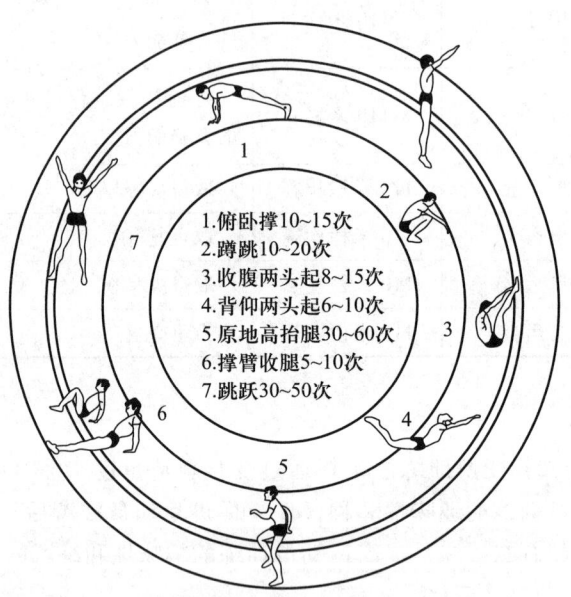

图1-3-2　全身不同肌群力量耐力循环练习

（田麦久，1997）

② 循环训练法的应用：应用循环训练法应注意科学编制练习组合、组内保持连续完成各项练习这样两个要点。

科学编制练习组合：发展运动素质的循环训练组合通常应包括6~10个练习，分别用于发展上肢、下肢、腰腹、肩背等不同部位肌肉的力量，因此，首先要选择能够有效发展相应肌群力量素质的练习，确定各个练习的负荷强度与负荷量，然后进行编组。为了发展不同部位的力量练习能交替进行，注意不要将发展同一个肌群的力量练习设置在相邻的两个站上。编制提高技战术能力的循环训练组合时，要注意选择练习的有效性，并需考虑相邻的两个练习之间是否便于连接进行。

组内保持连续完成各项练习：在每一组的练习过程中，要注意各个练习之间应保持连续进行，不要有间歇，以便给心血管系统施加更大的负荷。

## 三、运动训练负荷

### （一）运动训练负荷释义

运动训练负荷是指在运动训练活动中，各种练习施加于运动员机体生理的和心理的训练刺激。

在生活、劳动、工作、运动训练等各种活动中，人体都要承受这些活动所施加的不同刺激。其中，在运动训练活动中，以发展运动员竞技能力、提高运动员运动成绩为目的所施加的刺激即称为运动训练负荷。在没有训练刺激的情况下，人体的生长、发育、衰老、死亡过程是按照其固有规律进行的，而通过训练刺激，可以影响人体自然的发展过程，并引导人体的机能发生定向的变化。

人体的生命活动包括生理活动和心理活动。运动训练负荷既影响着人体的生理活动，也影响着人体的心理活动，引起运动员生理状态和心理状态的变化。运动训练活动通过施加训练负荷改造运动员的机体，提高和发展他们的竞技能力，运动员机体适应于竞技需要的定向改造也必须在训练负荷的影响下才有可能实现。所以说，运动训练负荷是运动训练活动必不可少的重要构成因素。

运动训练负荷蕴含于不同目的、不同形式的体育练习之中。练习的内容不同，练习的量度不同，练习的方法不同，会对运动员机体产生不同的刺激。这些刺激，既可能使得运动员的机体产生有利于竞技能力发展和提高的变化，也有可能使得运动员的机体产生不利于竞技能力发展和提高的变化。因此，人们就要研究，什么样的运动训练负荷能够有效地实现对运动员机体的良性改造；什么样的负荷内容，能够使运动员准确地发展专项比赛所需要的竞技能力；什么样的负荷量度和负荷方法，能够使运动员有效地发展专项比赛所需要的竞技能力；怎样的负荷安排，能够使运动员适时地提高和表现出专项比赛所需要的竞技能力。

### （二）运动训练负荷的构成

运动训练负荷由负荷强度与负荷量所构成。负荷强度是指负荷对于运动员机体刺激的深度，负荷量则是指负荷对于运动员机体刺激的量度。负荷强度反映着训练负荷的质的特征，是运动负荷的核心要素；负荷量反映着训练负荷的数量特征，负荷量的施加与变化是负荷强度变化的基础。

1. 负荷强度

（1）负荷强度是运动负荷的核心要素

负荷强度的核心价值，取决于负荷强度与比赛强度的密切联系。所有竞技项目的运动竞赛都是运动强度的较量。运动员为了要成功地参加比赛，就必须在运动训练中培养出高强度运动的能力，而高强度的运动能力又必须在高强度的训练负荷下才有可能得以培养。所以说，负荷强度是运动训练负荷的核心要素。

多姿多彩的运动项目比赛竞技的焦点各有不同，有的竞速、有的竞距、有的竞重、有的竞准、有的竞美、有的竞难、有的竞势、有的竞难竞美，组合项目的比赛则在多个相关维度上展开竞技。竞速项目比谁移动的速度最快；竞距项目比谁跳跃得最远或者最高，或者谁把器械投得最远；竞重项目比谁举起的重量最大；竞准项目比谁把枪弹、箭弩射中的环数最高，或者谁把球击中、踢中、掷中特定区域的次数最多，或者谁用手、足、器械击中对手身体特定部位的次数最多；竞美项目比谁完成的动作最好看，或者谁的形体塑造得最漂亮；竞难项目比谁完成的动作难度最大；竞势项目比谁按特定规则要求占据优势而得到的分数最多（表1-3-10）。

表1-3-10  不同运动项目竞技强度的不同表现

| 竞技内容 | 主要项目 | 竞技强度的主要表现 |
| --- | --- | --- |
| 竞速 | 赛跑、竞走、游泳、自行车、速度滑冰、速度滑雪、船艇、蹼泳、赛车、铁人三项 | 速度 |
| 竞距 | 跳跃、投掷 | 远度、高度 |
| 竞重 | 举重 | 重量 |
| 竞准 | 射击、射箭、球类、击剑、拳击、跆拳道、高尔夫球、冰壶 | 准确性得分 |
| 竞难竞美 | 体操、艺术体操、技巧、蹦床、跳水、花样游泳、花样滑冰、自由式滑雪空中技巧、单板滑雪、滑水技巧、马术、武术套路、健美操、健美、体育舞蹈 | 难度得分+完成质量得分 |
| 竞势 | 摔跤、柔道、跆拳道、空手道 | 优势得分 |
| 综合竞技 | 现代五项、冬季两项、田径全能 | 综合得分 |

竞技强度决定着竞技的水平。竞技的水平越高，要求运动员展示越高的竞技强度。运动员首先必须在训练中承受特定的负荷强度要求，在训练中获得相应的竞技强度能力，才有可能在比赛中表现出期望的竞技强度水平。

运动员在训练中获得的竞技强度能力，与在比赛中表现出的竞技强度水平之间有着密切的相关（图1-3-3）。但对具有不同竞技特点的不同项目来说，二者之间的关系又有不同。技能主导类表现难美性项目的运动员通常在训练中都会多次高强度地完成比赛所要求完成的高难技术动作，比赛时则要求一次完美的展现；技战能主导类直接对抗性项目的运动员在训练中常常

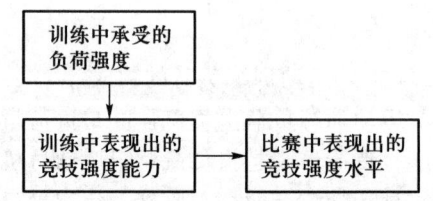

图1-3-3  负荷强度对于比赛表现的意义

要在比正式比赛还要困难的环境中，高强度地完成比赛动作或比赛战术，比赛时则在不断变化的条件下灵活地运用和展现自己的技能和战术能力；而体能主导类项目的选手中，有些可以在训练中达到超过比赛水平的训练强度。而无论要求运动员在训练中表现出什么样的竞技强度能力，均需要通过相应的训练负荷强度的刺激才能够得以培养、得以发展。毫无疑问，在运动训练活动全局的把握中，负荷强度是教练员和运动员安排训练负荷时最为关注的首要问题。

（2）运动训练负荷强度的评定指标

按评定指标的学科特征，可把负荷强度评定指标分为训练学指标和生物学指标两大类。

① 训练学指标：运动训练是为运动竞技服务的，对于运动负荷的评价应以是否能够有效地提高运动员竞技能力为标准；同理，对于训练负荷强度的评价则应以是否能有效地提高运动员的竞技强度为标准。在不同运动项目的比赛中，运动竞技强度的表现各有不同，在运动训练中，则需要各自建立相应的训练负荷强度的评定指标。

由于对运动员在训练中所承受的负荷强度与其在比赛所表现出来的竞技强度有着密切的关联，所以，可以通过运动员训练中的负荷强度与比赛中的竞技强度的比较，来对训练负荷强度的高低进行评价。通常，人们把运动员在比赛中所表现出来的、或者所期望达到的竞技强度作为基数，标定为100%，然后计算训练负荷强度与其的对应关系，定量地作出百分评定，或者定性地作出级别评定。

在不同运动项目的比赛中，运动竞技强度的表现各有不同，其与训练负荷强度的关系也有明显的区别。体能主导类项目比赛时要求运动员最大限度地动员机体潜力，训练中的专项手段负荷强度通常会低于最大竞技强度；而体操、花样滑冰等技能主导类项目比赛时要求运动员一次性完美地完成比赛动作，这就需要在训练中同样地多次完成，因此训练课总的负荷强度常常会超过比赛强度；射击、射箭等技心能主导类项目的竞技强度与训练负荷强度的高低与射中环数的高低没有直接的相关，因此，训练负荷强度的高低更多地体现在一次训练课中实射练习的比重上，同时，心理负荷的大小也是一个重要的指标；各种球类项目以及拳击、摔跤等双方直接对抗的竞技项目比赛的竞技强度与对手水平有着重要的关系，训练负荷强度也因训练同伴的水平而异。

因此，在运动训练中，不同项目要各自建立相应的运动负荷强度的评定指标。在田径、举重等测量类运动项目的比赛中，运动员的成绩可以定量地予以测量，同样也可以准确地计算其训练中的负荷强度。表1-3-11举例说明了不同类别测量类项目负荷强度系数的计算。

表1-3-11 不同测量类项目负荷强度系数计算的举例

| 类别 | 竞技内容 | 负荷强度系数计算的举例 | | | |
| --- | --- | --- | --- | --- | --- |
| | | 项目/选手 | 比赛竞技强度 | 设定训练负荷强度 | 训练负荷强度系数 |
| 竞速 | 速度 | 男子100跑<br>牙买加 博尔特 | 100 m/9.58 s =<br>10.44 m/s | 100 m/11.00 s =<br>9.09 m/s | 9.09 m/s÷10.44 m/s =<br>87.0% |
| 竞距 | 远度 | 女子三级跳远<br>喀麦隆 埃托内 | 15.39 m | 14.50 m | 14.50 m÷15.39 m = 94.2% |
| | 高度 | 男子跳高<br>中国 朱建华 | 2.39 m | 2.30 m | 2.30 m÷2.39 m = 96.2% |
| 竞重 | 重量 | 女子举重69 kg级<br>中国 刘春红 | 抓举158 kg | 140 kg | 140 kg÷158 kg = 88.6% |

② 生物学指标：运动员承受训练负荷，必然引起机体的生理生化反应，因此，通过生理生化指标的监测，可以客观地判定训练负荷的强度，常用的指标有心率、尿蛋白、血乳酸等。在体能主导类项目的训练中，对生理生化指标的应用最为普遍。如表1-3-12、

表1-3-13 关于举重与赛艇运动员训练负荷强度的生物学指标分级。

表1-3-12 中国男子举重队训练与比赛中不同强度试举后即刻心率值（次/分钟）

| 负荷强度（%） | 抓举后 | 挺举后 |
|---|---|---|
| 70 | 130.9±6.9 | 145.8±7.9 |
| 80 | 133.7±6.6 | 150.7±8.9 |
| 90 | 137.9±8.2 | 158.2±21.2 |
| 100 | 146.3±9.4 | 170.7±7.9 |

（冯葆欣等，1995）

表1-3-13 江苏省男子赛艇运动员四级强度（%$\dot{V}_{O_2max}$）后血乳酸和其他相应指标变化 $N=20$

| 强度（%） | 心率（b/min） | 乳酸（mmol） | 功率（W） | 桨频（b/min） |
|---|---|---|---|---|
| 80 | 135.3±12.3 | 2.74±1.08 | 199.5±19.4 | 21.3±1.6 |
| 90 | 164.0±10.1 | 5.5±1.5 | 283.3±28.8 | 23.7±1.78 |
| 95 | 178.9±8.3 | 11.3±2.79 | 336.1±34.0 | 27±1.8 |
| 100 | 184.9±6.9 | 18.25±2.58 | 395±32.8 | 32.1±1.7 |

（丁宁炜等，2001）

2. 负荷量

（1）负荷量是运动负荷的基础要素

① 负荷量的施加与变化是负荷强度变化的基础：负荷量是指负荷对于运动员机体刺激的量度，反映着训练负荷的数量特征。在一定的负荷强度下，运动员能够承受的负荷量的大小，反映着其负荷承受能力的大小。负荷量是运动负荷的基础要素，负荷量的施加与变化是负荷强度变化的基础，训练负荷量变化的最终目的是促进和实现负荷强度的变化。从这一意义上讲，负荷量的变化是手段、是途径，负荷强度的变化则是本质、是目的。

在运动训练中，一定负荷强度下的负荷量的变化是比较容易操作的，是运动员比较容易接受的。运动员承受训练负荷能力的提高，通常都是从增加负荷数量开始的。随着承受一定负荷强度的数量的增加，运动员便具备了承受更高负荷强度的可能。此时，若减小负荷量，则有可能承受更高的负荷强度。例如，一名运动员起初只能够将50千克的重物连续举起3次，多次练习后，逐渐能够连续10次举起50千克的重物了，这时，他就可能把60千克，甚至更重的重物连续举起3次了。

② 负荷量的施加与变化需要渐进与累积：运动员竞技能力的提高，在很大程度上依赖于对人体各个系统、各个器官的生物学改造。而人体的生物学改造不是一蹴而就所能够实现的，它必须深入到细胞和分子的层次，通过外加训练负荷的刺激，唤起人体的适应性机制，促使人体的生物系统和器官一点一滴地发生变化，并逐渐累积，最终发生器质性或者功能性的改变，实现人体竞技能力的发展与提高。

人体在一个训练单元内所能够承受的训练负荷是有限度的，运动员机体对于任一特定强度负荷的刺激，每次只能连续接受一定的次数或时间。外部的训练负荷加之于人体持续一定时间时，人体在该时间内所能够动员的能源消耗到一定程度，疲劳积累到其承受能力的极限，运动员中枢神经系统便实施保护性抑制程序，向运动器官发出指令性信号，命令各器官停止工作，拒绝继续承受外加训练负荷。然后，运动员在休息状态中等待机体的自然恢复和采取人为促进恢复的措施，待恢复至特定程度时再次给予负荷，继续启动机体的适应性发展过程。如此多次重复，经历一个渐进与累积的过程，逐步地实现人体竞技能力的提高。

在一定的范围内，运动员接受外部刺激的量度越大，机体的应答式反应就越强烈，导致机体适应性的变化也会越加明显，在适时而又充分的恢复之后，运动员的竞技能力就会获得越加显著的提高。

科学研究与训练实践表明，这种渐进的生物学改造需要多次的、持续的训练负荷的刺激，同时，人体的生物学改造又是阶段性地、周期性地完成的。在这个过程中，负荷量的施加与变化应该是渐进的、累积的。

（2）运动负荷量的评定指标

负荷量的评定指标同样可分为训练学指标和生物学指标两大类。

① 运动训练负荷量的多种表现形态：运动负荷的数量特征有4种基本的表现形态，即：练习时间、练习次数（组、套数）、位移距离和负荷重量（表1-3-14）。

表1-3-14 运动训练负荷量的表现形态

| 表现形态 | 测量单位 | 运动训练方式 |
| --- | --- | --- |
| 练习所用时间 | 秒、分、小时、课、日、周 | 各种练习 |
| 练习的次（组、套）数 | 次、组、套、轮 | 各种练习 |
| 位移的距离（走、跑、游、划、滑、骑、驶、跃等） | 米、千米（公里） | 位移练习 |
| 负荷的重量 | 千克（公斤）、吨 | 负重练习 |

a. 练习时间：练习时间是所有竞技项目训练负荷共有的表现形态，任何练习都必须在一定的时间内完成，因此，练习所用时间的长短就成为衡量负荷量的一个常用指标。

在对练习时间做相互比较时，要注意两两的可比性，要考虑该练习时间中，负荷的其他特征，如运动员水平、训练阶段、负荷内容、负荷强度等。相同特征或不同特征环境下的练习时间包含着不同的训练信息，分析时需加以重视和区分。

练习时间常用的测量单位中，有些含义非常明确，如秒、分、小时，有些含义则比较模糊，如课、日、周。秒、分、小时是准确的时间计量单位，在运动训练中，用以准确记录和计算实际练习所用的时间，相同内容、相同强度的秒、分、小时计数的负荷量应是等值的。但课、日、周则不同，这几个模糊计量单位不能准确记述训练负荷的量度：同是一堂课，可能练了4个小时，也可能只练了1个小时；同是一个训练日，可能安排了3次训练课，也可能只安排了1次训练课；同是一周的训练，可能训练7天共13次课，也可能只训练4天共6次课。但在作年度的或者训练大周期的训练负荷分析时，这些模糊指标有时仍然具有一定的分析价值。

b. 练习次数：练习次数是所有竞技项目训练负荷共有的另外一种表现形态。"次"是人类活动或事物发生的一个基本单位，任何体育练习也都可以按"次"来计量，因此，练习次数也就成为衡量负荷量的另一个常用指标。

"次"是一个量度极不确定的测量单位。通常人们完成某一项操作，即成为"一次"，如果连续或间歇后重新再实施该项或另一项操作，即称为"再次"，或"第二次"，与第一次合称"两次"。这里的"次"，不含有各"次"练习的内容、练习时间、负荷强度等方面的信息，只表明进行了"一次操作"。虽然"次"的含义极其模糊，但正是因此，它便具有了很大的包容性，所以，许多难以准确描述、难以准确定量的训练负荷，便可以"次"为单位而计量了。在运动训练实践中，人们可以用"次"来计量同一练习多轮重复的数量，也可以用来计量不同练习多轮重复的数量。

"组、套、轮"等单位是"次"的拓展。一组练习的次数称作组数（如成组力量练习的次数），一套练习的次数称作套数（如体操、花样滑冰运动员成套练习的次数），一个循环轮次练习的次数称作轮数（如摔跤运动员与3名同伴依次进行一个回合练习的次数）等。

c. 位移距离：位移，包括整个人体的位移和运动员肢体的位移，是不同项目竞技运动最常见的表现形式之一。在竞技项目大家族中，有的项目是直接比整个人体位移距离的，如竞距的各种跳跃项目；还有许多项目是比整个人体位移速度的，位移的方式包括走步、跑步、游泳、划船、滑行、骑车和驾驶共7种。

肢体位移在任何竞技项目中都有着非常重要的作用，如铁饼运动员的挥臂掷饼，足球运动员的摆腿踢球、拳击运动员的直拳击打。而身体位移能力，除了竞速竞距的运动项目之外，也在许多其他运动项目中有着非常重要的意义。优秀足球运动员在一场比赛中跑动的距离常常超过10千米；体操运动员在跳马和自由体操比赛中，也必须完成快速有力的助跑；拳击、击剑选手在比赛中，也都需要运用快速的身体位移，完成进攻和退守的战术行为。因此，运动训练中要安排大量的身体位移的练习。一堂课或一个训练周，或一个训练年度中，运动员完成身体位移的距离，便成为其训练负荷量的重要指标。

d. 负荷重量：外加负荷是运动训练中经常采用的增加难度的一种手段，在发展运动员力量素质的训练中，经常外加重物负荷，因此人们就以一次训练课或一个训练周，或一个训练年度完成负重练习的总重量作为力量训练负荷量的统计指标。

许多因素影响着负重练习的负荷与效果。完成负重练习的不同形式，不同重物，不同重量，移动重物的不同路线，不同距离等都会导致不同的负荷特点，产生不同的负荷效果。例如，杠铃练习，不同重量的负荷不同；同一重量不同动作深蹲起和提铃至胸的负荷特点不同；同一重量宽握和窄握的负荷量度也不同。在对练习进行训练负荷量统计和分析时，一定要注意到这些区别。

② 不同项目专项负荷量的不同评价指标。一般来说，练习次数、练习时间是所有项目负荷计量的通用指标。但不同项目专项训练的手段不同，所以，统计训练负荷量的指标也各不相同。体能主导类的运动项目可用具体的千米（公里）、千克（公斤）等距离、重量等度量单位来予以计量和评价，技能主导类、技心能主导类、技战能主导类的运动项目则分别计量不同类型练习的次数和时间（表1-3-15）。

作专项训练负荷量统计时，要注意根据不同的训练计划，对一个手段、一次训练课、一周、一年等时间单元的负荷量分别进行统计和比较。

表 1-3-15　不同项群专项训练负荷量常用评价指标举例

| 项群 | 项目举例 | 专项训练负荷量指标 |
|---|---|---|
| 体能主导类 | 中长距离跑 | 跑步练习的公里数<br>特定段落练习次数 |
| | 举重 | 举起重量的公斤数<br>特定重量练习次数 |
| 技能主导类 | 体操 | 单个动作、组合练习、成套练习的次数 |
| 技心能主导类 | 射击 | 空发、实弹射击次数 |
| 技战能主导类 | 篮球 | 单个练习次数<br>配合练习次数、时间<br>全队实战练习时间 |
| | 摔跤 | 个人练习时间、次数<br>对抗练习时间、次数 |

③ 测量训练负荷量的生理生化指标：训练负荷量对机体的影响同样可以通过生理生化指标得到反映。训练负荷量的变化能够引起心血管系统、免疫系统、内分泌系统、神经系统、氧运转系统、骨骼肌系统以及物质能量代谢系统产生相应的变化。表 1-3-16 表明，国家体操队运动员在不同负荷量时某些血液成分会产生明显的变化，最大负荷量训练后，运动员红细胞数减少，血红蛋白、血清铁蛋白量也下降。

表 1-3-16　中国体操队运动员在不同负荷量时某些血液成分的变化

| 被试 | 血液成分指标 | 最大负荷量时 | 调整负荷量时 |
|---|---|---|---|
| 女子<br>$N=24$ | 红细胞数×1 012/L | 3.96±0.18 | 4.01±0.18 |
| | 血红蛋白 g/L | 114±4 | 131±12 |
| | 血清铁蛋白 μg/L | 89.8±27.1 | 123.0±28.1 |
| 男子<br>$N=24$ | 红细胞数×1 012/L | 4.35±0.33 | 5.27±0.28 |
| | 血红蛋白 g/L | 129±5 | 143±11 |
| | 血清铁蛋白 μg/L | 180.7±100.7 | 192.9±97.3 |

（周琴璐、曲岩、李强等，2001）

（三）运动训练负荷的控制

1. 运动训练负荷控制的必要性

运动训练活动普遍都存在训练负荷问题，应强调的是，对运动员施加运动训练负荷绝对不是行为的目的，它只是服务于运动员竞技能力的改善与提高这一目的的措施与手段。

运动训练负荷有着双向的效应，即：适应与劣变。在适宜的运动训练负荷影响下，经过适时的休息与恢复，运动员机体产生适应性变化，竞技能力能够得到改善和提高；但如果运动训练负荷过大，超过了运动员所能够承受的限度，或者负荷后机体在生理、心理诸

方面没有得到适时的、必要的恢复的情况下，又再次承受训练负荷时，运动员的机体则会发生劣变，出现机能恶化、运动能力明显下降的现象。因此，要想使训练得到理想的结果，就必须对运动训练负荷实施科学、有效的控制。把训练负荷控制在适宜的范围内，在负荷之后，科学做出恢复安排，及时、有效地消除运动员承受训练负荷带来的疲劳，积极地促进超量恢复机制的运行，实现改善和提高运动员竞技能力的目的。

2. 运动训练负荷控制的基本理念

（1）确立适宜的负荷增长目标

从20世纪的二三十年代起，运动训练从单纯兴趣式的活动逐步转向有组织、有计划持续进行的社会行为。人们在长期的训练实践中发现，练习得多一些，提高得就快一些，进而不断地突破原先认为不能逾越的负荷"极限"，使得许多运动项目，首先是体能主导类的竞速、竞距、竞重的竞技项目群的运动水平大幅度地提高，许多竞技项目的世界纪录被不断刷新。在苏联的教科书上，将"不断加大训练负荷，直至最大"列为一条训练原则，我国也在20世纪60年代初期，提出了"大运动量"训练原则。许多教练员尝试寻找运动员负荷的极限，甚至追求所谓"超极限负荷"的训练。

毫无疑问，加大运动训练负荷是可能提高运动员竞技能力的途径之一。而且，有时也是能够较快见效的训练途径。但是，单纯依靠训练负荷的不断加大，特别是对于"极限负荷"的追求，必然地会伴随着巨大的风险。人们对于"极限"的把握，还远远不能做到准确的程度，主观认定的"极限"，有可能低于真正的"极限"，也有可能高于真正的"极限"。运动员接受低于真正极限的负荷的训练，提高的幅度可能会小于接受更接近于真正极限的负荷的训练，但一旦接受了高于真正极限的负荷的训练，出现过度负荷，则会给运动员的生理和心理带来巨大的损伤，严重影响运动员训练的系统性，甚至可能造成灾难性的后果，终结其运动寿命。所以，在加大训练负荷时，应注意确立适宜的负荷增长目标，在尝试突破性的训练负荷时，应特别谨慎，注意"留有余地"。

（2）运动训练负荷应循序渐进地增长

运动训练负荷的增长应该注意循序渐进，波浪式增长。人体在一个训练单元内所能承受的训练负荷是有限度的，运动员机体对于任一特定强度负荷的刺激，每次只能连续接受一定的次数或时间，外部的训练负荷加诸人体持续一定时间时，人体在该时间内所能够动员的能源消耗到一定程度，疲劳积累到其承受能力的极限，运动员中枢神经系统便实施保护性抑制程序，向运动器官发出指令性信号，命令各器官停止工作，拒绝继续承受外加训练负荷。然后，运动员在休息状态中等待机体的自然恢复和采取人为促进恢复的措施，待恢复至特定程度时再次给予负荷，继续启动机体的适应性发展过程。如此多次重复，经历一个渐进与累积的过程，逐步地实现人体竞技能力的提高。因此，运动训练负荷的增长途径应该是循序渐进式的、波浪式的。

例如，世界著名长跑家芬兰选手维伦在1968—1972年的专项提高阶段，负荷逐年增加，运动成绩也相应地得到提高。但在高度紧张的奥林匹克年（1972年）的训练和比赛之后，他必须进行必要的调整，以使机体从生理和心理两个方面得到恢复，并积极治疗由于多年艰苦训练和激烈竞赛所带来的运动创伤。在1973—1976年这个奥林匹克周期中，为了能在疲劳、伤病的情况下仍然积极地参加训练和竞赛，维伦的教练安排了波浪式的年度负荷节奏。这样安排的结果，使维伦成功地在1976年的奥运会上再次获得了5 000米和 10 000 米两枚金质奖章（图 1-3-4）。

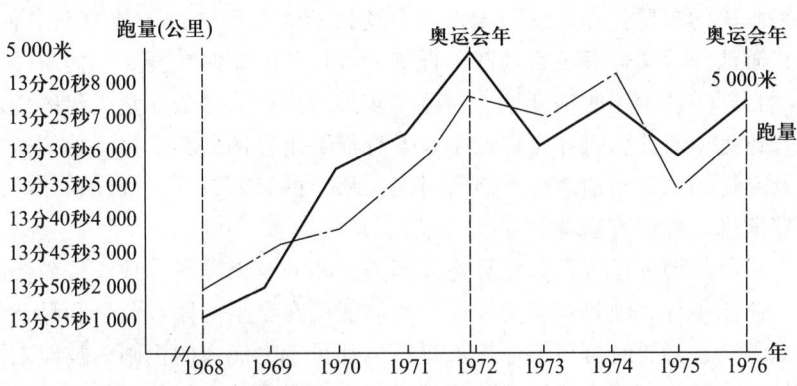

图 1-3-4　维伦在专项提高阶段（1969—1972 年）及最佳竞技阶段
（1973—1976 年）负荷安排的不同特点

（田麦久，1982）

（3）把握发展不同竞技能力训练负荷的不同特点

运动员竞技能力由其体能、技能、战术能力、心理能力以及知识能力所组成。不同竞技能力对运动员机体不同系统和器官的动员程度与工作要求都有明显的差异，因此，在不同竞技能力的训练中，训练负荷的施加也各有鲜明的特点。

发展运动员体能时，练习的主要效果体现在运动员速度、力量、耐力等素质的变化上，所以多采用同一练习多次重复进行。因此，负荷的重点在于负荷强度和负荷量的把握，负荷的即刻效果主要反映于运动员疲劳的程度。需要时，可以要求运动员在负荷中达到深度的疲劳。根据比赛的需要，中长距离竞速运动员需要发展疲劳状态下忍受乳酸堆积、动员机体坚持高速运动的能力，在训练中就要使运动员进入此种情境，才有可能有效地培养出疲劳状态下继续拼搏必需的体能。

发展运动员技能时，练习的主要效果体现于运动员是否能准确地掌握和规范地演练相应的技术动作。依技能学习理论，运动员在良好的体能状态下，中枢神经系统才能够流畅地指挥全身的运动器官协调地完成特定的技术动作。因此，在技能训练中，就要注意安排适度的负荷，使运动员在体力充沛的状态下，集中注意力于动作技术的理解、把握和熟练的操作上。而如果运动员负荷过大，处于疲劳状态下要动员自己的机体继续运动，就难以将注意力集中起来去学习和掌握运动技术了。一种例外的情况是，运动员已经熟练地掌握了某一种技术动作，如篮球运动员的投篮技术，为了培养其在疲劳状态下仍能较好地完成该动作的能力，常常也会安排较大的负荷，在比较疲劳时让运动员做投篮练习。

发展运动员战术能力、心理能力、知识能力，都要求在不同量度的负荷条件下进行训练。学习新的战术方法、新的战术组合，应在较小或中等负荷下进行；提高相持过程中对抗竞技时战术运用的能力，应在中等或较大负荷下训练；培养运动员自我动员、自我控制和顽强拼搏的心理品质，可在各种量度的负荷条件下进行；而在各种特征和不同量度负荷的训练中，也可以培养运动员更好地理解、体会和运用专业知识的能力。

（4）掌握不同训练阶段运动员训练负荷安排的不同要求

运动员全程性的多年训练过程，通常划分为基础训练阶段、专项提高阶段、最佳竞技阶段和竞技保持阶段共 4 个阶段。每个阶段运动员的年龄区间不同，主要训练任务也不

同，训练负荷的安排亦应有所区别。

基础训练阶段的首要任务是围绕未来专项竞技的需要发展协调能力和多种运动技能。体操、跳水、游泳、乒乓球等项目的基础训练阶段可从儿童时期开始，而田径、篮球、足球、举重等项目则应从少年时期开始。在这个年龄时段，大多数儿童少年的生理系统和心理系统的发育还远未成熟，机体自然的生长发育需要丰富的营养支撑，他们基本素质的培养、对社会及环境的认识与适应也都需要时间、精力的必要投入，因此，此时的运动训练负荷应该循序渐进，并留有余地。

专项提高阶段的训练任务是以主导竞技能力为核心全面发展专项竞技需要的各种竞技能力。此时，体能主导类项目运动员发展专项体能可在严格的医务监督和科技保障的条件下，加大训练负荷，必要时可谨慎地探求逼近运动员承受能力的极限；技能主导类项目运动员发展高难技术动作，更应该注意负荷的适宜度，以求在良好的机能状态下，准确地把握动作要领，并避免在疲劳状态下练习高难动作而受伤；技心能主导类项目运动员应在稳定的适宜负荷下训练和提高稳定的技术把握能力；技战能主导类项目运动员则需在多种负荷环境中，培养在不同疲劳状态下实施战术计划的能力。

最佳竞技阶段是运动员运动生涯中的黄金阶段，是收获的季节。运动员在这一阶段的主要任务是大量参加比赛，并力求创造个人最佳的运动成绩。因此，这一阶段训练负荷的安排，又有着鲜明的特点。

体能主导类项目运动员在此阶段训练中，应更加注意高负荷强度的冲击，而不再追求总体负荷量的提升。在基本训练课上，训练负荷强度较高，负荷量通常低于或略低于专项提高阶段；在赛间训练中，常常要通过负荷强度降低、负荷量适当加大的练习，缓解神经系统的紧张程度，帮助机体更好地恢复，迎接下一场比赛。

其他项目训练负荷的把握大都与专项提高阶段类似，由于运动员要参加大量比赛，应对训练负荷做出更加细致的具体安排，既要做到使运动员在重要比赛时体力充沛、处于巅峰状态，又要保障运动员有坚实的负荷基础，在持续几年的整个阶段中保持高度的竞技水平。

进入高水平竞技保持阶段的运动员已经度过了个人的竞技高峰，但仍在高水平选手的层次上参加比赛。在此阶段的训练中，运动员应力求保持较高的负荷强度水平，并以保持性的负荷量为其支撑。由于运动员经常处于较高的兴奋状态，有时，也可能会在训练中意外地表现出超常的高负荷强度，在此种情况下，应注意适当节制。

（5）对运动训练负荷实施科学监测

对运动训练负荷进行科学的监测，是对运动员竞技能力状态进行准确诊断的必要前提。应采用训练学、心理学与生物学的方法从不同视角诊断训练负荷对运动员竞技能力变化的影响与作用，判定训练效果，为训练过程的组织实施提供可靠的科学依据。

## 四、运动训练过程

### （一）运动训练过程及其构成

#### 1. 运动训练过程释义

运动训练过程是运动训练活动在时间维度上的表现，是运动训练活动进行的步骤和程序。运动员任何一项有着特定目标的运动训练活动,都在时间维度上表现为一段过程。每一段运动训练过程的时间跨度可大可小,时间有长有短。做一个练习有一个练习的过程,练一堂课有一堂课的过程,一周、一月、一个季度、一个年度的训练活动有一周、一月、一个季度、一个年度的训练过程,优秀运动员从事运动训练活动的整个生涯有全程性的运动训练过程。

运动训练过程是客观存在的现实。人们明确运动训练过程的存在,了解运动训练过程的结构,认识运动训练过程的特征,对于准确把握运动训练活动的客观规律,制订科学的运动训练计划,提高运动训练活动的效益,有着重要的意义。

尽管不同的运动项目各有特色且对训练有着特定的要求,不同时间跨度的运动训练过程也各有自己不同的组织形式和具体内容,完整的运动训练过程总是有着自己的规律,总是按照一定的结构形式组织起来的。

2. 运动训练过程的基本结构

一段运动训练过程服务于一个特定目标的实现,但是,由于运动训练活动表现着多样性的特征和多样性的结构,所以,运动训练过程也同样表现着多样性的特征和多样性的结构。有的运动训练过程的结构是完整的、合理的,也有的运动训练过程的结构是不完整或者不够完整的、不科学或者不够科学的。认识和把握完整的、科学组织的运动训练过程结构,无疑是至关重要的。

完整的、科学组织的运动训练过程应该包括以下 6 个基本环节:运动员现实状态诊断、训练目标设立、制订训练计划、实施训练计划、进行检查评定、实现训练目标。

对运动员起始状态的诊断是一个完整的运动训练过程的出发点。训练目标的建立则是为运动训练过程确定了一个目标状态,是整个运动训练过程进行的目的,也是检查评定运动训练过程发展状况的标准。根据运动员的现实状态、所确定的训练目标以及训练的条件等因素制订的运动训练计划,是对整个运动训练的进程、对实现状态转移的通路所预先做出的理论设计。通过训练计划的实施,将这一预先做出的理论设计付诸实践,并对之进行检验;通过若干特定指标的测定对训练的效果进行检查评定,并将评定的结果与训练的目标状态进行比较,找出差异,据以对相应的环节进行必要的调整与修正,以使运动训练获得满意的效果,实现预定的训练目标。

(二)运动训练过程的组织实施

1. 运动员起始状态的诊断

(1)状态诊断在训练中的重要作用

"诊断"这一概念来源于医学,指医生对于就诊者病情或健康状况的分析与判断。诊断的结果是医生开列处方的基本依据。运动训练活动的组织、运动训练负荷的确定与施加,都必须从运动员的实际情况出发,也应该以对运动员起始状态的诊断结果作为基本依据。

① 为运动训练过程确立一个客观、准确的出发点:运动员的现实状态,是运动训练过程的出发点。运动员处于一种什么状态,决定其总体竞技能力状况的各个因素的发展水平如何,运动员的发育状况如何,决定这一状态的原因又是什么等一系列问题,都对运动训练过程有着重要的影响。对这些问题的中肯分析和准确判断,是有效组织运动训练过程

的基本依据之一。可以说，整个运动训练过程都是以对运动员现实状态的分析和判断为出发点而展开的，只有建立在科学诊断的基础上，才有可能作出准确的预测；才有可能设立恰当的训练指标；才有可能制订出为实现指标所必需而又切实可行的训练计划。如果教练员不对运动员的现实状态作出具体的分析和准确的判断，或在不准确的诊断基础上去组织一个训练过程，就如同一个裁缝不知道穿衣人的体型特点去做衣服，必然做不出合身的服装一样，使训练不可能取得成功。

② 对训练工作效果及时的检查评价：通过科学的诊断，可以使教练员和运动员及时掌握训练过程的进展情况及运动员竞技能力的变化状况，从而对训练指标的制订、训练周期的划分、阶段任务的确定、训练方法与手段的选择以及训练负荷的安排是否适宜及时作出准确的判断。

训练过程中的状态诊断与检查评定这两个环节，在一定条件下可以相互转化。一个大的运动训练过程中的每一个阶段的检查评定，正是一个较小的运动训练过程开始时对运动员起始状态的诊断；而每一个独立的运动训练过程开始时对运动员起始状态的诊断，也都可以看作是一个更大的运动训练过程的阶段性的检查评定。多年训练过程和其中的年度训练过程，阶段训练过程和其中的周训练过程，都处于这样一种关系中。因此运动训练过程中两个重要的环节，即对运动员现实状态的诊断和对运动训练计划实施结果的检查评定，便紧密地联系了起来。

③ 实施有效训练控制的重要前提：通过多学科的综合诊断，可以发现训练过程中不同环节所存在的问题，测定现实状态与目标状态的离差的大小，进而为运动训练过程实施有效的控制提供可靠的依据，并据此调整训练指标，修订训练计划，加强训练组织，以求实现运动训练过程的最佳化，最终完成实现状态目标的任务。

（2）起始状态诊断的基本内容

根据实现运动训练活动目标的需要，运动员的现实状态诊断应该包括运动成绩、竞技能力与训练负荷三个方面的内容（图1-3-5）。运动成绩标志着运动员在上一个运动训练过程中所达到的竞技水平；竞技能力反映着运动员所具备的参赛能力，是对运动员表现出来的运动成绩所作出的致因性解释，是达到该竞技水平所具备的竞技条件；训练负荷则反映着运动员实际训练的状况，是运动员所具备的竞技能力的训练学基础。

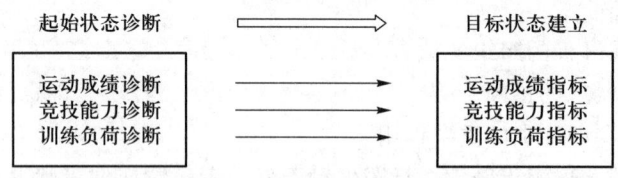

图1-3-5　训练起始状态与目标状态构成的完整体系

① 运动成绩诊断：要诊断运动员在一个新的训练过程的起始状态中的运动成绩，应该对运动员在上一个训练过程中的参赛结果给出准确的评价。评价既包括运动员在比赛中所取得的名次，也包括其在比赛中所表现出的竞技水平；既包括运动员在上一个训练过程中最好的一次比赛成绩，也包括其在多次比赛中所表现的平均水平。在最重要的比赛中（如奥运会）的运动成绩无疑是最重要的，但平均水平则可客观地、全面地评价运动员上一个训练过程的比赛结果。

② 竞技能力诊断：对不同专项运动员的竞技能力进行诊断时，必须考虑不同专项竞技能力结构的不同特点。不同项群运动员竞技能力的各决定因素的作用各有不同，因此，在诊断中要首先抓住起决定作用的主导因素，予以科学的诊断，并作为其竞技能力总体诊断的主要依据。

对运动员的竞技能力实施诊断，常常要把测定的结果与标准值进行比较，这一标准值就是运用科学方法所建立起来的特征模型。为此，必须首先建立不同项目优秀运动员竞技能力的结构模型，包括单因素特征模型、几个因素的组合特征模型以及具有普适性价值的总体特征模型。这些模型也同样广泛地被应用于制订训练指标。

按获得途径的不同，可把竞技能力分为先天性的和后天性的。如优秀篮球运动员姚明2.26米的身高，主要是通过遗传效应得来的，属于先天性的竞技能力。运动员受环境的影响，引起的生物变异所获的竞技能力是后天性的竞技能力。其中家庭环境、生活条件等方面的影响称为生活效应，通过运动训练活动所产生的生物适应就叫训练效应。

③ 训练负荷诊断：运动员竞技能力的变化主要是在训练负荷的影响下产生的。运动员所取得的运动成绩以及竞技能力的变化，都与其所承受的训练负荷的质与量有着密切的关系。因此，对于运动员在上一个训练过程（或单元）中所承受的训练负荷的状态做出一个准确的描述，就是对其竞技能力状态，进而对其运动成绩所做出的关键析因。

教练员对运动员上一个训练过程进行总结的重要内容之一，便是训练负荷量度的统计。负荷是由负荷的强度和负荷的量所组成的，分别反映着负荷的质量和数量两方面的特征。而负荷的强度和负荷的量又可分别通过若干指标予以测量。每个项目都应根据自己的特点来研究和确定本专项负荷的度量方法。

2. 运动员训练目标的建立

如果说运动员起始状态标志着一个完整的训练过程的起点，那么，运动员的目标状态则标志着一个完整的训练过程的终点，目标状态与起始状态都是训练阶段的划分、训练内容的确定、训练方法与手段的选择、恢复措施的选用、检查评定的设计等重要内容的基本依据。

（1）训练目标在训练过程中的重要作用

目标的建立是运动训练过程行为链上的一个重要环节。科学的、适宜的训练目标对于运动训练活动的组织，对于运动训练过程的进行会产生有效的激励作用、明确的导向作用和具体的标尺作用。

① 运动训练目标的激励作用：竞技体育挑战着运动员的极限，要求运动员刻苦训练，运动员在多年艰苦的训练中，需要不断地与生理与心理的疲劳、与伤病斗争，需要有巨大动力的支撑。科学的、适宜的训练目标为运动员提出了奋斗的要求，从而产生巨大的动力促使运动员为实现既定的目标而不懈努力，能够激励人们在所从事的事业中，做出更加艰辛的努力，去实现预定的目标。如人们所熟知的中国女排，从20世纪60年代起就立志要夺取世界冠军，经过几代人坚持不懈地奋斗，终于在80年代初，实现了这一夙愿。

许许多多的运动员为了达到自己的终极目标，都在日复一日、年复一年地进行着艰苦的训练，尽管他们中间只有极少数人可能获得世界冠军称号或在世界纪录史册上写下自己的名字，而绝大多数人不可能取得较高的运动成就，但他们仍然在每一次训练中，尽一切努力提高自己的竞技水平。这里，所设立的训练目标正是这种高度的训练责任感和进取精神的源泉之一。

②运动训练目标的导向作用：训练目标向训练参与者描绘出了运动训练过程的目标状态，设置了期待的比赛成绩，提出了竞技能力要求，计划了训练负荷的内容、量度并作出了系统的安排，这就从训练的内容、负荷、方法、安排等不同方面作出了清晰的规划，提出了明确的要求，对于整个运动训练过程中教练员、运动员的行为有着鲜明的导向作用。

③运动训练目标的标尺作用：运动成绩目标、竞技能力目标和训练负荷目标构成了一个完整的运动训练目标体系。这个目标体系中包含着一系列具体的指标，以及相应的指标值。其中有定性的指标，也有许多定量的指标。

应该经常把运动训练的效果与训练目标进行比较。训练效果若与目标要求相符，便表明训练计划的制订与实施符合训练任务的基本要求；如果运动员现实状态的动态变化与训练目标的要求不相符合，则需要把检查评定结果与目标状态相比较的情况反馈给训练过程的相应环节，以便及时地对各相应环节的状态进行调节和修正，从而完成对整个训练过程的有效控制。

（2）训练目标的基本内容

①运动成绩指标：提高运动成绩是竞技体育活动的首要目的，也是运动训练活动的终极目标。如前所述，运动成绩包括运动员在比赛中所表现出来的竞技水平和比赛名次两个方面。因此，运动成绩指标也可分成竞技水平指标和名次指标两个子目标。对可测量的体能主导类项群（田径、游泳、举重、自行车、速滑等）及技能主导类表现性项群（射箭、射击、体操、艺术体操、花样滑冰、跳水、技巧、武术套路等）的运动员，可以提出定量的竞技水平指标（如撑竿跳高5.80米、男子100米自由泳49秒8、男子56公斤级挺举150公斤、女子双向飞碟195中、男子双轮50米射箭620环、单人冰上自由滑的艺术分5.6分和完成分5.7分等）；而对技战能主导类对抗性项群则可提出若干较为模糊的竞技水平指标，如排球比赛前教练员制订总的竞赛方针时，期望本队能在比赛中发挥自己防守能力强的特长，扼制住对方的一攻，并通过快速多变的反攻得分，为此，要求队员在比赛中后排防守起球率应达到35%~40%，接发球到位率应达到70%以上。

比赛名次指标涉及对手在比赛中的竞技水平、比赛条件和裁判的倾向性等因素，而这些因素对教练员来说基本上都属于非可控的因素。有关决策的理论告诉我们，人们只能对受可控因素影响的事件的未来发展进行有效的预测，而对不可控事件的结果是无法准确预测的。虽然，教练员可以力求在较大程度上控制自己运动员的训练过程和比赛行为，但却无法控制比赛对手的训练过程，对对手在比赛中的表现也只能施以有限的影响（在对抗性项目中有可能加大这种影响）。因此，在制订比赛名次指标时必须持慎重态度，而且应以一个弹性区间作为比赛的名次目标。

②竞技能力指标：对运动成绩决定因素的分析表明，运动员竞技能力的发展水平是决定运动成绩的最重要的因素。构成运动员竞技能力的各个因素的水平及它们的组合方式与运动员的竞技水平有着直接的因果关系。因此，在运动训练中应该建立运动员竞技水平决定因素的特征模型，把运动员训练的竞技水平指标分解为分别反映运动员各种能力特征而又彼此紧密联系的一组具体指标，以利更有目的地、有秩序地组织运动训练过程，并可在训练过程中的不同阶段对运动员各方面的发展程度作出准确的评价，从而对运动训练过程实施有效的控制。

曾多次获得世界冠军称号并多年担任中国男子乒乓球队总教练的李富荣，1983年对优秀乒乓球选手竞技能力的总体特征做了概括而简洁的描述（表1-3-17）。

表1-3-17 优秀乒乓球运动员竞技能力的基本特征

| 因素 | 基本特征 | 作用级别 |
| --- | --- | --- |
| 形态 | 身材适中、体态匀称 | 一般条件 |
| 技能 | 身体健康，可承担较大负荷及激烈比赛 | 基本条件 |
| 素质 | 灵敏性好、速度好、反应快，力量和耐力较好 | 重要基础 |
| 技术 | 特长突出，技术比较全面，无致命弱点 | 决定性因素 |
| 战术 | 灵活多变，应变能力强 | 决定性因素 |
| 心理 | 充满信心，意志顽强，有良好自控能力 | 重要基础 |
| 智能 | 渴望学习科学知识，理解力强，学习技术动作快，在激烈比赛中能及时作出判断和决策 | 重要基础 |

(李富荣，1983)

为运动员竞技能力发展制订定量的目标，有助于对运动训练过程实施更为精确的量化控制。

③ 训练负荷指标：对应于训练负荷诊断，训练负荷指标也是目标状态体系中一个不可缺少的重要组成部分。负荷指标的实现正是运动员实现其竞技能力指标，进而实现运动成绩指标的基本保证。训练负荷指标反映着教练员和运动员准备用什么样的决心，付出何等的努力去实现所建立的竞技能力与运动成绩指标。从另一个意义上，也可以说是把所建立的运动成绩指标和竞技能力指标进一步分解为各种具体手段的练习负荷，落实到一次次的练习之中。

(3) 运动训练目标的适宜度

运动训练目标是人为设定的。每一个运动训练主体在设定训练目标时，都会面临一个人为选择的问题，即目标定得高一些好，还是低一些好？

依所设定的训练目标与运动员实际可能之间的比较，可将运动训练目标分为适宜的训练目标、过高的训练目标、过低的训练目标三种。不同适宜度的训练目标对于训练以及比赛活动会带来不同的影响。

① 适宜训练目标及其作用：从运动员的实际可能出发，科学地预测运动员在运动训练过程中经过艰苦努力可能提高的程度，所确立的训练目标是适宜的训练目标。适宜的训练目标对运动员有着积极的激励作用。运动员相信在教练员的指导和带领下，经过自己的艰苦努力，有可能实现预定的目标，就会激发出巨大的动力，主动地投入训练。遇到挫折时会克服困难，坚持训练；面对比赛中暂时的失败，也会认真地总结教训，改正缺点，发扬优势，以更饱满的斗志去参加下一次比赛。

② 过高的训练目标及其影响：超出运动员的实际可能，只根据完成某项任务的需要，提出不切实际的期望，所设立的过高的训练目标，常常会使训练工作造成严重的失误。在训练中，运动员为了追求既定的目标，按根本无法实现的目标要求所制订的训练计划，会超限地动员他的机体投入训练，严重地伤害其身心健康，给运动员、教练员带来心理上、生理上巨大的伤害；在比赛中，过高的参赛目标往往导致制订错误的参赛战术，盲目地参

与力不能及的竞逐。例如，5 000米跑中，前半程紧紧跟随水平明显高于自己的对手，体力被拖垮，连本来有希望拿到的名次也远远没有得到；再如，一支过高估计自身实力优势的足球队，以大胜对方的目标参赛，盲目进攻，疏于防守，结果却常常被对手快速反攻而击败。

③ 过低的训练目标及其影响：训练目标过低，轻松可以完成，容易使运动员缺乏拼搏的动力，训练中也会降低对自己的要求。当然，在某些特定的情况下，如训练、竞赛的调整期，或为给运动员减轻心理压力，而有意设立低指标，亦可取得预期的效果。

3. 运动训练计划的制订与实施

（1）运动训练计划及其作用

运动训练计划是在运动训练过程开始之前对训练活动预先做出的一种理论设计，是建立在状态诊断的基础之上，为实现训练目标而选择的状态转移通路。训练计划把训练目标具体细化为若干个紧密联系的训练任务，可以使得训练活动的全体参加者统一认识和行动，从而可以有效地控制运动训练过程。运动训练计划的制订与实施，是运动训练过程的中心环节，贯穿着训练实践活动的始终。

制订计划应以运动员的起始状态、训练目标、运动训练的普遍规律和专项训练的特殊规律以及训练活动所具有的客观条件等因素为依据，以保证训练计划的科学性与可操作性。

（2）运动训练计划的分类

根据不同的分类标准，可以把运动训练计划分成不同的类别。例如，按照运动训练计划时间跨度的大小、训练的不同任务、训练所处的不同阶段或不同的训练内容等来分类。

① 按在训练过程中所处的不同阶段分类：按照运动训练计划时间跨度的大小，可将其分为多年训练计划、年度训练计划、大周期训练计划、周训练计划和课训练计划等（表1-3-18）。

表1-3-18 运动训练计划的分类及任务

| 训练计划类型 | | 时间跨度 | 基本任务 |
|---|---|---|---|
| 多年训练计划 | 全程性 | 10~20年 | 系统培养高水平选手 |
| | 区间性 | 2~6年 | 完成阶段性训练任务或准备并参加1轮比赛 |
| 年度训练计划 | 单周期 | 6~12个月 | 准备并参加1次或1组重要比赛 |
| | 双周期 | 每个周期4~8个月 | 准备并参加2次或2组重要比赛 |
| | 多周期 | 每个周期2.5~5个月 | 准备并参加3次或3组以上重要比赛 |
| 大周期训练计划 | 准备期 | 5~20周 | 提高运动员竞技能力 |
| | 比赛期 | 3~20周 | 参加比赛创造好成绩 |
| | 恢复期 | 1~4周 | 促进心理/生理恢复 |
| 周训练计划 | 训练期 | 4~10天或 3~20次课 | 提高运动员竞技能力 |
| | 比赛期 | | 参加比赛创造好成绩 |
| | 恢复期 | | 促进心理/生理恢复 |
| 课训练计划 | 综合训练课 | 0.5~4小时 | 综合完成多项训练任务 |
| | 单一训练课 | 0.5~4小时 | 集中完成一项训练任务 |

（田麦久，1999）

每一个上位的训练计划都是由若干个下位的（即时间跨度小一级的）训练计划组合而成的。如多年训练计划由 2~20 个年度训练计划组成，周训练计划由 7 天计划或 3~20 次课的训练计划组成。多年训练计划及年度训练计划主要用于安排较长时间的系统训练，属于具有全局意义的战略性规划，计划的内容是框架式的，不需要过于详尽，在实施过程中要求相对的稳定。周训练计划与课训练计划都是训练实施的具体计划，内容比较详细，在训练中有较多的变化。

② 按训练对象的人数分类：根据参加训练人数的不同，应分别制订个人训练计划和队（组）训练计划。一般来说，个人项目常以个人训练计划为主。随着运动员竞技能力的发展，训练计划的个人特点也就越来越明显。对于儿童、少年和初学者来讲，应增加集体练习的比重。集体项目的训练通常按队（组）计划组织实施，但需要以个人训练计划作为补充；运动员水平越高，这种补充作用就显得越为重要。

③ 按训练任务和内容分类：运动训练对运动员成绩的影响主要有两个，其一是发展运动员的竞技能力，其二是培养运动员在特定比赛中充分表现已获得的竞技能力的能力。为此，在训练中要相应地制订两类训练计划。前一类计划主要着眼于改善人体的形态和各系统的机能，发展运动员的力量、速度、耐力和柔韧等素质，提高技术、战术、心理和智力等各个方面能力的训练计划；后一类计划则包括各种模拟训练、热身赛训练以及赛前调节的训练计划，核心目标是培养运动员的竞技状态。

各类训练计划有着不同的基本任务，在训练的内容、方法与手段、训练负荷的量度与节奏、训练活动的组织与实施等方面均有各自的特点。但是彼此之间又有紧密的联系，构成了一个有机的整体。

（3）运动训练计划的基本内容

不同类型的训练计划各有特定的要求，在内容上也各有侧重，但不同时间跨度的运动训练过程的基本结构是一样的。因此，对不同训练过程的设计（即不同类型的运动训练计划）有许多基本的共同点，这些共同点反映在训练计划的基本内容方面包括 10 个要点（图 1-3-6），即：运动员起始状态的诊断，确定训练任务及指标，划分训练阶段、确定各阶段任务，确定基本对策，安排比赛序列，规划训练负荷的变化趋势，选择训练方法和手段，确定各手段的负荷量度，确定恢复措施，规划检查评定的内容、时间和标准。在各种训练计划中，除了在实施性的周、课计划中不一定安排比赛序列之外，任何一个训练计划都应该包括这 10 个要点。

（4）运动训练计划的组织实施与检查评定

根据 10 项基本内容在运动训练过程中的意义，可以把它们归结为准备性部分、指导性部分、实施性部分和控制性部分 4 个部分。通常在制订多年训练计划和年度训练计划时，应特别重视指导性部分；而在制订具体的周、课计划时，则应认真思考实施性部分。

① 准备性部分：训练计划的准备性部分主要包括对运动员起始状态的诊断和建立训练目标。这两项工作既是运动训练过程中与训练计划的制订并列的两个独立的重要环节，其内容又是训练计划中不可缺少的重要组成部分，为训练计划的制订提供必需的信息和依据。

状态诊断从训练负荷、竞技能力和运动成绩三个方面对运动训练进行评估，由此确立客观、准确的训练起点，并及时检查训练工作的效果，为有效控制运动训练提供基本的保证。

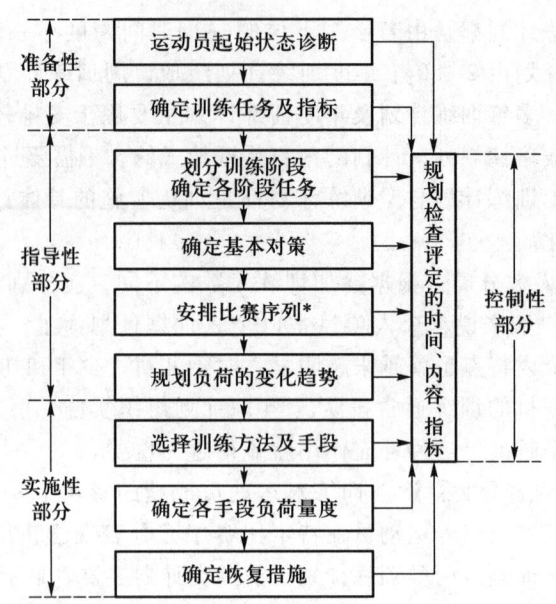

图 1-3-6　运动训练计划的基本内容及制订计划流程图
＊周、课训练计划中不包括此项内容
（田麦久，1999）

训练目标从训练负荷、竞技能力和运动成绩三个方面为运动训练计划的具体制订提供依据，可以有效地激发运动训练活动主体的责任感和进取精神，实现各项资源的合理配置。

在训练实践活动中，教练员在制订多年或年度训练计划时，通常都会考虑对运动员进行起始状态诊断，并提出相应的训练计划；但是，在制订周、课等短期的实施计划时，则往往不会认真而客观地进行诊断，还经常会用具体的训练要求代替训练的目标，从而导致训练的盲目性，使得训练脱离预定的总目标。对此，我们应该给予充分的重视。

② 指导性部分：在训练计划的总体中，指导性部分属于全局性的整体决策，是与训练目标具有同等重要意义的内容。

训练计划的指导性部分首先包括训练阶段的划分及各阶段训练任务的确定，这一工作勾画出了训练过程的基本轮廓。由于比赛既是检验训练效果的有效途径，又是组织训练活动的重要杠杆，所以第三项内容就是安排比赛的序列。继而，根据不同阶段的训练任务和比赛安排的特点，规划训练负荷动态变化的基本趋势，从而完成对整个训练活动的整体配置。

训练计划的指导性部分如果考虑得不够周密，将会对训练的效果产生重要影响。例如，阶段划分的错误，会导致运动员最佳竞技状态的出现与重大比赛的时间不一致，而这一失误又是不可能通过训练手段的选择等实施性部分的调整而得以弥补的。因此，各种类型的训练计划都要重视指导性部分的设计，尤其是时间跨度越大的训练过程，指导性部分的意义就越大。

③ 实施性部分：实施性部分涉及训练的具体手段和各种手段负荷量度的大小，用于训练活动的具体组织，需要更多地考虑运动项目的竞技特性和运动员的个人特点。

长期以来，教练员在制订训练计划时，对于训练手段的选择和训练负荷的确定考虑得很多、很细。然而，却常常忽略制订相应的训练恢复措施。现在，越来越多的教练员及随队医生对恢复措施日益重视，他们已不是在运动员承受训练负荷之后业已疲劳时才去考虑恢复问题，而是在制订训练计划时就考虑到负荷后应该如何根据负荷的实际情况实施恢复的问题了。

④ 控制性部分：近年来，运动训练的控制问题日益受到教练员们的高度重视。要想对运动训练过程实施有效的控制，首先必须通过有计划的检查评定，通过客观而可靠的训练诊断，及时、准确地全面收集运动训练过程进行情况的有关信息。因此，现代许多优秀的教练员都把计划和组织训练过程中的检查评定列入训练计划之中，这正是现代运动训练重视对运动训练过程的控制这一重要特点的反映。

对运动训练过程控制行为的整个链条中，检查评定起着特别重要的作用。检查评定会得出不同的结果，这一结果正是对于该训练过程设计、组织与实施情况进行分析和评价的重要依据。如果检查的结果与起始的期望吻合，则意味着预定的训练目标很可能得到实现；而如果检查的结果与起始的期望不相吻合，则意味着预定的目标不可能或很难得到实现，此时就要提出调节期望，发出修订指令，并及时反馈到有问题的相应环节。该环节的训练工作改进后，再在适宜的时刻进行检查评定。如此检查、调节、反馈、修订、实施，直至出现满意的检查结果，训练目标得以实现，圆满地组织实施了一个运动训练过程。

## 复习思考题

1. 试述运动训练学的定义及主要学科特征。
2. 试述依研究内容组构的运动训练学理论体系。
3. 试述运动训练学理论的三层次结构及理论研究的主要内容。
4. 运动员竞技能力由哪些子能力构成？如何理解运动员竞技能力结构的"双子模型"？
5. 负荷强度和负荷量在运动训练负荷中各居什么地位？运动训练负荷控制的基本理念有哪些？
6. 试述常用训练方法的分类。
7. 试述运动训练过程的基本结构。
8. 试述运动训练计划的主要内容及检查评定的程序和要点。

# 第二章 运动训练的辩证协同原则

**本章导读**：本章首先明确指出，在以发展与提高运动员竞技能力为直接任务的运动训练活动中，要严格遵循运动员竞技能力的构成、发展与表现的客观规律。以上述规律为根本依据，提出了运动训练的辩证协同原则。包括：导向激励与健康保障协同训练原则、竞技需要与因材施训协同训练原则、系统持续与周期安排协同训练原则以及适宜负荷与适时恢复协同训练原则。进而阐述了每项基本原则的内涵、科学基础与组织实施的训练学要点。

**学习目标**：学习理解运动员竞技能力构成、发展与表现客观规律的内涵及表现形式，树立严格遵循客观规律组织训练活动的理念。学习、理解运动训练辩证协同原则的准确含义与科学依据，掌握在训练实践中实施各项原则的训练学要点，能结合优秀运动员训练案例或自身运动训练经历进行解读和分析。

人类在多种多样的社会活动中，不断认识事物发展的客观规律，并据以确立自我行为的准则，即"原则"。原则对于人们的行为给予指导和约束，帮助人们的社会行为取得更好的结果。

人们在运动训练活动中所遵循的基本准则即称为运动训练原则。运动训练原则对于运动训练活动的方式方法予以指导和规范，告诉人们在运动训练活动中应该如何思考，如何操作，才能够取得理想的训练效果。运动训练活动需要科学的运动训练原则作为指导。

原则是人为确定的。在科学的工作原则指导下，工作就会有进展；而如果确定的工作原则不科学，甚至做了错误的选择，就难以把工作做好，常常还会造成严重的失误。因此科学地确定工作的原则极其重要。

在中国竞技运动训练实践发展的不同时期，人们根据其时、其地对运动训练活动规律的认识，提出过不同的训练原则，并随着竞技运动水平的提高，不断地总结经验，丰富认识，对运动训练的原则进行调整和完善。21世纪初，中国竞技运动水平实现了历史性的突破，连续多届奥运会跻身三甲，并在第29届奥运会上居于金牌榜的首位。站在中国竞技体育发展新的起点，要求我们更加深刻地把握竞技运动规律，完善运动训练原则的理论体系，进而促进我国竞技运动水平的健康持续发展。

## 第一节　运动员竞技能力构成、变化与表现的基本规律

科学的、正确的运动训练原则应该是运动训练活动客观规律的反映，应该是运动训练实践普遍经验的概括和科学研究成果的结晶。

运动训练规律是指运动训练系统内部各构成因素之间，以及它们与系统外部各相关因素之间在结构与功能上的本质联系和发展的必然趋势。这些本质联系是不依人们的主观意志而转移的客观存在，在运动训练活动中不断重复出现，在一定条件下影响或者决定着运动训练的进程。运动训练活动的组织者与参与者应该深刻认识训练规律，严格遵循运动训练规律去组织自己的训练活动，才有可能取得训练工作的成功；而任何违背运动训练规律的认识和做法，都必然会受到运动训练规律的惩罚，甚至付出巨大的代价。依据运动训练规律确定运动训练的基本原则，用以指导我们的运动训练活动，就能够更好地对运动员的机体进行有效的改造，改进和提高运动员的竞技能力，并通过运动竞赛创造理想的运动成绩。

运动员的竞技能力是其参与竞技体育活动的核心要素。为了科学地确立能够反映运动训练活动客观规律的训练原则，首先要正确认识和把握运动训练活动与比赛活动中，运动员竞技能力构成、变化与表现的规律。

### 一、运动员竞技能力的构成规律

（一）竞技能力构成规律释义

竞技能力的构成规律是指竞技能力的构成要素以及诸因素之间的本质联系。竞技能力即指运动员的参赛能力，是运动员参加比赛的主观条件或自身才能，是影响运动员参赛结

果诸因素中的主观因素。运动员的竞技能力由具有不同表现形式和不同作用的体能、技能、战术能力、心理能力以及知识能力所构成，并以特定的模式组合在一起，综合地表现于专项竞技的过程之中。

现代竞技运动项目多姿多彩。有的在陆上进行，有的在水中进行，有的在空中进行；有的徒手竞技，有的手持器械或在固定器械上竞技；有的个人或双人竞技，有的团队竞技；有的靠人体自身运动系统功能竞技，有的利用外源性动力装置竞技。尽管不同运动项目各有不同的竞技特征，尽管对于不同运动项目的运动员来说，各种子能力对其综合竞技能力有着不同的影响，但任何运动项目、任何运动员的竞技能力都是由体能、技能、战术能力、心理能力和知识能力这5个要素，或称5种子能力所构成的，都应该从这5个方面去认识、发展和评价自己的竞技能力。

通过百余年的竞技运动实践，人们一步步更为清楚地认识到运动员竞技能力结构的规范形态，以及各个构成要素之间的内在联系。竞技能力的要素结构是客观存在的必然，深刻理解竞技能力诸要素的价值与特征，准确把握各要素之间的联系与变化等构成规律，是我们有效组织运动训练与竞技参赛活动基本的科学依据。

（二）竞技能力构成规律的基本表现形式

1. 运动员竞技能力的子能力构成与综合展现

运动员的竞技能力是由体能、技能、战术能力、心理能力和知识能力这5个要素，或称5种子能力所构成的，无论在训练中发展竞技能力，还是在比赛中表现竞技能力，都明确地展示着运动员竞技能力的构成特征。不同运动项目竞技能力的结构中，5种子能力的价值和贡献各有不同（见表2-1-1）；不同特点的运动员5种子能力的结构关系各有不同；同一名运动员在其竞技生涯不同的发展阶段，各种子能力的发展水平也有所不同。在训练中，运动员的竞技能力有时需要综合训练和发展，有时需要分别训练和发展。为此，既要区别对待，有计划有比例地安排好不同子能力的训练，同时也必须安排相当比例的专项综合竞技能力的训练。

比赛是运动员竞技能力的综合较量。运动员参加比赛，要将在训练中培养的包括主导竞技子能力和重要的或基础的其他子能力组合为一个整体，按照竞赛规则的统一规范，展现自己专项的综合竞技能力。运动员各种竞技子能力在比赛过程中综合地展示出符合比赛规则要求的动作和力度，运动员的综合表现得以记录，并相互比较进行排名。参训者必须明确，无论在训练过程中安排了多少时间、多少课次去发展某一种运动素质，无论反复做了多少次练习去改进和熟练某一个技术细节，都是为了最终在比赛中出色地完成完整的专项竞技运动，求得理想的参赛成绩。

2. 不同运动项目竞技子能力的不同权重

任何项目的运动员比赛中专项竞技能力的综合表现，都包含着各种子能力发挥的不同作用。

不同项目有着不同的竞技特点，有的竞速，有的竞重，有的竞准，有的竞美。因此，对于不同项目运动员的整体竞技能力，在要求体、技、战、心、知各种子能力全面发展的基础上，各个子能力权重的大小是不一样的（表2-1-1）。长距离竞速项目主要比以耐力为主的体能，集体球类项目主要比谁更多地发挥技战术能力让球移动至特定的方位，等等。据此，可将竞技运动项目分为体能主导类、技能主导类、技心能主导类、技战能主导类 4 大项群。项群的命名即明确地标示出了该项群主导的竞技子能力。

表 2-1-1　不同竞技项目竞技子能力价值的区分

| 竞技项目举例 | 主导子能力 | 重要子能力 | 基础子能力 |
| --- | --- | --- | --- |
| 竞技体操 | 技能 | 体能<br>心理能力 | 战术能力<br>知识能力 |
| 马拉松跑 | 体能 | 战术能力<br>心理能力 | 技术能力<br>知识能力 |
| 拳击 | 技能<br>战术能力 | 体能<br>心理能力 | 知识能力 |
| 篮球 | 技能<br>战术能力 | 体能<br>知识能力 | 心理能力 |
| 射击 | 技能<br>心理能力 | 体能<br>知识能力 | 战术能力 |
| 举重 | 体能 | 技能<br>战术能力 | 心理能力<br>知识能力 |

3. 各个竞技子能力的靶向竞技表现

在专项比赛过程中，运动员的体能、技能、战术能力、心理能力、知识能力各有不同的靶向表现（表 2-1-2）。

表 2-1-2　运动员竞技能力的构成因素及其在比赛中的主要表现

| 竞技能力构成因素 | 主要竞技表现 |
| --- | --- |
| 体能 | 力量、速度、耐力、柔韧、协调、灵巧 |
| 技能 | 动作质量、动作稳定性 |
| 战术能力 | 自身发挥、干扰对手、影响判定 |
| 心理能力 | 参赛情绪动员、比赛情绪控制、竞技意志保持 |
| 知识能力 | 竞技知识的掌握与运用 |

体能是通过力量、速度、耐力、协调、柔韧、灵敏等运动素质表现出来的人体基本的运动能力，是运动员竞技能力的重要构成因素，是所有项目运动员进行专项训练和参加专项竞技必需的自身物质条件。在竞技活动中，运动员的体能水平集中表现于各基本运动素质及这些素质之间的各种组合性运动素质的发展水平。人体的形态学特征是其体能的质构性基础，人体的机能特征是其体能的生物功能性基础。

技能是运动员掌握和运用运动技术的能力。合理、有效的动作技术会有助于运动员在技能较量中获胜，还能让运动员更经济、更有效地使用和发挥其体能，能使运动员更合理、更积极地参与竞技战术的组合与实施。运动员技能水平的高低可从技术的合理性及稳定性两方面予以判定，高度发展的协调能力是运动员掌握合理的运动技术的重要先决条件。

战术能力是运动员掌握和运用比赛战术的能力，表现为力求出色地发挥自身的体能、技能、心理能力及知识能力，在规则允许的范围内干扰对手竞技能力的发挥，以及对于竞赛结果的评定行为施加合法的影响这样三个部分，在直接对抗性项目比赛中，战术能力及其发挥水平常常决定着比赛的胜负。

运动员的心理能力包括其心理特征和心理过程，主要表现在训练动机、心理控制、竞技意志诸方面，是所有项目运动员进行专项训练和参加专项竞技必要的自身精神条件。为了使运动员成功地参加比赛，首先必须以积极的手段激励参赛选手，有效地动员选手的生理、心理系统，积极地参与竞技活动，而同时又要把运动员的情绪激励水平控制在适度的范围之内。良好的意志品质表现为运动员自觉主动、充满信心地参与竞技，并在比赛中遇到困难时能够坚持不懈，顽强地、灵活地寻找竞技取胜的途径。强烈的参赛动机和良好的性格特征是运动员保持高昂而适度的参赛情绪和坚强意志的重要基础条件。

运动员的知识能力包括其对科学知识，特别是专项竞技知识的掌握和运用，对于提高训练效益，取得竞技胜利有着重要的影响。在高水平竞技活动中常常发挥着突出的作用。

## 二、运动员竞技能力的变化规律

### （一）运动员竞技能力变化规律释义

人体运动竞技能力的变化规律是指内外各种相关因素对人体运动竞技能力的因应性影响，以及这些因素之间的相互联系。

世界是运动的，物质是运动的。如同世间一切事物都处在不断的变化之中一样，运动员的竞技能力状态也是始终处于不断的变化之中的。在运动员竞技生涯的不同时段中，人体的竞技能力水平都是在不断变化的。无论在整个竞技运动生涯中，还是在准备和参加一次或一组比赛的训练周期中；无论是在一个负荷、调整（机体的疲劳—恢复—提高）的过程中，还是在一堂训练课，在一次具体手段的练习中，运动员的竞技能力水平都经历着提高、保持、下降的多向演化。

运动训练的重要职责即在于求得并促进运动员竞技能力水平的不断提高，因此就需要准确认识，哪些因素影响着运动员竞技能力水平的变化，各个因素又是怎样影响着运动员竞技能力水平变化的。这些因果关系是运动员竞技能力与各个影响因素之间，以及各个影响因素两两之间客观存在的必然联系，在本质层面上对我们的训练行为以及训练效果存在着严格的约束。只有遵循这些规律，才能够实现提高运动员竞技能力的训练任务。

### （二）运动员竞技能力变化规律的基本表现形式
1. 竞技能力变化的影响因素

人体运动竞技能力可分为先天性的竞技能力与后天性的竞技能力。先天性的竞技能力通过基因遗传而获得，后天性的竞技能力通过运动训练的效益和生活环境的作用而获得。所以，运动员竞技能力的变化主要受着基因遗传、运动训练和生活环境三方面因素的影响。

(1) 基因遗传

遗传是指子代和亲代在特征性状上相似的现象，是生物体在世代间的延续。人类遗传学的研究表明，构成人体竞技能力的许多性状都具有很高的遗传性，其中，在某些项目的某些方面，遗传因素往往发挥着非常重要的作用。如篮球中锋的身高，射击运动员沉稳的性格等。

研究表明，具有卓越运动才能的亲代中有大约50%的人会具有优秀的运动才能，而且还有可能超越亲代个体，运动员个人先天的运动才能在创造优异成绩方面的作用是十分明显的。

运动员通过遗传获得的先天性竞技潜力，要在适宜的外界环境中才能够充分地显现出来。同时，这些先天性竞技潜力在特定的条件下，还能够在一定范围内发生变异。这些规律性的特征提示我们，要为先天性强劲的竞技潜力设立良好的环境，使其得到充分的显现；同时应为先天性薄弱的竞技潜力提供促变条件，使其得到加强。

人体竞技潜力的显现随着生长发育的进程而变化。人的一生经历着不同的生长发育阶段，人的竞技潜力逐渐地展现，其运动能力也在阶段性地不断变化。在人的生长发育的不同阶段，不同子能力自然发育的幅度（程度）也是不同的。相关研究表明，在人体各大生理（生物）系统中，神经系统是最早发育成熟的，继而是淋巴系统，而生殖系统则较晚。与其相对应，运动员的技能有较好的条件可以早期发展，体能次之，心理能力的发展在很大程度上还有赖于其人生阅历的积累和社会经验的丰富，所以相对较晚才能进入成熟发展阶段（图2-1-1）。

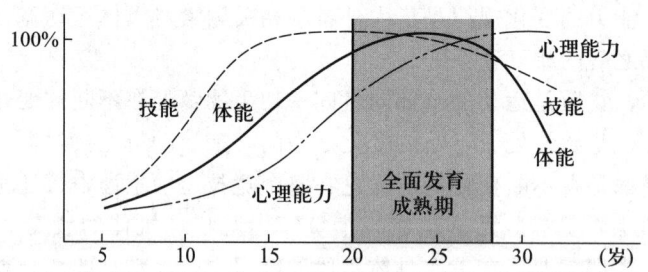

图 2-1-1　运动员不同竞技子能力发育成熟的年龄阶段

（田麦久，1988）

(2) 运动训练

影响运动员竞技能力变化的外部因素包括运动训练与生活环境。其中，运动训练是影响运动员竞技能力变化首要的外部因素。一般来说，运动训练带来的影响远远大于生活环境的影响。人的机体对外加负荷的应激反应，有可能给机体带来明显的器质性变化与深刻的功能性变化。例如，通过系统的科学训练，健美选手可以练出发达的肌肉，长跑运动员可以明显地加大肺活量；举重运动员可以举起3倍于体重的杠铃，花样滑冰运动员可以从冰上跳起转体4周，撑竿跳高运动员能够越过6米高的横杆，乒乓球选手可以几百次连续把球打到对方的球台。这些案例表明，科学的运动训练能够明显地提高运动员的竞技能力水平。

训练管理制度及管理的实施对训练的组织与成效有着重要的影响，教练员及教练团队在训练中起着主导作用，训练地域、训练场地、训练设备器材、生活条件、营养水平、训

练医疗康复条件等训练条件也都影响着训练的效果。

（3）生活环境

生活环境包括自然地理环境和人文社会环境，对运动员的竞技能力也有特定的影响。

生活在不同地域、气候环境中的运动员竞技能力的结构有着明显不同的特点。例如，肯尼亚、埃塞俄比亚等东非高原国家的长跑运动员具有参加耐力性竞速运动优越的先天条件，加拿大、瑞典、俄罗斯等靠近北极国家的冰雪运动员在日常生活中即已培养了基本的冰雪运动能力。

人文社会环境对运动员训练效果的影响也不容忽视。饮食给人以营养，文化给人以智慧，教育授人以知识，习俗授人以教化，交友为人立榜样，团队为人练协同。营养、智慧、知识、教化、榜样、协同，都对运动员的竞技能力水平有着直接或间接的影响。

人的一生离不开存身的生活环境，人的生活环境也是在不断变化的。良好的生活条件，定向的生活引导，规律的生活制度，在运动员生长发育阶段有助于他们优秀的遗传基因顺利地成熟、显现，向有利于运动竞技的方向发展；在运动员生长发育成熟阶段有助于他们稳定生命活动的机能，包括运动能力。

2. 运动训练负荷对人体运动竞技能力的双向效应

在影响运动员竞技能力的三个因素中，遗传因素基本上设定了运动员竞技能力可能发展的空间，我们只能在特定的领域内进行有限的干预；生活环境虽然有着不可忽视的重要影响，但对竞技能力变化通常不起决定性的作用；运动训练则可以导致运动员的竞技能力发生巨大的改变，而且是人们可以主动规划操作的社会行为，因此是我们培养发展运动员竞技能力工作中首要的着力点。

运动训练提高运动员竞技能力的基本途径，就是对运动员施加运动负荷，并期待运动员机体产生适应机制，增强对训练负荷的承受能力，从而获得竞技能力的提高。

不同的负荷会引起运动员机体不同的反应。适宜的负荷可引起人体生理与心理系统产生积极的应激反应，系统的结构与功能相应地得到提高；过低的负荷不能带来足够的刺激，人体生理与心理系统无须改变即可轻易应对；过高的负荷会破坏人体生理与心理系统的功能，甚至破坏系统的结构，导致发生器质性劣变。

在训练实践中，对机体的负荷通常都是连续施予的，几次负荷之间不同的间隔与联系，会产生不同的效应。如果在前次负荷后机体的超量恢复阶段再次施予适宜的负荷，会使机体水平不断提高；而如果前次负荷后运动员的机体还没有得到恢复便再次施予负荷，则会导致机能水平的下降。此时如果仍不采取相应措施，使运动员机体得到必要的恢复，那么就会进一步发展成为过度疲劳。过度疲劳会对运动员机体带来很大的破坏，会导致运动员健康和体能状况的明显下降，使运动创伤增加，甚至造成灾难性的后果，有些运动员甚至因此过早地结束了自己的运动寿命。

3. 机体承受运动训练负荷后的恢复

进行训练，承受负荷，机体的应激是一种付出，是能量物质的消耗。教练员和运动员必须明白，运动员能量物质的消耗不是运动训练的目的，而只是一种手段和途径，是要通过能量物质的消耗，引发机体承受训练负荷的系统和器官得到能量物质的再生和补充，进而促成"超量恢复"的发生，使得系统和器官能量物质存储和代谢的功能得到加强，提高承受再负荷的能力，也就提高了运动员的竞技能力水平。训练、疲劳、恢复、适应、提高，完成了这个过程，运动员承受的训练负荷、经受的疲劳锻炼才能得到应有的回报，才是有意义、有价值的付出。

显然，运动员的心理系统与生理系统承受训练负荷产生疲劳后，必须及时得到必要的恢复，才有可能求得运动竞技能力的提高。这是运动员竞技能力变化过程客观存在的基本规律。尊重这一规律，严格遵循这条规律组织安排训练活动，就能收到理想的效果，使运动员的竞技能力水平得到不断的提高；违背这条规律，则会使运动员虽然进行了刻苦的训练，却得不到良好的训练效果，常常会引发过度疲劳或严重的运动伤病，甚至断送运动员的竞技生涯。

### 三、运动员竞技能力的表现规律

（一）运动员竞技能力表现规律释义

运动员按照专门制定的竞技规则，在比赛中展示的竞技水平与比赛名次称为竞技表现。运动员为了成功参赛的需要而从事训练，在训练中提高自己的竞技能力，在比赛中力求表现出在训练中所达到的最高水平的竞技能力，完成训练的终极目标。

在比赛中把已经获得的竞技能力充分地表现出来，需要相应的主客观条件。运动员赛前需要作什么样的准备，怎样参加比赛能够获得理想的竞技表现，如何面对不同的比赛对手，如何适应不同的参赛环境，回答这些问题首先要正确认识运动员竞技能力表现的客观规律，并相应地确定和规范行事的准则，方能够获得参赛的成功。

（二）运动员竞技能力表现规律基本的表现形式

1. 运动员竞技能力表现的影响因素

运动员参赛中的竞技能力表现是决定其比赛成绩的重要因素，是对比赛成绩起决定性作用的内因，也是我们唯一能够在很大程度上实施有效控制的因素（图2-1-2）。因此，运动训练和竞技参赛的主体，都应该把主要的关注点集中于运动员自我竞技能力的培养和表现上。

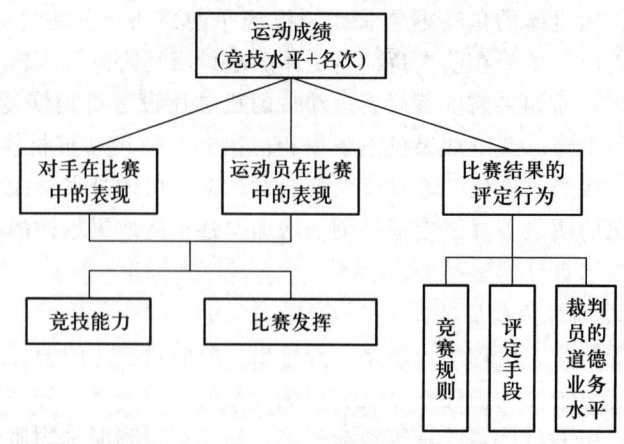

图2-1-2　运动成绩的决定因素

（田麦久，1988）

在努力做好自我发挥的同时，运动员竞技能力的表现也会在不同程度上受到对手的竞技表现以及裁判行为的影响（表 2-1-3）。

表 2-1-3　不同项群运动员参赛表现受外部因素影响度的等级判别

| 项群大类 | 项群亚类 | | 对手竞技表现 | 比赛结果评定行为 |
| --- | --- | --- | --- | --- |
| 体能主导类 | 速度性 | 短道速滑 | ◎◎◎◎ | ◎◎◎ |
| | | 其他项目 | ◎ | ◎ |
| | 力量性 | | ◎ | ◎ |
| | 耐力性 | | ◎◎ | ◎ |
| 技能主导类 | 表现难美性 | | ◎ | ◎◎◎ |
| 技心能主导类 | 表现准确性 | | ◎ | ◎ |
| 技战能主导类 | 隔网对抗性 | | ◎◎◎◎◎ | ◎◎◎ |
| | 同场对抗性 | | ◎◎◎◎◎ | ◎◎◎ |
| | 格斗对抗性 | | ◎◎◎◎ | ◎◎◎ |
| | 轮换攻防性 | | ◎◎◎◎ | ◎◎ |

在不同竞技项目的比赛中，运动员竞技表现受对手竞技表现影响的大小是不同的。体能主导类、技能主导类与技心能主导类项目运动员或分道竞速或依次参赛，自身的竞技表现很少受对手表现的影响；而技战能主导类项目运动员同时或同场竞技，自身的竞技表现在很大程度上与对手的竞技表现相互影响，常常是此消彼长。运动员都力求制约对手，发挥己方优势，充分展现自己已经具备的竞技能力。

短道速滑是体能主导类项群中极具特色的一个亚群。短道速滑场地小，运动员同道竞速，比赛过程中运用娴熟的技术和多变的战术相互制约夺取优胜，运动员竞技能力的表现与对手竞技能力的表现密切相关。

比赛结果的评定行为，特别是裁判的职业道德和业务水准，在技战能主导类项目比赛中起着重要的作用，在势均力敌的比赛中，有时裁判员的一个误判甚至能够改变比赛的胜负。

2. 运动员竞技能力表现的波动性

（1）运动员竞技能力及各子能力的波动性表现

运动员自身的竞技能力处于不断的变化之中，参赛的外部环境也各有不同，同时，参赛对手竞技能力水平的变化，评定行为中的不可控因素，都会影响运动员的竞技表现，因此，运动员的竞技能力在参赛过程中的表现不可能是恒定不变的，而呈现着波动性的特点。

参赛过程中各种子能力的波动频数与波动幅度也是不同的。一般来说，运动员的知识能力水平表现着阶段性的稳定状态，战术能力水平与技术能力水平在一个赛事过程中也相对稳定，体能状态在不同日期、一日中的不同时段可能会出现不同程度的波动，而运动员的心理状态则具有最为明显的可变性，有时在极短的时间内出现明显不同的心理变化，甚至瞬间发生截然不同的改变。

（2）运动员竞技能力成功参赛的内部条件与外部环境

参加重要的比赛时，运动员都希望能够表现出在训练过程中所达到的最高水平。这就需要有计划地培养和调控理想的参赛状态，营造和适应良好的外部参赛环境。

运动员通常围绕一次或一组重要的竞技性赛事，组织一个大的训练周期。遵循竞技状态的变化规律组织赛前训练：按一定程序实现运动员竞技子能力的优化组合；在临赛时段，培养运动员逐步进入峰前状态；有步骤地逐步引导运动员最佳竞技状态的适时出现；实事求是地制订好有利于运动员竞技能力充分发挥的参赛方案，并在比赛过程中灵活机动地完成参赛预案。

运动员参赛的外部环境包括比赛地域与场地、比赛日的气候条件、比赛组织与管理、比赛规则与裁判行为、比赛对手、赛场观众、赛事报道媒体等，都会对运动员参赛表现产生影响。其中，比赛对手和比赛结果的评定行为对运动员参赛表现的影响最为直接、最为明显。

参赛者可有效地掌控自身的竞技表现，力求发挥最佳的水平；对直接对抗项目的对手，应以己之长抑敌之短，干扰和限制对手优势的发挥；而对非直接对抗项目的对手，则可在信息、心理等方面施加压力；对比赛结果的评定，可在规则允许的范围内对部分项目的判定行为施加一定的影响（表2-1-4）。

表2-1-4 影响参赛结果三因素的特征分析

| 影响因素 | 行为主体 | 职责 | 参赛者可控程度（由低到高0—10） |
|---|---|---|---|
| 运动员自身表现 | 运动员、参赛团队 | 训练中提高运动员自身竞技能力水平 | 8—10 |
|  |  | 比赛中表现运动员竞技水平 | 6—10 |
| 对手表现 | 竞技对手 | 训练中提高其竞技能力水平 | 0 |
|  |  | 比赛中表现其竞技水平 | 0—8 |
| 参赛结果评定 | 项目运动协会 | 制定竞赛规则 | 0 |
|  | 竞赛组委会 | 制定赛事的竞赛规程 | 0 |
|  |  | 准备场地器材 | 0 |
|  | 裁判员 | 依规则判定成绩 | 0—3 |

（王宏，2008）

（3）运动员竞技能力高度动员后的恢复

在适宜的比赛环境中，经过专门的准备，运动员可高度动员其生理与心理系统，呈现最佳的竞技状态，充分发挥和表现出在训练中已经获得的运动竞技能力。而在比赛之后，特别是在表现出最佳竞技能力的参赛状态之后，机体就必然会要求更多的休养和恢复。

运动员竞技能力表现的波动性是由机体内在的适应性、动员性与保护性机制决定的，从训者不应该幻想能够永远保持最高水平的竞技状态，更不应该违反机体功能波动性变化的规律，在恢复期强行动员运动员去追求过高的竞技表现。

## 第二节　基于辩证协同思想的运动训练原则体系

### 一、我国运动训练原则理论体系的演化

运动训练原则是人们根据自己对运动训练规律的认识，在运动训练实践活动中感受领悟、提炼概括而提出和确立的。在现代竞技体育100多年的发展历程中，人们对运动训练原则的认识也在发展变化。在我国竞技体育发展的不同时期，依人们对运动训练规律和训练工作要求的不同认识，构建了三个运动训练原则的理论体系。这三个理论体系分别构建于不同的理论或实践基础之上，相互之间有着密切的联系，又各自有着鲜明的特性。它们是：基于教育学理论的运动训练原则体系、基于跃进思维和军队练兵实践的运动训练原则体系以及基于辩证协同思想的运动训练原则体系。

（一）基于教育学理论的运动训练原则体系

我国运动训练界对于运动训练原则的认识，最初来自于苏联的体育学院《体育教育理论》教材中关于运动训练问题的章节中的有关论述。其中所述的运动训练原则许多是从教学原则衍生而来的。

1981年，由全国体育院系教材编审委员会主持编写的《体育理论》教材中，列举的运动训练原则有：一般训练与专项训练相结合的原则，不间断性原则，周期性原则，合理安排训练负荷原则，以及区别对待原则。1983年，由中国运动训练学会组织编写的《运动训练学》专著中，除上述5项外，又增加了自觉性原则与直观性原则两项常见的教育学原则。1990年，我国高等体育院校第一本全国通用的《运动训练学》教材中，又恢复为5项运动训练原则。其后，我国多所高等体育院校陆续将运动训练学作为一门独立的学科而予开设，编写教材，组织教学。各院校编写的《运动训练学》教材中，时有局部的调整，但主体内容雷同。

2000年出版的全国高等体育院校通用的《运动训练学》教材中力求对运动训练活动的各个方面提出更为全面的指导，针对运动训练活动中的不同问题，从9个方面概括了运动训练的基本原则，即：竞技需要原则、动机激励原则、有效控制原则、系统训练原则、周期安排原则、适宜负荷原则、区别对待原则、直观教练原则与适时恢复原则。与1990年的教材相比，针对运动训练活动中遇到的多元性的复杂情况，这一体系中增添了竞技需要、动机激励、有效控制、直观教练与适时恢复共5项原则，从而为运动训练实践提供了更加完整、更加明确，并且更加具有针对性的指导理念。但察其主要内容以及整体结构的特点，仍然基本上沿袭了教育学运动训练原则的框架。

基于教育学理论的运动训练原则体系比较全面地考虑到了运动训练活动的不同方面，有针对性地提出了不同的训练原则，注意解析各项原则的理论依据，注意表述的准确性；但涉及的内容比较分散，而且也没有考虑到不同原则之间的有机联系。

### （二）基于跃进思维和军队练兵实践的运动训练原则体系

自20世纪60年代起，我国运动训练工作中提出并贯彻"三从一大"训练原则。"三从一大"即"从严从难从实战出发，大运动量训练"的简称。"大运动量训练"是在1958年"大跃进"的社会背景下兴起的，"三从"则是从部队练兵学来的经验。

"三从一大"训练原则的价值首先在于准确地阐述了训练与比赛的关系，提出"从实战出发"抓住了根据比赛的需要组织训练这一核心问题，对正确地把握训练方向有着重要的指导意义；"从严从难"以及"大运动量训练"的要求重点突出，特别强调刻苦训练，这是完成训练任务、实现训练目标的重要基础。几十年来"三从一大"训练原则的推行，在我国竞技体育队伍中，树立了苦练严管的作风和传统，有力地促进了我国竞技运动水平的提高。

但是，"三从一大"训练原则的提出和推行也不可避免地有着时代的局限性。首先，作为指导训练活动的理论体系有着明显的缺漏，"三从一大"原则体系中对许多重要的问题如运动员行为动机的激励与保持问题、训练过程的组织问题、承受负荷后的恢复问题等都没有涉及。有张无弛的失衡是"三从一大"训练原则的另一个重要的缺陷。在运动训练活动中，运动员承受训练负荷，肌体疲劳，通过休整恢复，其竞技能力获得提高。这里，负荷与恢复是有着密切联系的两个重要的范畴。没有负荷，运动员的竞技能力无从变化；没有恢复，运动员的竞技能力不可能提高。"一张一弛，文武之道也"，二者缺一不可。但"三从一大"只强调"苦""难""大"，却忽视了"调节"与"恢复"，造成了有张无弛的失衡。

### （三）运动训练实践对于构建新的运动训练原则体系的迫切要求

基于教育学理论的运动训练原则体系与基于跃进思维和军队练兵实践的运动训练原则体系多年来在指导我国运动员的训练活动中发挥了重要的作用，但正如前文所述，也各有其不足。飞速发展的运动训练实践迫切地要求建立更为科学合理的运动训练原则理论体系。

物质的存在与运动、工作的组织与实施，都会受到多方面因素的影响，其中，许多影响因素之间是紧密联系、彼此促进或者相互制约、相生相克的。辩证地认识事物，辩证地把握运动的进程，是人类各种行为的重要原则，在运动训练活动中更有着特殊的需要。

竞技体育活动中运动员健康安全的高风险性与运动训练中运动员机体负荷的高挑战性等特点提示我们，应该特别谨慎地准确把握好各种相互矛盾的影响因素之间的联系。

例如，加大运动训练负荷可给予运动员机体更大、更强烈的刺激，促使运动员机体产生更为深刻的适应性变化，更快地提高运动员的竞技能力水平；但加大运动训练负荷的过程中，稍有不慎，超过了运动员机体所能承受的极限，便会导致运动员机体的劣变，过度训练引发过度疲劳，甚至会发生灾难性的后果，葬送运动员的竞技生涯。

再如，运动员需要经过多年的系统训练才有可能成为一名优秀的竞技选手，而任何一个完整的社会行为又都是分阶段组织实施的，这种分阶段组织实施即以时间跨度不等的训练周期的形式存在着。没有周密设计、组织有效的运动训练周期，便不可能保证运动员成功地进行多年的系统训练。

上述可见，辩证地认识和解决训练实践中遇到的诸多矛盾，有效地组织和推进矛盾双方的协同效应，对于人们成功地组织运动训练过程有着重要的指导意义。在汲取了基于教育学理论和基于跃进思维与军队练兵实践的两个运动训练原则体系的合理内核的基础上，进行了辩证思考，并强调协同效应，建立了辩证协同训练原则理论体系。

## 二、基于辩证协同思想的运动训练原则体系及其特点

（一）基于辩证协同思想的运动训练原则体系的建立

2006年，作者首次提出应将运动训练中密切相关的两项行为准则结合在一起组成新的原则，进而提出由10个范畴两两组合的5项运动训练原则（运动训练学，高等教育出版社，2006），即：竞技需要与定向发展原则、系统训练与周期安排原则、集群组训与区别对待原则、适宜负荷与适时恢复原则、导向激励与有效控制原则。而后，作者在此基础上做了进一步的调整和梳理，将对运动训练活动有着重要指导意义的8个范畴组合为4项运动训练的基本原则，即：导向激励与健康保障训练原则、竞技需要与区别对待训练原则、系统持续与周期安排训练原则、适宜负荷与适时恢复训练原则，构成了用以科学指导运动训练活动的基于辩证协同思想的运动训练原则体系（《运动训练学》，人民体育出版社版社，2012）。

（二）基于辩证协同思想的运动训练原则体系的主要特点

1. 对运动训练要素辩证协同关系的科学认知

任何运动训练活动都包含着训练内容、训练方法、训练负荷、训练安排等基本要素。科学地认识这些要素的内涵、结构、作用以及它们之间的关系对于成功地组织训练至关重要。在运动训练活动中，人们将这些要素的关系和把握要素的操作准则概括为若干精练的表达，如"适宜负荷""区别对待"等范畴。基于辩证协同思想的运动训练原则体系中的每一项原则都把具有紧密联系而又在一定条件下相互矛盾的两个范畴组合在一起，分别从不同视角提示了在训练活动中具有指导意义的行为准则。科学地认识每项原则中两个范畴的辩证协同关系，对科学组织训练活动具有重要的意义。

试以导向激励与健康保障原则为例。训练活动中必须要不断地激发运动员奋进争先的强烈动机，鼓励运动员克服疲劳、伤病等困难，刻苦训练；但同时必须要准确把握好刻苦训练的"度"：严格训练要严得合理，而不是越严就会练得越好；加难训练要难得适宜，而不是越难就会提高得越快；加大训练负荷，能够引发运动员机体更为深刻的适应性变化，但过度的负荷则会使运动员的健康受到损害，也必然会导致其竞技能力的下降。因此，就要同时把"健康保障"作为重要的行为准则，以使得训练的要求严得合理，训练的难度加得适当，训练的负荷增加有度，运动员在健康的身心条件保障下，严格要求，刻苦训练，实现竞技能力的不断提高。

训练中不去树立远大的奋斗目标，不对运动员提出严格要求，放任自流，有点小伤小病就全休免练，当然不可能培养出高水平的竞技选手；而超出运动员可接受的限度，不认真考虑运动员健康的现实状况，片面地追求所谓"超负荷的极限训练"，则可能会给运动员的健康带来严重的损害，也会使运动员的竞技能力水平受到严重的破坏。可见，在运动

训练过程中，导向激励和健康保障都是须臾不可分离的重要的行为准则，二者相互促进，又相互制约。把二者联组为一项训练的基本原则，辩证地认识二者的科学内涵，更好地发挥二者的协同作用，是指导科学训练的基本准则。

同样地，竞技需要与区别对待训练原则、系统持续与周期安排训练原则、适宜负荷与适时恢复训练原则也都是把具有紧密联系而又在一定条件下相互矛盾的两个范畴组合在一起，指导运动训练团队辩证地认识、协同地操作这些对于运动训练活动有着重要指导价值的基本理念，促进运动员竞技能力有效而持续地提高。

2. 覆盖运动训练活动的各个主要环节

不同的训练原则或在不同的方面，或从不同视角分别对应于运动训练活动中的不同问题或不同侧面。因此，将多项训练原则构建成为一个运动训练原则体系，就应该能够覆盖运动训练活动的各个主要环节，在运动训练的全局中有效地发挥指导作用。

导向激励与健康保障训练原则、竞技需要与区别对待训练原则、系统持续与周期安排训练原则、适宜负荷与适时恢复训练原则这4项原则，分别对应于运动训练实践的不同需要，符合运动员竞技能力构成、变化和表现的规律，构成了完整的训练原则理论体系（表2-2-1）。

表2-2-1  各训练原则涉及运动训练活动的主要环节

| 训练原则 | 涉及的主要训练环节 |
| --- | --- |
| 导向激励与健康保障训练原则 | 管理　动机　内容　负荷　安排 |
| 竞技需要与区别对待训练原则 | 内容　负荷　方法　安排 |
| 系统持续与周期安排训练原则 | 管理　安排 |
| 适宜负荷与适时恢复训练原则 | 负荷　方法　安排 |

导向激励与健康保障训练原则是对运动训练工作进行科学管理以及成功组织训练活动的基本准则。全面地涉及运动员自觉训练动机的激发，训练内容的选择，训练负荷的把握，训练过程的安排以及运动员的医药服务等健康保障。

依据竞技需要与区别对待训练原则，首先要认真研究项目特点与专项竞技的需要，决定训练内容的选择，进而结合运动员的个人特点确定适宜的运动负荷、选择有效的训练方法、做好个体化的训练安排。

系统持续与周期安排训练原则要求竞技体育的管理者健全多级训练体制，为运动员实现多年系统训练提供有力保证，分段组织系统训练过程的实施，围绕重要赛事组织安排好训练周期。

适宜负荷与适时恢复训练原则要求训练团队准确把握运动训练负荷的适宜量度，科学地探求负荷量度的临界值，积极采取加速机体恢复的适宜措施。

4项辩证协同的训练原则广泛地涉及运动训练的内容、负荷、方法、安排等基本问题，对运动训练的各个主要环节实施科学的指导，构成了一个完整的运动训练原则体系。

# 第三节 导向激励与健康保障训练原则

## 一、导向激励与健康保障训练原则释义

导向激励与健康保障训练原则是指，以实现预设目标为导向，激励运动员积极参与，并在为运动员身心健康提供有力保障的条件下组织运动训练活动的训练原则。这项原则将动员激励运动员积极、主动、刻苦地训练与高度重视并采取有效措施保障运动员健康这样两个范畴辩证地组合在一起，形成组织训练活动重要的指导思想。

导向激励可来自被激励者内部，也可来自于其外部，二者亦称为动机激励和社会激励。动机是推动人们从事某种行为的内部驱动力。人类从事任何活动，其动机都起着重要的作用。积极的动机会激发斗志，振奋精神；消极的动机则使意志松懈、不思进取。运动员的训练过程是艰苦的，需要克服许多困难，才有可能获得成功，因此，参加运动训练，需要建立正确的、积极的动机；坚持运动训练，更需要不断地完善正确的、积极的动机；用正确的、积极的动机激励运动员自觉地投入到艰苦的运动训练活动中去，为实现训练目标而不断努力。社会激励表现于精神激励与物质激励两个方面。对于运动员竞技表现的社会认同和事业荣誉感会使运动员的高层次人生需求得到满足，运动员由于创造竞技成就而获得的物质奖励则会使运动员享有相应的生活改善。

在积极的导向激励下，运动员会主动投入训练。他们常常抛弃人们正常生活中的许多快乐和享受，承受艰苦的训练负荷；不少运动员试图挑战训练负荷的极限，以求得比他人更快更大的提高，这种尝试会使运动员冒着过度训练的巨大风险，为了实现预定的训练目标，甚至在患有运动创伤和疾病时，仍坚持训练和参加比赛，而这常常会导致运动员伤病加剧，甚至严重影响健康，这就违背了从事体育运动的根本宗旨。所以，与此同时，要认真贯彻健康保障训练原则。

竞技体育的发展需要充分挖掘运动员的竞技潜力，对运动员的机体提出了很高的要求，同时也为运动员的健康带来风险。这里，必须明确地把保护运动员的健康放在重要的地位，认真地贯彻健康保障训练原则。为运动员的健康提供有力的保障，既是对运动员基本健康权利的尊重与保护，也是使得运动员能够坚持多年系统训练，创造优异运动成绩的必要条件。

国内外许多教练员和运动员在其训练实践中深切地感受到健康训练的重要性。中国女子体操队总教练陆善真在备战和参赛2008年奥运会过程中提出将"保护性训练"列为一条重要的训练原则；美国NBA球员受伤后停训停赛接受治疗，只有在医生确认恢复后，才允许重新参加比赛。德国人迪·马丁教授等在1993年出版的《训练学手册》一书，也提出了"维护健康"的负荷原则，认为"所有训练安排均应不给运动员的健康带来危害，并尽可能地为确保运动员的健康服务"。

导向激励与健康保障是运动训练活动中应该遵循的重要原则。辩证地认识二者之间的内在联系及可能发生的矛盾，不断地激励运动员主动训练、刻苦训练，同时密切关注、切实保障运动员的身心健康，及时地妥善地解决好二者之间的矛盾，更好地发挥二者的协同效应，才能使训练工作取得成功。

## 二、导向激励与健康保障训练原则的科学基础

### （一）长期艰苦的训练需要不断的动机激励

现代高水平竞技训练要求它的参加者多年坚持系统的刻苦训练，承受巨大的心理负荷与生理负荷。而且，在多年训练过程中，运动员还会不断地受到内外环境多种因素的干扰，包括伤病的产生，竞技水平发展暂时的停滞，对成就的自满，不良人际关系的牵制以及其他各种社会的、心理的和生物的问题的出现，都会使运动员感到困惑，降低信心，失去兴趣。因此，就需要从运动员自身和外部不断地激励其保持良好的动机，始终对训练的前景充满信心，不断地感受到阶段性成就的喜悦，并继续树立新的训练目标。只有这样才能够自觉地进行年复一年艰苦单调的训练，并从中获得乐趣与满足，一步步走向竞技生涯的高峰。

我国优秀女子羽毛球选手张宁在1996年世界杯赛、2003年世锦赛、2004年雅典奥运会上先后获得女单冠军，在29岁时完成了世界三大赛冠军的大满贯胜绩，为祖国争得了荣誉，也书写了辉煌的人生。但是怀着为中国体育事业作出更多贡献的崇高责任和对北京奥运会的美好憧憬，她克服了许多困难，坚持着科学的、刻苦的训练。终于在2008年奥运会上，33岁的张宁蝉联了奥运会女子单打冠军，得到了业内外人士的好评和尊重。

### （二）健康的身体是保持系统训练并取得优异成绩的重要基础

当代竞技体坛众多的案例表明，选拔具有巨大竞技潜力的青少年运动员，进行系统的多年训练，才有可能培养出优秀的竞技选手。在多年持续进行的艰苦训练过程中，运动员保持健康的身体至关重要，有了健康的身体，运动员才能坚持严密计划的系统训练，才能承受高质量的训练负荷，才能一步步地提高和完善自己的竞技能力水平，才能在各种条件和水平的比赛中表现出自己的竞技能力。而如果运动员患病，或者长期受着运动创伤的困扰，那么，再好的训练计划也无法实施，再大的竞技潜力也无从发挥，再美好的奋斗目标也无法实现。

当然，在多年训练过程中，在不断追求突破的道路上，常常难以完全避免运动伤病的发生。问题在于，当运动伤病出现时，应该如何正确对待。有些教练此时还是一味蛮干，脱离实际地片面强调"苦练"，要求"轻伤不下火线"，导致运动员伤病日益加重，结果使训练的系统性遭到严重的破坏，许多这样惨痛的教训值得我们牢牢记取。正确的做法是，认真对待，抓紧治疗，与医师密切配合，在科学诊断的基础上，确定治疗方案。能够局部保持训练的，应及时调整训练计划，在确保身体伤病能够尽快治愈的前提下，适当地组织进行不会导致伤病加重的内容的训练。在这方面，美国NBA球员严格的伤员治疗与参训制度值得参考。

### （三）健康的身体是运动员创造美满人生的重要条件

运动竞技是青春的事业。为适应现代社会生活的需要，运动员既要为广大观赏者奉献精彩的竞技表演，同时也要把对社会的奉献与个人美满生活的追求统一起来。

对于选择了竞技体育的运动选手来说，从事训练和参加比赛，只是其完整人生中的一个区段。这个区段里的艰苦训练和高强度竞技不应只培养运动员奋斗的精神、坚强的意志和高超的技艺，同时也应该铸造其健康的体魄，为成功地造就平安、完美的人生奠定重要的基础，使其在结束职业竞技生涯之后，能够顺利地转入到竞技体育之外的其他生活内容之中。因此，在以训练和参赛为主要内容的生活区段里，要努力避免有损于健康的行为。要坚持科学训练、适度负荷、有效恢复、积极治疗运动性伤病，坚定地拒绝和反对服用违禁药品。运动训练团队的每个成员都应该把保护运动员的健康作为组织训练工作的一项基本原则。

### 三、导向激励与健康保障训练原则的训练要点

（一）树立正确的参训动机，协调兼顾国家与个人的利益

运动员从事竞技体育是有目的的行为，参训目的的定位对于运动员参训的积极性与自觉性程度有着重要的影响，需通过多种途径和方法，加强训练的目的性教育和正确的人生观、价值观教育，使运动员认识到参加竞技运动训练、获得优秀运动成绩对国家、民族、家庭及个人的重要性及其巨大的社会价值，从中得到鼓舞和激励，逐步树立起积极自觉的训练态度。同时，要注意协调兼顾国家与个人的利益，使运动员把为国家、为集体争光的责任感和荣誉感与体现个人人生价值、创建高质量的家庭与个人生活紧密地结合起来，从而激发强烈的目标动机，勇于克服困难，坚持实现训练目标。

随着运动员竞技经历的演变，运动员的参赛目标也需要及时地调整，才能对运动员起到更好的激励作用。如我国男子体操选手李小鹏，出生于1981年，从1997年16岁时起，到2003年22岁时止，共14次站在了世界大赛的冠军领奖台上，其中包括了在悉尼举行的第27届奥运会上的男子体操团体和双杠两枚金牌。2004年雅典奥运会上，李小鹏因踝伤在双杠比赛中只获得了铜牌，赛后并长时间治疗恢复。对于李小鹏来说，似乎已经不再有新的目标可以吸引他了。但是，在中国百年梦圆的北京奥运会上为国争光的责任感强烈地鼓舞着他的同时，李小鹏还有一个愿望，那就是超越另一位体操选手李宁保持的14项次世界冠军的"纪录"。经过长达3年的治疗和康复，李小鹏终于坚强地出现在北京奥运会的赛场上，获得了他第15、16项次的世界冠军：奥运会团体冠军队成员及双杠冠军。

（二）以人为本，加强医务保障

关注运动员身体健康是以人为本的现代管理理念在训练工作中的重要体现。同时，作为运动训练活动的主体，运动员的健康状况对于训练活动的组织进行以及训练成果的好坏有着重要的影响，应得到高度的重视。因此，需要建立完善的健康保障体系，包括日常的医务监督、定期的健康体检、及时的医药治疗和发生意外伤病时的应急机制。

运动员发生运动创伤后，须及时诊断。需要停训停赛治疗的，应坚决停训停赛。不要因为追求一时一事的竞技利益而使运动员的身体健康受到不应有的损害。男子110米跨栏跑雅典奥运会冠军刘翔左脚跟腱负伤，在2008年8月的北京奥运会跑道上明智地选择了退赛，经过398天的治疗、康复与适应性训练，于2009年9月18日在上海国际田径大奖赛上复出，第一次比赛就跑出了13.15秒的高水平成绩，是一个正确决断、成功复出的经

典范例。

### （三）做好目标控制、信息反馈、及时调节

对运动员运动训练过程实施目标控制、加强信息反馈、及时进行调节是顺利贯彻导向激励与健康保障原则的重要前提。运动员的一切训练活动都是为了训练目标的实现而设计、而组织的，训练周期的安排、训练内容的确定、训练方法的选择、训练负荷的把握都应服务于这一目标，而不应盲目地去硬性完成某一负荷量度的要求，不应强制性地去参加干扰运动员完成主要训练任务的商业性比赛活动。

要对运动训练过程进行科学有效的监控，准确把握运动员技术、战术掌握的质量与存在的问题，准确把握运动员体能发展状况与负荷后的机体反应，准确把握运动员心理活动的状态与变化，准确了解运动员的专项认知水平与专业知识水平，并及时地反馈给教练员和运动员，对运动训练计划、对训练的实施与要求作出科学的、合理的调节。如此才能做到既不断地激励运动员刻苦训练、又切实关心并保障运动员的身心健康。

## 第四节　竞技需要与区别对待训练原则

### 一、竞技需要与区别对待训练原则释义

竞技需要与区别对待训练原则是指，根据运动项目比赛的共性特点从实战出发，针对运动员个性特征，科学安排训练过程的周期、阶段划分及训练的内容、方法、手段和负荷等要素的训练原则。

比赛是竞技体育活动的核心组成部分，运动训练的目的是提高运动员的竞技能力，以求成功地参加比赛。显然，比赛的需要是训练安排的重要依据。训练的结果是否符合比赛的需要，是评价训练效果最重要的标准。一切训练活动都应该从比赛的需要出发，而设计规划和组织实施。

竞技运动项目是多姿多彩的。有些项目主要比技术，另一些项目则主要比体能；有些项目主要比力量，另一些项目则主要比耐力；有些项目只是个人与个人比赛，另一些项目则是两队之间比赛。不同项目竞技的需要自然也有所不同。因此，研究和把握运动项目的竞技需要，一定要科学认识运动项目的竞技特点，准确了解运动项目的训练要求。每个运动项目都有着自己相对稳定的竞技特点和训练要求，从事该项目训练的运动员应该努力去熟悉和掌握这些竞技特点，实施和完成这些训练要求。但是，这些竞技特点和训练要求又不是一成不变的，当竞赛规则发生重大改变，或者该项目的竞技水平明显提高时，其竞技特点和训练要求也可能会发生局部的甚至是整体的变化。

由于运动员个体的诸多差异，同一个运动项目的运动员竞技能力的结构特点和训练要求也都有着明显的差别；而同一名运动员在训练的不同阶段，其竞技能力的结构特点和训练要求也在不断地发生变化。这就要求我们在运动训练过程中，随时根据运动项目、训练阶段、运动员个体特点等多个要素的变化，注意有区别地组织好运动训练活动。

运动项目普适性的竞技需要与特定时间空间条件下运动员的个体特征是既有矛盾又紧

密联系的两个方面,科学地认识它们之间的辩证关系,并充分发挥二者之间的协同效应,是我们应该遵循的重要训练原则。

## 二、竞技需要与区别对待训练原则的科学基础

### (一) 竞技比赛对于训练活动的导向性

目标是人们行为的终点,对于人们的行为起着重要的导向作用。人们的一切行为都应该服务于既定目标的实现,训练活动也是一样。运动训练的最终目标是成功地参加比赛,实现预期的比赛结果。因此,一切训练的内容、方法和手段的选择及训练负荷与节奏的安排都应该围绕着成功参赛的需要而组织实施。

人们根据所设定的运动训练目标去选择运动训练的内容,训练的内容都是服务于特定的任务和目标的。选择安排不同的训练内容,就会发展不同的竞技运动能力,只有按照专项竞技的需要去选择训练的内容,才有可能使得运动员的专项竞技能力得到迅速的提高,才能为成功参赛做好准备。

### (二) 运动专项竞技的特异性

不同的运动项目有着不同的竞技特点,要求运动员具有不同的竞技能力结构。构成运动员竞技能力的体能、技能、战术能力、心理能力和知识能力,在不同项目竞技能力结构中的重要程度又有所不同,这就要求我们全面、准确地认识和了解自己所从事的运动项目竞技能力结构的特点,进而选择与专项竞技需要相符合的训练内容、手段及制订相对应的运动负荷方案,有效地组织运动训练活动。

现代运动竞赛中的竞争性和对抗性日益激烈,促使人们把提高专项比赛能力的任务和为提高这一能力的专项训练放在首要的位置,运动训练的内容、方法、手段及负荷都表现出鲜明的专项化趋向。儿童、少年的早期基础阶段的训练也应以未来高水平专项竞技的需要为导向,将早期基础阶段的训练与优秀运动员的专项训练有机地衔接起来,为专项高水平竞技阶段的训练和参赛打下良好的基础。

运动专项竞技的需要对于训练活动具有鲜明的导向性。针对专项竞技的需要组织训练,会明显地提高训练工作的效果,使教练员和运动员付出的辛勤劳动和成果在专项比赛中得到充分的展现;而如果对专项竞技的需要考虑得不够准确或者不够充分,将会给训练工作带来很大的盲目性,往往会事倍功半,花费巨大的精力却难以取得理想的训练效果。

### (三) 运动员竞技能力结构的个体性与变异性

运动训练实践具有鲜明的多样化的特点,而且,又处于不断的变化之中。不同项目、不同运动员,以及在不同状态下所表现出的特点,包括决定竞技能力的各个因素,教练员的业务水平,对训练的战略部署和战术安排,训练所处的阶段和具体要求,以及气候、场地、器材等外界环境等,都各有不同,且无时不处于不断的运动和变化之中。同一名运动员的训练状态在不同阶段、不同的训练环境和训练条件下,也都对训练的内容和组织实施提出明显的不同要求。这些因素的不断运动及变化,都要求教练员及时根据训练对象的具体情况有区别地组织训练。

## 三、贯彻竞技需要与区别对待训练原则的训练学要点

### (一) 认真研究项目特点与专项竞技的需要

不同竞技项目有着不同的竞技特点和不同的训练要求。贯彻竞技需要原则首先要明确专项的竞技需要是什么,也就是说,要明白怎样能够在这个专项的比赛中获胜。

运动员的比赛结果取决于自身具备的竞技能力及其在比赛中的表现、对手具备的竞技能力及其在比赛中的表现、比赛结果的评定行为这样三个要素。运动员要想在比赛中获胜,就应该提高自己的竞技能力并在比赛中充分发挥和表现出来,要在规则允许的范围内抑制对手竞技能力的发挥和表现,还要在规则允许的范围内力求得到有利于自己的评定和裁决。因此,我们就要研究,自己专项的竞技中需要什么样的竞技能力,比赛中怎样能够发挥得更好,怎样获得有利的评分;在规则允许的范围内,可以怎样去抑制对手的竞技表现。

每个运动项目专项竞技的不同特点,决定了其竞技能力构成因素的差异性。例如,举重选手必须有巨大的力量,射击选手应保持稳定的情绪,乒乓球选手需要快速的反应与机动灵活的战术意识和战术能力,篮球选手则需要与同伴默契配合的合作精神。因此,只有对所从事的运动项目的竞技特点作出正确的分析,才能够确定相应的训练要求,选择适宜的训练内容、训练方法和训练负荷。

训练负荷强度和数量的安排都要考虑到专项比赛的特点和需要。马拉松跑、铁人三项运动员的训练课上必须保证有足够的负荷量和足够的负荷时间;而跳远、投掷等比赛中一次试跳、试掷用时很短的项目,运动员的专项训练课时就不必一定要求很长的时间,在训练中应更加关注练习的强度;体操、跳水、花样滑冰等项目,在专项训练中则特别要注意不断发展和提高动作技术的难度和质量。

### (二) 科学诊断运动员个人特点,有针对性地组织训练

运动训练中的区别对待,应该体现在整个训练活动的全过程和全方位之中。面对运动员不同的个人特点,面对不同训练阶段的时相特点,都需要认真贯彻区别对待的训练原则。

竞技运动的组织与操作,是通过一个个运动员的训练、比赛而组合起来的。每一个运动员都是一个独立的个体,都有只属于他本人的形态、机能、素质、个性心理特征以及技术、战术特征;每个人既有各自的优势,也有各自的短板,各有不同的需要和不同的训练任务,因此,每个运动员的训练中应安排有不同的内容。同一个教练组内的女子体操选手,有的安排多练高低杠,有的则安排多练跳马;有的需要着力发展腿部力量,有的则需要多发展腰腹肌群力量。这就要求我们在训练中,特别注意共性内容与个别安排的结合。因此,对每一个运动员都应该实施有针对性的训练。

在贯彻区别对待的训练中,要注意与运动员的个性发展相结合。高水平竞技体育的运动训练在某种意义上说,就是一项发现天才、张扬个性、打造极品的事业;优秀的竞技选手大都具备超凡的先天条件,只有充分地发扬其个性特征,才有可能培养出国际级的顶尖高手。高水平优秀选手个性化训练的趋势明显加强,同一项目同一水平的优秀运动选手的

训练负荷也会有明显的区别。如温宇红的研究展示了当代高水平游泳运动员的负荷量多样化和个性化的特征（表2-4-1）。

表2-4-1　部分高水平女子游泳运动员典型周游量和日游量比较

| 项目 | 运动员 | 主项及成绩 | 日游量 | 周游量 |
|---|---|---|---|---|
| 长距离 | Janet Evans | 1988、1992年奥运会400 m、800 m自由泳冠军，世界纪录保持者 | 不超过16 000 m | 不超过80 000 m |
| | Brooke Bennett | 1996年奥运会800 m自由泳冠军；2000年奥运会400 m、800 m自由泳冠军 | 12 000~17 000 m | 1996年最多100 000 m；1997年最多112 000 m |
| 短距离 | Inge De Bruijn | 2000年奥运会50 m、100 m自由泳、100 m蝶泳冠军 | 9 000~14 000 m | 平均70 000 m |
| | 罗雪娟 | 2004年奥运会100 m蛙泳冠军 | 6 000~8 000 m | 不超过50 000 m |
| | Agnes Kovacs | 2000年奥运会200 m蛙泳冠军 | 准备期15 000~18 000 m，赛前13 000~14 000 m | |

（温宇红，2006）

　　同一名运动员在其生长发育与训练的不同阶段，也有着不同的即时状态，有着不同的发展目标和不同的训练要求，应该密切关注运动员竞技能力状态的变化，及时调整修订训练计划。

## 第五节　系统持续与周期安排训练原则

### 一、系统持续与周期安排训练原则释义

　　系统持续与周期安排训练原则，是指运动员应该系统持续地从事运动训练，并应分阶段做出周期性安排的训练原则。

　　为了在运动训练活动中实现人体的适应性改造，运动员需要多次承受运动负荷，渐进地提高自己的竞技水平。持续的运动训练可使训练效应不断累加，而训练活动的间断则会降低训练效果。培养一名国际水平的竞技选手，通常需要经过6~10年的系统训练，世界优秀选手都是在多年系统的训练过程中培养出来的。同样，在一个年度、一个阶段的训练中，也要求保持良好的连续性。

　　同时，物质运动普遍存在的周期性特征也清晰地存在于运动训练过程之中。人体运动能力的周期性提高，竞技状态的周期性变化，重大赛事的周期性举办，都提示我们，周期性地安排好运动训练过程，处理好负荷与恢复、分解与综合、训练与竞赛的有机联系，是

设计、组织运动训练过程的重要原则。

系统的、持续的运动训练过程需要分解成若干个组织周期，而不同时间跨度的多个周期又组合成系统的、持续的运动训练过程。发挥好系统训练与周期安排的协同效应，对运动训练活动的成功有着重要的作用。

## 二、系统持续与周期安排训练原则的科学基础

### （一）人体运动生物适应的长期性

系统的持续训练是取得理想训练效应的必要条件，人体对训练负荷的生物适应必须通过有机体自身的各个系统、各个器官、各条肌肉乃至各个细胞的变化，一点一点地去实现。运动员的竞技能力是多种能力的综合表现，它不仅涉及生理、心理等各个方面的因素，同时又受先天、后天因素的影响。因此人体机能的适应性改造（包括中枢神经系统功能的改造），不是在短期内所能奏效的。训练对提高运动员竞技能力的影响，必须通过人体内部的适应性改造才能实现。耐力性项目运动员的有氧代谢能力，其肌肉组织内高度的毛细血管化，不是一朝一夕所能形成的；集体球队几名选手之间配合完成某些特定的战术行动，也必须经过长时间的多次练习，才能使彼此之间建立起相互协调和默契的关系，完成高度协调的战术配合。因此，从人体生物适应的角度来看，运动员应持续地承受负荷，进行系统的训练。

### （二）运动训练效应的不稳定性

运动员在负荷作用下所提高的竞技能力，无论是体能、技能、战术能力、知识能力，还是心理能力的变化，都具有不稳定的特点。当训练的系统性和持续性遭到破坏而出现间断或停顿的时候，已获得的训练效应也会消退以至完全丧失。例如，体能的变化主要表现为力量、速度及耐力等素质的改变，训练一旦停止，运动素质消退得很快，特别是通过强化的力量训练手段所取得的训练效应消退得更快。又如运动员在训练中技能得到提高，表明在运动员神经系统的有关中枢之间建立起了良好的暂时性联系，这种神经联系可支配运动器官、骨骼和肌肉系统地、协同地完成相应的动作。只有经常地反复强化这种暂时联系，才能够保持动作中各个环节的协调配合。如果中断训练，中枢神经系统对肢体精细运动的支配能力便会受到影响，反应迟钝，最终使动力定型遭到破坏。为了避免技能、体能的消退，克服训练效应的不稳定性，必须在训练效应产生并保持一定时间的基础上重复给予负荷，使得训练负荷的积极效应得到强化和累积，才能使竞技运动能力得到不断改进和完善。因此，要想获得理想的训练效应，有效地发展运动员的体能、技能、战术能力、知识能力及心理能力，就必须注意保持训练过程的持续性，系统地、不间断地参加训练。

### （三）人体生物适应过程的周期性

人体在训练负荷下的生物适应过程，不仅是长期的，同时也是分阶段实现的。机体对一次适宜训练负荷的反应，可分为工作、适应、恢复和训练效应消失等几个阶段。在更长一些时间的跨度内，如几个月至一年的训练过程中，运动员机体能力的变化同样经历着不同的阶段，这就是竞技状态的提高、保持和下降三个阶段。

为了在重要比赛中创造优异的成绩，运动员总是力求通过科学的训练与安排，使自己从心理上和生理上做好充分的准备，在比赛中最大限度地动员机体的潜力，把自己在训练中获得的竞技能力最充分地发挥出来，创造优异的成绩。运动员参赛的准备状态，叫做竞技状态。运动员良好的竞技状态有着明显的时限性，不可能始终处于最佳的状态。机体在高度的紧张动员之后，必然要进入一个调整阶段，以便在生理上和心理上得到充分的恢复，然后重新动员起来进入新的训练阶段。运动员必须多次经历这一过程，才能够一步步地走向竞技运动的高峰。因此，不同时段的训练安排，通常都表现着周期性的特征。表2-5-1是围绕重大赛事组织的训练大周期与竞技状态的阶段性发展相对应的时期划分。

表 2-5-1　竞技状态的阶段性发展与训练大周期的时期划分

| 竞技状态发展过程 | 生物学基础 | 训练任务 | 训练时期 |
| --- | --- | --- | --- |
| 提高 | 适应性机制：机体对外界刺激的适应性现象 | 提高竞技能力，促进竞技状态的形成 | 准备时期 |
| 保持 | 动员性机制：心理/生理能力充分动员，各系统高度协调 | 发展稳定的竞技状态，参赛创造好成绩 | 比赛时期 |
| 下降 | 保护性机制机体自动停止积极的应激反应 | 积极恢复，消除心理与生理疲劳 | 恢复时期 |

（田麦久，2006）

## 三、贯彻系统持续与周期安排训练原则的训练学要点

（一）健全多级训练体制，为运动员实现多年系统训练提供有力保证

运动员系统的多年训练活动，必须以健全的多年训练体制作为保证。尽管不同国家的训练体制有各自的特点，但都着眼于保证运动员多年系统训练的实施。我国目前现行的是三级训练体制，包括中、小学课外训练，业余体校和竞技运动学校的训练以及优秀运动队或职业俱乐部的训练这样三个层次，各自担负着多年训练过程中不同阶段的训练任务。

为了保证不同层次的训练组织完成各自的任务，使运动员得以保持多年训练的系统性，在最佳竞技年龄区间表现出最高的竞技水平，各个层次的训练必须紧密衔接，防止各级训练各行其是。相应的对策是：

（1）制定各项目运动员在不同年龄阶段系列的训练大纲。
（2）建立与多年训练各阶段基本任务相适应的竞赛制度。
（3）建立相应的奖励制度，鼓励中小学、业余体校及运动学校的教练员认真完成基础训练和初级专项训练的任务。

美国等许多国家的俱乐部制、德国的体育寄宿学校、古巴的青年体校，都对保持少年时期和成年时期训练的良好衔接起着重要的作用。

（二）分段组织系统持续训练过程的实施

运动训练过程的组织实施，必须遵循其阶段性的特点，有步骤、有秩序地进行。而这

一步骤则是按固有的程序排列的。如全程性多年训练依次分为基础训练阶段、专项提高阶段、最佳竞技阶段及高水平竞技保持阶段。一个持续 2~6 个月的训练大周期，依次分为准备时期、比赛时期及恢复时期；一次训练课也依次分为准备部分、基本部分和结束部分等。

训练过程的程序性表现在训练的各个方面。如发展周期性耐力项目运动员的专项能力，应以一般耐力和最大速度为基础；体操运动员学习旋空翻，则必须首先掌握后空翻两周及后空翻转体 360°的技术。一支足球队要想熟练运用发高角球战术，就必须有队员能从角旗旁向球门前踢出适宜高度、远度、弧度的球，又要有一名或数名队员能在适宜的瞬间冲到门前适宜的位置，跃起争顶，头球破门，这些环节若缺少任何一个，都不可能组织起成功的发高角球战术。练习内容的程序性在许多情况下都是不可逆的，必须按照固有的顺序进行，这样才能取得理想的训练效果。忽视训练活动的程序性，会造成许多不良后果。

要注意两个周期之间的衔接工作，协调各个周期之间的关系。在结束每一周期和实施下一周期的训练工作之前，进行科学测评，针对前一周期在身体、技术、战术、心理等方面所产生的变化及存在的问题，认真总结经验和教训，作为制订和实施下一周期训练计划的依据，以便使各周期的训练工作有机地衔接起来。

（三）处理好训练安排的固定因素与变异因素的组合

周期安排原则的依据是人体竞技能力变化的周期性特征和适宜比赛条件出现的周期性特征，其中，后者是决定训练周期时间的固定因素，而前者则是变异因素，因为重要比赛日程的安排通常与某个项目最适宜的比赛条件的出现是一致的，而且一般在上一年度即已确定。在竞技体育界，人们普遍认为奥运会冠军的荣誉远比世界纪录保持者要高，因为创造世界纪录通常不受时间、地点的限制，大多数项目的优秀运动员在任何时间都有可能创造新的世界纪录；而 4 年一度的奥运会，则要求运动员必须在特定的日期和地点表现出最佳的竞技水平，在与世界各国优秀选手的同场竞技中取胜，显然这一要求的难度大大高于前者。这就要求教练员不仅能使运动员具备所需要的竞技能力，而且能使之在预定的时间里把这种能力最充分地发挥和表现出来。因此可以说，优秀教练员的高超教练艺术更突出地表现在这一点上。

尽管人体本身受着生物节律的影响，但它并非绝对不变，人们完全可以通过训练安排使其在特定的时间里表现出最佳的竞技状态。竞技状态的发展过程是可以由人来控制的，教练员应努力做到有把握地调节这一变异因素，使之与特定的比赛日程安排相吻合。

## 第六节　适宜负荷与适时恢复训练原则

一、适宜负荷与适时恢复训练原则释义

适宜负荷与适时恢复训练原则是指，根据运动员的现实可能和人体机能的训练适应规律，以及提高运动员竞技能力的需要，在训练中给予相应量度的负荷，负荷后及时消除运动员在训练中所产生的疲劳，通过机体适应过程，提高运动员竞技能力和取得理想训练效果的训练原则。

运动员在训练中承受了一定的运动负荷后，必然会产生相应的训练效应。但并非只要施加了负荷，就一定会产生良好的训练效应。训练负荷的安排对训练效应的好坏有着重要的影响。机体对适宜的负荷会产生良性的适应；但如若负荷过小，则不能引起机体必要的应激反应；而在过度负荷作用下则会出现劣变反应。在运动员疲劳达到相应程度时，应依照训练的统一计划，适时安排必要的恢复性训练，采取有效的恢复措施，使运动员的机体得到充分的恢复和提高。

适宜的运动训练负荷使得运动员机体发生相应程度的疲劳，适时地消除机体在训练负荷影响下产生的疲劳并促进机体的良性补偿使得运动员的竞技能力得到提高。负荷与调整、消耗与补充、疲劳与恢复是训练过程中无时不在的矛盾的两个方面。正确认识适宜负荷与适时恢复的辩证关系，充分发挥二者的协同效应，是我们应该遵循的重要训练原则。

## 二、适宜负荷与适时恢复训练原则的科学基础

### （一）人体机能对外加适宜负荷的适应性机制

当负荷保持在一定程度的条件下，机体的应激以及随之产生的一系列变化，都会保持在一个适度的范围内。这时负荷的量度越大，对机体的刺激越深，所引起的应激也越强烈，机体产生的相应变化也就越明显，人体竞技能力提高得也就越快。自19世纪末期现代奥林匹克运动兴起以来，运动员的负荷量已大大地增加了。20世纪20年代，著名的芬兰中长跑运动员努尔米，一年只训练6个月，每周训练3~4次；30~40年代，瑞典的海格将一年训练的时间增加到9个月，他的成绩远远超过了努尔米；一个世纪以来，耐力性项目世界优秀运动员年训练负荷量的适度增加，对竞技水平的提高起着重要的作用。

以第26届奥运会5 000米跑冠军王军霞为代表的中国女子长跑选手，承受了前所未有的惊人的训练负荷，年跑量超过8 000公里。王军霞和她的同伴在1992—1996年之间，创造了多项世界纪录，夺得了多项世界冠军。

### （二）机体在过度负荷影响下的劣变性

运动员肌体承受训练负荷时，会产生应激性的反应。当负荷过大，超过运动员机体所能承受的阈值时，运动员机体则会出现劣变反应。

在训练实践中，对机体的负荷通常都是连续施予的，几次负荷之间不同的间隔与联系，会产生不同的效应。如果在前次负荷后机体的超量恢复阶段再施予负荷，会使机体水平不断提高；而如果前次负荷后运动员的机体还没有得到必要的恢复便再次施予负荷，则会导致机能水平的下降（图2-6-1）。

过度负荷有时表现在生理方面，有时也表现在心理方面。过度负荷的直接结果，首先是机体出现不适应的症候。据张问礼《生物应激与运动训练》一文（载《北京体育科技》1984年第二期）报道，这种不适应的症候包括：慢性体重下降，非受伤引起的关节及肌肉疼痛，慢性肠功能紊乱，扁桃体及腹股沟淋巴结肿大，鼻塞和发冷，出现皮疹和肤色改变，周身性肌肉紧张，疲惫不堪，失眠不安等。

上述不适应症候出现后，如果仍不采取措施，使运动员机体得到必要的恢复，那么就

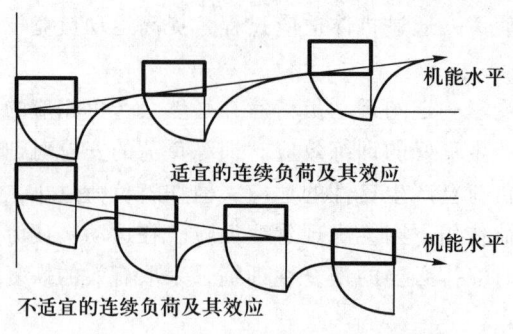

图 2-6-1 连续负荷及其效应
（雅可夫列夫，1957）

会进一步发展成为过度疲劳。过度疲劳会对运动员机体带来很大的破坏，会导致运动员健康状况和体能的明显下降，使运动创伤增加，甚至造成灾难性的后果，有些运动员甚至因此过早地结束了自己的运动寿命。

运动员高负荷训练后、重大比赛后或者遇到某些特殊的经历后，会出现不同程度的心理疲劳。心理疲劳对运动员训练和比赛的状态有着不可忽视的影响，有时会明显超过生理疲劳，给运动员保持系统持续的训练和比赛带来巨大的阻碍，必须予以高度重视。

### 三、适宜负荷与适时恢复训练原则的训练学要点

#### （一）准确把握运动训练负荷的适宜量度

运动训练负荷包括负荷强度与负荷量以及二者之间的组合。适宜训练负荷应该能够完成下列任务：在运动员机体能够承受的前提下，有助于其达到高水平的专项运动成绩，能够完成预定的训练任务，能够促使运动员各种能力产生定向变化；负荷安排的节奏要保证课与课之间的衔接，能产生良性的后续效应，保证运动员有机体的生物学改造能够顺利进行。

负荷的适宜度主要通过施加负荷产生的后果来予以评价，包括：机体疲劳的程度及恢复与超量恢复所需的时间、技战术训练的效果、是否引发运动性伤病、是否引发心理疾病和心理障碍等方面。

通过生理生化指标的监测可以比较客观地诊断运动员机体的生理疲劳程度（表2-6-1）。如血色素、尿蛋白等都是常用的监测指标；建立义务监督制度，定期或不定期地进行健康检查，可以及时地发现运动性伤病；总结在不同阶段、不同情境下学习、掌握以及熟练运用技战术时对训练负荷的要求，藉以把握好技战术训练时的运动训练负荷。如体操运动员在精力充沛时，学练新技术易取得好的效果，因此负荷次数不宜过多；篮球运动员为提高在比赛快要结束时的罚球命中率，就需要安排在较大负荷训练后，机体疲劳时进行罚球练习。

表 2-6-1 评定优秀运动员机体疲劳的部分生理生化指标举例

| 机能系统 | 生化指标 | 正常参考范围 | 简易评定方法 |
| --- | --- | --- | --- |
| 心血管系统 | 血压 BP | 收缩压 90—140 mmHg<br>舒张压 60—90 mmHg | 安静时血压升高 20% 左右持续两天以上，可能是机能下降或过度疲劳 |
| 免疫系统 | 血清谷氨酰胺 | 560—640 mol/L | 下降 50% 以上为过度训练或免疫力下降 |

续表

| 机能系统 | 生化指标 | 正常参考范围 | 简易评定方法 |
|---|---|---|---|
| 内分泌系统 | 血清睾酮 T<br>血清皮质醇 C | 男 9.5—35.0 nmol/L<br>女 0.35—3.50 nmol/L<br>8 时 165—720 nmol/L<br>16 时 55—250 nmol/L<br>24 时 55—140 nmol/L | 大负荷训练后血清睾酮下降，血清皮质醇上升，为机能状态差或过度疲劳 |
| 神经系统 | 闪光融合频率 | 32—38 Hz | 训练后测试值与训练前正常值之差：1.0—3.9 Hz 为轻度疲劳；4.0—7.9 Hz 为中度疲劳；8.0 Hz 以上为重度疲劳 |
| 骨骼肌系统 | CK | 男 10—300 U/L<br>女 10—200 U/L | 大负荷训练 2~3 天后，血清 CK 仍高于 300 U/L 时，表明负荷较大，身体尚未恢复 |
| 物质能量代谢 | 血尿素<br>血氨 | 4—7 mmol/L<br>20—110 mol/L | 运动后血尿素增殖大表示机能下降<br>运动性高血氨是机体疲劳的重要标志 |

（冯连世等，2003）

（二）科学地探求负荷量度的临界值

多年以来，人们已经清楚认识到，负荷量度的增加会带来更好的训练效果，而且越接近运动员承受能力的极限，效果就越明显，于是许多教练员和科学家都在致力于寻找这一负荷量度的极限。著名的日本排球教练员大松博文在充分挖掘运动员机体潜力方面进行了大胆的尝试，他的女排选手常常每天训练六七个小时，练出了顽强的毅力和熟练的攻防技巧，使日本女排多次登上世界冠军的领奖台。

负荷量度临界值的大小既随运动员发育程度、竞技水平等状态的变化而变化，又受其健康状况、日常休息、心理状态因素的影响，因此对它的测定和评价必须要有充分的科学依据，要用科学的诊断方法力求准确地掌握负荷量度的临界值。在当前，人们对负荷极限的认识还不具备完全把握的时候，通常应注意留有余地，以避免过度训练的出现。

（三）积极采取加速机体恢复的适宜措施

1. 训练学恢复手段

主要包括变换训练内容和训练环境，交替安排负荷，调整训练间歇的时间与方式，在训练课中穿插和采用一些轻松愉快、富于节奏性的练习等训练手段，也包括在恢复过程中以轻微的肌肉活动，帮助肌肉和血液中的乳酸更快消除，还可以根据人体的"生物钟"节律，安排好每天的训练时间，成为一种习惯性的定型，节省神经能量，也有利于机体的恢复。

2. 医学、生物学恢复手段

主要包括理疗恢复手段，如水浴、蒸气浴、旋涡浴、氮水浴、苏打碳酸浴、盐浴、珍珠浴、含氧浴、腐殖酸浴等；其他手段还有按摩、电兴奋、电睡眠、紫外线照射、红外线照射等。

### 3. 营养学恢复手段

由于运动时运动员的能量消耗大，运动后的能量补充除了考虑补充物的数量，还应注意各种营养素的适宜搭配。例如，运动后吃不同的糖，对身体不同部位糖贮存的恢复就有不同的影响。维生素及多种微量元素更是运动员营养中不可缺少的重要组成部分，它与运动能力的恢复有着密切的关系。维生素及多种微量元素在体内不能合成或合成不足，必须从食物中摄取，所以要注意食品的种类和配比。

### 4. 心理学恢复手段

一般可利用自我暗示、放松训练、转换训练、气功调节、生物反馈等手段促进恢复；针对每个运动员特殊的心理问题，要对症下药，进行专门的心理调节或心理辅导。

**复习思考题**

1. 运动员竞技能力构成、表现与变化的规律各有哪些主要的表现形式？
2. 基于辩证协同思想的运动训练原则体系有哪些主要特点？
3. 简述导向激励与健康保障训练原则的定义、科学依据与训练要点。
4. 简述竞技需要与区别对待训练原则的定义、科学依据与训练要点。
5. 简述系统持续与周期安排训练原则的定义、科学依据与训练要点。
6. 简述适宜负荷与适时恢复训练原则的定义、科学依据与训练要点。

# 第三章 运动员竞技能力及其训练（上）

**本章导读**：竞技能力是指运动员参加训练和比赛的本领。竞技能力由体能、技术能力、战术能力、心理能力以及知识能力所构成。提高运动员的竞技能力，既是运动训练的主要目标之一，更是创造优异运动成绩的前提和保障。本章将对竞技能力中的体能和技能的内涵、结构特征、训练方法、训练要求，展开深入讲解。依循由浅入深、逐层递进式的课程逻辑引导学生更好地理解和掌握本章内容的学习。

**学习目标**：学生应全面理解运动员竞技能力体能的内涵及构成要素，掌握力量、耐力、速度、柔韧、灵敏、协调诸素质的内涵、分类及其基本训练方法；在掌握运动员技术能力定义的基础上，重点学习技术能力的构成要素和训练方法，了解运动技术能力的决定因素及评价方法。在学习时，应结合运动专项及运动训练实例，理解体能和技术能力训练的方法与要求。

运动员的竞技能力是竞技体育活动中极为活跃的要素。竞技能力应在运动员的训练中得到培养提高，继而在比赛中表现为运动成绩。因此，揭示运动员竞技能力的特点与构成，探索发展竞技能力的理论与方法，是竞技体育学者重要的学术职责。

运动员的竞技能力由体能、技能、战术能力、心理能力与知识能力5种子能力组成。书中分为三、四两章进行论述，本章涉及竞技能力中的体能、技能及其训练。

## 第一节　运动员体能及其训练

### 一、体能训练概述

（一）体能与体能训练释义

1. 体能释义

体能是以人体三大供能系统的能量代谢活动为基础，通过骨骼肌系统表现出来的基本运动能力，是运动员竞技能力的重要构成因素。

运动员体能水平的高低，是通过速度、力量、耐力、协调、灵敏和柔韧等运动素质表现出来的。人体运动时的能量供应是通过三大能量代谢系统的供能，神经、骨骼和肌肉等系统协调工作实现的。任何专项训练、比赛所需要的体能，均需要通过改善运动员的能量代谢、神经、肌肉、骨骼等系统的功能而得到提高。

运动员的体能发展受着多种因素的影响。先天性的体能通过遗传效应而获得，后天性的体能则主要经由有效的体能训练而得到提高，适宜的地理环境和良好的社会环境也可促进体能的发展。

2. 体能训练及其意义

体能训练是运动训练的重要内容。不同项目的运动员对能量代谢、神经、肌肉、骨骼等系统的功能都有着特定的要求，在运动训练过程中，都力求运用各种有效的训练方法和手段，改造运动员的身体形态，提高有机体的机能水平，增进健康和发展运动素质。体能训练与技术训练、战术训练、心理训练和知识能力训练有着密切的联系。

体能训练的直接任务是根据各个项目竞赛的需要，提高运动员的运动素质及其项目需要的能量代谢能力，改善运动员的神经、骨骼、肌肉等系统功能，使运动员的身体形态适合特定运动项目的要求，继而使运动员的体能状况能够适应比赛中战术活动的进行与技术水准的发挥，同时保障运动员在训练过程中能够掌握新的技、战术并将已经获得的素质在运动竞赛中充分地发挥出来。

良好的体能训练是技、战术训练和提高运动成绩的基础，是运动员承受大负荷训练和高强度比赛的基础，是运动员在训练和比赛中保持稳定、良好的心理状态的基础，有助于运动员增进健康，预防伤病，延长运动寿命。

体能训练分为一般体能训练和专项体能训练，一般体能训练是专项体能训练的基础。

进行一般体能训练时，可采用多种多样的非专项的身体练习，改造运动员身体形态、增进身体健康、提高身体机能和全面发展运动素质。

进行专项体能训练时，则根据专项的需要采用与专项有密切联系的专门性的身体练习，发展和改善与专项运动成绩有直接关系的专项运动素质和专项所必需的身体形态、机能。

（二）体能训练的基本要求

1. 一般体能训练和专项体能训练的合理配置

安排一般体能训练可全面地发展运动员的力量、耐力、速度、灵敏、协调和柔韧等运动素质，提高运动员各个器官系统的机能，并使运动员身体各个部位得到均衡的发展。一般体能训练，可为提高专项运动所需要的能力打下基础。

安排一般体能训练，并不意味着在运动训练过程中使身体各部位、各器官系统和各运动素质绝对均衡地得到发展与提高，相反，正确的做法是应根据专项运动的需要和个人的具体情况，安排要有主有次、以主带次。

在合理安排一般体能训练的同时还必须合理地安排专项体能的训练，任何专项对身体都有着特殊的要求，一般体能训练并不能代替专项体能训练。

体能训练在整个训练中所占的比重，以及一般体能训练和专项体能训练的比例的确定，要因时、因项、因人而异。

2. 体能训练的协同安排

体能训练应与技术、战术、心理和知识能力的训练有机结合，选择体能训练手段应力求与专项技术动作形式和生物力学特征相近似。

体能训练的主要内容是运动素质训练。各种运动素质在人的不同发育阶段的发展程度不同，训练的可塑性也不一样，训练中应根据各运动素质发展的可能性，抓住有利时机，使该素质在适时的年龄阶段得到相应的发展，在敏感期得到较大的提高。

3. 体能训练中的意志力培养

在体能训练中运动员常常会感到非常疲劳，有些体能训练的手段又比较单调枯燥，因此，在训练中应加强对运动员的思想政治教育，提高他们对身体训练重要意义的认识，培养他们吃苦耐劳的意志品质。教练员也应采用有效的训练方法和手段，培养运动员对训练的兴趣，减少对训练的枯燥无味感。

## 二、力量素质及其训练

（一）力量素质概述

1. 力量素质释义

力量素质是指人体肌肉工作时克服阻力的能力。人体运动时，会受到身体重力、空气或水的阻力、重物负荷、竞技对手的对抗等各种外力，以及肌肉的黏滞性、对抗肌的牵引等内力的阻碍，这就需要依靠人体的肌肉收缩产生力量，克服各种阻力，完成预定的体育活动。

力量为运动之源。人体的运动，无论是向前、后、上、下、左、右任何一个方向，无论是直线，还是曲线运动，都必须依靠力量的作用才能实现。竞技选手力量素质水平的高低对其速度、耐力等运动素质的水平都有着重要的影响。力量素质又是运动员学会和掌握各个项目运动技术的必要条件。对于举重、投掷等体能主导类力量性项目，以及摔跤、柔道、拳击等双人格斗对抗性项目来说，运动员力量素质的水平更是在很大程度上直接决定着其总体竞技水平的高低。

2. 力量素质的类型

根据完成不同体育活动所需力量的不同特点，通常把力量素质划分为最大力量、快速力量及力量耐力三种不同的类型。

在运动训练实践和理论研究过程中，人们研究、发展了多种多样的力量练习方法。这些练习方法可依其产生力量过程中肌肉收缩的主要形式，区分为动力性练习与静力性练习两大类，进而依肌肉收缩的方向、速度进一步予以区分（图3-1-1）。运动员在完成各种练习时，可承受不同形式的负荷，包括自身重力、同伴的阻力、各种重物或电刺激负荷等。在发展不同力量素质时，则应依需要选用相应的练习手段，确定相应的负荷量度。

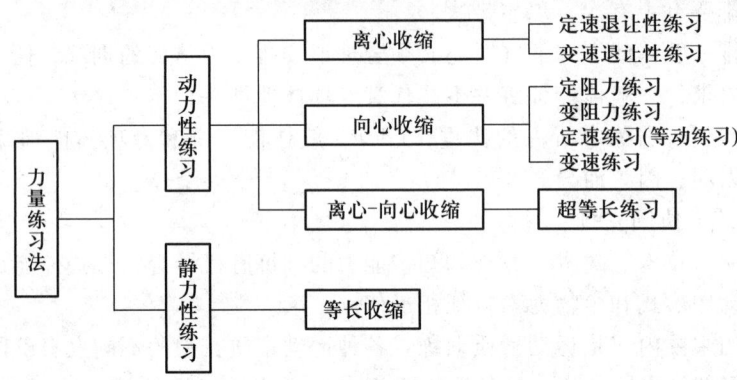

图 3-1-1　常用力量练习方法分类
（《现代化训练器械系统》研制组，1983）

3. 力量素质的影响因素

无论哪一种类型的力量素质，其水平均取决于肌肉收缩的物质基础、肌肉收缩时的工作条件及特征这样两个方面。

肌肉系统的形态学特征及生理生化特征是保证肌肉收缩的物质基础。而肌肉收缩时，中枢神经系统发放的冲动，肌肉系统内部诸子系统的参与程度以及肌肉工作的动力等是肌肉收缩工作的条件。运动技术的合理性也是肌肉最大力量的影响因素之一（图3-1-2）。对于儿童少年运动员，力量训练应主要侧重在其肌肉收缩的工作条件上，因此，要有针对性地采用相应的训练方法。

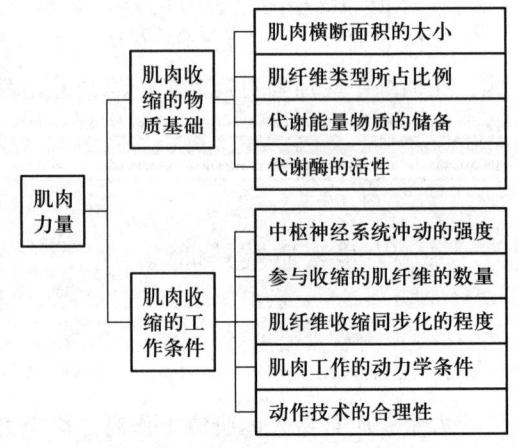

图 3-1-2　肌肉最大力量影响因素图
（田麦久，1997）

（二）力量训练的基本方法与负荷控制

1. 最大力量训练

最大力量是指人体肌肉在随意收缩中所能表现出来的最大的力的能力。其力值只有在抵抗超过肌肉最大能力的阻力过程中才能准确地测到。

（1）发展最大力量的主要途径

按照上述对决定肌肉最大力量的影响因素的分析，发展最大力量的主要途径有：

① 加大肌肉横断面。

② 增加肌肉中磷酸肌酸（CP）的储备量，以加快工作中三磷酸腺苷（ATP）的合成速度。

③ 提高肌肉间及肌纤维之间的协调性。

④ 改进和完善运动技巧。

（2）发展最大力量的常用方法

① 重复练习法。负荷强度为75%~90%。每次训练中完成6~8组，每组重复3~6次，组间间歇3分钟。

② 阶梯式极限用力法，亦称金字塔力量训练法（参见金字塔训练方法介绍）。

③ 静力练习法。通过大强度的静力性练习来发展最大力量。负荷强度为90%以上，每次持续时间为3~6秒，练习4次，每次间歇3~4分钟。

（3）最大力量训练的负荷控制（表3-1-1）。

表3-1-1　发展最大力量的不同肌肉收缩方式的负荷特征

| 收缩方式 | 负荷强度（%） | 练习次数 | 练习组数 | 负荷持续时间 | 间歇时间（min） |
| --- | --- | --- | --- | --- | --- |
| 次极限收缩 | 90~100 | 1~3 | 1~5 | | 3~5 |
| 最大等张收缩 | 100 | 1 | 5 | | 3~5 |
| 最大等长收缩 | 100 | 2 | 5 | 5~6s | 3 |
| 最大离心收缩 | 150 | | 3 | | 3 |
| 离心—向心最大收缩 | 79~90 | 6~8 | | 3~5s | 5 |

（依德国比勒，转引自王清，1989年）

2. 快速力量训练方法

快速力量是指肌肉在尽可能短的时间内发挥出尽可能大的力量的能力。快速力量是运动速度和力量的综合表现形式，如图3-1-3所示。这就是说，如果外部负荷较大，需要用很大的力量去克服时，运动速度则不可能快；如果外部负荷大于某人的绝对力量时，他的运动速度则为零。反之，如果外部负荷较小，克服它就不需要很大的力量，这时的运动速度则可能较快；如果外部负荷为零时，就能以本人最快的速度来运动。一般根据F-t曲线测力分析，按 F = max/tmax 公式，计算出所发挥的最大力量（牛顿）与发挥到最大力量所用的时间（毫秒）的比值，作为测定快速力量大小的指标。

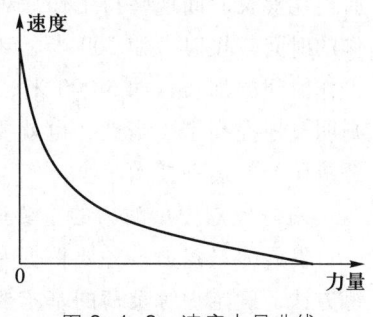

图3-1-3　速度力量曲线

快速力量强调要在尽可能短的时间内完成动作，表现出最大的力量。因此，除与最大力量的决定因素具有相同的要求之外，完成动作的速度是决定快速力量大小的突出因素。此外，由于快速力量具有专项化的特点，所以，要特别注意完成的动作是否符合正确技术

的要求。

(1) 发展快速力量的主要途径

① 提高最大力量。

② 缩短表现出最大力量所需的时间。

(2) 发展快速力量的常用方法

① 减负荷练习：是指减轻外界阻力（负荷重量）以及给予助力进行练习。例如，投掷运动员常采用的投掷轻器械练习。

② 先加后减负荷练习：先增加负荷的重量，使之超过比赛时需克服的阻力，当运动员基本适应后，再减少负荷至正常水平，可有效地提高运动员在标准阻力下完成动作的速度。

快速力量训练的效果在很大程度上取决于中枢神经系统是否能保持适宜的兴奋度。因此，在训练中应避免出现疲劳，重复次数不宜太多，组间休息应能保证获得基本的恢复。

(3) 快速力量训练的负荷控制（表 3-1-2）。

表 3-1-2　爆发力训练要求

| 负荷内容 | 要求 |
| --- | --- |
| 动作速度 | 爆发式 |
| 练习次数（次） | 6~10 |
| 练习组数（组） | 6~10 |
| 间歇时间（分钟） | 2~4 |

3. 力量耐力的训练方法

力量耐力是指运动员在静力性工作中长时间保持相应强度的肌肉紧张，或在动力性工作中多次完成相应强度的肌肉收缩的能力。前者称为静力性力量耐力，后者称为动力性力量耐力。动力性力量耐力又包括最大力量耐力（重复表现最大力量的能力）、快速力量耐力（重复快速表现大力量的能力）以及长时间力量耐力（多次重复表现一定力量的能力）。

运动员的力量耐力兼有力量与耐力的双重特点，既要求肌肉具有较大的力量，又要求肌肉能够长时间地坚持工作。可见，力量耐力的决定因素也表现出双重的特点。当持续工作的时间较短时，如 200 米、400 米跑，对运动员力量的大小有较高的要求；而随着持续工作时间的加长，如 5 000 米、10 000 米跑，对运动员长时间发挥一定力量的能力的要求则明显地提高了。当然，也就要求运动员具有较高的有氧代谢能力和能坚持长时间工作的经济实效的运动技术了。

(1) 发展力量耐力的重要途径

发展力量耐力首先要根据专项特点认真分析究竟需要什么样的力量耐力，进而选择训练方法，确定训练负荷的基本要求。

(2) 发展力量耐力的常用方法

① 持续训练法。

② 间歇训练法。

③ 循环训练法。

④ 重复训练法。

(三) 力量训练的基本要求

1. 注重不同肌群肌肉力量的对应发展

根据专项竞技的需要,在主要发展运动员大肌肉群和主要肌肉群力量的同时,也要十分重视小肌肉群、远端肌肉群、深部肌肉群的力量训练。

2. 选择有效的训练手段

应根据完成训练任务的需要,正确地选择有效的训练手段,规范并明确正确的动作要求。如发展股四头肌力量,可选择负重半蹲起的练习,应要求运动员在练习时双脚平行或稍内扣站立,以求有效地发展股四头肌的力量。

3. 处理好负荷与恢复的关系

(1) 在一个训练阶段中,负荷安排应大中小结合,循序渐进地提高负荷量度。

(2) 在小周期训练中,应使各种不同性质的力量训练交替进行。如可在每周星期一、三、五安排以发展爆发力或最大力量为主的训练。

(3) 在每组重复练习中,注意组间的休息。一般来讲,训练水平低的运动员组间休息要长些。

(4) 力量训练后,要特别注意放松肌肉。肌肉在力量训练后会产生酸胀感,肌肉酸胀是肌纤维增粗现象的反映,也是力量增长的必然。但应采取积极措施消除肌肉的酸胀感,以利于减少能量消耗,并能更好地保持肌肉弹性。

4. 注意激发练习的兴趣

肌肉工作力量的大小与中枢神经系统发射的神经冲动的强度有着密切的关系。神经冲动的强度越大,肌纤维参与工作的数量就越多;神经冲动越集中,运动单位工作的同步化程度也就越高,表现出的力量也就越大。进行爆发力训练对神经系统兴奋性的要求更高。在运动训练中应注意有意识地提高运动员练习的兴趣与积极性,以求提高力量练习的效果。

5. 儿童少年力量训练应注意的事项

(1) 掌握儿童少年力量发育的趋势,以便科学地安排力量训练。

8岁以后,男孩、女孩力量开始显露差别,男孩绝对力量自然增长的敏感期为11~13岁,而后,绝对力量增长速度缓慢,到25岁左右最大。女孩10~13岁时,绝对力量增长速度很快,三年中总的绝对力量可提高46%,13~15岁时绝对力量增长速度下降,15~16岁时又回升,16岁以后再度下降,到20岁左右基本上可以达到最大力量。

在儿童少年时期,速度力量的发展比绝对力量发展得快一些并且早一些。7~13岁是速度力量发展的敏感期,13岁以后男孩增长得比女孩快。

力量耐力的自然发展趋势较为稳定,男孩7~17岁之间基本处于直线上升趋势;女孩13岁以后增长速度缓慢,14~15岁甚至出现下降。

(2) 儿童少年骨骼系统中软组织较多,骨组织内的水分和有机物较多,无机盐少,骨骼弹性好,不易折断;但稳固性差,易弯曲,因此,儿童少年不宜进行大强度力量训练。在此期间应多做发展力量耐力的训练,通过小负荷,特别是克服自身体重的练习,如做俯卧撑、仰卧起坐、下蹲等练习,使全身肌力量得到发展,增加肌肉中毛细血管和肌红蛋白的数量,改进氧运输功能。

(3)儿童少年力量训练应以动力练习为主,少用或不用静力性练习,特别要尽量避免出现憋气动作,以免因胸膜腔内压的突然变化而影响心脏的正常发育。

(4)儿童力量训练,不要过早强调与专项运动技术相结合,应着重身体全面发展的力量训练。

### 三、速度素质及其训练

(一)速度素质概述

1. 速度素质释义

速度素质是指人体快速运动的能力,也指人体或人体某一部分快速移动、快速完成动作和对外界信号快速做出运动反应的能力。它是人体重要的运动素质之一,对于运动员整体竞技能力的提高有着重要意义。

2. 速度素质的类型

根据运动员在运动时速度素质表现特征的不同,速度素质可分为反应速度、动作速度(含动作频率)和位移速度(图3-1-4)。

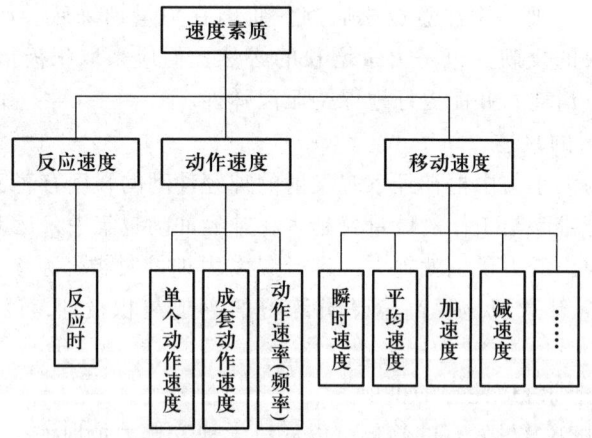

图 3-1-4　速度素质系统结构图

(1)反应速度

反应速度是指人体对各种信号刺激(声、光、触等)快速应答的能力。反映这种应答能力的指标主要为"反应时"。"反应时"是指从给予运动员信号刺激到运动员开始产生动作为止的时间,由感觉时(接受刺激)、决定时(思维时)组成,是人的大脑皮质中枢神经系统的反应能力,也称"潜伏期"。运动训练中通常以测定反应时来评定运动员反应速度的快慢。由于运动员对不同类型的信号的反应时是不同的,训练中往往根据不同项目的特点测定运动员对特定信号的反应时。如短跑、游泳等周期性竞速项目,运动员主要接受听觉信号,而乒乓球运动员则主要接受视觉信号作出技战术反应。

(2)动作速度

动作速度是指人体完成单个或成套动作的速度,是技术动作不可缺少的要素。动作速度主要表现在人体各环节完成各种单个和成套组合的伸展、挥摆抬转、击打、蹬伸、屈伸和踢蹬等动作的快慢,以及在单位时间里连续完成单个动作时重复次数的多少,也称动作频率(或动作速率)。因而,动作速度又分为单个动作速度,成套动作速度及动作频率(或动作速率)三个子项。

(3) 移动速度

移动速度是指在运动中,单位时间里运动员身体快速移动的能力。从运动学上讲,移动速度是距离($S$)与通过该距离所用的时间($t$)之比。在运动训练实践中,常常是以人体通过固定距离时所用的时间来表示其位移速度的快慢。如,男子100米跑10秒,100米自由泳游50秒,篮球运动员横向滑步的快慢等。

这三种速度素质类型在运动实践中既有区别又有联系,移动速度是由不同的单个动作速度(如途中跑中的后蹬速度、前摆腿速度、摆臂速度等)组成;反应速度中的运动时,实际上是反应动作过程中的第一个运动速度;而反应速度往往是移动速度的开始(如起跑)。但它们又不能画等号,反应速度快,动作速度和移动速度并不一定快,而动作速度和移动速度快,反应速度也不一定快。例如,在1980年莫斯科奥运会上100米赛跑的决赛中,金牌获得者英国运动员艾伦·维尔斯,成绩为10.25秒,但他起跑的反应速度为0.193秒,是参赛8名选手中最慢的一个,而第8名法国运动员潘卓的起跑反应速度为0.13秒,是8名选手中最快的一个。

(4) 三种速度素质在不同项群中的作用、特征及其任务

在不同项群的项目中,速度素质的三种类型不是作为单一类型出现的,在某些项目的复杂过程中,三种速度类型几乎都有表现,并具有各自的特征。例如,100米跑,表现为起跑时的反应速度,途中跑的移动速度和撞线时的动作速度(图3-1-5);在球类运动中三种速度素质也都有表现。因此,制定发展速度素质的方法时应充分考虑速度素质在不同项群中的作用、特征和训练任务(表3-1-3)。

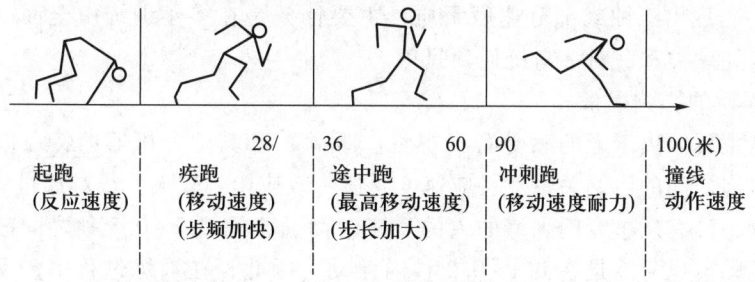

图 3-1-5 百米跑各种速度的转移

表 3-1-3 速度素质在不同项群中的作用、特征及其任务

| 项群 | | 作用 | 特征 | 任务 |
|---|---|---|---|---|
| 体能主导类 | 快速力量性 | 主导性作用 | 最大限度地(或接近最大限度)表现出动作速度素质 | 着重提高速度素质中的速度力量、动作协调性等 |
| | 速度性 | 决定性作用 | 最大限度地(或接近最大限度)表现出反应速度和位移速度 | 提高反应速度和位移速度,防止"速度障碍"的出现 |
| | 耐力性 | 决定性作用 | 表现为由耐力来决定速度素质 | 着重通过提高速度耐力来培养动作速度 |

续表

| 项群 | 作用 | 特征 | 任务 |
|---|---|---|---|
| 技能主导类 | 表现难美性 | 重要作用 | 最大限度地（或接近最大限度）表现出动作速度素质 | 最大限度地（或接近最大限度）表现出动作速度素质 |
| 技战能主导类 | 对抗性 | 重要作用 | 在多变的情况下最大限度地（或接近最大限度）表现出三种或部分速度素质 | 在多年训练中全面、综合地提高各速度素质 |

快速力量性和表现难美性项群：其特征表现在有外加负重的条件或技术动作复杂、协调性要求高，且动作结构规格化的项目中，要求运动员最大限度地（或接近最大限度）表现出动作速度素质。如举重、掷铅球、掷链球、竞技体操、花样滑冰等。

速度性项群：速度素质起重要作用，其特征为要求在比赛中最大限度地（或接近最大限度）表现出反应速度和位移速度，主要训练任务即为提高反应速度和位移速度，防止"速度障碍"的出现，如短距离跑、游泳、速滑和自行车等。尤其是短距离竞速项目中三种速度类型在不同阶段具有不同的作用。

耐力性项群：其特征表现在耐力素质在很大程度上决定着运动员通过全程的平均移动速度，并通过提高速度耐力来长时间保持较高的动作速度。如长距离跑、游泳、自行车等项目。

对抗性项群：速度素质起着重要作用，其特征为在多变的情况下最大限度地（或接近最大限度）表现出三种或部分速度素质，主要任务是在多年训练中全面、综合地提高各速度素质，如球类和一对一对抗性项目等。

3. 速度素质的影响因素

反应速度主要取决于人的感受器（视觉、听觉）和其他分析器的特征以及中枢神经系统与神经肌肉之间的协调关系。反应速度受遗传效应影响较大，很难通过训练得到大幅度提高。例如，没有从事专门训练的人的反应时间通常在 0.2~0.3 秒之间波动，而一个训练有素的运动员也只能是在 0.1~0.2 秒内浮动。因此，在训练过程中，反应时间提高的幅度通常不可能超过 0.1 秒。虽然反应速度受遗传性影响较大，但它还受年龄、性别及训练水平的影响。例如，反应速度在 10~17 岁达到最佳水平的 88%，19~20 岁达到最高水平，30~49 岁仍能保持 97% 的水平。此外，不同的信号刺激、不同的动作准备、不同机能状况、不同强度、接受刺激的感受器的不同数量等因素都会影响运动员反应速度的表现程度。

动作速度和移动速度快慢受中枢神经系统兴奋与抑制的转换速度和神经—肌肉协调性的影响。肌肉组织的特性对速度能力的影响表现在不同肌纤维的比例、肌肉弹性、展长性、协调性等方面；同时，速度素质与力量、柔韧、协调等运动素质的发展水平密切相关；另外，速度素质也与运动技术、快速调动无氧乳酸能源再合成供应的生化机制、运动员的意志品质等紧密联系。在所有的影响要素中，肌肉组织中的快肌纤维的百分比占重要地位。运动生理学研究表明快肌纤维的数量与速度素质呈正相关。例如，途中跑的速度与快肌纤维的数量存在紧密的联系，而随着途中距离的增加，这一联系相应地降低。当途中跑距离增加到 2 000 米时，这一联系则具有负相关特性。

移动速度与步长和步频有关，但并不完全取决于步长和步频的对应关系。移动速度主要取决于动作频率即单位时间内完成的动作周期数和每一个动作周期在特定运动方向上的位移幅度。这两个因素状况的改善以及二者之间的合理组合，是提高移动速度的关键。

提高动作频率的途径：一是提高中枢神经系统兴奋抑制转换的速度；二是增强肌肉的收缩力量与放松能力。

加大动作幅度的途径：一是提高肌肉力量，使得每一次用力获得更大的位移；二是改进动作技术；三是改善运动装置的柔韧性。

（二）速度素质的训练方法及负荷控制

1. 发展反应速度的训练方法及负荷控制要点

反应速度的快慢取决于运动员的感知觉能力（即接收信号的能力）、对于信号的选择性分析能力、信号沿反射弧传递的速度以及肌肉应答性收缩的速度和能力这 4 个方面。各个影响因素均与信号密切相关，而且必须由信号启动，因此，信号刺激法是提高反应速度的基本训练方法。

（1）信号刺激法

① 固定信号源单一信号的练习。如发令起跑（20~30）米×（6~10）次。乒乓球、羽毛球、排球等单一技术的多球训练。篮球、足球训练中常采用的（视、听信号）起动练习等。

② 移动信号源单一信号的练习。如篮球选手听到不同方位传来要球的信号，立即将球传给同伴；拳击选手在神经反射练习板前见到任何一个方位出现信号时，立即用手触摸。

③ 固定信号源选择信号的练习。如乒乓球多球训练中，教练员打过来转或不转的球，运动员瞬间做出反应，并打出适宜回球。

④ 移动信号源选择信号练习。如从不同方位发出不同的信号，运动员迅速做出选择性回应。

（2）信号刺激法训练控制要点

① 重视提高运动员集中注意力于信号出现的能力。运动员对于可能出现的信号的类型、方向、强弱、表现形式等特征应有足够的了解和充分的心理准备，建立起熟练应答的动力定型。进而预先将注意力高度集中于可能出现的信号上，在中枢神经系统和相应的感觉（听、视、触觉等）中枢形成高度敏感的警戒点，并主动对可能出现的信号进行搜索，一旦信号出现，迅速做出反应。

② 依不同项目的竞技特点，在训练中有的放矢地重点给予不同类型的刺激信号，以有效地提高运动员对各类信号的反应能力。例如，对短跑、短游、短滑等速度性项目运动员，主要给予听觉信号进行训练；对球类、击剑、拳击、柔道等直接对抗性项目运动员，主要给予各种视觉信号传递对手技、战术变化的信息，以有效地提高运动员的应变能力；对集体项目选手，除视觉信号外，亦需给予一定的听觉信号进行训练，以使运动员能迅速

接受同伴传来的信息（信号来自视力范围之外），并做出正确的判断，以便实施默契的战术配合。

③ 在以比赛中经常出现的主要信号为主进行训练的同时，也应适当配合给予多样化的信号刺激，可有助于运动员提高练习的兴趣及效果。如在主要用枪声信号提高短跑运动员起动反应速度的同时，亦可配合使用击掌、敲响、口令等信号。

④ 根据项目特点确定信号刺激训练的负荷量度。进行短距离竞速项目听令起动训练时，运动员应处于良好的机能状态之下。因此，练习的次数不可过多，不要在疲劳时进行练习；而由于对抗性项目选手在实战中必须不断做出选择性反应，因此，在训练中也应该分别在运动员体力充沛、略感疲劳以及非常疲劳的状态下，分别安排相应的信号刺激训练。

2. 动作速度的训练方法及负荷控制要点

运动员机体任何部位动作速度的快慢，主要取决于中枢神经系统的功能以及引起该部位运动肌肉力量的大小，在训练中需相应地采用不同手段提高运动员的动作速度。大强度的重复训练法是提高运动员动作速度最主要的训练方法。

（1）动作速度训练方法

① 大强度的分解技术练习：如乒乓球选手快速的徒手或持重物的挥臂练习；撑竿跳高运动员快速的收腹举腿练习等。

② 助力练习：如体操选手在教练员帮助下做快速的摆腿振浪练习等。

③ 减少负荷练习：如投掷运动员用轻器械投掷，以体会更快的动作速度的感觉。

④ 预先加难练习：如跳高选手腿缚沙袋做摆腿练习，除去沙袋后接着再做若干次，以提高起跳瞬间摆动腿的速度。

（2）动作速度训练法负荷控制要点

① 必须快速地完成练习。

② 练习的次数或持续时间应以能保持最大动作速度为前提。

③ 重复练习时每两次练习之间的时间间隔应以保证工作肌肉中消耗的 ATP 得到重新合成补充，同时神经系统仍保持必要的兴奋程度为标准。

④ 练习前肌肉须做好准备活动。

3. 移动速度的训练方法及负荷控制要点

移动速度以单位时间里位移的距离作为衡量的指标，与物理学中速度的含义是一样的。周期性竞速项目与非周期性竞技项目对运动员的移动速度有着不同的要求，训练的方法和手段也存在着不同的特点。

（1）移动速度的训练方法

① 径赛运动员可采用快速小步跑、原地快速交换踏脚、原地高抬腿跑等练习方法。

② 游泳运动员可采用快速打腿、快速划臂等练习方法。

③ 自行车运动员可采用快速踏蹬等练习方法。

④ 在外部有利条件下完成高频率练习，如下坡跑、顺风跑、缩短步长的高频率跑；陆上划臂练习等。

⑤ 短距离折返跑练习。

（2）移动速度训练负荷控制要点

① 周期性竞速项目移动速度。周期性竞速项目的移动速度主要取决于全程的动作频率（即单位时间内完成的动作周期数）以及每一个动作周期在特定运动方向上的位移幅度。这两个因素状况的改善以及它们之间的合理结合，就会保证运动员获得更快的移动速度。

提高动作频率的途径，一是提高中枢神经系统兴奋抑制转换的速度；二是增强肌肉的收缩力量与放松能力。

加大动作幅度的途径，一是提高肌肉力量；二是改进动作技术；三是改善运动装置的柔韧性。

发展移动速度主要采用高强度的重复训练法进行。

此外，还可进行提高肌肉快速收缩力量的多种练习。练习时需注意持续时间不可过长，应以能保持最高频率为准。

② 非周期性竞速项目移动速度。在非周期性竞技项目竞赛中，运动员移动速度的表现具有一次性或间断性或多元性及多向性的特征。

投掷、跳跃、举重等项目选手的爆发式用力都是一次性的，通过一次集中的快速用力完成比赛的主要动作。

在各种球类及体操、技巧等项目的比赛中，运动员在一次快速移动之前常常伴有原地的停顿或者改变为较慢的运动，其身体的位移以间断的形式进行。

与周期性竞速项目运动员不同，多数非周期性竞技项目运动员在比赛中需要不断地在前、后、侧、上、下多种方向上产生位移。

在使用器械的项目比赛中，还会出现多种性质的位移现象，如篮球比赛中运动员的跑动、变向、急停、投篮等。

（三）速度素质训练的基本要求

1. 确立高度重视速度的训练指导思想

根据弹道力学的抛射原理，人体运动的高度（$H$）和远度（$S$）都与腾起（或器械出手）初速度（$V_0$）的平方成正比，说明速度是决定运动能力的重要因素。现代田径运动技术中，短跑强调不充分后蹬的快速摆动，长跑多采用高步频技术，跳跃从以"可控速度助跑"变成了以最快速度助跑，投掷则要求最后出手动作尽量快，都强调了"快"字；20世纪60年代，我国乒乓球运动员"近台快攻"打法独霸世界乒坛；中国排球各种各样的快攻战术有力地推动了排球运动的发展；体操中空翻周数与转体度数越来越多，要求动作速度越来越快。可以说，所有项目的训练，都应该结合运动员专项特点及技术变化，高度重视速度素质的训练。例如，跳高教练胡鸿飞根据背越式跳高技术的发展及朱建华的个人特点，确定了"以速度为中心，力求技术与力量平衡"的训练指导思想，努力加快助跑起跳时肌肉工作的速度，以便发挥更大的力量，使朱建华最后6步助跑的最高速度达到8.73米/秒（相当于100米跑11秒的速度），并凭借这一优势在1983—1984年之间三破世界纪录。

2. 速度训练必须与专项特点及比赛要求紧密结合

实践证明，与专项动作结构不同的速度练习，所获得的速度不会向专项动作转移。如有些运动员在典型的速度练习（快速摆臂与原地踏脚等）中达到很高的速度指标，但在

赛跑、划船、游泳、速滑和球类运动中却不能表现出很高的速度水平，这是因为在快速动作、具体技术和植物性神经系统的活动之间没有必然的联系。在这里，快速动作仅仅是提高运动员速度水平的前提条件，还需要通过专门的训练把快速动作能力同具体项目所特有的运动性和植物性神经系统功能的表现形式结合起来，根据项目特点和技术动作的要求加强感受器官与运动器官一致性的训练。例如，短跑的起跑反应练习，应把听觉与双腿用力结合起来，球类运动的反应练习，应把目测与四肢运动结合起来，击剑与拳击运动，应把眼看对手动作与自己的手臂动作结合起来，这样通过长期反复的专门训练，既可提高反应与动作速度，又可掌握正确的技术，而正确的技术又利于更好地发挥速度。

协调机制相似的练习，所获得的速度可向专项转移。如在短跑中所获得的速度，可转移到跳跃的助跑起跳和投掷的蹬腿动作上；在篮球的快速运球与传球推进练习中所获得的速度，可转移到突破上篮与快攻中；在排球的快速移动、起跳、扣球练习中获得的速度，可转移到打"短平快"的战术上等。因此，采用与专项特点及比赛要求的动作结构相同、协调机制相似的专门练习与完整练习，对发展快速能力最为有益，但都应当以接近于当时所能达到的最高动作速度或移动速度反复进行，在简化的条件下要做得更快些，在加大难度的条件下也要尽可能做快些，以获得充分的速度储备。

3. 合理安排速度训练的顺序和时间

各种身体素质与各种运动能力之间，具有相互联系、相互促进和制约的关系，在发展某一素质和能力的同时，都会或多或少、直接或间接地引起其他素质的变化。因此，发展速度素质与快速能力时应从系统论的观点出发，处理好同其他素质及能力的关系，合理安排练习的顺序和时间，使各种素质和能力全面而均衡地发展，求得互相促进与良性转移，避免互相制约等不良影响。在现代训练中，各项目教练员经常使用发展力量的手段来促进快速能力的提高。力量素质要求神经过程的强度大，肌肉收缩用力的强度大，但力量素质并不一定要求神经过程的灵活性高，尤其是静力性力量练习，由于动作缓慢，会降低神经过程的灵活性，而速度素质则要求神经过程的灵活性高，兴奋与抑制转换迅速，肌肉收缩轻快协调，两种素质之间存在相互制约的一面。因此，速度训练、快速力量训练应放在最大力量训练之前进行；为发展快速能力所进行的力量训练应主要采用动力性练习，如负轻杠铃（小于或等于体重）的练习，快挺、快抓、半蹲、负重与不负重的快速跳跃练习等。练习时宁可次数（距离）少一些，但练习速度一定要快，一旦速度下降就要停止或转换练习。在力量练习过程中，还应穿插进行轻快的跑跳练习，或做一些协调性与柔韧性练习，以遏制相互制约的一面，这对发展速度是十分必要的。

研究还证明，儿童在10~12岁时神经系统具有较高的灵活性，身体在结构和机能上具有较大的可塑性，是发展快速能力的"敏感期"，此时应特别注意通过发展高频率及协调性以提高速度能力。

速度训练在一个大周期中主要排在准备期的后期和比赛期的前期，在一周中最好安排在小强度训练或调整训练后的第一天进行，在一天或一次训练课中，最好安排在运动员身心最佳、精力充沛的时刻进行。人体疲劳时，在神经过程灵活性下降的情况下进行速度训练效果不佳。

4. 合理安排速度训练的负荷

快速运动能力训练效果与负荷的每个组成部分即运动强度、持续时间与间歇以及重复次数密切相关。

(1) 运动强度

运动强度是运动负荷的主导因素，也是提高运动员快速运动能力的主要刺激因素。采用最大强度或接近最大强度完成速度练习时，运动员要高度集中注意力，最大限度地动员机体，使动作的频率快、幅度大，达到最高的速度水平。还可定期采用专门的辅助装置（牵引机、流体动力游泳池、自行车功率计等），使短跑、游泳、自行车运动员以超过自己最高速度6%～10%的速度进行练习，使其能以最大强度完成动作并力争适应新的更高的速度。

速度训练不能只局限于采用最大强度和接近最大强度的练习，穿插使用85%～90%的强度进行练习，也有助于提高快速运动能力。过多或单一安排极限与接近极限强度的练习，又限制完成动作的数量，或长期单调地采用偏低速度训练，都会限制运动员快速运动能力的发挥，或形成"速度障碍"，导致旧的动力定型更加巩固，绝对速度的水平停滞不前。

(2) 持续时间与间歇

速度练习应在不长的时间内完成，单个动作一般短于1秒，连续重复几次也不足5～10秒，提高绝对速度的练习通常不超过30秒，如田径中跑30米、60米、100米和200米，游泳15米、25米和50米，速度滑冰150～200米等。在完成持续20秒以内的短时间练习时，人体的无氧代谢主要靠ATP直接分解及时供能，因而不会出现工作能力过分降低的现象。在确定速度练习的间歇时间时，应以使运动员的工作能力得到相对完全恢复为准则，即在下一个练习开始时，中枢神经系统再度兴奋，机体内物理化学的变化在很大程度上已经得到中和。如果休息时间过短，运动员机体中的分解物质较快地积累起来，会降低继续完成高强度工作的心理准备水平，使得完成下一个练习时缺乏必要的工作能力。

根据速度练习的目的，工作的持续时间、强度和间歇有所不同。非周期性练习可安排(5～6)组×(5～10)秒，(3～4)组×(10～20)秒，(2～3)组×(25～30)秒，各次练习之间休息30～120秒，组间休息2～5分钟。周期性练习的间歇时间相对较长，练习持续时间为1～15秒，各次练习间休息3～5分钟，组间休息10～20分钟，在休息时可采用一些恢复与降低身体紧张度的措施，如按摩、放松与伸展练习、心理调节，以及让参与工作的主要肌群完成一些小强度的练习，其目的是为完成后续练习创造适宜的条件，最大限度地动员速度潜力，有助于使运动员达到新的、更高的绝对速度水平。

(3) 重复次数

重复的目的在于提高和保持工作能力，应根据运动员的训练水平、个人特点（含临场反应）、所采用的速度练习的性质和持续时间以及训练课的特点来确定重复次数。

5. 注意各速度素质在完整运动过程中转换能力的培养

在一个完整的速度性练习中，往往各种不同的速度素质交替表现。如百米跑中，首先表现出起跑的反应速度，之后是蹬离起跑器的动作速度，疾跑和途中跑为移动速度，而每一步中又包含不同部位的动作速度（如后蹬、摆臂、摆腿动作速度等），它们相互转换，从而形成一个完整的速度转换系统。平时必须注意这方面的训练，以便让运动员具有适应比赛中各种速度转换的协调能力。

## 四、耐力素质及其训练

### (一) 耐力素质概述

1. 耐力素质释义

耐力素质是指有机体在较长的时间内，保持特定强度负荷或动作质量的能力，是人体基本的运动素质之一。耐力素质对人的生活能力及运动能力均有重要的影响。人体耐力素质的提高，总是伴随着内脏器官，首先是心血管系统功能的提高，以及有氧代谢能力的改善；同时，还表现为人体的骨骼肌和关节韧带等运动装置能够承受更长时间的负荷；在心理上对于克服长时间工作所产生的疲劳，亦有较为充分的准备。

在竞技体育领域中，耐力素质在不同的竞技运动项目中有着不同的作用。对于长距离走、跑、骑、游、滑、划等竞速项目来说，耐力素质是决定运动员竞技能力高低的主导素质，对运动员总体竞技水平有着决定性的影响；对那些虽然不以长距离竞速为主要竞技内容，但持续竞技时间较长的运动项目（如足球、羽毛球、水球、职业拳击等）来说，耐力素质的好坏对运动员比赛的结果也有着重大的影响；对比赛时间很短的竞技项目来说，尽管在比赛现场通常无法直接感受到耐力素质对运动员竞技水平的重要影响，但不容置疑的是，短距离竞速选手、远度竞技选手及举重、体操、技巧等选手也都需要发展相应的耐力素质，以便坚持和承受不断加大的训练负荷，从而保证以充沛的体力参与竞技比赛。

2. 耐力素质的分类

按不同的分类标准，可为耐力素质建立不同的分类体系（图 3-1-6）。

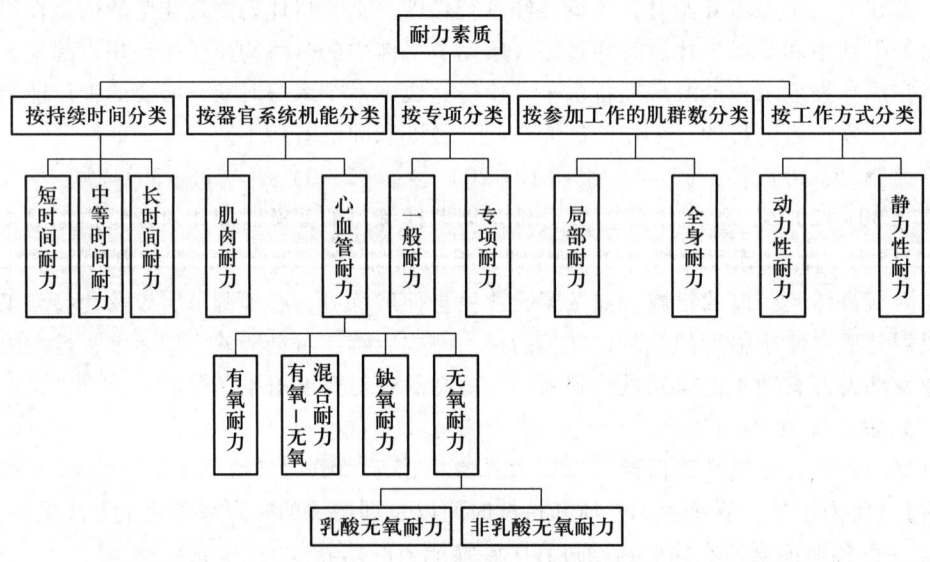

图 3-1-6  耐力素质的系统结构

（1）根据运动中氧代谢的特征，可分为有氧耐力、无氧耐力和有氧-无氧混合耐力。

（2）根据肌肉工作的力学特征，可分为静力性耐力（如立姿步枪射击时手臂的用力）和动力性耐力。

（3）根据竞赛及体育活动持续的时间，可分为短时间耐力（短于 2 分钟）、中等时间耐力（2~8 分钟）和长时间耐力（长于 8 分钟）。

（4）根据耐力素质对运动员竞技能力的作用，可分为一般耐力和专项耐力。

（5）根据器官系统的机能，可分为肌肉耐力和心血管耐力。

（6）根据参加主要工作的肌群数，可分为局部耐力（如上、下肢等）和全身耐力。

在上述各个分类体系中，有氧耐力与无氧耐力的分类体系多用在耐力性竞技项目的训练之中；而按一般耐力与专项耐力的分类体系探讨耐力训练的方法，则更适用于大多数运动项目训练实践的需要。因此，在这里，我们只分别对一般耐力、专项耐力作详细介绍。

（1）一般耐力

一般耐力是运动员有机体各器官系统机能的综合，是在不同项目中表现出专项耐力的基础。不应当把一般耐力与长时间的跑以及有氧代谢练习混为一谈。实质上，一般耐力是各种不同形式的耐力表现的综合，而且对不同的运动专项来说，由于项目特点不同，这种综合也是各不相同的。一般耐力训练的任务是，要在一般身体训练的过程中有计划地对影响耐力的各个因素进行强化，扩大有机体进行一般工作的机能能力，建立提高负荷量的条件，并利用素质转移的效果为发展专项耐力打下基础。

一般耐力训练与提高心血管、呼吸系统机能有紧密的联系。在适宜强度下长时间连续工作的能力就是有氧耐力的表现。有氧耐力的培养有两个任务：一是建立提高运动负荷的前提条件；二是产生向专项耐力练习转移的效果。

对于专项成绩很大程度上取决于运动员有氧耐力的项目来说，有氧耐力的训练肯定有较大意义。但对那些主要以无氧供能为主的项目来说，发展有氧耐力也是必需的。有氧耐力对这些项目成绩的影响往往不是直接的，而是间接的，需要经过有机体内各种间接的适应性联系才会发生作用。

在进行一般耐力训练时，应当充分考虑到专项中各种影响耐力的因素的比例、运动员实际的训练水平、不同阶段内负荷的内容和量等因素。

（2）专项耐力

专项耐力是运动员为了获取专项成绩而最大限度动员机体的机能能力以克服专项负荷所产生的疲劳的能力。运动员在专项训练和比赛中都要表现出这种能力。

由于运动项目不同，专项耐力表现也具有不同的特点。

① 长距离、超长距离（如马拉松跑、竞走、30～50公里滑雪、100公里以上的自行车等）项目的专项耐力特点。这类项目的专项耐力在相当大的程度上是由运动员的有氧能力所决定的。运动成绩与运动员有机体的最大需氧量水平以及其他有氧代谢指标密切相关。这类项目的专项耐力较之其他类项目的专项耐力更取决于机体机能节省化的程度和合理分配体力的能力。从心理角度分析，这类专项耐力的特点是所需时间最长、稳定、意志连续紧张。

对那些中等距离的项目和比赛强度又区别于次极限强度项目（如200～400米游泳、1公里划船等）的其他项目来说，一个重要的特点是，比赛时它们的无氧过程比重（主要是糖酵解过程）可能超过有氧过程或与之相近。这类项目的专项耐力与运动员的速度、力量能力的联系更为紧密。但速度、力量的绝对指标并不能保障这类项目的专项耐力和运动成绩的提高。只有针对这类项目专项耐力的生理特点进行专项性的耐力训练才能取得成效。

② 短距离类项目（田径的短跑、短距离自行车赛及其他类似项目）的专项耐力特点：这类项目专项耐力的特点首先是要有达到动员最大工作强度的能力，以及力争能在最短时间内保持最大工作强度通过比赛距离。这类项目的专项耐力取决于无氧过程（包括两个阶段，即磷酸原供能和糖酵解过程）对能量转化、利用能力的可能程度和效率。这类项目在练习过程中，要求意志高度集中，神经系统状态稳定，并在复杂条件下能够控制动作协调，保证相应神经冲动的能力，而且在练习中会产生很多的氧债以及与之相联系的有机体的其他变化，在恢复时期内对植物性神经系统也有相当高的要求。

在这类周期性的项目比赛中，它们的专项耐力有相似之处，例如，在举重、拳击、摔跤等项目中，其专项耐力具有"力量性"的特点。此类项目，一般来说克服的重量越重，对运动员的力量要求就越大，因而专项耐力的发展与个人的力量能力的关系就越密切。但此类项目的专项耐力又不能仅仅归结为力量能力，它还包括在比赛中心理紧张时保持用力的能力和用力强度不断增长的能力。因为比赛时情绪紧张和疲劳同时并存，负荷总量很大，而且技术还不能出现错误，这就要靠专项耐力来予以保证。

③ 球类项目专项耐力的特点：球类项目中的专项耐力亦可称之为"比赛耐力"。这类项目的专项耐力是由下述因素决定的：比赛时动作没有统一的标准，并且动作的方式和数量是广泛的，是无法预先估计的；也不可能事先准确地确定比赛所要承担的负荷，甚至比赛总的时间也不能预先准确地确定。所以球类项目需要有相当大的耐力储备。球类项目一方面由于含有大量极限强度的动作（如加速移动、进攻、打击等），对无氧供能体系提出了相当高的要求；另一方面，由于积极的动作与相应的间歇交替进行，并且总负荷量很大，从而对有氧供能体系又有很高的要求（例如，高水平冰球运动员比赛时需氧量平均水平接近个人最大需氧量的 90%，其波动范围为 75%~100%）。

④ 全能项目的专项耐力特点：全能项目的专项耐力与全能所包括的项目的负荷和各项目相互之间的影响有关，又与个别项目的成绩有关，都可能使个别项目成绩的取得产生一定的困难，因此，全能项目中各个项目取得高水平成绩越困难，则全能项目专项耐力的培养就越具有更大的意义。

衡量运动员在专项比赛中的耐力可以用下述几种外部指标：（a）通过比赛标准距离的最短时间以及与各段距离的速度比，也就是通常所说的耐力指数。绝大多数周期性项目都采用这类指标来评定专项能力。（b）在比赛过程中保持或提高合理的运动积极性的程度。这类指标有：在比赛负荷量增加或完成预定的量时，速度的保持程度（在竞速项目比赛中，速度保持得好，完成距离可更长）；在标准比赛负荷量的条件下用力强度增长的指标，如举重项目中后面试举时所举重量的增长指标，田径投掷和跳跃项目中远度增长的指标等；在比赛过程中有效比赛动作数量的保持和增加，例如，在动作没有限量的项目中，像球类一对一对抗项目中动作的数量。（c）比赛中动作的技术稳定性。这种指标在技术性复杂的运动项目中特别重要，如竞技体操、跳水、花样滑冰等。

专项耐力还可以用完成专项训练练习负荷总量的指标进行判别。例如，田径、游泳、划船训练距离的公里数，举重运动员练习的试举次数及负重总量，体操运动员的重复练习总次数等。

对专项耐力来说，只有考虑到练习在比赛或最大限度接近比赛的条件时所表现出来的耐力才最具有判别的价值。在平时训练中，可以采用合理的专项模拟测验来检查专项耐力，但模拟测验应能接近专项比赛的条件。例如，测定10 000米赛跑运动员的耐力指数，选用本人100米跑的速度来衡量是不准确的，而用1 000米或更长距离的速度来作为衡量指标才更有效。

专项耐力训练要从比赛和训练两方面考虑。要使运动员在专项训练中承担比比赛更大的专项负荷量和负荷强度，并使身体训练、技术训练和其他各部分训练内容的负荷总量从一个训练阶段到另一个阶段有规律地增长。

只有通过专项耐力训练，建立专项耐力储备，才可能在比赛中充分发挥出所需的专项耐力。因此专项耐力训练的任务在于：充分利用专项运动负荷的增长来发展专项耐力，建立必要的专项耐力储备；建立稳定的比赛能力。两者中，前者为后者服务，而后者又是前者考虑的着眼点，是训练的最终目标。

3. 耐力素质的影响因素

（1）一般耐力水平的影响因素

一般耐力的好坏，取决于运动员有氧供能的能力、体内能源物质的储存、支撑运动器官承受长时间工作的能力，以及运动员的心理控制和对疲劳的耐受程度4个方面（图3-1-7）。

也就是说，提高运动员的摄氧、输氧及用氧能力，保持其体内适宜的糖原及脂肪的储存量，提高肌肉、关节、韧带等支撑运动器官对长时间负荷的承受能力，以及加强运动员心理调节控制的能力，改进其在疲劳状态下充分动员机体潜力，坚持继续工作的自我激励机制，是发展运动员一般耐力的基本途径。

（2）专项耐力水平的决定因素

如同一般耐力，运动员专项耐力水平也是由其能源物质的储存及供能能力、支撑运动器官的功能及运动员对疲劳的心理耐受度所决定的，但各个方面都表现出鲜明的专项特征。例如，推铅球及掷铁饼比赛中，从预摆结束到器械出手一般不超过2秒钟，属于典型的磷酸原供能的工作。在一定的间隔

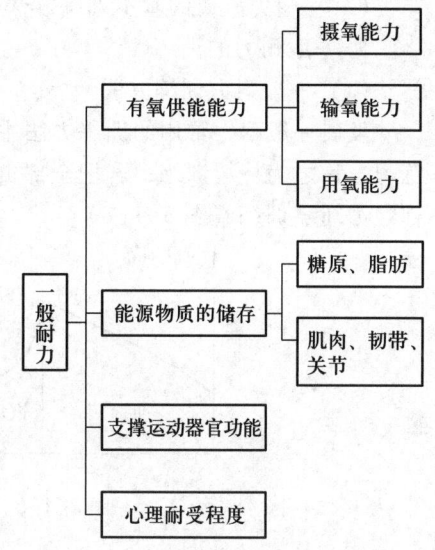

图3-1-7  一般耐力水平的决定因素
（田麦久，1997）

后，再次以最大强度完成同样的动作，这就要求运动员机体ATP、CP的储存量高，ATP分解后能迅速再合成。而优秀羽毛球选手在长达几十分钟甚至几小时的比赛中，多次快速地滑步、跨步、跳跃、击打、扣杀，使得无氧乳酸代谢在其代谢过程中占有较大的比例，一场比赛结束时，其血乳酸含量可达6 mmol/L左右。因之，在羽毛球运动员专项耐力的构成中，无氧乳酸代谢的能力就是一个重要因素了。

（3）耐力素质的其他影响因素

影响耐力素质的因素，除先天性的身体组织结构，如红白肌纤维的组成比例和神经系统特征外，还有：

① 运动员的个性心理特征：运动员的运动动机和兴趣，面对运动活动时的心理稳定性、努力程度、刚毅性、自持力，以及意志品质都直接影响到耐力素质的水平。

② 有机体活动时能量交换和获得的机能能力。其中包含对运动员有机体各种能量储备、能量交换过程的动员和进行等，对耐力素质也有很大影响。

③ 有机体机能的稳定性。有机体机能稳定性可以使有机体各个系统在疲劳发展、内环境产生变化时，机能积极性仍然保持在必要的水平上。

④ 有机体的机能节省化、协调的完善和力量合理的分配。机能节省化主要反映在随着训练水平的提高，单位工作时间中能量消耗的减少。身体协调的完善可以减少不必要的能量消耗；力量合理的分配则可提高能量的利用程度和效率。这些都直接决定了有机体能量储备的利用率。

上述因素中的许多指标，目前不仅在质量上，而且在数量上都已能标志出来，并能够对它们在各种项目所需耐力中的"比重"作出一定的测评。例如，可用有机体无氧和有氧能力的许多指标来判别能量供应的组成及其机能特征。如工作时的最大需氧量、达到最大需氧量时的极限时间、个体乳酸阈、工作进行时血乳酸的浓度等。

（二）耐力素质的基本训练方法与负荷控制

1. 一般耐力的训练

（1）一般耐力训练方法

发展一般耐力常用的训练方法主要是持续训练法与间歇训练法。运动员不间断地进行练习，称之为持续训练；若把全部负荷分为若干小段，每两段中间安排不充分的休息，即称之为间歇训练（图3-1-8）。

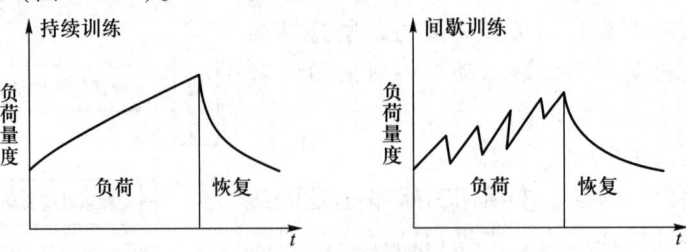

图3-1-8　发展一般耐力的常用训练方法

（2）负荷的控制

① 长时间单一运动项目练习。如越野跑20~120分钟；自行车骑行40~180分钟；游泳400~2 000米；跳绳、踢毽200~1 000次；划船1~2小时；足、篮、羽毛球等练习1~3小时；滑冰、滑雪30~120分钟；登山、远足1~4小时等。

② 多种变换的、组合的耐力练习。如"法特莱克"跑，又称"速度游戏"，在环形的野外道路（或跑道）上进行。练习时，走跑交替，快慢交替，各分段长短不一，要求各异；再如循环练习，通常将6~10个不同练习编成组，每个练习发展特定肌群的力量和力量耐力。各练习次数为最大完成量的1/5~1/2。所有练习不间断地连续进行为一组。做3~10组，组间根据不同要求安排1~10分钟不同时间的间歇。

③ 在各种练习器上完成的耐力练习。如踏蹬功率自行车5~10分钟；在跑台上走、跑10~30分钟；在划船练习器上完成划桨练习10~30分钟。

（3）一般耐力训练时的注意事项

① 一般耐力练习内容较为单一，最好组织集体练习，避免单调枯燥。

② 野外活动和训练时要注意安全，并携带少量的饮料、保健用品、钱等必需用品。

③ 空腹晨练时，如进行发展一般耐力的训练，应控制负荷的量和强度，以免损害健康。

2. 专项耐力的训练

专项耐力是指不同专项的运动员在竞技比赛中，按特定强度、质量要求长时间进行专项运动的能力。不同项目、不同的竞技特点，对运动员的专项耐力也提出了不同的要求及训练方法。

（1）专项耐力的训练方法

不同专项运动员的专项耐力有着不同的表现和特征，也就必然要求运动员在训练中采用不同的方法和手段，施以不同的负荷。为便于分析，我们在这里按不同项群的体系予以介绍。

① 体能主导类快速力量性项群运动员的专项耐力，主要表现为以最大强度重复完成完整比赛动作的能力。如优秀撑竿跳高运动员要在长达数小时的比赛中多次越过 5 米以上的横杆；标枪选手要力求在 6 次试投中都达到理想的远度；举重选手则试图在 3 次试举中，一次比一次举起更重的杠铃。因此，其发展专项耐力的训练内容与手段，则应以多次重复完成比赛动作或接近比赛要求的专项练习为主，在实践中多采用极限或极限下强度完成负荷。如奥运会女子铁饼冠军德国选手韦鲁达，1991—1992 年度准备期第 4 个中周期（6 周）专门力量练习重复次数达 2 620 次，专项投掷练习为 938 次；赛前准备期（5.5 周）专门力量练习重复次数 1 345 次，专项投掷练习达 1 005 次。

② 体能主导类周期竞速的项目，有耐力性和速度性两个项群。耐力性项目运动员专项耐力的要求，是用尽可能高的平均速度通过全程。耐力性项群运动员主要通过提高乳酸无氧阈水平来提高专项耐力。其主要训练方法为大强度的间歇训练法、重复训练法及比赛训练法。其负荷的主要特征为：采用超个体乳酸阈强度直至在较短段落中超比赛强度进行训练；负荷总量，中距离运动员的训练距离达比赛的 3~6 倍，长距离运动员为 1~3 倍；两次练习之间的间歇相对略长。采用大强度间歇训练时，应待心率恢复至 20~24 次/10 秒时再次练习；进行重复训练时则要求恢复到每 10 秒 20 次或 20 次以下。练习采用的段落长度，中距离为比赛距离的 1/4 至 3/4；长距离亦不超过 3/4，但常采用比 1/4 专项距离短的练习段落。如万米跑选手常采用 2 000 米、1 000 米或 400 米段落进行间歇训练（表 3-1-4）。

**表 3-1-4　世界冠军意大利长跑选手科瓦主要训练手段的方法学类属**

（5 000 米：13 分 13 秒 71；10 000 米：27 分 41 秒 03）

| 主要训练手段 | 方法学类属 |
| --- | --- |
| 1. 20~30 公里，4 分/公里 | 持续训练 |
| 2. 500 米×4，1 分 16 秒~1 分 17 秒<br>400 米×5，61~62 秒<br>300 米×5，45 秒<br>200 米×10，28 秒<br>（间歇 35 秒/100 米） | 大强度间歇训练 |

续表

| 主要训练手段 | 方法学类属 |
| --- | --- |
| 3. 1 000 米×6，2 分 35 秒（间歇 4~5 分） | 大强度间歇训练 |
| 4. 400 米×25 | |
| 5. 2 000 米×5<br>1 000 米×6 | 小强度间歇训练 |
| 6. 3 200 米×1，8 分 42 秒<br>2 000 米×1，5 分 20 秒 | 重复训练 |

速度性项目运动的主要供能形式为磷酸原代谢供能，主要采用重复训练法和比赛训练法提高专项耐力。多采用 1/2 至全程段落练习，一堂训练课负荷总量可为比赛距离的 3~10 倍，负荷强度为 95%~100%，两次练习之间须获得较充分的休息。

③ 技能主导类表现性项群运动员的专项耐力，表现为以最佳技术重复完成完整比赛动作的能力。因此，在赛前训练中，须多次完成成套练习或 1/2 套以上的练习。如优秀体操选手一次训练课中可完成 30~50 套完整练习。

④ 技战能主导类对抗性项目比赛时间较长，要求运动员能在整个比赛过程中持续表现出最佳技能和体能。因此，训练中要注意安排长时间的专项对抗练习或专项练习。有时甚至安排超过正式比赛时间或局数的训练，如排球打七局四胜，摔跤训练比赛连续 6 分钟（正式比赛时间为 5 分钟）等。

（2）专项耐力负荷的控制

专项耐力负荷量度是通过对糖酵解无氧代谢供能能力与非乳酸供能无氧耐力能力的监控实现的。

① 糖酵解无氧代谢供能能力训练负荷的控制

a. 负荷强度。提高糖酵解无氧代谢供能的无氧耐力训练的强度为 80%~90%，以使运动员机体处于糖酵解供能状态。一次练习的持续时间介于 1~2 分钟之间，若以跑为训练手段时，其距离应控制在 300~800 米之间，一般以 400 米为宜。若以游泳为训练手段时，其游程可控制在 100~200 米之间。

b. 重复练习的次数与组数。每组练习的重复次数不必过多，如 3~4 次，以保持必要的训练强度。练习的重复组数应视运动员训练水平而定，一般地讲，训练水平低的新手重复组数少，如 2~3 组；训练有素的运动员可安排 3~5 组。确定练习重复组数的基本原则是，使运动员在最后一组也基本能保持所规定的负荷强度，而不应下降得过多。

c. 间歇时间。发展糖酵解无氧代谢供能的无氧耐力练习的间歇时间安排有两种做法：一种是次间间歇时间以恒定不变的方式安排，如每两次练习之间休息 4 分钟等。另一种是采取逐渐缩短间歇时间的方式安排，如：第一、二次之间间歇 6~5 分钟，第二、三次之间间歇 5~4 分钟，第三、四次之间间歇 4~3 分钟，这样做有利于使体内乳酸堆积达到较高值。

间歇时间的确定又受负荷距离及强度的影响，距离长、强度大，间歇时间就长；距离短、强度小，间歇时间就短。组间的间歇时间一般要长于组内间歇时间，以利于恢复。

② 非乳酸供能无氧耐力训练负荷的监控

a. 负荷强度。采用达 95% 以上的大强度进行练习，只有这样才能使运动员机体动用 CP 能源物质，达到发展非乳酸供能无氧耐力的效果。

b. 负荷量。非乳酸供能无氧耐力练习的持续时间可在 10 秒钟左右或更长一些。练习的重复次数可以多，但必须以不降低训练的强度为原则。练习组数视运动员的具体情况而定，对训练水平较高者练习组数可多些，反之少些。

c. 间歇时间。具体安排方式主要有两种：一种是短段落间歇安排，如距离 30~60 米，间歇时间为 1 分钟左右，目的在于使机体动用 CP 为能源。另一种是较长段落长间歇安排，如距离 100~150 米，间歇时间为 2 分钟以上，目的在于保证机体 CP 能源物质通过休息得以恢复。练习的组间间歇时间则应更长一些，如休息 5 分钟，这样可使 CP 得到恢复，以利于下一组练习。在组间间歇时还可以做一些积极性休息的练习。

在确保耐力训练量的前提下，决定有氧耐力练习还是无氧耐力练习的主要因素在于负荷强度。负荷强度越大，有机体无氧代谢的比例就越大，反之就越小。因此，掌握、控制与调整练习的负荷强度，是把握进行何种耐力训练的关键。为达到良好的训练效果，可将三种训练法配合使用：

第一，持续 15 秒~2 分钟的短距离间歇训练，主要发展无氧耐力。

第二，持续 2~8 分钟的中距离间歇训练，可发展两种供能系统。

第三，8~15 分钟的长距离的间歇训练，主要发展有氧耐力。

（三）耐力素质训练的基本要求

（1）应与运动员的意志品质的培养，思想作风的培养和心理方面的训练与调控结合进行。

（2）要注意针对专项的特点，依专项的需要去发展专项耐力。如摔跤、柔道运动员需要发展力量耐力和心血管耐力；长跑运动员着重发展有氧耐力；中跑运动员发展有氧无氧混合耐力和无氧耐力；游泳运动员要发展无氧耐力训练等。

（3）要注意呼吸的科学性。尤其要注意呼吸的节奏、频率、深度和方法等。

（4）在发展无氧耐力的同时应注意协调发展有氧耐力。有氧耐力是无氧耐力的基础，它们之间存在良性的迁移关系，有氧耐力的提高有利于运动员氧输送能力和氧利用能力的提高。

（5）应注意全年系统的安排。在准备期应以一般耐力为主，赛前阶段、比赛期和准备期的第二阶段（专门准备阶段）应以比赛性的专项耐力为主。图 3-1-9 是澳大利亚著名长跑教练里迪亚德全年耐力训练安排的一个模式图。

为了处理好有氧和无氧耐力的关系，还应注意以下几点：

① 正确区分耐力的类型，掌握好耐力的时间范围，其中 3 分钟工作是有氧与无氧工作的一个时间界限（表 3-1-5）。

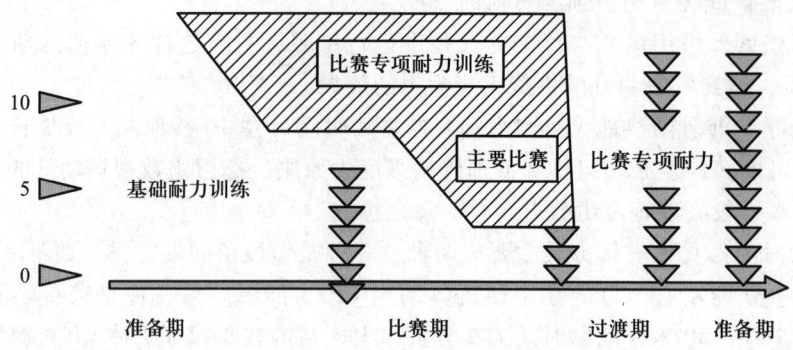

图 3-1-9　里迪亚德耐力训练法的训练安排

（哈雷，1985）

表 3-1-5　耐力的不同类型分析

| 物质代谢类型 | 无氧 | | | 有氧 | | |
|---|---|---|---|---|---|---|
| | 短时间 | 中等时间 | 长时间 | 短时间 | 中等时间 | 长时间 |
| 无氧代谢比重 | 85% | 70% | 50% | 20% | 10% | 1% |
| 持续时间 | 20秒 | 60秒 | 2分钟 | 3分钟 | 10分钟 | 20分钟 |

② 正确确定不同运动项目和各种耐力练习手段发展不同能源的比例关系（表3-1-6），使所选的各种耐力训练手段与各运动项目能源的比例互相对应和协调（表3-1-7）。

表 3-1-6　不同耐力项目和专项的分类

| 项目 | 短时间 | 中等时间 | 长时间 |
|---|---|---|---|
| 游泳 | 100米 | 200米、400米 | 1 500米 |
| 赛艇 | | | 2 000米 |
| 田径 | 400米、800米 | 1 500米 | 3 000米障碍、5 000米、10 000米、20公里竞走、马拉松 |
| 皮艇 | | 1 000米 | 10 000米 |
| 自行车 | 1 000米争先赛 | 1 000米个人计时赛、4 000米个人计时赛、团体赛 | 100公里分段赛 |
| 滑冰 | 500米 | 1 500米、3 000米 | 5 000米、10 000米 |
| 滑雪 | | | 10公里、15公里、30公里、50公里 |

（哈雷，1985）

表 3-1-7 不同运动项目发展不同能源所占比例

| | 项目 | ATP-CP 系统和乳酸能系统（%） | 乳酸能系统和有氧系统（%） | 有氧氧化系统（%） |
|---|---|---|---|---|
| 竞赛项目 | 100米、200米 | 98 | 2 | — |
| | 400米 | 80 | 15 | 5 |
| | 800米 | 30 | 65 | 5 |
| | 1 500米 | 20 | 55 | 25 |
| | 3 000米 | 20 | 40 | 40 |
| | 10 000米 | 5 | 15 | 80 |
| | 马拉松 | — | 5 | 95 |
| | 田赛项目 | 90 | 10 | — |

（引自美国 FOX 和 FOLLS）

③ 正确了解不同负荷强度时机体氧代谢的比例关系，使所选练习手段与负荷强度的发展能源比例互相对应和协调，表 3-1-8 中无氧代谢的百分比反映了相应的负荷强度。

表 3-1-8 不同训练方法对增进各种能量系统的作用

| 训练方法 | ATP-CP 系统和乳酸能系统（%） | 乳酸能系统和有氧系统（%） | 有氧氧化系统（%） |
|---|---|---|---|
| 加速疾跑 | 92 | 5 | 5 |
| 持续快跑 | 2 | 8 | 90 |
| 持续慢跑 | 2 | 5 | 93 |
| 间歇疾跑 | 20 | 10 | 70 |
| 间歇训练 | 0~80 | 0~80 | 0~80 |
| 慢跑 | — | — | 100 |
| 重复跑 | 10 | 50 | 40 |
| 速度游戏 | 20 | 40 | 40 |

（引自美国 FOX 和 FOLLS）

（6）耐力训练中应注意加强医务监督，采取各种恢复措施，消除疲劳，并注意减轻体重，尽力消除肌肉中过多的脂肪。

## 五、协调素质及其训练

（一）协调素质概述

1. 协调素质释义

协调素质是指运动员机体不同系统、不同部位、不同器官协同配合完成技术动作的能力，协调能力是形成运动技术的重要基础。运动协调能力是综合的神经机能能力，其表现

形式即为运动协调。人体运动协调能力由反应能力、空间定向能力、本体感知能力、节奏能力、平衡能力、与动作认知有关的认知能力等多种要素所构成。

良好的协调能力有助于运动员迅速地建立起大脑皮质中相关中枢之间的暂时联系，更快地形成动力定型，高质量地掌握运动技巧；有助于运动员更好地适应运动时的外部环境；有助于运动员在完成同样的练习时更节省地使用能量；有助于减少运动创伤的发生。

2. 协调素质的分类

在神经系统的综合控制下，运动协调可以分为肌肉协调与动作协调。肌肉协调通过肌肉的配合来表现。一个动作，不论简单还是复杂，都存在着主动肌、辅助肌、颉抗肌的相互配合协作以及不同动作部位各肌肉间的配合协作。而动作协调则是指动作的不同阶段、不同环节相互配合、相互联结的状态。

依运动员协调能力与其运动专项关系的密切程度，可将其分为一般协调能力和专项协调能力。一般协调能力指运动员完成各种运动时所需要的普适性的协调能力，专项协调能力则指运动员完成专项运动时所需要的专门性的协调能力。

3. 协调素质的影响因素

影响协调素质好坏的因素主要包括以下几个方面：

（1）神经系统的支配和调节能力

人体的活动过程是中枢神经协调各器官、系统进行的复杂的机能活动。动作完成质量的优劣取决于神经系统的支配和调节，需要建立在完整、高效的神经反射弧的基础上，所以运动员神经系统的机能状况直接影响动作完成的协调度。如果人体具备快速的反应能力、高效的运动单位募集水平、优化的神经反射弧传导通路，其神经机能水平必然能保证人体协调完成动作。

（2）运动技能的储备数量

协调素质能力反映人体各器官、系统协调完成某一动作的能力，其表现形式即为动作协调，而动作协调需要建立在多种技术相互配合的基础上，运动技能储备越丰富，技能间的相互支撑或迁移的能力就越强，运动员完成动作的协调性表现就会越好。

（3）时空感知能力

技术动作表现是建立在时间和空间两大基本维度之中的。人对于时间节奏的掌控和空间维度的判断，需要具有良好的时空感知能力，所以协调能力的培养必须建立在时间和空间的整体观念基础上进行。

（4）项目专项化水平

协调能力，特别是专项协调能力是完成专项动作的基础。运动员专项协调能力越好，运动单位的募集水平就越高，完成专项动作的效率就越高，技术动作就越节省，表现出的动作协调水平就越高。由于协调素质具有明显的项目特征，所以要密切围绕专项需要进行针对性的协调性训练。

（5）其他素质的发展水平

协调素质表现是多器官、多系统共同作用的结果，所以其他素质的发展水平也在一定程度上影响着协调素质的综合表现，如反应速度、肌肉耐力和力量水平、灵敏性等。

（6）遗传因素

协调素质具有很强的遗传特性，训练中首先要最大限度地挖掘运动员的协调素质潜能，同时也要注意通过训练提高其协调能力。

（二）协调素质的训练方法

发展协调素质可依循组织综合的协调素质训练和分解的协调素质训练两个途径进行。综合的协调素质训练主要是在综合训练和比赛中完成，同时也在技术训练、战术训练、体能训练中完成，要求运动员注意完成动作的协调性；分解的协调素质训练则针对其各种构成能力分别采用专门的练习手段予以发展。这里，将分别简述反应能力、平衡能力、节奏能力、空间定向能力、时间感知能力、距离感知能力、专门感觉能力的训练要点。

1. 反应能力的训练

反应能力是指人的神经及动作的快速应答能力。运动员反应能力的强弱直接影响着其协调能力的水平。反应能力的训练通常采用反应速度的训练方法（参见本章发展反应速度的训练方法）。

2. 平衡能力的训练

平衡能力是指人体维持平衡的本领。人体运动时总是与维持相对稳定的身体位置（操作姿势）相联系，即与保持平衡相联系。平衡是通过对抗使身体偏离适宜位置的力（惯性力、支撑反应力等）而达到的稳定状态。人体保持稳定姿势的能力是保证人体基本静态位置的关键能力，也是人体有效完成某一动作的基础。通常将运动员的平衡能力分为静态平衡能力与动态平衡能力。运动员的平衡能力受到自身关节周围保持关节稳定性的肌肉力量以及运动中全身肌肉系统工作能力的影响。其中，提高关节稳定性的训练参见本章力量素质训练一节中稳定性力量的训练。而动态性平衡能力受到中枢神经系统与肌肉控制动作能力的影响。实践中，在加强关节稳定性的同时常采用以下方法改善运动员的平衡能力：

（1）在有视觉和运动感觉的条件下，或在只有运动感觉的情况下完成负重练习。通过改变负重量，并准确控制用力的大小，来提高运动员控制肌肉工作的能力。

（2）在各种器械上模仿比赛动作。要求在最大用力50%~100%的范围内改变用力的大小。

（3）在力量练习器上通过不断改变阻力的大小，提高运动员在改变阻力的情况下完成练习的能力。

3. 节奏能力的训练

节奏能力是指运动员在练习过程中，在完成动作的时间和力度上呈现出来的快慢、强弱有序变化的能力。改善节奏能力常采用的练习有：

（1）用固定的频率通过不同长度的分段距离。要求在完成每一个分段距离时保持固定的频率。

（2）用固定的频率完成固定的练习。按比赛的节奏完成练习。该练习常用于跳跃、投掷及体操等固定动作组合的运动项目的训练之中。

（3）用高于比赛平均频率完成一定距离和固定动作的练习。要求练习时首先确定比赛平均速度，练习中采用高于或低于比赛的频率，如1分钟多做或者少做2、4、6个动作，来提高运动员控制节奏的能力。

（4）在竞速运动训练中，可设置3~4个分段距离，保持速度不变，增加频率。要求

第一个分段距离用比赛速度来完成，下一个分段距离与上一次练习相比，多增加一个周期动作或减少一个周期动作。

（5）可采用变换训练法提高运动员控制节奏的能力。

4. 空间定向能力的训练

空间定向能力，是指运动员对外界物体或现象空间位置的判断及其对自身运动空间位置判断的能力。空间定向能力的主要评价指标就是对技术动作的精确控制水平。

控制动作的精确性作为完成某一技术动作的关键因素对运动员的空间定位能力起着决定性作用。如体操等表现难美性项群的运动项目要求运动员神经、肌肉系统准确控制肌肉的工作，并表现身体和身体各个环节在空间运动过程中的精确移动。击剑、拳击等命中类运动项目，也要求运动员具有很强的空间定向能力，通过瞬间判断和操作来控制完成动作的方式与发力的时机。

5. 时间感知能力训练

时间感知能力是指运动员对完成练习在时间维度作出准确判断的能力。时间感知能力的培养常采用以下方法：

（1）变速完成比赛距离的练习。预先设定练习目标（如时间目标），如规定行进速度为最大速度的95%、90%、85%、75%、70%。要求运动员尽可能按规定的速度完成练习。

（2）要求运动员在练习距离中规定的段落里按比赛速度行进，并逐渐增加规定段落的距离。

（3）练习后要求运动员将实际练习速度与主观感觉速度进行对比，以提高运动员的时间感知能力。

6. 距离感知能力的训练

距离感知能力是指运动员对距离的准确判断与控制能力。该能力对格斗技击类的项目以及田径项目中需要准确助跑的跳跃和掷远运动项目有着重要作用。

（1）对于要求有准确助跑的运动项目来讲，由于场地、气候、运动员身体状态等各种原因都会影响助跑的准确性，因此训练运动员的助跑准确性时，加强运动员的距离感成为重要的内容。如提高跳远运动员最后4~5步控制步幅、准确起跳的能力等。

（2）可以通过固定投掷距离的方式提高运动员的肌肉控制能力，即通过投准的方式提高运动员控制器械的能力。该练习对铁饼、标枪等项目运动员距离感的提高有积极作用。

（3）对于格斗技击类的拳击等项目来说，判断与对手之间的距离对提高有效出拳率有积极作用。

7. 专门感觉能力的训练

专门感觉能力是在完成各种各样的专门练习的过程中得到发展的。专门的感觉能力与运动项目的运动方式以及运动环境密切相关。如，自行车运动员的车感；游泳运动员的水感；划船、帆船运动员的船感；篮球运动员的球感等都是通过长时间在相应的环境里训练或驾驭器械的训练中获得的。

（三）协调素质训练的基本要求

1. 运动员的协调能力受到时间、空间或动力控制等多种因素的影响。在提高运动员

协调能力的训练中,关注某一能力改善的同时,应注意与全面改善综合协调能力密切结合起来。

2. 少年儿童运动员应该进行更多运动项目的练习,尤其要重视多安排体操训练,以有效提高其肌肉协调能力、空间感知能力以及平衡能力。

3. 协调素质的训练应作为每天的重要训练内容来予以安排,尤其是对一些动作相对单一的运动项目来讲更为重要。

4. 在周期性项目中,协调能力的专门练习手段较少,因此,随着运动技术水平的逐步提高,应在完成习惯性练习的同时开拓更多的训练手段。例如,练习不常用的开始姿势;运用各种扩大动作幅度的练习器械和专门设备;改变训练条件和环境等。

5. 由于协调素质具有明显的项目特征,因此,要密切围绕专项需要进行协调性训练。

## 六、柔韧素质及其训练

### (一)柔韧素质概述

**1. 柔韧素质释义**

柔韧素质是指人体关节活动幅度的大小以及跨过关节的韧带、肌腱、肌肉、皮肤及其他组织的弹性和伸展的能力。柔韧素质通过关节运动的幅度,也就是按一定的运动轴产生转动的活动范围而表现出来。关节的活动幅度主要取决于关节本身的结构,以及跨过关节的肌肉、肌腱、韧带等软组织的伸展性。

**2. 柔韧素质的分类**

柔韧素质从其外部运动状态的表现看可分为动力性柔韧素质和静力性柔韧素质。动力性柔韧素质是指人体各个关节根据完成动作技术的需要,各个关节拉伸到最大限度的能力。通常,我们说的运动员完成动作的幅度大小就是指动力性柔韧能力。静力性柔韧素质是人体在静力状态下,拉伸关节的角度能力。如肩关节柔韧能力、髋关节柔韧能力、脊柱柔韧能力等。运动员静力性柔韧能力是动力性柔韧能力的基础。但静力性柔韧能力强,不代表动力性柔韧能力一定也强。

从完成柔韧性练习的表现上看,柔韧素质又可分为主动柔韧性和被动柔韧性。主动柔韧性是人在主动运动中表现出来的柔韧素质水平。被动柔韧性则是在一定外力协助下完成或在外力作用下(如教练员协助运动员做压腿练习)表现出来的柔韧素质水平。主动柔韧性不仅反映对抗肌的可伸展程度,而且也可反映主动肌的收缩力量。一般来说主动柔韧性比被动柔韧性要差,这种差距越小,说明柔韧素质的发展水平越均衡。

从柔韧素质在身体不同部位的表现看,又可分为上肢柔韧性、下肢柔韧性、腰部柔韧性、肩部柔韧性等。

**3. 柔韧素质的影响因素**

解剖和训练因素是影响柔韧素质的关键因素。其中有些因素(如关节结构、年龄、性别)是不能通过训练来改变的。在为运动员安排柔韧性练习时要考虑到影响运动员柔韧性的各方面因素。

(1)关节结构

关节结构决定其活动范围。球窝关节(如髋、肩关节)在所有关节中活动范围最大,

可以在任何解剖平面活动。手腕关节是椭圆关节（卵形关节头，椭圆形关节窝），其活动范围比髋、肩关节都小，只能在矢状面、额状面运动。膝关节属滑车关节，其活动范围最小。

（2）结缔组织

肌腱、韧带、筋膜、关节囊以及皮肤都可能限制关节活动范围。结缔组织的弹性（被动拉长后回到原来长度的能力）和牵张性（被动拉长的能力）也影响关节的活动范围。其中，通过拉伸练习可以有效提高结缔组织的牵张性。

（3）肌肉体积

肌肉体积增加可能会限制关节活动，从而影响关节的活动范围。肱二头肌和三角肌发达的举重运动员，可能在高翻支撑时或持杠铃前蹲时出现三头肌不能充分拉伸的现象。一般来说，肌肉体积增大带来的好处往往大过它对关节活动范围限制造成的不利。

（4）年龄和性别

一般来说年轻者较年长者的柔韧性好，女子较男子的柔韧性好。年轻男、女之间的差异，部分是由于解剖结构的不同以及所从事的活动不同造成的。

（二）柔韧素质的训练方法

拉伸是提高柔韧性的主要方式。按照拉伸的方式划分，伸展练习可分为动力性与静力性伸展练习两种类型。拉伸需要运动员使身体的关节运动到活动范围受阻的地方，在这个受阻的地方施加一定的力以完成拉伸运动。在运动实践中，不同的运动项目常选择不同的拉伸方式。田径项目要求运动员的四肢活动具有弹性和节奏，且依靠身体运动所产生的动量来发挥力量，所以常采用动力性伸展练习。而体操吊环等表现性项目则常采用静力性拉伸练习。

1. 静力性拉伸练习

静力性伸展运动是指在一定时间里，缓慢地将肌肉、肌腱、韧带拉伸到一定活动范围的伸展活动。其主要特征是动作缓慢并停留一定时间。与动力性伸展练习相反，静力性伸展练习要求四肢缓慢伸展。这种方法可减少或消除超过关节伸展能力的危险性，防止拉伤。

静力性伸展有两种形式，即主动性伸展和被动性伸展。主动性伸展要求运动员始终依靠自身力量完成练习，并保持15~20秒钟。被动性伸展是指运动员开始时自己练习，在练习的最后部分再借助外力。

在做伸展运动时要顺应身体状况，做的过程中，会有肌肉的被牵拉感，但不是疼痛感或不适感。如果感到疼痛，应立刻停止练习。

2. 动力性拉伸练习

动力性伸展是指有节奏的、速度较快的、幅度逐渐加大的多次重复一个动作的拉伸。在运用该方法时用力不宜过猛，幅度一定要由小到大，先做几次小幅度的预备拉长，然后加大幅度，以避免拉伤。动力性伸展运动由一整套大幅度动作组成，比静力性伸展运动强度要大，一般放在静力性伸展运动之后，可为训练或比赛做准备。动力性伸展运动能够刺激某些特殊关节神经系统的活动，通过这些活动，使肌肉和关节为接下来的激烈运动做好热身准备。

动力性伸展练习有助于保持运动员关节运动的幅度，但不能改善肌纤维长度。事实上，动力性伸展练习引起的是肌肉牵张反射，肌纤维被暂时拉长。如果过度牵拉肌纤维，就会导致肌纤维受损，造成肌肉弹性丧失。在安排动力性伸展练习时，教练员必须清楚练习的潜在危险。

动力性拉伸练习要点：每个练习重复 5~10 次。

### 3. 被动性拉伸练习

在被动性拉伸练习中，练习的最后部分必须借助外力完成。在练习中，当运动员感到疼痛时，要停止施加外力。被动性拉伸练习的好处是，强调运动员在练习中要尽量放松对抗的肌肉群，即拉长的肌肉群。在拉伸练习中，施训者与练习者之间应密切合作。教练员应辅助运动员进行柔韧性练习，以防止伤害事故。被动性拉伸练习由一名同伴或一名教练协助运动员来完成。协助者一定要掌握必要的技巧，以保证练习者的安全。被动伸展运动对于提高运动员的关节活动范围特别有效。

被动性拉伸练习要点：

（1）练习者动作应该缓慢完成，自己有所控制。

（2）被动伸展运动给予肌肉微微拉紧的感觉，并非疼痛感。

（3）运动员自己应感到所做的伸展运动恰到好处，并非多多益善。

（4）运动员和施训者应及时交流，保证伸展运动的安全。

### 4. 本体感受性神经肌肉练习法

本体感受性神经肌肉练习法又称作 PNF 拉伸法，最初是为神经-肌肉康复活动而设计的，主要是通过增加肌肉的张力和活动来放松肌肉。由于这种方法的练习能有效改善特定肌肉的功能和提高关节的柔韧性，所以在训练中，一直作为增加肌肉柔韧性的主要手段。PNF 拉伸包括被动的拉伸运动和主动的肌肉收缩活动，这种方法能够促进肌肉的放松，因而比其他拉伸方法更有效。其缺点是需要同伴的帮助，不能自己完成，同时，需要专门的知识支撑。它既可以在练习的热身阶段采用，又可以在放松恢复阶段采用，既可以作为一般性的柔韧性练习手段，又可以作为专门性的柔韧性练习手段。

PNF 拉伸在训练实践中，从练习形式上看和静力性伸展方法相似，但机理上有本质的不同。PNF 拉伸的生理学理论依据是利用反牵张反射达到使肌肉放松的目的，肌肉做等长收缩，会对肌肉产生强烈的刺激，肌肉中的腱梭会将信号传入中枢神经，反射性地使肌肉放松，导致反牵张反射的产生。

在 PNF 拉伸过程中，包含着被动拉伸和静态拉伸，后面把这种肌肉工作方式叫做放松。PNF 拉伸有三种类型的技术，分别是静力—放松，收缩—放松，静力—放松，同时对侧主动肌收缩。

所有的 PNF 拉伸练习的动作都分为三个时相。第一时相是一个被动拉伸，持续 10 秒，这在三种技术中都是一样的。第二时相的肌肉活动是不同的，其工作方式体现在名称上。第三时相仍旧是一个被动拉伸，持续时间一般为 30 秒。

（1）静力放松技术

静力放松技术先进行被动拉伸 10 秒，使运动员感到中等程度的不适。同伴施加外力使运动员髋关节屈曲，这时运动员要用力对抗这种外力，保持腿的位置不变，进行等长收缩（静力），保持 6 秒。然后运动员腿部放松，进行被动拉伸，保持 30 秒。最后的拉伸

中由于自身抑制机制被激活，拉伸的幅度有明显增加。

（2）收缩放松技术

收缩放松技术也是由被动拉伸开始，使运动员感到中等程度的不适，持续10秒，然后运动员对抗同伴施加的使髋关节屈曲的外力，用力伸髋，进行全范围的向心收缩，然后运动员放松腿部，进行髋关节屈曲的被动拉伸，持续30秒。由于激活了自身的抑制机制，拉伸幅度大于第一次被动拉伸的幅度。

（3）收缩放松，外加对侧主动肌的收缩

该技术的前两个时相与静力—放松技术完全相同，但在第三个时相，除了被动牵拉外，还使对侧肌肉收缩，增加牵拉力量。也就是说，在等长收缩之后，髋关节进行主动的屈曲，使髋关节活动范围进一步增加。这种技术不仅利用了本体感受性作用，激发了交互抑制作用（屈肌收缩抑制了伸肌），还激活了自身的抑制机制，因而使得拉伸幅度加大。

（4）不同拉伸方式的优缺点

不同的拉伸方式都有自己的特点。静力性拉伸相对于动力性拉伸有以下三个优点：静力性拉伸很少超出组织的拉伸范围；静力性拉伸需要的能量较少；动力性拉伸会造成肌肉疼痛，静力性拉伸不会发生类似反应，同时适当程度的静力性拉伸有缓解疼痛的作用。而PNF拉伸同样存在着自身的优势与不足（表3-1-9）。

表3-1-9　静力性拉伸、动力性拉伸及PNF拉伸的比较

| 益处 | 静力性拉伸 | 动力性拉伸 | PNF拉伸 |
| --- | --- | --- | --- |
| 过度伸展的危险性小 | 好—优 | 差—劣 | 好—优 |
| 有效放松肌肉，抽筋或酸痛 | 优 | 差 | 好 |
| 可促进伸展效果 | 差 | 差 | 好 |
| 利用反射原理放松肌肉 | 好 | 劣 | 优 |
| 符合特殊性训练原则 | 差 | 优 | 差 |
| 方便，不需要同伴给予阻力 | 劣 | 优 | 差—劣 |
| 有效，只需花很少时间 | 劣 | 劣 | 差 |
| 有效增加肌肉长度 | 好 | 好 | 优 |

（林正常，2000）

（三）柔韧素质训练的基本要求

1. 发展柔韧素质与力量素质相结合

发展柔韧素质与力量素质相结合，不仅可以避免或消除两者之间的不良转移，而且有助于两种素质的协调发展。柔韧性训练后要十分注意放松练习，以使肌肉柔而不软，韧而不僵。

2. 柔韧性与温度和时间的关系

外界温度过高或过低，会影响肌肉的状态，影响到肌肉的伸展能力。当外界温度在18℃时，有利于柔韧性的表现。一天之内，早晨柔韧性明显降低，10:00至18:00之间可表现出较好的柔韧性。

3. 柔韧素质的发展应以满足专项技术的需要为标准

4. 柔韧性训练要经常保持

在全年训练的任何一个时期，都应安排发展或保持柔韧性的练习。在专门提高关节活动幅度阶段，应该每天都安排发展柔韧性的练习；在柔韧性的保持阶段，一周安排3~4次，训练量也可减少。

5. 充分做好准备活动

拉伸练习之前准备活动不充分，容易造成韧带受伤。所以，开始练习之前，要进行短时间的放松慢跑，提高拉伸肌肉群的血流量。

6. 拉伸顺序

首先拉伸大的肌肉群，可以使相对较小的肌肉群的灵活性发挥出更大的潜能。静力拉伸运动的顺序通常先从中心部位开始，即背部、臀部和大腿后肌群。

7. 进行拉伸练习时，不要屏气，避免因此造成身体的紧张

8. 练习顺序

在训练课中，安排全面的柔韧性练习（30分钟高质量的练习），最好在大负荷身体训练结束后（多个肌肉群充分参与了活动）进行。大负荷身体训练结束后，进行拉伸练习是为了消除运动员生理和心理上的不良反应，降低肌肉酸痛，为下次训练做好准备。

9. 儿童少年柔韧性训练的注意事项

（1）发展儿童少年柔韧性训练较容易。这是因为儿童少年与成年人相比，关节面的软骨厚，关节内外的韧带较松弛等。一般地说，要争取7岁以前就进行柔韧性练习，力争在12岁以前使柔韧性得到较好的发展。

（2）儿童少年柔韧性练习，应多用"缓慢式"和"主动"活动。这是因为儿童少年关节牢固性差、骨骼易弯曲变形，长时间用力掰、压等，容易造成关节、韧带的损伤和骨骼的变形，不利于孩子的健康成长。

（3）少年在13~16岁之间生长发育较快，少年的身高、体重明显增加，柔韧性下降，骨骼能承担的负荷较弱，易出现骨骼损伤，因此，要防止过分扭转肌肉骨骼的活动，以免造成损伤。16岁以后，可逐渐加大柔韧性练习的量和强度。

## 七、灵敏素质及其训练

### （一）灵敏素质概述

1. 灵敏素质释义

灵敏素质是指在变换条件的情况下，运动员能够迅速、准确、协调地改变身体运动的空间位置和运动方向的能力。灵活素质在对抗性运动的身体素质中占有重要地位，它可以被认为是"机体的智商"，与所有运动素质都有着密切的联系。

灵敏素质是一种综合素质，是速度、柔韧、力量等素质的综合反映，对协调、灵活、准确和应变能力有很高要求的运动项目来说，灵敏性尤其显得重要。

良好发展的灵敏素质有助于运动员更好地发展技战术能力；发挥出最大速度、控制力；减少能量的消耗和不必要的动作。灵敏素质对运动员还有其他许多意义，如避免不必要的受伤，使肌纤维正确地激活，控制踝关节、膝关节、髋关节、背部、肩关节和颈部的

细微运动。灵敏素质的另外一个特点在于,它具有较好的持久性,灵敏素质的训练效果不易消退,这与速度、耐力和力量训练有很明显的不同。

2. 灵敏素质的分类

灵敏素质可分为一般性灵敏素质和专门性灵敏素质两类。一般性灵敏素质是指在完成各种复杂动作时所表现出来的适应变化着的外环境的能力。专门性灵敏素质是指根据各专项所需要的,与专项技术有密切关系的,以及适应变化着的外环境的特有的能力。

从竞技过程中灵敏素质的表现与应用来看,可分为程序性灵敏和随机性灵敏两类。程序性灵敏指运动员对于比较相似的竞技行为作出选择性反应的应变能力,其应变行为基本上可以程序化地进行操作;随机性灵敏则指对于完全无序的竞技行为作出随机反应的应变能力,由于突发竞技行为难以预见,就对运动员机动灵活的应变行为提出了更高的要求。

3. 灵敏素质的影响因素

灵敏素质水平的高低一般由平衡能力、速度、力量和协调能力所决定。平衡能力能够保持身体在静止或运动时的重心稳定。速度是保障身体向各方向快速移动的能力。力量是保障肌肉或肌肉群克服阻力的能力。协调是保证身体运动与感受器协调配合的能力。

关于速度、力量及协调能力,前文已有专门论述。平衡能力是运动的基础,反映一个人控制重心的能力,对于灵敏素质的优劣有着重要影响。在运动专项训练和尽可能多地发展基础运动技能时保持平衡是很关键的。平衡与指挥和控制所有运动的中枢系统直接相关。另外身体感觉与平衡也密切相关。运动员机体的感应性越强,他能感受的机体运动就越多,他的技巧也就越高。例如,艺术体操冠军的机体感应力就高于平均水平。当欣赏她们的表演时,会深深地体会到她们的动态、静态平衡几乎接近完美。要提高机体的感应性,发展运动神经的协调性是必需的,通常可通过创造非稳定的训练环境让运动员支撑、站立和行走,以提高身体重心的控制和调节能力。

(二)灵敏素质的训练方法

灵敏素质训练可通过改进平衡能力和协调能力,发展速度和力量素质予以提高,而对应于程序性灵敏素质和随机性灵敏素质则应有针对性地组织训练。

1. 程序性灵敏素质的训练

对于比较相似的竞技行为,运动员可以在一定程度上预先做好准备。这首先要求对比赛中经常可能出现的环境、对手的行为特征有所了解,进而制订相应的对策预案,并在训练过程中模拟实施,有针对性地进行训练,做好程序化准备。在比赛过程中,一旦该情景出现,能尽快地作出选择性反应,程序化地进行应变操作。

发展程序性灵敏素质的练习可在不同速度下进行,例如,围绕"之"字形或"T"字形锥型物跑、穿梭跑。在练习过程中按已知的标准形式改变运动的方向。掌握了这些种类的练习,并能在正常情况下完成,比赛中则可能灵活地应对不同的赛场环境。

2. 随机性灵敏素质的训练

随机性灵敏素质对应于完全无序的竞技行为,因此,更加难以培养和提高。由于突发竞技行为难以预见,要培养运动员对于无法预知的竞技环境和运动形式作出随机反应的应变能力,就对运动员机动灵活的应变行为提出了更高的要求。

为此，教练员需要创造性地进行训练组织，例如，教练员可以辅以视觉和听觉反应技巧，以便使运动员根据不同的刺激对运动形式作出瞬间的判断；可以通过躲闪练习加以训练（如网球下落躲闪），采用躲闪球和更为专门性的练习，如跳起落地后听从并完成教练随机提出的未知运动形式等。

灵敏训练富有挑战性、趣味性和刺激性，训练方法千变万化，注意不要使练习变得枯燥乏味。

### （三）灵敏素质训练的基本要求

（1）灵敏素质要从儿童少年时期开始培养。灵敏素质的生理学基础是在中枢神经系统指挥下，将身体各种能力，包括力量、速度、协调、柔韧等综合地表现出来。神经系统是人体发育最早、最快的系统，儿童具有较优越的发展神经系统的条件，如 6~12 岁孩子节奏感较好，7~11 岁具有良好的空间定向能力，7~12 岁具有良好的反应能力等。这些都为发展灵敏素质提供了良好的条件。女子进入青春期，由于体重增加，内分泌系统也发生了变化，就会影响到灵敏素质的训练与表现。

（2）应根据不同运动项目的要求，采用不同手段，运用不同方法，发展灵敏素质。

（3）灵敏素质训练一般安排在训练课的前半部分，在运动员体力充沛、精神饱满时进行。

（4）在进行灵敏素质训练时，教练员应采用多种手段，消除运动员的恐惧心理或紧张状态，以保证训练取得良好的效果。

## 第二节　运动员技术能力及其训练

### 一、运动技术的定义及其构成

#### （一）运动技术概述

**1. 运动技术释义**

运动技术即完成体育动作的方法，是运动员竞技能力水平的重要决定因素。参加不同体育项目的活动，需完成不同的动作，即需要学习和掌握不同的技术。合理的、正确的运动技术须符合项目运动规则的要求，有利于运动员的生理、心理能力得到充分的发挥，有助于运动员取得好的竞技效果。

各个运动项目的各种动作，都有着符合人体运动力学基本原理的标准技术及规范的技术要求；但对每名运动员来说，又必须依据个体的生理学特点，选择和掌握具有个人特征的运动技术，才能更为有效地参与运动竞技。

**2. 运动技术的构成**

（1）动作要素

动作要素包括身体姿势、动作轨迹、动作时间、动作速度、动作速率、动作力量和动作节奏等。

① 身体姿势：指在动作过程中，身体或身体各部分所处的状态及身体各部位在空间所处的位置关系。可分为开始姿势、动作进行过程中的姿势和结束姿势。

② 动作轨迹：指在做动作时，身体或身体某部分所移动的路线。包括轨迹形状（直线、曲线、弧线等）、轨迹方向（前后、左右、上下6个基本方向及各种旋转与环绕等）和轨迹幅度（长度、角度）。

③ 动作时间：指完成动作所需要的时间。包括完成动作的总时间（完成动作所需的全部时间）和各个部分的操作时间（完成动作的某一环节所需要的时间）。

④ 动作速度：指在单位时间里身体或身体某部分移动的距离。包括平均速度、瞬时速度、初速度、末速度、角速度和加速度等。

⑤ 动作力量：指在完成动作时，身体或身体某部分克服阻力所用力的大小，是人体内力和外力相互作用的结果。

⑥ 动作速率：指在单位时间内同一动作重复的次数。

⑦ 动作节奏：指在完成动作过程中的时间特征。包括用力的大小、时间间隔的长短、动作幅度的大小及动作节奏的快慢等要素。

（2）技术结构

技术结构包括动作基本结构和技术组合两层含义。

① 动作基本结构：由动作基本环节和环节之间的顺序构成。亦可称为技术的微观结构。

每一项技术动作的基本结构都包括若干个基本环节。如跳远技术动作由助跑、踏跳、腾空和落地4个基本环节组成。这些基本环节按特定的、一般不能予以改变的顺序形成动作的基本结构。因而，动作基本结构可称为"技术链"，而动作基本环节则可视为"技术链"上的各个点，"顺序"则成为联结各个点的连线。

改善动作基本结构可从改善动作基本环节、改善环节间顺序两个方面进行。

② 技术组合：是指由若干独立的技术动作联结组成的集合。如乒乓球运动员的"左推右攻"，艺术体操运动员的"难度性组合"与"表现性组合"等。

3. 运动技术的基本特征

（1）运动技术与体育动作的不可分割性

这是运动技术区别于其他技术的最显著的特征。运动技术只能通过运动员身体动作表现出来。因而，人们长期将运动技术又称为"技术动作""动作技术"等。

（2）运动技术不断发展的必然性

在任一特定时刻，运动技术的规范要求的合理性都是相对的和暂时的。随着运动员身心素质的不断提高和运动器械设备的不断改进，运动技术也在不断地发展，即处于一种动态变化过程之中。

（3）运动技术相对稳定与即时应变的统一性

运动技术应具备相对稳定的动作结构。在比赛中，应力求保持这种结构。同时，随着比赛环境及比赛对手的变化，有效的运动技术应能随这些变化而有所调整。

（4）运动技术的个体差异性

不论何种运动技术都必须符合科学原理，具有运动的规范性和公认的动作规格。然而，由于运动员在身体形态、运动素质等许多方面具有不同的个人特点，所以，运动技术还具有个体差异性，对每个具体的运动员来说，最合理的技术动作都不会完全相同，而有着鲜明的个人特点。

（二）运动技术原理

1. 运动技术的生理学原理

运动技术形成的基本生理机制是运动条件反射的暂时性神经联系，是以大脑皮质运动为基础的，因此，学习和掌握运动技术的生理学本质主要是建立运动条件反射。

2. 运动技术的生物力学原理

运动技术的生物力学原理是：身体姿位，关节角度；身体及肢体的位移、运动时间、速度及加速度；用力大小及方向，用力的稳定性及动态力的变化速率；人体各环节的相互配合形式与方式；增大动力的利用率及减少阻力的技巧等上述基本要素合理适宜的匹配。

3. 运动技术的心理学原理

运动技术的心理学机制，目前已受到人们的广泛关注。如运动技术学习与形成所需要的心理能力等，认知心理的形成与发展，表象的形成与运用都对学习和掌握运动技术有着重要的作用。

4. 运动技术的社会学原理

运动技术的社会学原理主要是美学原理。"运动美"从某种意义上讲，就是技术美、动作美。在技能主导类表现难美性项群技术训练中，对技术美的要求尤为严格。

（三）运动员技术能力的影响因素

运动员掌握和运用运动技术的能力称为技术能力。影响运动员技术能力高低的因素有主体因素和客体因素两大类。

1. 主体因素

（1）人体结构力学特征

运动技术必须以身体动作为表现形式，而身体动作表现则以人体解剖结构作为基础。例如，动作的幅度主要取决于人体关节的结构，动作的速度则受到肌肉的结构（肌纤维构成比例）和功能的影响。

（2）感知觉能力

运动员在完成技术动作时，需要各种感知觉参加。其中，肌肉运动感觉起着重要的作用。经过反复学习，运动员各种分析器的感受性得到高度发展。为了适应专项运动的要求，专门化知觉（如"水感""球感""速度感""器械感"等）也得以形成和发展。运动员能够清晰地知觉自己的动作，因而动作具有高度的准确性和协调性。

从运动训练实践中可以发现，运动员感知觉能力的高低，在很多情况下，同其技术水平存在极为密切的关系。技能主导类和技战能主导类的项目更是如此。例如，在乒乓球、羽毛球等隔网对抗类项目中，小肌肉群（如手指肌群）的感知觉能力，直接影响着运动员能否掌握高难技术。

（3）动作技能的贮存数量

运动员动作技能贮存的数量越多，越能顺利地建立新的条件反射，掌握新的技术动作。

**(4) 运动素质的发展水平**

动作速度、力量、柔韧等运动素质对技术动作的完成和运动技术的质量有着重要的影响。这些素质的发展水平直接影响运动员技术完成过程中的时空和节奏特征及各部分肌肉用力的协调配合。运动员技能的发展在很大程度上依赖于有关运动素质的发展水平。

**(5) 运动员个性心理特征**

运动员学习掌握技术和完成技术的质量与注意力、思维、信心和意志等心理品质有着直接关系，特别是高难技术动作的掌握更受到这些心理品质很大的影响。

**2. 客体因素**

**(1) 竞赛规则**

竞赛规则直接制约着运动技术的发展方向和发展进度。任何运动技术，只有在竞赛规则允许的范围内才能存在和发展。篮球三分球的规定推动了远投技术的发展，乒乓球直径的加大则使乒乓球技术更富于变化。无论是运动技术的学习、训练、掌握及运用，还是运动技术的创新，都必须深入研究规则精神，合理利用规则，并准确预测规则可能发生的变化及其对运动技术发展的影响。

**(2) 技术环境**

技术环境是指运动员（队）周边相关群体（国家、地区或运动队）的整体技术水平。实践证明，良好的技术环境对于运动员学习、掌握和运用运动技术有着重要的作用。在很多项目中，"明星"级运动员大都产生于良好的技术环境之中。

**(3) 器材设备与场地**

从某种意义上讲，运动技术的发展离不开器材设备与场地的进步，甚至某些技术若离开了这些因素就无法存在。例如，撑竿跳高中的"弹射"过杆技术，离不开玻璃钢竿；乒乓球中的"倒拍"发球和削球技术，离不开两面不同性质的球拍胶皮。在特定的情况下，运动员所使用的器械设备是否先进，是决定其运动技术水平高低乃至其运动成绩好坏的重要原因。当代高科技不断渗入运动训练过程，促进了器材设备与场地等物质条件的飞速发展，从而为运动技术向更高水平发展提供了可能。

## 二、运动技术的基本训练方法

教练员和运动员为完成技术训练任务，必须采用有效的训练方法。技术训练是否成功，训练效果是否显著，在很大程度上取决于技术训练方法的有效性和运用的正确程度。选择技术训练方法应遵循下列要求：

首先，要有明确的目的性和针对性。技术训练的不同阶段要达到的目的和所要解决的任务是不同的，因此，选择技术训练方法应具有明确的针对性，要"有的放矢"。其次，要考虑多层面的综合性。为完成某一技术训练任务，可采用多种训练方法进行综合训练；也可采用一种技术训练方法同时解决几项训练任务，以提高训练效益。最后，还要将常用方法与特殊方法相结合。各项目均可采用的方法称为常用方法，各项目专用的训练方法以及针对需要解决的特殊问题而专门设计或采用的方法称为特殊方法。

本节将介绍各项目均可采用的主要常用方法。

**1. 直观法与语言法**

直观法是指在技术训练中，借助运动员的各种感觉器官，使运动员建立起对练习的表象，获得感性认识，帮助运动员正确思维、掌握和提高运动技术水平的一种常用的训练方法。

运用直观法时应注意：

（1）根据具体条件和可能，广泛利用各种直观手段。

① 提高多感官的综合分析能力：运动员综合利用感觉器官的能力越强，就越能较快地感知和掌握技术动作。

② 各种感觉器官的作用往往具有阶段性：如刚开始学习技术动作时，视觉作用较大；但在提高过程中，就应更多地通过肌肉本体感觉改进和完善技术。

（2）把运用直观法和启发运动员的积极思维结合起来。感性认识必须通过积极的思维向理性认识过渡，才能形成正确的动作概念，从而掌握动作。

（3）对于运动水平较低、年龄较小的运动员应更多使用影视、录像和示范等直观手段。

语言法是指在技术训练中，运用语言指导运动员学习和掌握技术动作的训练方法。其主要作用在于帮助运动员借助语词明确技术动作概念，纠正错误动作，提高技术水平。

语言法以"讲解"为主要手段。讲解时，应力求目的明确、通俗易懂、精简扼要、富于启发性，并要注意讲解的时机。对高水平的优秀运动员可适当多使用语言法。

2. 完整法与分解法

完整法是指运动员从技术动作的开始姿势到结束姿势，完整地进行练习，从而掌握技术的训练方法。其优点在于一开始就使运动员建立起完整的技术动作概念，不致影响动作的结构和各部分之间的联系。此方法多用于学习简单的技术动作或不能分解练习的较复杂的技术动作。

分解法是指把完整技术动作按其基本环节，分成若干个相对独立的部分，运动员分别进行练习的训练方法。其优点在于能减少运动员开始学习的困难，在掌握了完整技术动作中相对独立的几个部分后，再进行完整练习，从而提高学习的效率，增强掌握动作的信心。此方法主要用于较复杂的技术及技能主导类表现难美性项群的成套技术动作练习中，在改进动作、提高动作质量时亦可使用。

由于分解练习是部分地掌握技术，所以，一般将分解练习看成是完整练习的补充。运用完整法与分解法时应注意：

（1）对于比较复杂的技术动作，可采用先分解后完整的练习。但在这种情况下，必须注意不要破坏动作的完整性。即动作阶段的划分应以不影响技术动作的结构特点和不破坏动作各部分之间的有机联系为准则。

（2）少儿初学者善于模仿，对于一些不很复杂的动作，可先做完整练习后再做分解练习。

（3）一般来讲，运动技术水平越高，分解练习的比例相应越大一些（此时，运动员具有高度的分化抑制，技术动作各个环节的概念也十分清楚，一般不会因分解练习而影响技术动作的完整性）。

（4）"先分解后完整"或"先完整后分解"不是固定的学习、训练程序。教练员应根据技术动作的难度、结构（组成环节的多少）及运动员年龄及心理特征等来确定采用什么方法。

#### 3. 想象法与表象法

想象法是指在练习前,通过对技术要领的想象,在大脑皮质中留下技术"痕迹",然后在练习中激活这些痕迹,使技术动作完成得更为顺利和正确的一种训练方法。此种方法在优秀运动员中运用得更为普遍。

在想象法运用过程中,要在头脑中对技术动作想象的同时,同步地与各种感觉(肌肉用力感、空间感、方向感、平衡感和速度感等)结合起来,把头脑中的想象变成运动器官的操作性活动。

表象法又称念动法,是指运动员在头脑中对过去完成的正确技术动作的回忆与再现、唤起临场感觉的训练方法。通过多次动作表象,提高运动员的表象再现及表象记忆能力,可以使运动员的注意力集中于正确的技术要求,有利于提高心理稳定性,从而促进技术的掌握。

#### 4. 减难法与加难法

减难法指在技术训练中,以低于专项要求的难度进行训练的方法。如在跳远训练的踏跳练习中,以弹簧板代替踏跳板。此种方法常用于技术初学阶段。

加难法指在技术训练中,以高于专项要求的难度进行训练的方法。如在排球扣球技术训练中,加高隔网,从而增加了训练难度。此种方法常在优秀运动员训练中使用。

### 三、运动技术训练的基本要求

#### (一)处理好基本技术与高难技术的关系

高水平运动员必须掌握扎实的基本技术。因此,无论哪个运动项目的运动员,都必须长期地、系统地、坚持不懈地狠抓基本技术的训练。即使是在高水平运动员的训练中,基本技术训练也应占相当的比重。

运动员如欲长期保持高峰状态,延长运动寿命,以基本技术为核心的"基本功""基本实力"扎实雄厚,是一个必备条件。我国著名女子花剑运动员栾菊杰曾连续多年在国际国内重大比赛中赢得金牌,她的教练文国刚指出,栾菊杰运动寿命长的因素之一是其基本功扎实,技术全面。即使在获得第23届奥运会冠军后,基本技术练习仍在栾菊杰的技术训练中占有一定比重。对我国参加过4届以上世界乒乓球锦标赛的18名世界冠军获得者(男10名、女8名)的情况进行的专题分析指出:扎实的基本功是保持较长高峰年限的重要条件。训练实践证明,没有扎实的基本功而想求得长远的发展是不大可能的。高峰年限较长的运动员大部分都是被称为"实力派"的人物,如庄则栋、李富荣、张燮林、林慧卿、郭跃华、李振恃、张立等(刘建和,1985)。

同时我们还必须注意到,在球类、体操、跳水等项目中,除必须抓好基本技术训练外,还应努力掌握高难技术。在现代运动竞赛中,这类技术本身的难度价值和完成的质量情况,是决定运动成绩的重要因素,因而必须加以认真对待。我国跳水队取得巨大成功的重要经验之一就是"走在世界跳水难度前面",即在训练中以难度领先。同时,注意正确地处理难度与基本功的关系。因为他们清楚地看到,要发展难度,必须要有良好的技术基础和身体素质基础。这样,高难技术和基本技术相互促进,都得到了提高。

## （二）处理好特长技术与全面技术的关系

在运动员（队）所掌握的运动技术结构中，有特长技术和全面技术之分。在训练中，这两种技术应当有机地结合起来。

特长技术是指运动员所掌握的技术"群"中那些对其获取优异运动成绩有决定意义的，能够展现个人特点或优势，使用概率和（或）得分概率相对较高的技术，常常被称为"绝招"。在训练中，对这类技术应精雕细琢，精益求精，力求使其成为运动员在竞赛中获得高分或克"敌"制胜的主要手段。

一名运动员（队）是否有"绝招"，是其能否跻身于高水平行列的重要条件（表3-2-1）。日本柔道联合会科研部长高桥邦男在对日本最优秀的柔道运动员（队）的各种特征进行分析后指出，这些运动员的共同之处是都有自己的"得意技"，并由此衍生出其他技术，成为制胜法宝。此外，特长技术还是决定技术风格是否鲜明的重要因素之一。

至于使专项运动技术群中哪些技术成为运动员（队）的特长技术，教练员、运动员可从下列4个因素考虑：第一，运动员（队）整体打法及场上位置的特定要求。第二，该项运动技术群中，运动员（队）完成得最为出色的技术动作或技术类别。第三，该项运动技术群中带有关键性作用的技术。第四，运动员的个人特点及使用的特殊器械。

表 3-2-1  世界水平的中国选手技术特长选例

| 项目 | 姓名 | 性别 | 运动成绩 | 技术特长 |
| --- | --- | --- | --- | --- |
| 跳高 | 朱建华 | 男 | 三次创世界纪录 | 助跑速度快，与起跳结合好 |
| 竞走 | 阎　红 | 女 | 世界杯赛冠军 | 动作经济实效 |
| 柔道 | 高凤莲 | 女 | 世界冠军 | "外卷入"动作熟练 |
| 体操 | 李　宁 | 男 | 世界冠军 | 有突出的空间定向能力及身体自控能力，动作规格高 |
| 羽毛球 | 杨　阳 | 男 | 世界冠军 | 后场凌空劈杀技术好 |
| 跳水 | 周继红 | 女 | 奥运会冠军 | 难度系数高，压水花技术好 |
| 射击 | 许海峰 | 男 | 奥运会冠军 | 自控能力突出，技术稳定 |
| 乒乓球 | 江嘉良 | 男 | 世界冠军 | 快攻及相持能力强，技术全面 |

（田麦久等，1988）

在狠抓特长技术训练的同时，还应当力求全面地掌握专项运动中的多项技术。这是因为：

其一，专项运动技术动作群中的多种技术之间，往往存在着一定的内在联系，起着相互促进、相互影响的作用。这种作用，我们称之为运动技术的"转移"。受这类"转移"的影响，有时，一个似乎不太重要的辅助性技术的掌握，亦往往可能影响特长技术水平的提高。

其二，在运动竞赛中，技术是否全面，是保证特长技术能否发挥的重要条件。在竞赛实践中常可观察到这样的现象：一名运动员尽管特长很突出，但因技术不全面，在某方面留下缺陷，因而在比赛中给对手以可乘之机，没待自己的特长发挥出来之时，已告失利。这种情况说明运动员技术系统（技术群）在竞赛中所能发挥出的整体效应有时服从"木

桶原理",即往往不取决于水平最高的技术（特长技术），而取决于其他水平相对较低的技术。田麦久等指出：格斗对抗性项目（如击剑、柔道、散手、摔跤等）的比赛中，绝对胜利的比例减少，相持能力（技术与体力）的作用加大，因而必须重视全面发展和突出绝招（《运动训练科学化探索》，1988）。这说明，现代运动训练实践的发展，不但要求运动员有精绝的特长技术，而且还要具备较高水平的全面技术。为此，在平时训练中必须把二者有机结合起来。

最后还需着重指出，"技术是战术的基础"这句训练公理性语言尚包含这样一层语义：技术的全面性决定了战术的多样性。在比赛中，既要给对手造成最大限度的不适应，又要使自己最大限度地适应对手，往往看起来只是战术问题，但实际上还包括技术问题。

### （三）处理好规范化与个体差异的关系

技术规范又称技术规格，在训练学中，特指依据科学原理而确立的、人们在进行技术训练时所必须遵从的模式化要求。技术训练必须符合技术规范提供的标准，必须沿着技术规范指出的方向进行。因而在训练中，必须强调技术的规范化。这在体操、武术套路等项目中显得尤为重要。在技术训练的初级阶段或少儿训练中，强调技术的规范化也是非常必要的。与此同时，我们还应重视技术的个体差异，把技术动作的规范化与运动员个人的技术特点完美地结合起来。

技术规范是一种理想的动作模式，是将许多优秀运动员的共同特征集中起来的最有代表性的描述。在一个特定的时间中，某一个运动员是不太可能同时具备所有这些特征的，一名运动员的技术动作很难完全符合技术规范的要求。因此，技术规范作为一种理论抽象，只能为技术训练提供一些准则，为训练指明一个基本方向，而不可能深入到每名运动员的技术细节中去。德国运动训练学家曼·葛欧瑟曾指出："每个人的技术动作与理想的动作模式都有偏差，这是正常的，因为每个人都有自己的个性和特点。技术训练的目的在于使运动员近似地达到理想动作模式的要求，即每名运动员都应掌握技术当中的重要环节，同时还要保持个人的风格和特点。"（《运动训练学讲稿》，田麦久译，北京体院教务处编印，1983）。我国学者也曾指出，在技术训练中除必须要求运动员按技术规格进行练习外，还应注意运动员的个人特点。由于运动员之间存在着差异，在掌握技术过程中往往在某些方面看起来不符合技术规格，但对其本人来说是合理并有效的。了解这一点，对于在技术训练中充分发挥运动员个人特点及更好地完成技术训练任务都有重要意义（过家兴等，1986）。

教练员应该知道，对运动员技术特点的重视、保护乃至有目的地加以发展，是使这些特点发展为特长，从而登上世界竞技体育高峰的重要环节。在球类等对抗性项目中，技术的"实用性"是最为关键的因素。如果过分拘泥于技术的规范化，而对实用性有所忽视，比赛效果往往受到影响。而"实用性"在很多情况下，不仅由技术的规范化所决定，而且还由运动员的个人技术特点所决定。因而在技术训练中，对运动员进行区别对待是极其重要的。从而在技术规范化指出的方向上，让运动员表现出不同的技术特征来。

### （四）处理好循序渐进与难点先行的关系

任何一项运动技术的各个组成部分之间，都有其内在的联系。进行技术训练时，应当认识和利用技术活动内部存在的固有联系，即应当沿着由低到高、由易到难、由浅入深、由分到合、由主到次的顺序保持联系。无论是训练内容的安排，还是训练方法手段的选择，都要服从"学习、提高、巩固，再学习、再提高、再巩固"的一般性程序。按照这种方式进行技术训练，有利于运动员打牢基础，稳步前进。

然而，现代运动技术训练实践的发展也告诉我们，先易后难、先浅后深等教学顺序也并不是绝对不能改变的唯一模式。在特定条件下，"难点先行"，即所谓"先难后易""先深后浅"，亦可望收到良好的效果。

例如，在跳水项目中，高难技术的竞争，往往成为决定成绩的关键所在。一般来讲，要求在少儿时期练好扎实的基本技术以作为尔后练习高难技术的基础。然而，随着少儿身体的发育，体重逐渐增加，心理上"畏惧感"加大，攻克高难技术往往十分困难。在这种情况下，我国跳水界对传统训练理论进行了冲击：根据少年时期体重轻、心理负担小的特点，跃进式地发展难度技术动作，且使这种技术具有较高质量，从而将基本技术训练与难度技术发展密切结合起来，使我国一大批运动员在少年时期就已在国际大赛中崭露锋芒，取得了优异的参赛成绩。

又如，在足球项目中，只要技术动作要领清楚，方法合理，儿童掌握技术就很快。徐福生改变了以往传统的足球技术训练教材排列顺序（传统的排列顺序是：踢球、停球、顶球、运球、假动作、抢球、掷界外球、守门员技术8项），而从相对较难的运球技术入手，并以过人突破技术为核心。实践证明，这种方法能使一个不会踢球但对足球有兴趣的六七岁儿童在经过15课时的训练后，就基本掌握动作（徐福生，1989）。

当然，"难点先行"必须具备一定的条件。如前述跳水（尤其是跳板跳水）训练中，少年运动员需要具备良好的空中平衡能力和控制跳板的能力。在一些可能出现运动损伤的项目中，如运动员还未能通过基础训练获得较强的自我保护能力时，欲练习高难技术，必须采取相应的保护措施。同时"难点先行"绝不等于是不要基本技术，它只是一种技术训练程序。而这种程序必须同常用程序有机结合，才能相得益彰。归根结底，"难点先行"仍是"循序渐进"的一种特例，不同的只是它是按照新的"序"来进行训练的。

（五）处理好合理的内部机制与正确的外部形态的关系

合理的内部机制指运动技术必须符合运动解剖学、运动生理学所指明的神经肌肉工作原理。如中枢神经系统对肌肉系统中主动肌、协同肌和对抗肌的正确支配等。另外，运动技术还应符合运动技能形成的心理学原理。

与此同时，运动技术还应具备正确的外部形态，其意义从以下几个方面表现出来：

第一，外部形态和内部机制往往交互影响。苏联运动生理学家曾指出，技术动作学习的初期即形成正确的外部形态，对技术进一步完善、技能进一步形成具有很大意义。其原因是，具有正确外部形态的技术，可向中枢神经系统发出有效的神经冲动以及由中枢神经系统发出的对完成练习比较适宜的神经冲动，都能顺利到达有关的神经和肌肉部位（包括神经肌肉接点）。而这种神经冲动本身，亦是作为技术的神经生理基础的暂时性神经联系的重要组成部分。此外，技术具有正确的外部形态，会加快肌肉协调能力及动作力量、速度、耐力等方面的发展。相反，如形成不正确的外部形态（尤其是成为习惯）后，就会因神经间暂时联系的稳固性而给纠正这些习惯带来极大困难（恩·恩·雅可甫列夫等，

1960)。

第二，对于技术的外部形态，我们常用运动生物力学的方法进行描述，如运动的轨迹、幅度、加速度、打击点、打击力量等。通过这些指标来表述技术动作在经济性和实效性等方面的特征。

第三，"技术美"在很大程度上是通过外部形态来体现的。尤其是在武术套路、体操、花样滑冰等项目中更是如此。例如，在武术项目中，长拳姿势舒展，轻快潇洒；南拳步稳势猛，刚劲有力；八卦掌身灵步活，姿态连绵；鹰、猴、螳螂等拳种对动物形态的模拟，形神兼备，栩栩如生。这些技术之所以有较高的审美价值，其外部形态是很关键的因素。

第四，体育院校的学生在进行训练时，更应注意正确的外部形态。因为他们毕业后将担任教练员或体育教师，自身的技术动作如何，对其在今后能否正确地进行示范，以及能否在学生中享有较高威信，都有一定影响。

（六）抓好技术风格的培养

1. 技术风格的意义

在运动训练实践中，教练员、运动员极其重视"技术风格"的培养。有人甚至称技术风格是运动技术的"灵魂"。邱钟惠等人指出，"培养什么样的风格，关系到运动员发展的方向和可能达到的水平……我国乒乓球运动之所以能够持续多年的跃进，其重要因素之一，就是不断地认识了技术风格的重要意义，并有效地培养了一批批具有独特风格的运动员。事实证明，一名缺乏鲜明技术风格的运动员，要攀登世界技术高峰是十分困难的"（《现代乒乓球技术的研究》，1982）。我国羽毛球运动曾长期居于世界领先地位，同广大教练员、运动员在训练中重视技术风格的培养也是分不开的。

一名运动员有个人的技术风格，一个运动队也有集体的技术风格。因此，我们在理解技术风格时，不应局限在个人技术上。进一步探讨这个问题，就可引申出所谓"技术流派"这一概念。所谓技术流派，指不止一个运动队，而是若干运动队都具有相似的技术风格。如在足球运动中，历来有欧洲技术流派和南美技术流派之分，前者技术风格粗犷简捷，后者技术风格细腻华美。因此可以说，技术流派是技术风格在空间上的放大。

2. 技术风格释义

所谓技术风格，是指某运动员或运动队的技术系统，区别于其他运动员或运动队的技术系统的、较为成熟和定型化了的、经常表现出来的特征。

上述定义强调了如下几方面的含义：

① 强调了运动员（队）的主体因素。技术系统、技术风格的物质载体是运动员，即任何技术系统都要由运动员掌握，任何技术风格都要由运动员表现。

② 每名运动员都有自己独特的个性特征和行为特征，一个群体也有区别于另一群体的个性特征和行为特征，建立在此基础上的运动技术系统必然呈现出丰富多彩的姿态。独特的技术风格，来源于独特的技术系统。

③ 运动员（队）技术系统的独特性，是经过长期的运动训练实践而培养起来的，是较为成熟和定型化了的，即这种独特性是一种结果，从而强调了技术风格培养过程的长期性。

④ 运动员（队）技术系统的独特性需要表现出来才能被人认识、检验和承认。这种

表现的主要场合是比赛。而且,正因为独特性是较为成熟和定型化了的,因此,在比赛中总会经常地表现出来。

技术系统是技术风格的内核,技术风格是技术系统特征的集中表现。运动员技术风格的不同,实质上是源于技术系统的不同,不同的技术系统必然表现出不同的技术风格。

某一技术系统区别于另一技术系统的特征可以从以下两个方面表现出来:

第一,系统构成元素不同。主要表现在各具体技术的水平(质和量)不同。例如,"技术全面"与"技术单调"之不同,"技术熟练"和"技术粗糙"之不同。在运动训练实践中,先进技术的掌握和运用,往往对形成技术风格有直接的影响。

运动技术是一个复杂系统。各项具体技术在这个复杂系统中所占的地位是不同的。有些技术处于主导地位,有些技术则处于辅助地位,技术全面并不等于技术均等。在实践中,我们常常根据占主导地位的技术所表现出来的特征来评价运动员的技术风格。

第二,技术结构不同。运动员或运动队之所以形成自己独特的技术风格,除了在具体技术上有自己的特点之外,还存在另外一种情况,即各具体技术的组合方式与其他运动员或运动队不同。认识到这一点的实践意义在于,当不同运动员的单个技术水平都相近似时,技术系统的区别就主要表现在单个技术的构联形式上,即技术的结构上。

上述分析给我们如下启示:要培养运动员或运动队的独特的技术风格,除在系统元素上要有特点外,用特殊组合形式将各元素构联起来,亦可达到这一目的。

3. 技术风格的影响因素

(1) 特长技术

特长越显著,风格越突出。技术风格的培养从一定意义上讲,也就是特长技术的训练。某项特长技术的掌握,往往使运动员或运动队的风格变得更加突出。在训练中,如何选择几项技术反复精练,使其成为运动员的特长,并结合好其他技术进行练习,这是培养运动员鲜明技术风格的一个关键问题。

(2) 运动员的神经类型(气质类型)

运动心理学研究表明,一定的气质类型适合于一定的技术风格。苏联运动心理学家罗季奥诺夫主编的《高级运动员的运动心理学》一书中指出:"对个人活动的风格,可理解为受神经系统的类型特征所制约的、能取得胜利的活动方法、手段以及反应形式的总和。"不言而喻,神经类型是气质类型的生理基础,气质类型是神经类型的外在形式。例如,在技术风格中强调变化的运动员,要求其自身的神经活动具有高度的灵活性和平衡性,这种风格运动员的气质类型,大多为典型的多血质。

(3) 地域特征

从人类学的角度看,地域特征对技术风格的影响是十分明显的。不同地域的人的身体形态与心理特征影响着运动技术的发展方向。如,在对抗性项目中,东南亚地区运动员的技术风格往往表现出"巧"的特征,而欧美运动员则往往表现为"猛"。在足球运动中,欧洲运动员凭借自己的身材优势,在技术上形成了大刀阔斧的欧洲风格,而南美运动员身材虽不及欧洲运动员高大,但在技术上精雕细刻,从而也形成了以细腻见长的南美风格。

(七)处理好"学习"因素与"训练"因素的关系

现代训练理论认为,训练过程中既有"学习"因素,又有"训练"因素。就运动员

而言,"学习"和"训练"两大因素构成了完整的、统一的不可分割的技术训练过程。学习的本质是在刺激和反应之间建立联系,是通过教授或体验而获得知识、技术、态度或价值过程。而训练是为提高运动员竞技能力和运动成绩而进行的有计划、有目的的改造过程。运动员从"学习"开始步入改造过程,但由于"学习"必须以"身体练习"为基本手段,所以此时,"训练"因素已经夹杂在其中。学习是技术训练过程的起点和基础,它将对整个技术训练过程产生重大影响,因而,教练员和运动员应处理好学习与训练的关系。

1. 学习是有效训练的基础

训练是一个解决"练什么""怎么练""练多少"等问题的过程,也是一个由不知到知的过程。显然,教练员在传授经验和技能的过程中起着主导作用,是运动员能否建立正确动作概念的关键,也是运动员获得运动技能的开始。所以,运动员掌握技术、改造技术、不断提高能力都是从学习,即建立和形成观念开始的,这也为运动员进行有效训练提供了方向保障的作用。

2. 训练是强化学习,获得信息,由教练员的外部指导向运动员自身转换的手段

学习的本质是在刺激和反应之间建立联系。从广义角度讲,训练是学习的重要手段或方式。因此必须深刻领会学习的一般规律。即,学习第一遍就学对,通过讲解、示范、看录像等方式在大脑中种植正确的动作观念;建立动作定型之前,要像新学动作一样阶段性地在大脑中铲除错误,以利于建立正确的动力定型。也就是说,在这个阶段教练员的指导作用十分关键,应掌握先易后难,逐步让运动员建立观念的方式。当运动员建立正确的动作概念后,需要通过训练不断提高其使用动作的能力。也就是说,学习是建立观念的重要手段,训练是提高掌握动作使用能力的重要手段。

3. 学习、训练的效果取决于运动员学习、训练的自觉性

学习、训练具有一定程度的被动性。学习、训练应该是一个主动建构的过程。但运动员的学习、训练不是为了适应当前的环境,而是为了适应将来达到高水平运动成绩的环境,当运动员意识不到他当前的学习、训练与将来的比赛的关系时,就不愿为学习、训练付出努力。因此教练员要注意用各种方法来培养和激发运动员的学习动机,提高运动员学习、训练的主动性和积极性。

从某种意义上讲,技术学习的效果将直接决定技术训练的效果,而技术训练的效果又影响着运动员学习、训练的主动性。为此,教练员应掌握技术学习的生理和心理机制,熟练掌握教学技巧,提高运动员对学习内容的理解。

(八)改善动作基本结构,提高技术组合水平

运动技术训练实践证明,改善动作基本结构和提高技术组合水平,是提高运动技术整体水平的重要途径。

对于体能主导类项群而言,由于专项技术动作相对单一,因而,对各个动作基本环节精雕细刻,并力求使环节间的联系更加流畅,可以更大程度地发挥出运动员的体能水平。

对于技能主导类表现准确性项群而言,除改善单个技术动作的基本结构外,提高各技术动作间的组合水平,是决定运动员整体技术水平能否继续提高的重要因素。对高水平运动员来讲,这个问题尤为重要。因为在此阶段,单个技术质量的提高及新技术的学习与掌

握，已变得相对困难，而提高技术组合水平，正是提高总体水平的有效途径。

根据运动技术在临场上的运用形式，可将众多项目分为固定组合与变异组合两大类。

在技能主导类表现难美性项群中，固定组合的构成为"动作编排"。"编排"（组合）水平的高低，将直接影响运动成绩。

在技战能主导类的格斗对抗性、隔网对抗性及同场对抗性项群中，根据对手的情况，技术的运用除有一定的固定形式外，还存在着变异组合形式，由于比赛中的情况千变万化，这种组合带有很强的应变及创造性质，即在比赛中往往可能出现平时训练中没有出现过的技术组合。运动员这种"创造"能力的高低，往往成为决定成绩的关键因素，亦是技术训练中需要解决的一个重要问题。

（九）重视运动技术创新与技术发展预见工作

1. 运动技术创新

（1）运动技术创新的意义

运动技术创新是运动技术发展重要的乃至主要的形式，具有巨大的实践价值。如果说运动技术的渐进式发展是在较长的历史进程中得以完成的，体现着运动技术发展的连续性，那么，以创新为核心的跃迁式发展则更富于阶段性特征，即在某一特定历史时期，使运动技术的整体水平得以跃迁式地、大幅度地提高。由于新技术的出现，或使某个项目的对抗更趋激烈，或使某个项目比赛中的难度增加，变得更加绚丽多彩。

运动技术创新往往会引起整个运动技术体系的震荡，破坏旧有的运动技术结构，建立新的运动技术结构，使运动技术在较短的时期里得到长足的发展，并往往使率先创新者在运动成绩的"争夺"过程中得到巨大的利益。

在竞技实践中我们观察到，运动技术发展的不平衡性往往由运动技术创新的不平衡性所决定。率先创新者往往即为旧有平衡的打破者，并由此与对手形成运动技术上的"落差"。由于人们对新技术有一个较长的适应与摸索的过程，所以使创新者可望在相当一段时间内，在专项竞技中保持领先地位。

（2）运动技术创新的目的

人们通过运动技术创新，即通过研究、开发创新技术（指在原理、结构等方面有别于原有技术，能在运动竞赛中转换成优异运动成绩的新技术），达到如图 3-2-1 中所示之目的：

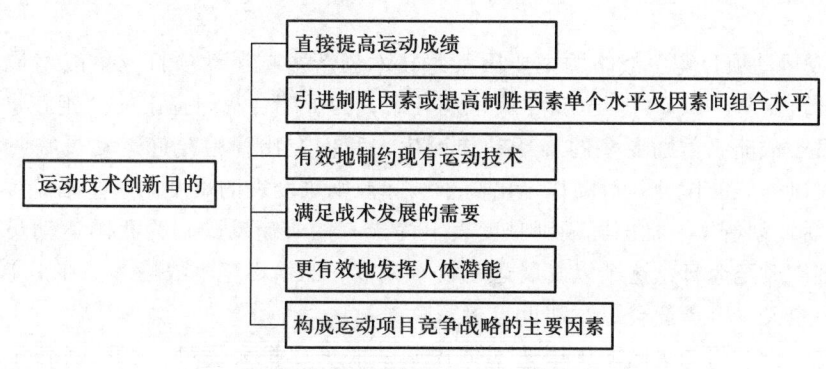

图 3-2-1 运动技术创新目的示意

① 直接提高运动成绩：运动技术创新可直接提高运动成绩，如竞技体操中的加难技术。美国经济学家曾提出过"胜者全得"（the winner take all）的理论，即在技术上领先一步，即便是一小步，就有可能占据该领域的大部分市场。这种理论在很大程度上也适用于运动技术创新，即在特定的历史时期，创新技术拥有者将在赛场上掌握较大的制胜概率。

② 引进制胜因素或提高制胜因素单个水平及因素间组合水平：对某一专项运动成绩有决定性影响的因素称之为制胜因素。在特定含义下，专项运动的发展与成绩的提高，就是制胜因素的单个水平及相互组合水平得以提高的过程。其中，新运动技术的出现，是制胜因素产生和提高的主要成因之一。

例如，中国乒乓球界创新了直拍近台快攻技术，日本乒乓球界创新了弧圈球技术，从而使速度、旋转两大制胜因素先后应运而生。世界乒乓球运动由此产生了划时代的变革——快、转之间的龙争虎斗，已持续了几十年。

再如在体操运动中，"旋"技术的创新，迎来了一个"旋"风四起的时代，提高了体操制胜因素"难""新"的水平，并更加尖锐地将"难""新"与"稳"等一系列矛盾摆在实践者面前，从而推动了训练向高、深方面发展，以力求在更高水准上将几大制胜因素融为一体。

③ 有效地制约现有运动技术：这种情况在对抗类项群中尤为突出。即某项运动技术的创新往往是为了更有效地制约现有的某项运动技术。例如，为了制约日本、欧洲的弧圈球技术，中国乒乓球队创新了台内"快点"技术。可以认为，"创新"从一定意义上讲是在"对抗"的前提下完成的，其直接目的是在新的对抗中占据优势。从竞技运动的实践看，当某种技术或打法被另一技术或打法"克"住，即产生"克我"，并在较长时间内形成一种固有的不适应时，被克者总是会力争寻找到一种摆脱这种困境的技术或打法，这种"寻找"就成为技术或打法创新的动力之一。

④ 满足战术发展的需要：竞技战术的设计与运用，对于参赛结果有着重要的影响，而战术的组合与实施，都是以运动员所掌握的运动技术为基础的。运动技术的创新，可为竞技战术的发展建立重要的前提；而新的战术构想的实现，也常常以运动技术的创新为必要的条件。

⑤ 更有效地发挥人体潜能：这种情况主要表现于体能主导类项群。在此类项群中，任何运动技术的创新，都是为了开发运动员的人体潜能，从而达到"更高、更快、更强"的目的。

⑥ 构成运动项目竞争战略的主要因素：技术创新影响运动项目竞争战略最典型的例子就是中国跳水队。从20世纪70年代中期开始，为了配合我国提出的"走在世界跳水难度表的前面"战略，鼓励更多的难新动作诞生，我们在比赛中允许运动员临时申报国际规则难度表以外的动作，并对动作定出高于国际规则难度表的难度。这些措施，促使我国在70年代后期创造了一批国际规则难度表上尚未有的难新动作，为我国运动员走向世界奠定了基础。时至今日，这个以发展运动技术为核心的项目竞争战略，仍在引导着我国跳水界取得一个又一个奥运会冠军和世界冠军。

长期处于世界第二集团的中国艺术体操队采取了"扩大优势，创新制胜"的奥运战略方针，明确指出：要想在短期内消除与第一集团的差距，在2008年进入前三名，就必

须寻找一条捷径。这条捷径就是继续突出、扩大中国队技术价值与完成情况的优势，并以此为龙头带动艺术价值的突破。在改变艺术价值落后的状况中，狠抓基本编排这一关键环节，把创新和发展难度作为突破口，以难出奇，变不利因素为有利因素，最终在2008年奥运会上获得集体项目银牌。

2. 关于运动技术的持续创新

（1）运动技术持续创新的定义与特性

运动技术的持续创新，是指特定创新主体在专项运动技术演进的历史过程中，不断地进行全面创新并从创新中获取效益的过程。运动训练与竞赛的实践证明，持续的运动技术创新，对于特定创新主体长保专项竞技水平的高端地位，具有非常重要的意义。单纯的技术创新是很容易被模仿的，而持续创新则是难以复制的。

（2）运动技术持续创新过程的多维支持系统

如果说在运动项目发展的历史中，零星地出现一些新技术可能属于偶然所致，那么，一个国家或地区在一个运动项目中，持续地进行卓有成效的运动技术创新，就一定带有必然性。这种持续性的运动技术创新过程，一定有一个强大的系统在支持。我们把这个由训练实践支持、政策及决策导向支持、理论支持、战略支持、创新人员与组织支持等多种因素构成的系统称为多维支持系统。

需特别指出的是，在中国乒乓球、中国跳水、中国竞技体操等优势竞技项目中，存在着一个与时俱进的运动技术创新模式，这个模式在保证运动技术的持续创新方面发挥着极为重要的作用。

我们可以把"先实践后论证"的运动技术创新模式称为传统模式。毫无疑问，这种模式在项目发展的历史上已经发挥并且还将发挥巨大的作用。然而，我们也清醒地看到，由于没有理论的先导，传统模式存在着较大的盲目性，人们在运动技术创新过程中投入的时间成本较大，偶然性亦较大。同时，运动技术创新尤其是运用方面，由于往往具有较大的不确定性而带有较高的风险性，因此，预先计划有助于减少创新风险和不可预见性。在关键技术、核心技术的独创性研究等方面，前述优势项目已做了一定的工作，可以给予其他项目以有益的启迪。

## 复习思考题

1. 什么是体能？体能训练的基本要求是什么？
2. 什么是力量素质？力量素质的基本分类有哪些？
3. 什么是速度素质？试述移动速度素质的主要训练方法。
4. 什么是耐力素质？儿童少年耐力素质训练要注意什么问题？
5. 什么是协调素质？协调素质是由哪些影响因素决定的？
6. 什么是柔韧素质？什么是灵敏素质？试述灵敏素质与柔韧素质由哪些影响因素决定？
7. 简述力量素质与速度素质的关系。
8. 什么是技术？技术是由哪些影响因素决定的？
9. 简述技术训练的要点。
10. 结合所学专项，简述运动技术学习与训练的关系。

# 第四章 运动员竞技能力及其训练（下）

**本章导读**：本章共三节，主要介绍运动员战术能力、心理能力、知识能力等内容。各节内容均是从基本概念的释义入手，详细阐明了涉及竞技能力相关能力的构成、特征、评价和训练的方法及要求。在对相关能力进行全面分析的同时，也阐述了学习时应重点掌握各种能力的形成特点以及决定因素，这样才能保障训练时根据不同训练对象的具体情况选择和设计训练方法。另外，需要注意各种能力间都是相互关联的，训练时要思考和密切观察训练方法对运动员整体竞技能力的影响，不断提高训练的针对性和有效性。

**学习目标**：通过本章学习，要求学生掌握运动员战术能力、心理能力和知识能力的概念内涵及构成要素。了解运动员战术能力的特征、评价方法和战术制定策略，以运动员战术能力、心理能力和知识能力的训练方法和基本要求为重点，结合针对自身的专项特点和运动训练实例进行学习。思考不同竞技子能力间的协同发展关系，加深对战术、心理和知识能力培养的理解，提高和加强对各竞技子能力的认识和运用。

# 第一节 运动员战术能力及其训练

## 一、运动战术的定义及其构成

（一）运动战术概述

1. 运动战术释义

运动战术指在比赛中为战胜对手或为表现出期望的比赛结果而采取的计谋和行动。运动战术应由教练员与运动员在赛前制定，是掌控比赛进程的设计，是应对预期比赛情境的计谋。在比赛中，则演化为夺取比赛胜利或取得理想参赛结果的行动。

2. 运动战术的构成

运动战术由战术观念、战术指导思想、战术意识、战术知识、战术形式和战术行动等构成。

（1）战术观念

战术观念指对比赛战术概念、战术价值功效及运用条件等认识和思维产生的观念。战术观念的形成同教练员、运动员所具有的竞赛经验、知识结构、认知特点和思维方式等有密切关系。教练员、运动员的战术观念对其进行战术思考、制订战术计划、实施战术训练等活动有着重要的导向意义。

（2）战术指导思想

战术指导思想指在战术观念统领下，根据比赛具体情况提出的战术运用的活动准则。它是基于对战术规律认识的基础之上，指导战术行动的规范或模式，明显地体现出战术运用者的战术观念。

战术指导思想是战术活动的核心。采用的战术能否具有很强的针对性和实效性，关键取决于战术指导思想的正确与否。

（3）战术意识

战术意识又称战术素养，指运动员在比赛中为达到特定战术目的而决定自己战术行为的思维活动过程。战术意识强的运动员，能在复杂多变的竞赛环境中，及时准确地观察场上的情况，随机应变，迅速而正确地决定自己的行动方案（包括个人行动及与同伴的协同配合行动）。

（4）战术知识

战术知识指关于比赛战术理论及实践运用的知识，包括经验性知识和理论性知识两种形态，包括对专项战术运用原则与战术形式、战术的发展趋势、比赛规则对战术运用的制约等方面的了解与把握。

战术知识是掌握和运用具体战术的基础。教练员、运动员制订的战术方案是否合理，运用得是否灵活、机动和有效，往往取决于他们掌握战术知识的广度和深度。

（5）战术形式

战术形式指战术活动中具有相对稳定的形态和结构的行动方式，如篮球战术中的掩护、盯人、联防等形式。

(6) 战术行动

战术行动指为达到特定战术目的而采用的动作、动作系列或动作组合。

3. 战术的分类

(1) 按战术的表现特点。可将战术分为阵形战术、体力分配战术、参赛目的战术和心理战术等。

① 阵形战术：指在集体性项目中以一定的阵形，使每名运动员有一个相对的位置分工，并按一定的要求相互配合，从而构成一个相对完整的阵营形式去战胜对手的战术行动。如球类项目中进攻及防守的阵形。

② 体力分配战术：指通过体力的合理分配而谋取胜利的战术行动，在体能主导类项群中的周期耐力性项目如长跑、游泳等项目中运用较多。田麦久（1988）将这类项目分为分道竞速和同道争先两种类型，前者（游泳、大跑道速度滑冰等）通常无法预知对手的竞技能力表现，在大多数情况下全力以赴，以最短的时间通过全程，以争取最好名次。相对匀速是这类项目选手最合理的体力分配方案，其速度动态曲线通常呈前高浅凹 U 形（图 4-1-1）。在比赛中，运动员要力求严格按照预定计划通过全程。同道争先项目（中长距离走、跑，短道速度滑冰等）运动员则不必过多考虑速度的快慢，全部战术计划和战术行动均服从于比对手早到达终点这个唯一目标。比赛的速度动态曲线大都呈后高深凹 U 形（图 4-1-2），其模式为：中上速起动+长距离匀速+高速终点冲刺。

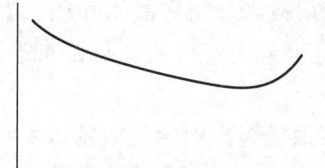
图 4-1-1　前高浅凹 U 形

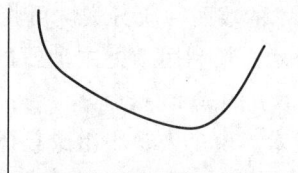
图 4-1-2　后高深凹 U 形

当多名同队选手参加同一比赛时，可运用集体配合战术，包括二号、三号选手的牺牲战术，掩护主要选手出其不意地夺取最后胜利。

③ 参赛目的战术：体能主导类项群运动员根据自身参赛目的的不同，比赛时分别采用创纪录战术或夺标战术。

创纪录战术指运动员在比赛过程中，以打破纪录或创造个人最好成绩为目标，按预先制定好的速度、重量及用力程度安排进行比赛。

夺标战术指运动员在比赛过程中，以夺取最好或较好名次为目标而采取的战术。此种战术是运动员在奥运会等重大比赛中采用最多的战术。

采用上述两种战术通常需具备以下条件：运动员已具备创纪录或夺标的竞技能力水平和适宜的竞技状态；已较好地适应了比赛环境；已对主要对手的基本情况较为熟悉。

④ 心理战术：指通过一些特定的方式和措施，对参赛对手心理上施加影响，使对手不能顺利完成其预定的战术决策和战术行动。随着运动员训练水平的接近，在比赛前和比赛中，运动员个人或集体任何微小的变化都会给对方以心理影响，扰乱其预先的战术部署，破坏其正常的技术发挥，从而确立自己的心理优势。

心理战术的核心是心理干扰。具体手段包括对对手进行威慑、麻痹、迷惑等，以使对手产生心理压力过重、烦躁不安、心理过程紊乱、盲目自信或丧失信心等消极情绪，诱使对手在错误的心理活动支配下进行错误的战术行动。

制造假象、形成错觉是心理干扰常用的手段，可使对手摸不清本方战术意图，从而导致其采用错误的战术行动。

（2）按参加战术行动的人数分类。可将战术分为个人、小组和集体（全队）战术。

① 个人战术：指个人所完成的战术行动。在拳击、摔跤、跆拳道、击剑及乒乓球、羽毛球、网球等单打比赛中，个人战术表现得尤为明显。在篮球、排球、足球、冰球等项目中，个人战术是整体战术的组成部分。

② 小组战术：一般指技战能主导类隔网对抗项群（乒乓球、羽毛球、网球）中双打项目两名运动员之间协同配合所完成的战术行动，以及在其他集体性项目比赛中两三名运动员共同完成的战术行动。如篮球比赛中的两人快攻、三人快攻，自行车团体赛中的领先战术等。

③ 集体（全队）战术：指赛场上同一运动队中所有运动员按统一的战术方案所进行的战术行动。在集体对抗性项目中，集体战术显得尤为重要，合理有效的集体战术往往是获得胜利的关键。

在集体项目中，个人、小组、全队战术是紧密联系在一起的。个人战术是小组战术和全队战术的基础。只有当一个队伍是团结的集体，队里的分工既符合全队的任务、又符合每名运动员的个人能力特点时，集体战术才是行之有效的。

（3）按战术的攻防性质分类。可将战术分为进攻战术、防守战术和相持战术。

① 进攻战术：指利用掌握主动权的机会，通过个人的努力或集体的配合，向对手发动主动进攻而形成的战术行动。

② 防守战术：由个人、小组或集体协同配合采取的阻碍对手进攻的战术行动。

③ 相持战术：指比赛中双方攻守态势保持相对均衡时，为争得主动、力求场上形势向有利于己方转化而采取的战术行动。

在势均力敌的比赛中，大量存在着"相持现象"。相持阶段是介于主动与被动的过渡环节。在这一环节中，战术运用是否得当，是能否争得主动、避免被动的主要因素，在高水平的比赛中显得尤为突出。

（4）按战术的普适程度分类。可将战术分为常用战术和特殊战术。

① 常用战术：又称基本战术、常规战术，是人们在长期竞赛实践中总结出来的、具有较大普适性的战术。如乒乓球的发球抢攻战术、篮球的人盯人防守战术、击剑的防守反击战术等。

② 特殊战术：指比赛中针对特殊对手而专门制定的战术。"一次性效应"是这种战术的显著特征。在争夺名次、出线权等关键性比赛中，特殊战术的有效性极为重要。

常用战术能力是衡量运动员（队）实力的重要指标，而能否制订出行之有效的特殊战术，并使之与常用战术能力融为一体，却是衡量教练员水平的重要标志。

以上介绍了基本的分类体系，在实践中可能出现交叉，如个人战术又可分为个人进攻战术和个人防守战术等。

## （二）战术方案的制订

战术方案的制订是赛前战术训练的基础。在制订过程中，首先要考虑充分发挥本方各

方面的优势。其次要考虑抑制对方的长处,不让对方发挥其优势。在集体项目中,要考虑既能充分发挥每个运动员的特点,又有利于展现出最大的整体效应。

1. 战术方案的基本内容

(1) 战术任务和具体目标。

(2) 确定战术原则。

(3) 实施战术目标的步骤及要求。

(4) 对抗性项群预测对手的战术意图,包括进攻与防守意图以及心理意图等。

(5) 己方(全队、小组或个人)的战术行动,包括具体的任务分工等。

(6) 预测比赛过程中可能发生的情况及应变预案。

(7) 赛前战术训练的安排。

(8) 对本方案的保密要求及赛前隐蔽工作。

赛前隐蔽是有意识地隐藏(不让对方了解)本方真实情况的战术行为,以求达到在比赛中争得主动、出奇制胜的战术目的。赛前隐蔽的内容有:技术隐蔽,即不让对方了解本方的创新技术或关键技术;战术隐蔽,即不让对方了解本方的常用战术,尤其是不能让对方了解本方针对对方制订的特殊战术;人员隐蔽,即不让对方了解可能对其构成威胁的本方人员(尤其是新手)的情况;阵容隐蔽,即不让对方了解正式比赛中本方主力阵容及替补阵容;器械隐蔽,即不让对方了解本方在比赛中将使用何种规则允许使用的特殊器械。

从更积极的意义上讲,赛前隐蔽还可包括向对手提供假情报,以达到迷惑对手的战术目的。

2. 制订战术方案注意事项

(1) 及时收集准确的情报

情报在战术方案的制订过程中具有巨大的作用。所谓"知己知彼,百战不殆",就是通过获取情报来实现的。战术方案的制订应以准确的情报为基础。在现代运动竞赛中,情报是否及时、准确和全面,将直接影响战略决策和战术决策,并进而影响比赛结果。我国乒乓球运动水平在世界乒坛长盛不衰的重要原因之一,就是建立了一个包括科研人员、翻译、援外人员等在内的高效率的信息系统,从而保证了我国乒乓球队在多次重大赛事中,能针对主要对手制订出有效的战术方案,赛前的模拟训练也极富针对性。

鉴于情报信息的重要性,有经验的教练员、运动员都会高度重视这项工作。为此,竞赛双方都会尽量地保守秘密,使对方无从得知本方情况,从而尽量使对手的战术决策陷入盲目状态。有时,竞赛一方还利用多种媒体传播假情报以迷惑对方,使对手情报失准,从而导致战术决策失误。在制订战术方案时,要充分考虑到这一点。

有关竞赛对手、竞赛环境的情报内容包括:运动员竞技能力情况及比赛风格;教练员指挥能力及指挥风格;传统打法及近期是否有创新;进攻与防守的特点及比赛中常用节奏;主力队员与替补队员的具体情况;近期比赛的成绩及致因;比赛场地、器材、气候、住宿及饮食情况;比赛日程安排;裁判员情况等。

(2) 处理好战略决策和战术决策的关系

战略决策指针对参加一次比赛的全局性问题(主要为比赛目的、战略原则)所进行的决策。竞赛战略决策能力的高低,取决于决策者对竞赛全局的了解。包括竞赛规则的限定及灵活区域，竞赛双方的现时状况及可能发展的程度，影响比赛过程及比赛结果的错综复杂的因素及其相互关系，对可能出现的偶然情况的预测和应变措施等。

战术决策指针对比赛中具体情况而进行的决策。相对于全局性的、宏观的战略决策而言，战术决策是局部的、微观的。战略决策只有通过战术决策才能实现。一般说来，战略决策具有相对的稳定性，即竞赛目的、战略原则等不能轻易改变，而且，战略决策历时较长。而战术决策则具有较大的灵活性，可随竞赛中的具体情况而加以必要的调整，因此，战术决策往往会表现出快速决断、灵活多变的特征。

（3）考虑竞赛环境的影响

竞赛环境包括竞赛场地、器材条件、地理气候、裁判、观众等，是制订战术方案时必须加以考虑的又一重要因素。例如，在羽毛球比赛中，比赛馆空气流通情况对球的飞行会造成较大影响，如打顺风球时，拉底线球容易出界，因而运动员往往采取打网前球、下压球的战术。再如，在制订足球比赛战术方案时，要研究裁判员的个人风格。如裁判员对犯规尺度掌握较紧，那么采用紧逼防守战术就要慎重。

（4）充分利用竞赛规则

严格说来，任何战术的运用都要受到规则的制约。因此在制订战术方案时，必须考虑规则因素。同时，应充分利用竞赛规则来达到战术目的。例如，在乒乓球比赛中有"12板"球规则，即一局比赛超过15分钟后，每分球都必须在12板之内决出胜负，否则判发球方失分。当进攻型运动员和防守型运动员交锋时，前者往往采用所谓"12板"球战术，有意将一局比赛时间拖到15分钟打"12板"球，以求利用对手进攻力量差的弱点获胜。

（5）计划性与可变性相结合

战术方案就其实质而言，是一种计划。既然是计划，就必然带有预测性。而比赛中的事件往往瞬息万变，经常可能出现一些即便是再周详的计划也无法考虑到的局面。在这种情况下，如果再按照原有计划进行，便很可能陷入被动。因而，需要迅速改变原定计划，对对抗性项目来说，这一点更为重要。

综上所述，战术方案应保持合理的弹性。战术的结构应是一种弹性结构而不是刚性结构，它的表现随比赛场上的变化而有所调整。在现代运动训练中，战术的高度计划性与运动员、教练员创造性的出色发挥两者之间的高度统一，已越来越成为决定比赛结果的重要因素。

总的说来，在制订战术方案时，首先要考虑战术的针对性和实效性。其次要考虑攻守转换的灵活性，运动员对方案的可接受性及是否能发挥每个运动员的特点及创造性，又有利于集体各个成员之间的协同性等。

（三）运动员战术能力的影响因素

战术能力指运动员（队）掌握和运用战术的能力，是运动员（队）整体竞技能力水平的重要构成部分。

运动员（队）战术能力的强弱反映在其战术观念的先进性、个人战术意识及集体配合意识的强弱、战术理论知识的掌握、战术行动的质量和数量、运用战术的针对性和有效性等方面。不同竞技项目对运动员（队）战术能力的要求有所不同。技战能主导类格斗对抗性项群、同场对抗性项群、隔网对抗性项群对运动员战术能力的要求最高。

1. 军事学与谋略学因素

"战术"一词原本是军事术语。运动竞赛就其对抗性本质而言,就是一种"对局"、一种"博弈"。因此,竞技战术的发源、形成以及发展,都和军事学、谋略学的影响密不可分。从这个意义上讲,教练员、运动员掌握更多军事学、谋略学的知识,对于认识竞技战术规律和提高知识能力水平,都是十分必要的。

军事学、谋略学名著《孙子》在以下几个关于战术及战术能力的论述对成功参赛很有帮助:

(1) 知己知彼,百战不殆。《孙子·谋攻》说:"知彼知己者,百战不殆;不知彼而知己,一胜一负;不知彼,不知己,每战必殆。"

在运动竞赛中,透彻地了解对手及本方的各种情况,是制胜的先决条件。

(2) 奇正。《孙子·势》说:"凡战者,以正合,以奇胜。故善出奇兵者,无穷如天地,不竭如江河……战势不过奇正,奇正之变,不可胜穷也。"

在运动竞赛中,主要攻击方向(攻击点)为正,牵制方向(牵制点)为奇;老队员、老阵容为正,新队员、新阵容为奇;常用战术为正,特殊战术为奇;整体实力为正,机巧手段为奇。教练员、运动员应根据双方实力及场上情况,处理好奇和正的关系。例如,当本方实力明显高于对手时,应以"正"为主,即"拼实力",以"堂堂之阵"同对手对抗。相反,就要考虑采用机巧手段,出奇制胜。于堂堂之阵中突出奇兵,是奇正结合的最高境界。中国乒乓球在多次世界大赛中巧布奇阵取胜,就是运用奇正策略的经典之作。

(3) 攻守。攻与守,是运动竞赛中的一对基本矛盾。在技战能主导类同场对抗、格斗对抗、隔网对抗项群中,攻守问题是训练中需要解决的重要问题。《孙子·虚实》说:"攻而必取者,攻其所不守也;守而必固者,守其所不攻也。故善攻者,敌不知其所守;善守者,敌不知其所攻。"意即善于进攻的,可使对手不知道该防守哪里;善于防守的,可使对手不知道该进攻哪里。

进攻时如水银泻地,无孔不入;防守时固若金汤,针插不进。这是教练员、运动员在攻守训练中应追求的理想境界。

(4) 虚实。兵不厌诈、避实击虚、出其不意、攻其不备、虚虚实实、真真假假等,都是竞技战术中常用的计谋。战术的灵活性也通过这些方面表现出来。《孙子·虚实》说:"故兵无常势,水无常形;能因敌变化而取胜者,谓之神。"

(5) 得失。一个成熟的运动员、一支成熟的运动队,在考虑运用战术时,往往首先是创造条件,不给对手任何战胜自己的机会,在使自己立于不败之地的基础上,再想方设法抓住任何可能战胜对手的机会。

由于比赛过程千变万化,很有可能出现不利于本方的情况,甚至有时会遇到似乎"山穷水尽"的局面。此时,成熟的运动员(队)不会轻言失败,而会耐心地等待对手犯错误,进而抓住战机,反败为胜。

另外,故意"示强"或"示弱",为了大"得"(最终胜利)而小"失"(如采用牺牲战术)等,都是军事学、谋略学中得失问题在竞技战术中的具体表现形式。

2. 心理学与思维科学因素

心理学与思维科学因素对竞技战术的影响极大。心理能力和思维能力是运动员学习、掌握和运用战术的保证。

（1）神经过程

不同神经类型的运动员在学习、运用战术方面有着不同的特点。具有灵活性神经过程的运动员在比赛中往往能准确地预见比赛形势的变化，灵活机动地选择和运用不同的战术手段。虽然可以通过后天性训练来对运动员的神经过程进行一定程度的改造，但为了提高训练的效率和经济性，在篮球项目的后卫运动员、排球项目的二传运动员、足球项目的前卫运动员等"战术组织者""战术发起人"的选材中，适当考虑其神经过程的特点，是完全必要的。

（2）注意

运动员注意品质同其观察能力密切相连。扩大注意视野、注意的高度集中及迅速转移等都是培养和加强战术意识的重要因素。

（3）智能

运动员智能与其技术学习能力、战术理解和运用能力有着密切的关系。竞技战术的敏捷性、灵活性、预见性和创造性，均同运动员的智能息息相关。

（4）知识能力

学习、掌握竞技战术的知识，对于战术的选择和应用有着重要意义。

（5）思维能力

战术意识是一种思维过程。相对于人类其他思维活动，运动员在战术活动中的思维，有如下非常明显的特征：

① 快速性：现代运动竞赛是在激烈的对抗中进行的。这种对抗一个很明显的特点就是对时间的严格要求。"时间就是机会，时间就是胜利"这句话在竞赛中得到最为充分的体现。为此，要求运动员在极短的时间内对一些至关胜负的紧迫问题作出决断，否则就会贻误战机。

② 逻辑性和直觉性相结合：在某些情况下，运动员的战术思维是一种缜密的逻辑思考。但在另外一些情况下，则完全是一种直觉思维。正因为战术是逻辑思维和直觉思维的混合体，而人体对直觉思维目前因种种原因还未能进行较为深入的、建立在实验基础上的理论研究，所以，运动员战术思维及战术意识的培养一直是教练员在训练实践中感到棘手的问题。

③ 操作性：在比赛中，运动员战术思维总是伴随着操作（操作自身或同伴或对手的身体、操作器械）行动进行的。"思维运动"与"身体运动"联系在一起。

④ 情绪性：运动员的战术思维总是与强烈的情绪体验相联系，包括增力情绪和减力情绪等。

3. 形态学与体能、技能因素

（1）形态学因素

在一些项目中，运动员的形态特点对战术的采用具有很大的影响。如篮球比赛中"高中锋"战术、排球比赛中"高举高打"战术等，无一不是以运动员的高大身材为前提的。在拳击、散手等项目比赛中，身体健壮的运动员由于自身抗击打能力较强，往往采用"后发制人"的战术，尽量诱使对手同自己近身对抗。而身体相对单薄的运动员则往往采用游动中寻找战机的战术，尽量避免同对手正面交锋。在击剑项目中，高大运动员往往利用自己身高臂长的优势，尽量同对手保持距离，而身材相对矮小的运动员则往往主动同对手近距离交锋。

如前所述，教练员、运动员在制订战术计划及进行战术训练时，充分考虑双方的形态学特征是非常必要的。

（2）体能与技能因素

体能在很多项目比赛中，是采用战术或实施战术配合的重要先决条件。如"快"在球类项目比赛战术中起着非常突出的作用，而运动员的"速度"能力则决定着能否"快"及"快"到什么程度。

从某种意义上讲，战术就是技术的有目的的运用。技术风格往往决定着战术风格。战术的多样性取决于技术的全面性，意即灵活多变的战术必须以运动员（队）全面的技术为坚实的基础。在比赛实践中人们已观察到，明知某种战术对对手具有威胁，但因为本方不具备相应的技术能力，因此无法实现良好的战术意图。这就是说，战术的采用，应充分考虑本方的技术条件。

## 二、战术训练方法

战术训练方法的采用应根据专项比赛的要求，应有利于发挥运动员的身体和技术特长，应能充分调动运动员的主动性和积极性。

1. 分解与完整训练法

分解战术训练法是指把一个完整的战术组合过程划分为若干个相对独立的部分，然后分部分进行练习的方法。这种训练法常在学习一种新的战术配合形式时采用。其目的在于让运动员掌握某种战术配合的基本步骤。

完整战术训练法是指完整地进行战术组合练习的方法。这种方法常在运动员已具备一定的战术知识和战术能力后采用，其目的在于使运动员能够流畅地完成整个战术组合过程。

2. 减难与加难训练法

减难训练法是指以低于比赛难度的要求进行训练的方法。这种方法常在战术训练的初始阶段采用。如同场对抗性项群的球类项目中，最初可在消极防守或不加防守的条件下完成战术练习，待运动员已掌握战术的基本步骤后，再逐渐加强防守提高难度以达到比赛要求。

加难训练法是指以高于比赛难度的要求进行训练的方法。运用这种方法的目的是提高运动员在复杂困难的情况下运用战术的能力。采用的方式一般有：限制完成技术动作的空间和时间条件（如限制场地、缩短时间等），与高级别的运动员（队）对抗，采用比正式比赛条件更严格、更困难的标准进行训练等。

3. 虚拟现实训练法

虚拟现实训练法指运用高科技设备，将未来可能出现的比赛场景提前在电脑屏幕上"虚拟"出来，从而帮助运动员提高预见能力及在各种情况下灵活有效地运用战术的能力的训练方法。这种方法目前在德国、英国等足球队中已运用得较为普遍。可以预计，随着高科技手段在运动训练和运动竞赛中的广泛渗透，虚拟现实训练法也将在更多项目中得到采用。

#### 4. 想象训练法

想象训练法是一种心理学训练方法。这种方法是在运动员大脑内部语言和套语的指导下进行战术表象回忆，能够帮助运动员在大脑中建立丰富而准确的战术运动表象。

#### 5. 程序训练法

程序训练法是近年来从教学领域引进的一种训练法。在运用程序训练法进行战术训练时，除应遵循由易到难、由简到繁、从固定到变异的一般性程序外，还应特别注意编制不同项群战术训练的特殊程序。

体能主导类项群可考虑采用如下训练程序：不同战术方案选优→重复熟练→在不同情况下实施战术训练→在实战条件下进行训练。

技战能主导类对抗性项群可考虑采用如下训练程序：无防守训练→消极防守训练→积极防守训练→模拟比赛训练→实战训练。

#### 6. 模拟训练法

模拟训练法指在获得准确情报信息的基础上，通过与模仿重大比赛中主要对手的主要特征的陪练人员的对练，及通过在与比赛条件相似的环境中的练习，使运动员获得特殊战术能力的一种针对性极强的训练方法。

随着运动训练实践的发展，模拟训练法的应用范围逐渐扩大，不仅应用于技战能主导类格斗对抗、隔网对抗、同场对抗类项群的战术训练之中，而且在体能主导类、技能主导类项群及技心能主导类项群中，为使运动员能针对比赛场地、气候、日程安排等具体情况进行有效的战术准备，模拟训练也在逐渐开展。

① 基本结构模拟训练方法的应用边界有较大的灵活性：根据需要，可把重大比赛中的某个主要对手（运动员或运动队）作为被模拟的对象，也可以把比赛场地、器材设备、气候、日程安排等作为被模拟对象。然而，无论其边界如何确定，有三个因素是不可缺少的，一为被模拟系统，一为同态系统，一为主练系统。这三者以一定形式构成模拟训练的基本结构。我们把正式比赛中可能遇到的主要对手或竞赛条件视为被模拟系统。模拟训练的目的亦在于使运动员或运动队（主练系统）获得能在比赛中针对或利用被模拟系统实施有效战术的特殊能力。然而在训练中，被模拟系统往往只能以"信息"的形式存在（如各种参数等），而不能以实体的形式存在。所以，主练系统一般不能直接同这个系统发生关系。为此，必须选择或设计、创造出一个同被模拟系统相似的同态系统，在训练中，通过对同态系统的战术对抗，获得特殊战术能力，并能在正式比赛中针对被模拟系统予以有效运用。

② 被模拟系统和同态系统的关系："相似"，是被模拟系统和同态系统之间应当具备的最基本的关系。

追求"相似"，是模拟训练中选择或设计同态系统的主要标准。两个系统是否相似或相似程度如何，是模拟训练是否有效或有效程度如何的首要前提。

对上述相似关系进行研究的方法叫相似分析法。目前，人们主要从以下几个方面来认识同态系统和被模拟系统的相似关系：

a. 几何相似。即两个系统在空间几何学上的相似。例如，训练场馆和比赛场馆大小的相似。运动员在空间较小的训练馆里训练，一旦进入较大的比赛馆，往往会产生"空旷"感。因此，在有条件的情况下，模拟训练应尽量要求训练馆的大小相似于比赛馆。

追求上述几何相似,甚至虑及了作为被模拟系统的运动员的外表。例如,在第26届世界乒乓球锦标赛前,我国运动员模仿日本选手星野、木村时,就包括了模仿其外表和穿着。

b. 物理相似。即两个系统中发生的物理过程相似。这种情况在对抗性项目的模拟训练中最为常见。如1984年洛杉矶奥运会前,为适应美国女排选手海曼、克罗克特的扣球力量,我国女排运动员同男队一起训练;羽毛球、乒乓球中模拟对手,也主要在于模拟其击球的速度、力量及旋转等。

c. 数学相似。即两个系统中存在着相似的数学形式(数学方程)。人们可以通过数学方程来描述两个系统的相似关系,并通过数学方程的求解,来了解被模拟系统的各种情况。如美国著名运动生物力学专家艾里尔博士就是通过电子计算机建立了中国女排比赛时战术特点的数学方程,并通过对此的求解来帮助美国女排进行战术模拟训练的。

一般说来,追求被模拟系统和同态系统在几何学、物理学乃至数学方面的相似,相对讲较为容易,但追求两个系统在心理上、作风上的相似则相对困难,故在进行相似性分析时,应注意这一点。此外,相似不等于相同,实践中,人们可以通过各种努力,把两个系统的相似程度提高到最大甚至逼近于相同,然而却永远达不到完全相同。在选择同态系统时,考虑这一点是有益的。

③ 模拟训练的分类:模拟训练有两种分类:一种是依据被模拟系统将其分为比赛对手的模拟训练、比赛动作的模拟训练和比赛环境的模拟训练;另一种是将其分为静态模拟训练和动态模拟训练。

当被模拟系统是一个相对静止的系统时,可采用静态模拟训练。如比赛地域环境的模拟训练。一般说来,静态模拟带有较高的确定性。

当被模拟系统处于运动的变化过程中,且这种运动变化是以随机形式出现时,即可采用动态模拟训练。如比赛对手的模拟训练。相对于静态模拟训练来说,动态模拟训练设置同态系统的难度更大,所能达到的相似程度往往不如静态模拟训练。

在很多情况下,为使战术训练更具有"实感",必须综合运用动态模拟和静态模拟。如在同比赛相似的环境中(如大放录音,挂彩旗,允许场下队员大喊大叫,甚至请来其他人员大喊大叫等),与相似于比赛中主要对手的陪练人员进行练习(包括比赛)。这种训练,即可看成是静态与动态综合的模拟训练。

④ 模拟训练的一般程序和要求:模拟训练一般按如下程序进行:明确被模拟对象→确定被模拟系统的边界→设置同态系统并进行相似分析→主练系统与同态系统一起练习。

在完成上述程序的过程中,要密切注意被模拟系统的变化情况,以便及时调整同态系统,从而使两个系统能最大限度地保持相似。

在采用模拟训练方法时,应注意以下要求:

第一,模拟训练虽然能帮助运动员或运动队针对特殊对手提高战术能力,但如果运动员或运动队不具备相应的一般战术能力的基础,模拟训练是不会有多大效果的。因此要实事求是地评价模拟训练的重要性和适用范围。

第二,在模拟训练中,要教育作为主练系统的运动员切实树立"从实战出发"的思想,把同态系统视做被模拟系统,努力提高训练质量,从而提高针对特殊对手的特殊战术能力。

### 7. 实战法

实战法指在比赛中培养战术能力的方法。这种方法可使运动员对战术的理解更为直接、更为深刻。在参加重大比赛前，往往安排一些邀请赛或热身赛等，其目的之一就是演练将在重大比赛中使用的战术，以检验其有效性。

## 三、战术训练的基本要求

### （一）准确把握项目制胜规律

运动训练（包括战术训练）的主要目的是在竞赛中夺取理想的运动成绩，"夺取"的过程实质上就是"制胜"的过程。而要制胜，就必须遵循制胜规律。这是战术训练最基本的要求，也是形成正确战术观、正确制订战术方案、正确实施战术训练、在比赛中正确运用战术的前提性条件。

所谓制胜规律，是指在竞赛规则的限定内，教练员、运动员在竞赛中战胜对手、争取优异运动成绩所必须遵循的客观规律。

制胜规律的组成包括两个方面：其一是制胜因素；其二是制胜因素之间的本质联系。

对专项运动成绩有决定性影响的因素称为制胜因素。这些因素是人们在对专项比赛的各种特性进行深入研究后归纳总结出来的。我国部分优势竞技项目在认识、发掘和把握制胜因素方面走在其他项目的前面，如乒乓球项目总结出"快、转、准、狠、变"，排球项目总结出"高、全、快、变"的制胜因素等，这也是我国优势项目在一定历史时期能居于世界先进水平的重要原因之一。

技战能主导类同场对抗、格斗对抗、隔网对抗项群所属各项目的制胜因素具有一个非常明显的特征：即每个因素都包含着明确的战术含义。如排球项目中的"高"，除必须选拔"高大运动员"之外，还具有采用"高举高打"、"高点强攻"战术的含义；足球、篮球等项目中的"准"，除"射门准""投篮准"之外，准确地传出"威胁性"球，也明显地带有战术色彩。

在每个项目中，制胜因素都不是一个或两个，而是一个"因素群"。若干因素之间，存在着必然性联系，这些联系以不同的方式表现出来，有的互相促进，有的互相制约，有的互相矛盾。例如，篮球、排球项目中的"高"与"快"的关系，网球、羽毛球等项目中"快"与"准"的关系，击剑、拳击等项目中"狠"与"准"的关系等。正确地认识和把握这些关系，才能做到遵循制胜规律，并有效地进行战术训练。

在认识制胜因素及其关系时，要特别注意各因素内涵的发展情况。例如，目前在对技战能主导类项群隔网对抗项目"快"的理解上，除了以前内涵中已有的球速快以外，人们还从抓"适应与反适应"（即最大限度地适应对手、最大限度地不让对手适应自己）这对主要矛盾出发，赋予"快"以"战术变化快"（在有效的前提下）、"节奏变化快"等新的内容。这些都是我们在进行战术训练时应该注意的。

### （二）深刻领会战术意识培养的核心作用

战术意识这一特殊思维活动过程由战术信息选择与战术行为决策两个前后有序、紧密相连的部分组成。其具体内容体现在：运用技术的目的性，战术行动的预见性，判断的准确性，攻防转换的平衡性，战术变化的灵活性，战术配合的协同性，战术行为的隐蔽性等。

培养运动员的战术意识，是战术训练的中心环节。具体方式通常有：系统了解专项竞赛基本规律与战术特征，比赛中战术变化的规律及正确的应变措施，专项战术的发展趋势；积累专项战术理论及经验知识；大量而熟练地掌握基本战术等。

战术意识的培养与运动员的思维活动密切相关。从某种意义上讲，战术思维是战术意识的核心。因此，运动员的战术思维能力水平决定了其战术意识水平。具体而言，运动员思维的灵活性、预见性和创造性等是其战术意识的决定因素。

从运动训练实践看，"想练结合"，是培养运动员战术思维的行之有效的手段。

(三) 着重培养运动员的战术运用能力

在运动训练中，应当把培养运动员在各种复杂而艰苦的条件下合理运用战术的能力这一任务放在相当重要的位置上。这也是在战术训练中贯彻"练为战"思想的具体要求。

战术运用的基本要求为：第一，明确的目的性和针对性。任何战术的运用都必须有明确的目的性，做到有的放矢。战术行动合理、针对性强，特定战术解决特定问题。第二，高度的实效性。战术运用的目的是制胜，因此，应以能否达到制胜目的为准，力戒华而不实。第三，高度的灵活性。能根据场上千变万化的局势，灵活机动地坚持运用有效战术，力争主动、避免被动，使战局向有利于本方的方向发展。

(四) 处理好个人战术行为与集体战术配合的关系

个人战术行为指运动员在战术活动中表现出的个人行为，是运动员个人战术的直接表现，亦是集体战术行为的基础。

个人战术行为能力可分为"单兵作战能力"和"协同作战能力"。在集体项目中，个人战术行为的目的或为直接制胜，或为队友创造机会制胜。

对个人战术能力的培养是提高个人战术行为能力的关键环节。此外，丰富的战术理论知识、结构独特的个人战术体系及由此外化成独特的战术风格，都是加强个人战术能力的必备条件。

集体战术以个人战术为基础并对此加以协调配合。集体战术能力是运动队伍整体竞技能力极为重要的组成部分。在集体对抗性项目中，合理有效的集体战术往往是取得胜利的关键。

战术配合是集体战术行为的核心。战术配合的构成因素有：参与配合的人数；每个人的行动方式；个人行动目的与战术配合目的的关系等。

战术配合水平取决于两个方面：第一，运动员在战术配合过程中表现出的活动方式的协调程度，亦称为操作形式的协调程度。第二，战术意识—心理过程的协调，亦称为"默契"。达到"默契"程度的战术配合行动，往往表现出较大的灵活性和创造性。

集体战术的基本要求为：第一，严密的组织性。即强调个人战术行为必须服从全队的整体配合。每个运动员都必须遵守战术纪律。所谓战术纪律，指为争取比赛胜利而制定的要求每个运动员必须按战术计划行动的强制性规定。战术纪律是战术计划得以有效执行的保证。在战术计划没有被竞赛过程证明为无效且竞赛指挥者没有发出明确修改指令前，战

术纪律要求运动员不得无故不执行战术计划。第二，高度的一致性。即所有队员战术行为的目的应当一致。第三，高度的协调性。即每个运动员的个人战术行为必须相互协调，以保证全队战术目的的顺利实现。

### （五）重视战术组合

随着现代运动竞赛的日趋激烈，战术也在向"复合化"方向发展，靠单一战术制胜的局面已不复多见。

从某种意义上讲，复合就是组合。如何将多套战术有机地结合起来并在比赛中极富针对性地使用，是衡量运动员战术水平高低的主要标志。

战术组合可分为程式性组合与创造性组合两种。

程式性组合是指将各种战术行动在空间上、时间上按一定的顺序所构成的战术组合。各专项教科书所载战术（配合）多指此种，如足球中的阵形战术、篮球中的联防、盯人战术等。另外，根据特定对手而专门制订的战术组合也可归入此类。

创造性组合指根据比赛临场变化情况，不按固定程式，创造性地将几套战术组合在一起。"随机性"是这种组合的重要特性。

程式性组合既可表现于训练之中，又可表现于比赛之中；而创造性组合则更多地表现于比赛之中。

程式性组合能力是创造性组合能力的基础。运动员对程式性组合掌握得越多，越熟练，就越能开发创造性组合。

创造性组合能力又不能简单地等同于程式性组合能力。后者的神经生理机制可用经典动力定型理论解释，而前者至今尚未得到权威性的说明。虽然如此，运动员在比赛中的创造性却是必须加以着重培养的能力。

### （六）加强战术创新研究

战术创新可分为常用战术创新和特殊战术创新。

常用战术创新是一种基础性创新。由于常用战术具有较大的普适性，一经创新并在实践中被认可，就可能给专项战术体系带来革命性影响。因而，此种战术创新难度较大。

特殊战术创新是一种实用性创新，具有很强的针对性。即往往是针对特殊的对手"设计"出某种新战术。教练员、运动员应当把更多的精力放在这方面的研究和实践上。

关于创新技法，陈小蓉等（1999）曾归纳为如下几种：

(1) 逆向法。指在不改变战术原有的基本结构的前提下，使其向不同方向发展，从而创造另一新的战术的方法。

(2) 递进法。指在不改变旧的战术的性质的前提下，使其在某个方面产生程度上的递进式变化，从而创造另一新战术的方法。

(3) 组合法。指保持两个以上旧战术原有的性质，通过组合使之成为另一种新战术的方法。

(4) 复合法。指把一个以上的旧战术复合融会在一起，从而改变了原有的性质，形成一种新战术的方法。

(5) 移植法。指不改变原有的战术，而把它用于其他战术或其他项目的方法。

## 第二节 运动员心理能力及其训练

### 一、运动员心理能力的定义及其构成

(一) 运动员心理能力概述

1. 心理能力释义

运动员心理能力即指运动员与训练竞赛有关的个性心理特征,以及依训练竞赛的需要把握和调整心理过程的能力,是运动员竞技能力的重要组成部分。

在我国过去相当一段时间内,人们以为思想、感情等现象是心脏活动的结果。人们常说"心想"、"心爱",因此,汉语里凡是表达类似现象的字或词多带心旁,如思、想、情、意、爱、恨等,也就是我们所说的"心理活动"或"心理现象"。这种把心理现象看成是起源于物质的,是物质活动的结果的看法,是一种朴素唯物主义的理解,但说心理活动是产生于心脏,是不符合科学事实的。

后来,人们逐渐认识到心理活动与大脑的依存关系,我国《黄帝内经》中就指出:"头者,精神之府也。"我国清代著名医生王清任(1768—1831)也明确提出人的心理"在脑不在心"。现代科学已经明确揭示了人的心理活动与大脑的依存关系。对大脑的科学研究是从 19 世纪开始的。近年来用脑电描记法研究记录大脑在不同状态下的电现象,取得了不少成果。这些研究成果已经将大脑活动与行为经验之间的密切关系揭示得愈来愈清楚了。科学家可以用轻微的电刺激作用于脑深部特殊区域引起动物和人的情绪反应,如恐怖和愤怒等。人脑中一定区域的电刺激将会产生愉快和痛苦的感觉,甚至会产生过去事件的逼真的记忆。

从严格意义上说,"心理"这个词本身是一种谬误,心理并不是"心脏活动的原理";也许合理的表述应该是"脑理",即"大脑活动的原理"。也许我们暂时还无法改变上千年沿袭下来的"以讹传讹"或约定俗成,但应该明确的是我们所说的心理能力实际上是指大脑对人的各种活动的组织、协调与控制能力。

人的大脑几乎时时刻刻都在以各种方式控制着机体的每一个生理活动和身体动作。尽管人们很少意识到这一点,也很少发挥大脑的所有潜能,但是我们可以通过有意识的、科学的训练,最大限度地开发大脑的能力。例如,人们可以控制大脑的某些部位的活动,从而在某种程度上减缓心率、降低血压、加快身体各区域的血流、改变皮温等。人们也可以训练大脑的运动中枢,使其更准确地控制机体的肌肉系统,如体操、技巧等运动竞赛中的许多高难度动作,都表明大脑对复杂运动形式的精确控制能力。运动员心理能力的本质是运动员的大脑对于其运动行为的把握与控制的能力,包括运动员训练及竞赛行为的动员能力、控制能力、意志能力等。

2. 运动员心理训练的内容与特点

运动员超常的心理素质和高超的心理技能并不是先天就有的,他们也是通过经验,更重要的还是像他们获得体能及技能、战术能力一样通过系统训练和个人的艰苦努力而形成的。

心理训练与体能训练及技能、战术训练一样，自身也有极其丰富的内涵。心理训练是以发展运动员的心理能力，为训练和比赛做好心理准备作为其主要目的和任务的。系统的心理训练可以分为两大部分：其一为基础心理训练，亦称一般心理训练，旨在发展运动员参加训练和比赛所必需的基本心理素质，包括培养良好的个性品质，发展专项心理素质，掌握各种心理技能等；其二为有针对性的心理训练，亦称专门心理训练，旨在为某个具体比赛做好心理准备，包括赛前心理动员、赛后心理调整，以及针对某些心理障碍进行的心理训练等。这两大部分各自又包括不同的内容和方法（图4-2-1）。

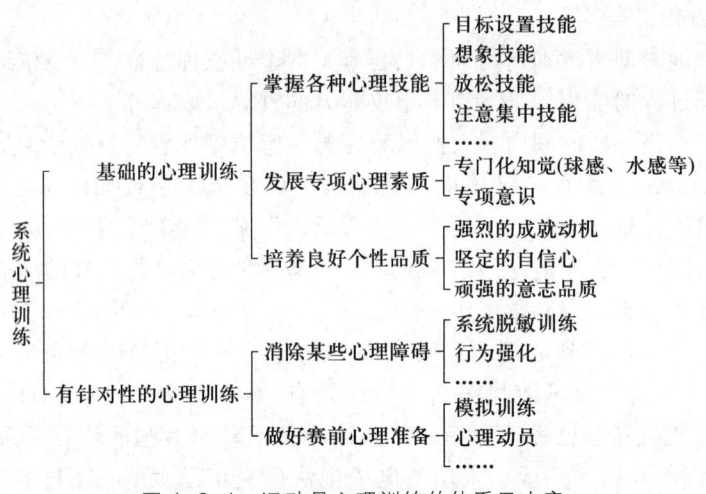

图 4-2-1　运动员心理训练的体系及内容
（姚家新，2012）

依据与训练和比赛的关系，还可将心理训练分为比赛期心理训练及日常心理训练（或称训练期心理训练）两大类。通常，赛期心理训练集中于调整运动员的心理过程，而日常心理训练则相对偏重于发展各种心理技能，改善运动员的个性心理特征。

依据特定比赛的需要所进行的有针对性的心理训练叫做赛期心理训练，包括赛前的心理准备、赛中的心理控制以及赛后的心理调整。

一般来说，赛前运动员的体能、技能及战术能力均相对较为稳定，而其心理活动却非常活跃。心理状态的变化常常会对运动员最终参赛的结果产生巨大的影响。因此在比赛之前，激发运动员强烈的比赛动机，控制其适宜的激活水平，增强其参赛信心，建立稳定而又灵活的参赛思维程序及参赛行为程序，对于运动员成功地参加比赛，都是非常重要而有益的。

在比赛过程中，比赛环境及其不断的变化，都会给运动员的情绪以强烈的影响。因此，保持良好的稳定情绪就成为运动员充分发挥其体能、技能及战术能力水平的关键。它既直接影响着比赛的结果，也是对运动员心理能力的一种高强度的训练。

竞赛结束后的心理调节，同样是心理训练的重要组成部分。对于比赛的成功者，应充分肯定他们在比赛中积极的情绪体验，同时亦应注意消除由于胜利而掩盖了的比赛中消极的情绪体验，以及由于不能正确对待胜利而产生的自满、松懈等不良情绪体验。对于比赛失败者，则需力求消除因失败而带来的消极情绪体验，并应寻找和发扬其在比赛过程中局部的积极的心理体验，以激发其再战求胜的强烈动机。

在日常训练过程中的心理训练偏重于改善运动员的个性心理特征。应根据运动员的年龄、训练年限以及所处训练阶段的不同，安排不同比例的一般与专项心理训练。处于基础训练阶段的少年选手，应以改善一般的个性心理特征为主，随着专项训练任务的加重，改善适应于专项特点的训练和竞技需要的个性心理特征的训练，安排比重则应逐渐加大。

（二）运动员心理能力的影响因素

运动员心理能力的影响因素主要包括个性特征、竞赛情绪、注意特征、感知觉能力、比赛动机水平、意志品质、自信水平和中枢神经疲劳等。

（1）个性特征。测试指标包括性格倾向性、精神质（适应力）和情绪稳定性。

（2）竞赛情绪。包括赛前情绪和竞赛状态焦虑水平。

（3）注意特征。包括注意的分配、广度、稳定性和转移。

（4）感知觉能力。包括速度知觉和反应能力。

（5）比赛动机水平。包括赛前动机水平和动机变化趋势。

（6）意志品质。包括主动性、果断性、坚韧性、自制性和自觉性。

（7）自信水平。包括一般自信、特质自信和状态自信。

（8）中枢神经疲劳。主要通过运动员自我感受的测试予以判定。

## 二、常用的心理训练方法

常用的心理训练方法包括一些心理技能训练方法和意志品质训练方法。如目标设置技能、想象技能、放松技能、注意集中技能等。

（一）目标设置技能

目标设置和努力实现这些目标的系统计划是改善运动员的自信心和提高运动员竞技能力的一种十分有效的手段。目标设置一直是心理学研究的一项重要内容，而且也是帮助运动员掌握身体和心理技能最常用的方法之一。

科学的目标设置计划可以从 4 个方面改进运动员的表现：目标使运动员的注意和行为指向需要练习的任务；目标可以动员运动员的能量和努力；目标使运动员在其进步缓慢时坚持下去；目标激励教练员和运动员寻找最合适的策略和手段以实现目标。

目标设置应考虑以下因素：

1. 表现的目标与结果的目标

确定竞赛表现的目标而不是结果的目标，最理想的是运动员应该设置 100%在他们控制下的竞赛表现的目标，必须把成功定义为超过他们自己的竞赛目标而不是胜过别人的表现。

世界著名的短跑巨星卡尔·刘易斯曾这样说："我是属于不在乎输赢类型的运动员，我只担心是否发挥了我本来的水平。如果我不能赛出我的水平，我是不会踏上跑道的……我要去参加预选赛，对付预选赛的各种情况，我很清楚我将如何去做，我只是以我特有的方式去做，我不在乎输赢，因为只要我赛出我自己的水平，输赢也是顺理成章的事。"

优秀的运动员通常在评价他们竞赛的表现时在很大程度上是看他们在其中付出了多大的努力。简而言之，他们不是根据输赢来评价自己，而是根据他们所作的最大努力。"不

在乎你的输赢，只在乎你是如何比赛的。"虽说此话已是老生常谈，但其中仍然包含着这种智慧，无论对它作何种强调也不为过。表现的目标不是结果的目标，这是目标设置计划中最基本的原则。

2. 挑战性的目标与轻而易举的目标

显而易见，运动员应该设置挑战性的目标而不是轻而易举的目标。研究表明，挑战性的目标比中等难度的目标或轻而易举的目标更能引发优异的表现。但是，目标应该有多大程度的挑战性并不是轻易就能确定的。目标不应该太难以致使运动员不能认真地对待它们，或经过反复努力也不能实现，这样反而会削弱运动员的动机，并导致运动员得出他们是失败者的结论，威胁到他们的自我价值。

实现目标的奖励将会强化运动员追求下一次成功的动机，当然其难度又要稍微大一些。训练指导的艺术之一就是帮助运动员设立能激发其最大动机的目标难度，但又不能太难而使他们干脆放弃。

3. 现实的目标与非现实的目标

运动员应该设置表现的目标，而不是结果的目标；但是，当我们一旦置身于激烈的运动竞赛，且竞赛结果的关系又十分重要时，我们就会发现自己主要是集中于取胜，而不是集中于竞技表现上。运动员出于某种原因，也总是喜欢设置一些非现实的目标。

确定现实的目标的关键是让运动员知道自己的真实水平，不要把自己的真实水平与他们希望自己应该具有的水平混为一谈。有效的目标设置需要建立在运动员与教练员之间相互信任的基础上，有时还需要对目标作出适当的调整，为实现运动员的长远目标而共同努力。

4. 具体的目标与笼统的目标

过去人们总是建议设置"尽你的最大努力"这样的目标，似乎这是一个最完美的目标。运动员从来就没有超越过这个目标，因为没有人确切知道，他的"最大努力"究竟有多大。它同样也是一个保险的目标，运动员也不会失败，因为他们总是可以说自己已经尽了最大的努力。最大努力是既难给它下一个定义，同时又难以否定的目标，这种模糊的目标，恰恰是目标设置中的一个缺陷。实际上，它根本就不是一个目标，而是一个追求，是一种运动员可以不断地为之努力的追求。

具体的目标才有实效，因为它们可以通过限定成功的标准，更准确地指导运动员的行为。其结果是，它们给运动员设定的是非常明确的期望。具体的目标应该是数量化的，限制在一个特定的时间或特定的事件中。

5. 短期的目标与长期的目标

设置目标时，长期目标与短期目标相结合也是确定挑战性的、现实的和具体的目标的一部分。

通过一系列的短期"目标"，才有可能追求长期的"目标"。虽说运动员具有一个指向未来一年、二年甚至更长期的目标是有意义的，但是确定的目标不能超过一个月。超过这个期限的目标就可能成为不现实的、模糊的，要么是难度太大，要么是轻而易举。生病、受伤、生活中的危机、学习的速度、对仪器的适应性、天气，还有很多其他因素，都会导致长期的目标成为模糊的、无效的目标。

短期的目标之所以更有效，是因为它们更具有刺激性，也可以为运动员应该采取的行动提供及时的指导。长期的目标可能会因为在时间上太遥远而不可能有太大的效果，特别是当运动员还有很多其他因素要考虑的情况下更是如此。

短期的目标，与具体的和挑战性的目标一样，在向长期目标迈进的过程中，可以提供更多的机会，以奖励运动员的成功。同时，这些目标也可以帮助运动员确定在获得实现目标所需的技能方面可能存在的问题，并帮助他们调整训练计划，以适应每个运动员的特殊需要。

长期的目标有时不可能是具有挑战性的、现实的或具体的目标，因为未知的情况和事件太多了，这些事件不可避免会对能否实现目标有影响。但是，长期的目标也有其积极的意义。首先，通过设置长期的目标可以使运动员对未来的发展方向有比较清晰的认识，从而激励自己不断向这个目标努力；其次，长期的目标可以在一定程度上淡化当前某一次比赛的重要性，因为任何一次比赛无论多么重要，仅仅是实现长期目标中的一个部分，而不是全部目标，所以长期的目标可以帮助运动员缓解对某一次重大比赛可能产生的紧张应激。

6. 个体的目标与全队的目标

在运动员的目标设置计划中，重点应该是个体的目标而不是全队的目标。全队的目标很可能是模糊的、责任不明的，常常是一些并不完全在全队或其控制范围之内的结果的目标。事实上，在很多情况下，它们根本就不是目标而是长远的目的。更重要的一点是，研究结果表明，如果仅有全队的目标，而没有符合目标设置原则的个体目标作为基础，全队的目标是不会产生效果的。

当然，当体育运动本身要求高水平的合作和协调时，全队的目标还是有意义的。像排球、篮球、足球这样的运动项目，设置全队的目标是必需的，因为集体的目标可以激发每个个体共同为此努力。可是，全队目标只有在个体目标都非常明确时才会有效果，如果没有个体的目标，运动员就更有可能懈怠。

全队的目标能够帮助激发运动员在一起作出更有效的努力，但是它必须与运动员的个体目标相结合，这些个体目标能说明运动员本身的责任，也是在运动员本身的控制范围之内的。我们应该随时注意全队的目标与个体目标发生冲突的可能，同时也应该采取相应的行动预防这种可能性的发生。

（二）想象技能

想象技能是指运动员利用头脑中已形成的运动表象进行训练的一种技能。在体育运动中，想象的作用主要表现在以下三个方面：帮助运动员获得和练习复杂的动作技能，演练某些特殊的比赛技术和战术，以及获得其他的心理技能。

想象的刺激与感觉的（或"真实的"）刺激在我们有意识的心理活动中具有相同性质的地位。在正常情况下，我们是通过各种感觉从外部环境中接受信息，在大脑进行加工。同样，我们也能从自己的记忆中产生信息，也就是在大脑内部创造我们自己的环境，我们的大脑也能用处理实际经验的同样方法来处理这种内部环境。因此，想象训练也称为念动训练或意念训练。

以下是一次跳高比赛前的特写镜头：一个运动员用脚尖点在他自己助跑的起点标记上，站在那儿，一动也不动。口中却念念有词，一副旁若无人的模样。而周围的观众正焦急地等待着他的起跑，好像等了几个小时一样。当人们问他为什么要花这么长时间来准备助跑时，这位运动员解释说，在他每次试跳之前，他都要尝试首先在想象中看见自己顺利地跃过横杆。

但是，真的就要花这么长的时间吗？他回答说，确实如此。因为有时在他的想象中，他失败了。因此，他需要在心理上不断地演练，直到看到自己漂亮地越过横杆为止。这时，也只有在这时，他才真正开始试跳。这个运动员就是美国著名的奥运会跳高运动员史通斯。想象也像外显行为一样遵循着同样的学习原则，如强化原则，即对某一种行为的积极强化会增加这种行为再次发生的可能性。如果运动员能够控制自己的想象，他们也就能根据竞赛的要求而成功地"设计"自我。

1. 发展想象技能的三个阶段

第一阶段：感觉意识。运动员在体育运动中运用的想象是从他们的经验中形成的。运动员的目标就是采用这些贮存在记忆中的经验，来创造出他自己能够组织和控制的形象。改善运动员的想象技能，起初最重要的一步就是使运动员更清晰地意识到他们完成动作时的全部感觉。运动员需要注意自己身体的位置、脚步移动、时间节律、动作的连贯、方向的变化、实际击打一个目标时的准备动作等。当然，他们还应该清晰地意识到自己完成动作时的视觉、动觉和听觉。

第二阶段：鲜明生动性。这是指所有感觉的鲜明生动的形象。运动员、教练员或运动心理学家可以非常容易地设计这样的练习。如果运动员的想象技能非常差，我们可以从一些简单的练习开始。比如"寝室练习"，这个练习就是要求运动员重现他们12岁时房间的情况。这个练习几乎每次都能引出鲜明生动的想象。此后，我们还可以努力寻找练习中的变化（多样化），使它们与运动员的运动项目联系起来。同时，我们也可以鼓励运动员自己设计鲜明生动的练习，自己负责自己的心理训练。

第三阶段：控制性。控制性练习主要是学习操纵想象的形象，以产生所需要的结果。通常我们可以让运动员先做一些非体育运动的练习，如操纵一木头方块（骰子），体会手臂的沉重感；或体会一只脚放在盛满冰水的桶里的感觉。然后，指导运动员自己设计与自己的运动项目有关的控制性练习。例如，篮球运动员可以想象运球，做各种投篮动作，或改进特殊的防守技能。

2. 想象训练的准备条件

想象研究的结果已经说明，鲜明生动性和控制性在下列条件下训练，可以收到最好的效果：

（1）背景。那些具有高水平的想象技能的人，比如瑜伽大师，几乎可以在任何背景条件下练习或表演他们的技能。可是，运动员中有此技能者却为数甚少。因此，他们开始练习想象时就需要在一个没有分心因素的背景条件下进行。随着运动员想象技能的发展，他们就要学习在各种条件下甚至是在激烈竞赛中，具有各种分心因素的背景下运用想象。这样他们就能够在集中于内部形象的时候，让那些分心因素从他们的意识中隐退。

（2）注意放松的状态。在每一次想象练习之前，运动员都需要做到完全放松，但不是放松到进入睡眠状态。他们需要使心理和肌肉平静下来，但同时又能注意到要做的事情，即一种注意放松的状态。

如果运动员让他的大脑左半球始终被各种活动占据，如分析过去的错误、思考白天的事件、担心某一项测验、为女朋友说的某些话而烦恼等，这样，在他的大脑右半球这个想象中心，就什么也显示不出来。放松的注意状态使想象得到解放，而紧张则使它受到抑制。在想象训练中，放松和想象综合使用比任何一种单一的方法要更有效。

（3）想象提示物。有些运动员发现，可以运用一些称之为触发器的东西，即某些与他们的运动项目有关的先兆或物体，来提高自己的想象能力。例如，棋类运动员发现当他们想象某一种战术和定势时，用一块空白木板或纸板可以启发自己的思维。1976年奥运会田径十项全能冠军布鲁斯·杰纳尔总是在他的客厅里放着一个栏架。别人问他为什么这样做时，他说每当他躺在沙发上时，他就可以在心理上演练自己轻松地跨越这个栏架。

3. 想象技能评价

对想象技能的评价包括以下几个方面：

（1）想象中图像的清晰度。
（2）想象中图像的颜色。
（3）想象的情境中有无声音。
（4）想象中图像的连贯性与活动性。
（5）想象中自我的肌肉运动感觉。
（6）想象中自我的情绪体验深度。
（7）想象能否按照自己的意愿进行。

有一点需要说明，想象并不仅仅是获得视觉形象，它是一个多种感觉的综合体验。运动员通过想象动员的感觉通道越多，其形象就越鲜明或越强烈。运动员想象激发的感觉和情绪的意识愈清晰，其有效运用想象的能力就愈强。

### （三）放松技能

在参加体育活动时，人们经常遇到的一个问题就是肌肉紧张。肌肉紧张带来的后果就是常常难以完成所要求的技能动作，甚至连一些最简单的动作也做得不够自如。此外，肌肉的紧张还会导致情绪和心理的紧张，从而不必要地消耗身体和心理能量，长期处于紧张状态，会有损于身心健康。

学会肌肉放松是保持身心健康的有效手段。下面介绍三种肌肉放松的方法：

1. 想象放松法

这种放松程序就是想象自己身处某种非常放松和舒适的外部环境或场所之中。例如，想象自己躺在沙滩上，沐浴着温暖的阳光，凉爽的海风不时拂面而过，海浪有节奏地、像脉搏般地一起一伏。或者，想象自己漫步在丛林中；也可能是坐在一个僻静小屋温暖的火堆旁……可以如此作各种联想。其中重要的一点就是想象中的这些地方应该与自己过去曾经体验过的舒适或放松的感觉之间具有某种稳定的联系。

这种放松技术的前提就是：即使人们不能改变实际的外部环境，但可以在自己的心理上改变当前的外部环境。

在做想象放松练习时，可先找一个舒适的位置（地板上、草地上或其他地方），随心所欲地躺下，手臂放在身体两侧，两腿自然伸直，闭上双眼。

接下来，想象自己最中意的放松的地方，即自己总是觉得舒适和安全的地方；然后，使自己尽可能地放松，深深地吸气，缓慢地呼气；随后，在视觉上展现自己在这个地方的图像;并尽可能使图像生动、逼真,而且不仅仅是图像,还要"感觉"到自己确实是身临其境。例如,听到了那儿的声音,嗅到了那儿的空气,感受到了那儿的沙滩或海水,等等。并不断提醒自己放松,唤起一种深度放松的感觉。在运用想象时愈能体验到置身此境,也就愈容易产生放松的效果。

前世界赛车冠军杰克·史杜特(Jackie Stewart)在想象时,采用了一种与人不同的新异方法以进行放松。每次在临近比赛之前,他就坐在自己的赛车里,想象自己的身体就像一个气球在膨胀,一直膨胀到最大限度;然后慢慢把气放出来,一直到放完为止,让自己体会气球放完气后的放松感觉。在比赛的时候,他也用这种方法帮助自己在身体上和心理上作准备。

2. 逐渐放松法

逐渐放松法是杰克布森(Edmund Jacobsen,又译雅可布松)在20世纪30年代提出的一种精心设计的放松程序,这些年来已被人们作过了相当大的修改。它的基本原理就是先学习、体会肌肉中的紧张,然后学习如何逐渐消除这种紧张;其程序是从身体的某一个局部开始,逐渐达到全身放松。

例如,可以从优势手开始,用优势手收缩前臂肌肉,将手举到优势手同侧的肩部,尽可能地让前臂和肱二头肌紧张。将这种紧张保持大约5秒钟,使注意力完全集中在体会这种紧张的感觉上。然后放下前臂,迅速将这些肌肉完全放松,将注意高度集中在放松的感觉上。之后尝试进一步地放松手臂,将所有的紧张一扫而光。如果能体会到紧张正在离开肌肉的感觉,这就是逐渐放松了。

当消除了紧张以后,我们是否就能够达到"深度"放松呢?我们还可以用以下的方法去尝试:想象肌肉中的紧张就像一辆汽车中的速度表一样,紧张的最高极限是100,完全放松是0。现在,使上肢紧张,慢慢将这种紧张增加到50,然后到75,最后到100。到100时,使它保持5秒钟,并将注意集中在体会这种紧张的感觉上。然后,迅速地消除这种紧张,尽快地尝试让紧张回复到0的位置。此时,即达到深度的放松。

逐渐放松训练就是基于这种神经—肌肉放松的原理。首先是学会如何让身体各个部位不同的肌群产生紧张,然后逐渐使它们达到深度放松。通过练习,再学会把这些肌群整合起来,开始时可以合成为7个肌群,然后合成4个,最后,一次将整个身体整合在一起。在一般的情况下,如果每周练习3~4次,需要花4~6周的时间学会逐渐放松技能。使自己身体完全放松的时间也会随这种放松方法的熟练而逐步缩短,甚至能够在几秒钟的时间内,使身体达到完全放松。

3. 自我引导放松法

这个程序是逐渐放松训练的一种简化形式,也很容易运用。在进行这种练习时,一边缓慢地、轻松地呼吸,一边通过自我引导在视觉上展现紧张流出体外的形象,逐渐放松身体的各个肌群。

自我引导放松的目的就是要逐渐减少使整个身体完全放松所需的时间。在开始的时候,运动员可能需要花10分钟的时间来执行这些指令,经过练习之后,所需的时间会越来越少,而放松的程度则会越来越高。在放松每一个肌群时,运动员应该用较少的自我引导语,并把有些肌群联合起来,这样实际上只需几秒钟的时间就能使身体完全放松。

以下提供了一个自我引导放松练习(简化)脚本。我们可以按照这个脚本的指令进行练习。练习时，脚本可以由他人念诵，也可以由自己念诵。在念诵这个脚本的时候，要求自己按照脚本指令要求去做，每一个字句要念得缓慢、柔和，在适当的地方还要有停顿。

**自我引导放松练习（简化）脚本**

深深地吸一口气，缓慢地将它呼出来。在头脑中想"放松"（停顿）。深深地吸气……缓慢地呼气……深深地吸气……缓慢地呼气。现在将你的全部注意集中在你的头部。体会在你的额头上的任何紧张。现在要你让额头上的紧张放松。放松……（停顿）。要进一步放松……进一步放松……进一步放松。

体会你的颌部或其他面部肌肉中的任何紧张。现在要你让这些肌肉中的紧张放松。体会紧张已随风而去。

……

现在放松你的整个身体。完全地让它放松。体会所有的紧张都从你的面部肌肉……你的胳膊和双手……你的颈部和背部……你的胸部和腹部……你的大腿、小腿和双脚中一扫而光。

深深地吸气……缓慢地呼气。体会在你整个身体内的放松。放松……（停顿）。深深地吸气……缓慢地呼气（停顿）。进一步放松……进一步放松……进一步放松。

有人发现将想象放松和自我引导放松结合起来效果更好。例如，一个人可能在视觉上展示一个小人儿用一把小扫帚将紧张从相应的肌群中清扫出去了。另一个人则可能在视觉上展现出紧张就像是秋天的落叶，而每一次的呼吸则如强劲的秋风将肌肉中的紧张一扫而光。

此外，还有一些其他肌肉放松的方法，如借助仪器的生物反馈放松方法，由他人引导的催眠放松法等，可以根据不同的需要而采用。

### （四）注意技能

注意是指人的心理活动对一定对象的指向和集中。注意是成功地完成技能动作和体验竞赛乐趣的另一个至关重要的心理技能。超级的竞赛表现只有在运动员处于最佳能量区域时才有可能出现，其特点就是注意完全集中在完成动作技能的过程而不是别的任何事物。契克森特米哈依（1975）指出，只有当注意完全集中在完成技能的适宜因素上时，才可能出现情绪饱满自如的状态。

**1. 注意的指向性**

注意的核心技能之一就是选择适宜的刺激或线索的能力，运动员应该将自己的注意从数不胜数的无关刺激和对抗性的刺激中指向适宜的刺激或线索。如足球的中场运动员能够从后卫得球后，迅速观察到对方形成的堵截，确定预先计划的空当是否已打开，看到对方所有的阻挡队员，始终将球处在自己的保护之下，运用所有正确的策略"冲出重围"，就是注意选择技能中一个非常突出的技巧。

帮助运动员将他们的注意指向适宜的线索，应考虑以下要领：

（1）与运动员一起分析自己的运动项目中每一种特殊技能对注意的要求，确定这种注意究竟是内在的还是外在的，应该广阔到何种程度或狭窄到何种程度。

（2）当注意集中于外部时，要让运动员明白注意应该以何种次序指向何种线索，要尽可能地减少注意的线索和尽可能地使其明了。当注意集中于内部时，要指向积极的、建设性的思维，而不是消极的思维。

（3）在实际完成某一种技能时，注意要指向当前正在完成的动作和马上就要完成的动作，而不是指向已经过去的比赛情况。

（4）注意应集中在与任务有关的因素上，例如动作的结构和动作的实施，而不是集中在得分或悬而未决的结果上。运动员在同一时间内不可能将注意集中于两个不同的事物上。如果运动员将注意集中在目标上，他就不可能集中于方法上。换一句话说，如果运动员正在考虑获胜，他也就不可能同时考虑如何去击下一个投来的球，如何把球投进篮圈或如何发出一个直接得分的球。

（5）帮助运动员形成关于何种线索应该注意和何种线索应该过滤掉的心理定势和期望，然后让他们学会对这些线索的适宜反应。

（6）在帮助运动员形成心理定势的同时，让运动员掌握那些可以帮助他们预测某些反应的线索，然后帮他们分析何时适宜作出预测反应。

（7）在学习运动技能的时候，要让运动员的注意指向完成这些技能时他们肌肉内部的感觉和体会上。注意集中于这些运动线索可以提高运动员学习这些技能的速率，想象也是传授运动知觉的一种极好的方法。

（8）在训练过程中，要在训练开始的时候趁运动员的心理能量还处在高水平时做那些需要注意的教学活动。

（9）在训练过程中，当运动员初学某种运动技能时，要尽量减少分心因素，但是，稍后则要引进模拟竞赛的分心因素，这样才能训练运动员的注意技能。

（10）当外部环境中有大量的不确定性因素时，特别是那些运动员可能觉得对他们的自我价值是一种威胁的不确定性因素时，这种情况就会使他们产生紧张应激，也会增加他们分心的可能性。

2. 注意的集中

注意和集中在体育运动的语言中通常是作为同义语使用的，但事实上并不应如此。注意的集中一直被定义为"注意范围的缩小，使注意固定在某些刺激上"和"使注意维持在所选择的刺激上"。为了改进我们在描述注意技能的语言的精确性，注意的集中应该被限制在后面的一种意义上，即在一定的时间内将注意维持在所选择的刺激上的能力，我们通常称之为注意的持续时间。

发展注意的集中是一种自相矛盾的努力。我们知道紧张的注意集中需要大量的心理能量，因为当我们集中于某一对象时，无论时间的长短，都会感到心理上的疲劳，以及警觉性的降低。因此，当我们力求改进注意集中的技能时，我们就面临着一种需要作出巨大的心理努力的任务。但是，却正是这种努力导致注意的集中离我们而去。世界职业高尔夫球超级巨星博比·尼克尔斯曾这样说："如果我们在比赛中要提醒我们自己注意集中，我们也就没有机会真正集中。"注意的集中并不是在开始做某件事时要特别努力，它也不是力求去直接将注意集中于某个对象，注意的集中是一种不需要作出努力的努力。注意的集中是对我们所关注对象的一种入迷的心理状态。

注意的集中需要使心理活动平静下来或像泊车一样停靠在一定的场所。聪明的运动员可能会提出这样一个问题："应该将心理活动停泊在什么地方呢?"这是一个很好的问题。心理活动应该停泊于何处集中呢?它应该停泊于当前,这样不管运动员在何处,总是有一个当前。运动员应该将注意的集中正好停靠在当前的任务上而不是任何其他的事物上。

不同的运动员注意集中的能力也有差别,有的能力较强,有些则能力较弱。同样,有的运动员对分心因素更敏感,那么,他们的注意选择和注意转换的技能也较差。如前所建议的,应改进这些注意技能,控制紧张应激;运动员本身对此也有自己的方法。注意集中也可以通过一些需要注意集中的任务来对心理活动进行训练,从而使其得到发展。

因为注意集中需要如此的心理上的努力,或者是因为运动员还没有意识到训练这种技能的需要,很多运动员并没有按照自己运动项目比赛的时间来练习注意的集中。他们集中注意的练习还仅仅局限于某一些竞赛的环节。同时也要安排竞赛以外集中注意力的心理技能训练。

教练员应该让运动员明白,注意集中的技能并不是通过咬咬牙,使某些部位的肌肉产生紧张和迫使自己的心理活动指向于当前的任务就能得到练习的。所有这些活动所引起的不是将注意集中于当前的任务,而是将注意集中于注意集中本身。注意集中就是让我们自己专注于此时此刻正在从事的活动。进入情绪饱满自如的状态和促进情绪饱满自如状态的那些程序也会帮助运动员提高注意集中的技能。

改进注意的集中,应考虑以下几个方面:

(1) 由于注意的集中是一个被动的过程,这种技能的改进有些要通过让心理活动准备集中注意来实现,如摆脱紧张应激、沉醉于注意的目标等。关于控制心理能量、紧张应激的一些要领,特别是关于达到情绪饱满自如状态的一些建议对改进注意的集中将会有巨大的帮助。

(2) 提高注意集中水平的另一个有效的途径就是运用临赛前程序,这种临赛前的程序如前所述可以降低不确定性、减少出现分心的潜在可能。

(3) 注意集中的改进还可以采用动作触发器,即一些可以提醒运动员集中注意的词语和动作。

(4) 注意的集中可以通过练习迅速得到提升。运动员在训练课中应该花一些时间像实际比赛所需要的那样保持自己注意的高度集中。

(5) 在训练和竞赛中保持心理上的警觉性和控制心理能量不仅可以帮助运动员产生如剃须刀般锋利的注意的集中,而且还能获得更好的注意选择和转换技能。

(五) 意志品质训练

意志品质就是能使我们去完成那些几乎不愿意承担的任务,甚至可能是讨厌的任务的一种品质。例如,在运动训练或竞赛过程中,当我们疲劳或者承受乳酸堆积引起的疼痛时,仍然坚持到底,这就是意志品质的作用。

实践经验表明,那些具有最顽强的意志力的人,即那些能迫使自己克服不利情况(诸如疲乏)而完成任务的人,往往是最能够发掘自己潜能的人。运动竞赛实际上是斗智斗勇的过程,斗智是指技战术水平的交锋,而斗勇则是意志品质的较量。"两强相逢勇者胜",在其他条件相同的情况下,胜利者将是具有顽强意志品质的人。

运动竞赛首先需要的是毅力,其次是进取心和拼搏精神。尽管比赛的情况非常艰苦,处于主动进攻心理状态的人是不会轻易放弃努力的。放弃努力就意味着失败!

比赛中的表现实际上是平时训练的反映。因此,在训练中,运动员首先要学习永不放弃的精神。运动员在紧张比赛的情况下常常会反映他平时训练中的习得行为,如果平时训练时是消极被动和马马虎虎的,那么在比赛中也可能表现出同样的态度。所以,意志品质更需要平时的训练和培养。

所有的训练都是一种对负荷的适应,运动员意志品质的训练也是如此。苏联运动心理学家鲁吉克(Rudik)设计过一些关于如何培养意志品质的建议,主要有以下几点:

(1) 从小问题着手。即使是琐碎的问题,在意志品质训练中也有重要意义。

(2) 自己本身必须有解决问题的渴望。

(3) 学会运用积极思维使自己进入进攻状态。当面临比较困难的任务时,首先要有克服困难的勇气。

(4) 将训练当作比赛,始终处于进攻状态,所有培养意志品质的练习都必须全力以赴。慢慢腾腾、敷衍了事只会产生消极的作用。

(5) 要将全部的注意力集中指向当前的任务。

(6) 对毅力这种意志品质的训练并不需要进行得过于频繁。但是,这种训练应该使运动员提高在较长时间内承受心理负荷的能力。

(7) 培养意志品质的练习和任务必须在心理上有一个明确的目标。一种意志品质的努力如果没有导致某个目标的实现,常常会带来消极影响。既要不怕失败,同时还要力争取胜!

## 三、运动员心理训练的基本要求

### (一) 完成由感性认识到理性认识的飞跃,将心理训练付诸实践

尽管大多数教练员和运动员自己也承认,心理因素在决定他们的竞赛结果中起着重要作用,但是运动员总是难以做到,教练员则更是难以抽出时间专门用于心理训练,他们还是把几乎百分之百的时间用在了体能训练和技、战术训练上。

有些教练员,尤其是一些从事青少年训练的教练员认为心理因素在运动竞赛中的作用和重要性在高水平的比赛时才表现得比较突出,所以心理训练只是针对高水平运动员而言的。在运动训练的初级阶段或对训练水平较低的运动员,如青少年运动员,无须进行心理训练。殊不知,运动员在竞赛中尤其是在高水平的激烈竞争中表现出来的某些心理障碍、心理失常、心理失控并不是到高水平的比赛时才产生的,常常是在早期训练或竞赛中未进行或未重视心理训练所留下的隐患。所以在青少年训练中,不仅要打好体能、技术和战术训练的基础,而且也要打好心理训练的基础。

有些教练员不好意思接受运动员的心理训练计划,因为他们已习惯于传统的训练模式,也没有多少准备来做运动员心理训练方面的专家,这是可以理解的。但是,作为一个教练员也必须意识到,时代在进步,科学在发展,今天是一些处于领先地位的教练员,而明天则会是所有的教练员都会将运动员的心理训练纳入自己的训练体系。如果一个教练员现在不学习、掌握运动员心理训练的理论和方法,就会使自己的运动员缺少了一种其他运动员所具备的优势。

可以肯定，当今或未来在国际体育舞台上展示辉煌的运动员绝不会是那些仅仅在体能、技术、战术方面刻苦训练的人，而是那些在心理技能方面也注重训练的人。

（二）变自发使用为自觉运用

诚然，不少教练员在自己的训练中也采用过一些方法对运动员进行心理训练，并取得了一定的效果。但大多数教练员还处在根据自己的经验自发地采用心理训练，或遇到问题时才想起心理训练的阶段。如有些教练员在看到运动员遇到困难时不能坚持下去，缺乏顽强拼搏精神，才意识到要对运动员进行意志品质的训练；还有些教练员是有了某个运动员由于赛前或赛中情绪紧张，导致动作失常、比赛失败的经历时，才想到要对运动员进行控制紧张情绪和放松技能的训练；也有些教练员可能认为请一个运动心理学专家帮助自己开始运动员的心理训练计划会方便得多，或者赛前临时抱佛脚，请心理专家来帮助解决心理问题。

但是教练员必须明白，对运动员的心理训练最终还得由教练员自己负责实施。教练员需要在日常训练的基础上传授和提高运动员的心理技能和进行心理训练，就像每天传授和提高运动员的体能及技、战术水平一样有意识、有计划地自觉进行。同时，教练员对心理训练的投入也会直接影响运动员对心理训练的投入。

（三）由个别、零散运用变成系统运用

有些教练员也认识到心理训练的重要性，但由于缺乏对心理训练的系统了解，在安排心理训练的时间时，认为可以按照专家对不同训练水平的运动员心理因素所占的重要性的比例来安排心理训练的时数。如在青少年时期可按低水平运动员处理，在一周30小时的训练中抽出20%的时数来专门进行心理训练；对高水平的运动员则抽出80%的时数用于心理训练。这是对心理训练时间安排的一种片面理解。

还有些教练员和运动员在心理训练方面仅仅作出了一点点努力就想收到惊人的效果，有些运动员只尝试了几次逐渐放松训练、内省训练、想象训练，只上过几次心理课，他们就放弃了，因为没有收到立竿见影的效果，他们甚至怀疑心理训练的作用。平心而论，所有的教练员都没有希望自己在一个星期内就训练出职业篮球选手，或一个月内训练出世界级的网球运动员，或一年之内训练出奥运冠军，而他们却想经过几次心理训练就产生奇特的效果，这也是一种不现实的希望。也有些教练员对心理训练的理解也仅限于像意志品质训练或放松训练等一两种具体方法的掌握或应用这样一个狭小的范围。应该指出，教练员必须完整理解、全面系统地贯彻对运动员的心理训练，而不是个别、零散地选用，才能收到心理训练的整体效应。

（四）持之以恒，融会贯通，全面发展。

教练员和运动员必须认识到心理训练并不是一种速效的兴奋剂，也必须付出艰苦的工作来发展心理技能，心理训练也是一项长期的工作。同时，心理训练与体能及技、战术训练是相互依存、相互制约、相互促进的，不能将它们割裂开来，孤立地看待不同的训练，而应该将心理训练与技术、战术及体能训练有机结合，融为一体，全面发展运动员的竞技能力。

运动员心理训练成功与否的关键人物就是教练员，教练员不仅要相信心理训练的价值，还必须像理解自身项目中体能和技、战术训练一样理解心理训练。而且，也要乐意使运动员的心理训练成为日常训练计划中一个不可缺少的组成部分，付诸实施。我们的教练员不仅应该是体能训练、技战术训练方面的专家，也应该是运动员心理训练方面的专家，这样就可以名副其实地堪称具有现代意识、掌握现代科学训练方法的教练员了。

## 第三节 运动员知识能力及其训练

### 一、运动员知识能力概述

（一）运动员知识能力释义

运动员知识能力是运动员竞技能力的重要组成部分。它是指运动员掌握和运用运动知识提高竞技运动水平的能力。掌握运动知识是运用运动知识的前提，运用运动知识，提高竞技运动水平是掌握运动知识的目的。

从以下三个方面来理解运动员知识能力：

首先，从人类运动知识本身的特点来看，运动知识是人们在实践中获得的与运动相关的认识和经验。运动员所掌握的运动知识是指运动员所知道的、有助于提高体能、技战术、心理能力并在比赛中创造优异成绩的相关知识。同一内容的知识，既有感性成分，也有理性成分。

其次，从运动知识的获得途径来看，运动员个体知识结构需要不断完善。运动员获得运动知识的途径有多种，既可以来自训练和比赛的运动实践，也可以来自书本和教练员等他人的传授。作为与肌肉活动相联系的运动知识的操作部分，其获得途径必然是在运动实践当中。

第三，从运动知识产生作用的方式来看，知识本身不会产生力量，只有合理运用知识才会获得知识的价值。运动知识的运用是指运动员利用所获得的运动知识来提高其竞技能力和在比赛中取得更好的成绩。

（二）运动员知识能力的构成

知识结构是指由各类知识形成的知识框架和各类知识的比重。依不同的分类标准可把"知识"分为自然科学知识和社会科学知识，普通知识和特殊知识，基础知识和专业知识，传统知识和现代知识等。运动员需要掌握的是与取得优异成绩相关的合理、优化的知识体系，其中既包括精深的专门知识，又包括广博的一般知识。

现代运动训练已经进入更加理性化、科学化的时代。随着奥林匹克运动在全球范围内的普及，随着竞技运动水平的普遍提高，竞争日趋激烈，提高运动成绩、夺取奥运金牌的难度越来越大。运动员在比赛中的竞技表现涉及多元的因素，包括体能、机能、知识、心理、技术、战术及许多社会因素。涉及人体形态学、运动遗传学、运动解剖学、运动生理学、运动生物化学、运动生物力学、运动营养学、运动医学、运动心理学、体育教育学、体育管理学、体育信息学等几十门学科（图4-3-1）。运动训练全面吸收和应用信息科学、材料科学、生物科学等学科的最新研究成果。

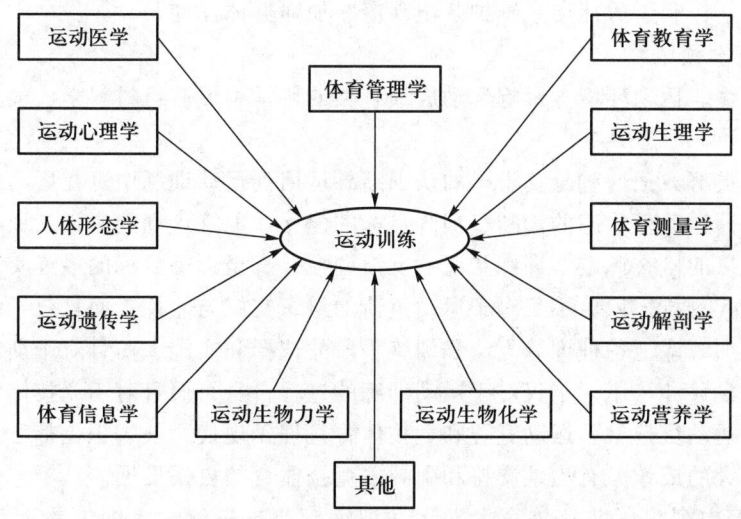

图4-3-1　运动训练所涉及的学科

最初的运动训练活动是建立在实践经验基础上的。当人们从各自母学科的角度来认识训练过程时，便逐渐形成了与运动训练有关的各个分支科学。一个运动员的成长所涉及的学科领域包括人体生物科学、心理和教育科学、人文社会科学、自然科学等方面。

1. 运动人体生物科学

与运动员体能和技能的发展紧密相连的是人体生物学领域的相关学科，包括运动生理学、运动医学、运动生物化学、运动生物力学、人体动作技能学、运动解剖学、运动营养学等。它揭示了人体形态结构、身体机能、运动素质在运动训练和比赛中发生变化的规律，阐明了运动训练过程的生物学原理，为指导不同年龄、性别，不同运动项目和不同训练水平的运动员的训练实践提供了重要的理论依据。

比如，利用测试数据可以监控和调整运动员的运动负荷，有效防止运动损伤和过度疲劳，提高训练质量：用心率、血乳酸、尿蛋白等的指标评定负荷强度；用血糖、血氨、尿酮体等指标判断运动员身体的疲劳程度；用心率、血尿素、血清肌酸激酶活性等指标判断运动员对负荷强度的适应情况等。

2. 运动心理学和体育教育学

与运动员心理能力发展有关的是运动心理学和体育教育学，包括运动员认知方式、情绪控制、心态调整、人格修炼、文化素质、运动专项文化熏陶。运动心理学研究的内容十分广泛，如技能学习、竞赛心理、运动对人的意义、从事运动的动机，以及运动员之间、教练员和运动员之间、运动员和观众之间的相互关系，心理训练和运动心理治疗方法等。20世纪初期，研究的问题多集中在技能学习上，包括学习的分配、保持和迁移等，而后深入到运动行为的理论方面。比如，运动员在训练和比赛中的认知方式、情绪调节、行为控制；运动员的心理辅导、心理咨询，以及心理健康教育。

3. 体育人文社会学科

与运动员个体在团体中行为方式发展紧密相连的是社会科学，它揭示运动员的价值

观、人际关系、个体社会化的形成,运动员个体与群体行为在运动训练中的变化规律,是开发运动员竞技能力的理论基础之一。人文社会学研究成果的运用有助于改善群体结构、放大系统功能、控制矛盾冲突、维护队伍秩序、加强群体互动。

4. 其他科学领域

与运动器械、运动环境等影响运动成绩有关的科学领域有:材料学、气象学、计算机技术等。

目前教练员努力把这些分支学科的认识结果运用到运动训练中。在运动训练全过程的每一个环节,即运动员状态的诊断、训练目标的建立、训练计划的制订、训练活动的组织实施、训练效果的检查评定、训练状况的反馈调控,直至训练目标的最终实现,无一不广泛地应用着现代科技知识。不仅对于运动负荷的组织实施与监控,而且对于负荷后的恢复过程;不仅对训练课上各种训练方法和训练手段的选择和实施,而且对于训练课外多种合法强力手段的设计和采用;不仅对于运动训练的过程自身,而且对于竞技体育活动的其他重要环节,即运动员选材、运动竞赛和竞技体育管理,现代科技知识也都已广泛地参与其中,取得了巨大的成效,有力地支持和引导着竞技体育的更快发展。

表 4-3-1 中列出了北京体育大学运动训练专业本科教学大纲中除运动专项以外的课程。

表 4-3-1　北京体育大学运动训练专业本科教学大纲(学科)

| 学科领域 | 生物学科 | 运动训练学科 | 心理与教育 | 其他领域 | 人文社会学科 |
| --- | --- | --- | --- | --- | --- |
| 课程名称 | 实用运动解剖学<br>运动训练生理学<br>运动伤病防治<br>运动员营养<br>运动训练生化分析<br>体育测量与评价 | 运动训练学<br>运动选材学<br>力量训练法<br>体能训练概论<br>运动技术分析与诊断 | 体育学概论<br>教育学<br>运动心理学<br>运动心理咨询 | 计算机应用基础<br>体育统计学 | 英语<br>哲学<br>运动训练管理学<br>应用写作<br>法律基础 |

(三) 运动知识的分类

知识的层面有:描述性的说明"是什么",解释性的说明"为什么",操作性的说明"怎样做",限定性的说明"是谁的"和时间等条件。

可以从 4 个层面来看知识所解决的不同问题:① 关于事实的知识,即解决"是什么"的知识。② 自然原理和规律方面的科学理论知识,即解释"为什么"的知识。③ 关于技能和诀窍方面的知识,即指导"怎么做"的知识。④ 谁知道某种信息的知识,即指明"是谁的"知识。

对于运动员来说,第三类知识很重要,即完善的体能、完美的技术、灵活机动的战术、优良的心理素质。但是,一个高水平的运动员不仅要拥有第三类知识,而且还要拥有第一、二、四类知识,要能够对体能、技术、战术心理进行深入的认识和分析,理解其规律和原理,才能从顺利进入优异成绩的保持阶段,并延长自己的运动寿命。

4 个层面的知识之间相辅相成,既要具备体能、技术、战术、心理调适本身的知识,还要知道相关联的事情、原理，以及了解它们之间的相互关系等。例如，跨栏动作练习。以前我们是从一帧一帧连续的照片上来看运动员跨栏动作的各个环节的，从照片上看到运动员的腿在摆动。对照照片，我们的运动员也练习腿的摆动。

培养了奥运会冠军刘翔的孙海平教练早年带队出国比赛时发现，世界优秀短跨选手的髋和腿形都是呈倒胡萝卜状的，即胯部、腿根部十分粗壮，而下端则相对较细。从动作要素、肌肉解剖、生物力学的角度，深入分析跨栏中起跨步动作的用力特征，就会推论出髂腰肌在近侧支撑时，由下向上前收缩能使大腿屈曲；而在远侧支撑时，两侧髂腰肌同时收缩，使躯干前屈和骨盆前倾，为跑动中身体重心积极前送完成抬腿下压动作从而获得向前的速度创造了良好的条件。"因此真正发力的部位应该是在身体的1/2处，也就是臀部了。"基于这一认识，孙海平在1999年及2000年特别注意加强对刘翔臀部肌肉的锻炼，取得了明显的效果。

（1）程序性运动知识和陈述性运动知识

从教育心理学角度，以动态和静态为标准分为动态操作形式的程序性知识和静态概念形式的陈述性知识。程序性运动知识主要靠动作予以表达，陈述性运动知识则主要靠语言表达。

① 程序性运动知识：程序性知识是关于怎样做的知识，涉及操作步骤和过程，这类知识主要用来解决"做什么"和"如何做"的问题，如通过动作表达出来的技术、战术本身。

由一系列动作操作构成的运动技能就是一种程序性知识。运动员学习和掌握运动技能的过程包括：通过观摩他人的示范动作建立视觉表象，通过反复练习建立和巩固动觉表象，最后达到动作自动化的程度。经过训练，运动员可以完成这些动作的各个环节，表现出各环节动作在一定时间、空间和力量上的特点，或者说各个环节中身体的位置、动作力量、幅度、方向和速度等。这种动态的程序性运动知识，相当于我们所说的技术或战术中的动态部分。以排球中的正面下手发球动作为例，运动员能够做出这个动作（图4-3-2），就说明他具备的这个动作的程序性知识。

② 陈述性运动知识：陈述性知识是描述客观事物的特点及关系的知识，包括通过文字符号表达的、描述体能、技战术特点、说明其原理和相互间关系的知识。如关于体操运动员做出一套完美动作的要领，篮球运动员完成一次快攻的战术环节，以及体操运动员完成一套动作所涉及的生物力学、生物化学的机制，篮球运动员所采用战术的决策过程等。

陈述性知识是关于"是什么""为什么""怎么样"的知识，涉及描述客观事物的特点及关系，用于区别、辨别事物。这类知识主要以文字或符号为载体，说明概念和概念间的关系。

比如说，"排球发球"的陈述性知识表达为"发球队员在第一裁判员鸣哨5秒钟内，将球抛起或持球手撤离，在球落地前，用一只手或手臂的任何部分将球击出。"

再比如，图4-3-2中排球下手发球的陈述性知识如下：

图 4-3-2  排球中的正面下手发球

动作概念：排球正面下手发球是指发球队员面对球网，手臂由后下方向前摆动，在腹前将球击入对方场区的一种发球方法。

动作方法：准备姿势，面对球网，两脚前后开立，左脚在前，右脚在后，两膝微屈，上体前倾，左手持球于腹前，右臂自然下垂，两眼注视球（图 4-3-2 之 1）。抛球，左手将球在体前右侧抛起，高手 20～30 厘米。在抛球的同时右臂后摆（图 4-3-2 之 2、3）。击球，右脚蹬地，身体重心前移，右臂伸直。以肩为轴。向前摆到腹前，用虎口或掌根或手掌击球的后下部，随着击球动作身体重心前移，迅速入场（图 4-3-2 之 4、5、6）。

动作技术分析：击球手臂应以肩为轴向后摆起，再以肩为轴直臂向前摆动，在击球前手臂不应有屈肘动作，这样有利于加快挥臂速度和控制击球出手角度、路线并加强准确性和攻击性。手触球时，手指、手腕要紧张，手成勺形，以掌根部位击球。

动作技术要领：左手抛球低出手，右臂摆动肩为轴；击球一刹那不屈肘，掌根（或虎口或手掌）部位击球准。

此外，排球发球的重要作用是什么？怎样提高排球发球的攻击性？影响飘球的力学因素是什么？这些问题的答案以专著或研究成果的形式存在，都属于陈述性运动知识。

（2）显性运动知识和隐形运动知识

英国学者波兰尼于 1958 年指出："人类有两种知识，通常所说的知识是用书面文字或地图、数学公式来表述的，这只是知识的一种形式。还有一种知识是不能系统表述的，如我们有关自己行为的某种知识。如果我们将前一种知识称为显性知识的话，那么我们就可以将后一种知识称为缄默知识（隐性知识）"。

新知识观认为，根据知识能否清晰地表述和有效地转移，可以把知识分为显性知识和隐性知识。传统意义上的知识是指那些能够说出来的知识。

在竞技体育中，隐性运动知识则是运动员完成动作的实践经验，显性知识是对动作的语言描述。

① 隐性运动知识：运动知识的特点之一是与肌肉活动相联系，有大量的具体动作，而不是抽象的概念。在运动员的竞技能力中，能够做出来的事情，不一定能够用语言表达出来，有些动作本身就很难重复再现。例如，运动员可以很好地完成技术动作、战术动作和心理调适过程本身，准确地观察、判断场上情况，迅速决策，但是，却很难用语言来表述它们，这些属于隐性运动知识。

正如英国哲学家波兰尼用以说明隐性知识的例子：我们可以在成千上万张脸中把一个自己认识的人辨认出来，但是通常我们却说不出我们是如何认出的。在竞技运动中，我们也经常看到这种现象：运动员的动作做得非常规范、完美，但是很难描述动作过程。有时可以说出动作的各个环节、身体姿势、动作轨迹，但是却说不清楚各环节的动作力量和动作节奏。

运动员通常所说的"凭感觉""看发挥"，以及那些情境性很强的、个体的经验，虽然缺少文字的表述，但它们也是知识的一个组成部分。以武术动作中的"白鹤亮翅"为例。关于"白鹤亮翅"的隐性知识是运动员完成动作的经验（图4-3-3），包括那些非正式的、难以表达的技能、技巧、经验和诀窍等；还包括认知类的隐性知识，如价值观、心智模式、队员间的默契和组织运动文化等。

图 4-3-3 武术套路动作中的"白鹤亮翅"

② 显性运动知识：那些可以用语言或地图、数学公式来表述的运动知识属于显性知识，如通过文字语言形式表达的各个专项独立的、项群的，或涵盖各个专项的训练和比赛的过程特点。以图4-3-3武术动作中的"白鹤亮翅"为例，显性知识是对"白鹤亮翅"这个动作的语言描述：

"白鹤亮翅：右足略进半步，使足尖向东南，全身随坐在右腿上。两手与腰同时而转，右手转下，手心向上；左手转上，手心向下，两掌斜对如抱圆球，随即分开。右臂随腰向西南往上提起，眼神随之，提至右手心转向外，眼神渐渐转向东，左手同时往左分，转至手心向下，左足随提前，脚尖点地，正对东方。此势右腿变实"。

运动知识体现在一定情景和一定的个体身上，并且随着人们对运动活动规律认识的不断深入而发生变化。在一定条件下，隐性运动知识也会向显性运动知识转化。这种转化也是运动员知识能力得到提高的标志之一。

## 二、运动员知识能力的获得与提高

就人类知识体系的增长而言，传统知识观认为知识来源于实践，实践知识经过总结，上升为理论知识。波兰尼提出的隐性知识突破了传统认识论过多关注理论知识的局限，美国心理学家斯腾伯格认为，"没有一种知识没有缄默的成分，没有一种缄默知识没有显性的成分。"

运动员在训练和比赛场上做出的动作往往是靠直觉完成的，事后很难用语言叙述清楚当时的动作过程和成因。运动员有很多感受，但似乎总有无法用语言表达的一部分。这表明，运动员的技战术能力很多是以隐性知识的形式存在的。所以，当我们说运动知识的时候，既包括难于用语言准确表达的隐性知识，也包括能够用语言表达的显性知识。这也意味着，运动员个体知识的增长也包含隐性运动知识和显性运动知识两个部分。

(一) 从训练团队的指导者获得知识能力

1. 教练员的示范

运动训练本身就是在教练员的指导下专门组织的有计划的活动。专职教练员自始至终在向运动员传授知识，就像教师一样。

因为很多动作不便通过语言描述传授给他人，所以，运动技能学习过程的起点是教练员的动作示范。这个示范动作就是教练员隐性知识的表现。通过这种"师带徒弟"的传授形式，教练员传授知识的内容更多是体能、技战术、心理调适本身，而不是它们的特征、原理及相互之间的关系。运动员通过观察、模仿和练习等形式，从教练员的示范中，得到关于怎么做动作的知识，从而分享到了教练员的隐性知识。运动员模仿和练习教练员动作本身也是运用教练员所展现的隐性知识的过程。

2. 教练员的语言提示

在示范动作的同时，一些教练员不仅能够做出示范动作，而且还能用语言提示动作的特点，向运动员准确传授动作的要领。提示动作的语言就是教练员显性知识的表现。通过这种口头的方式，教练员传授关于动作特征、动作各环节之间联系的知识。根据教练员拥有显性知识的多少，可能还会向运动员传授有关动作的生物力学原理、运动生理学、运动心理学机制等更深入的知识。运动员通过聆听、分析、实践等形式，把从教练员那里得到的关于技能和诀窍方面的知识，运用到自己的实际练习中，从而提高自己的技术动作水平。

除了运动员自己的教练，训练环境中还有许多知识的来源，如其他教练员、运动员的经验、各种比赛等，也可以为运动员提供获得运动知识的机会。

3. 教练团队科研人员的知识传授

在备战2008年奥运会期间，科研人员对中国男女举重运动员专项训练、生理生化、营养恢复、控降体重、高原训练等方面进行了监控和研究，建立了国家举重队完整系统的训练监控系统，掌握了每个重点运动员的个人特点，使训练手段、训练环境、营养补充和控降体重达到科学化、最佳化，训练达到应有的负荷，恢复达到预期的目的，为我国重点选手提高训练水平和比赛发挥提供了科研保障。他们的传授是运动员获得运动知识的重要来源。

我国科研人员通过对优秀跳水运动员的训练和比赛最佳状态进行的研究，建立了我国跳水项目优秀运动员的训练和比赛最佳状态的心理调控策略库和专家处方决策辅助支持系统，并进行了相应的攻关与服务工作。并通过对重点运动员个案进行系统的监测，揭示了重点跳水运动员心理调控的个性模式和个性心理调控手段。

(二) 从生活、学习环境中获得知识能力

1. 来自生活环境

运动员在生活环境中，有意无意地会接触到大量信息，从中获得了一些经验。其中不乏与运动员个体发展相关的内容，特别是社会环境对运动员心理发展有较大影响。知识的普及、知识载体的多元化，使运动员得以从更多的渠道获得知识，如电视、广播、报刊、网站等各种媒体。

运动员从生活环境中得到的知识不仅和环境本身有关，还与运动员自身的兴趣、学习的积极主动性有关。

2. 来自学校教育和书本知识

运动员大量的书面形式的显性知识，也就是通常所说的理论知识，主要来自学校的系统学习。与一般社会生活环境不同，学校教育是由专职教育者根据受教育者的身心发展特点，有目的、有计划、有系统的影响过程。学校教育使运动员在短时间内掌握较多的知识和技能，形成社会所要求的观点、信念和道德行为习惯。

仅就运动员的知识和能力的形成而言，在小学教育中，语文学习不仅仅是识文断字，更重要的是使运动员获得基本的表达能力，对事物的观察、概括能力，这为运动员在训练和比赛中表达、观察、概括、提炼自己的运动经验打下了基础。算数学习不仅仅是计算事物的数量关系，更重要的是培养运动员的逻辑思维、分析问题和推理的能力，为运动员在训练中分析自己成败的原因，发展想象力、创造力打下基础。常识课的学习更让运动员开阔眼界，认识环境中不同事物之间的外在和内在的联系，为充分认识多学科在竞技体育中的作用打下基础。

中学的物理、化学课已经涉及与竞技体育运动直接有关的常识，如速度、摩擦力、运动轨迹、温度、乳酸、人体的组织、器官和系统等。获得这些基本知识，又为运动员更好地理解教练员的意图，学习、掌握运动技术提供了条件，同时，运动员的观察能力、思维能力、探究兴趣也得到进一步发展。高中的生物课已经涉及机体内稳态与环境的关系（图4-3-4）。

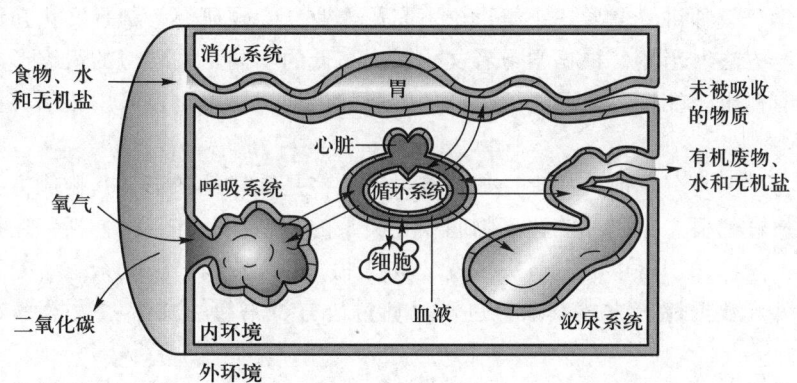

图4-3-4 内环境稳态与消化、呼吸、循环、排泄系统的功能联系

在运动专科学校里，开始设有体育专业课程以及与竞技体育相关学科的课程，例如，包括某一运动专项特有的专项知识，也包括某一项群或所有项目都适用的一般基础知识。有运动医学、运动生理学、运动生物化学、运动心理学、运动训练学等各个方面。从知识所反映的层面上，既包括事实描述性的，也包括原理解释性的。如运动中肌肉酸痛的现象，以及运动产生乳酸导致肌肉酸痛的原理。运动员通过系统认识和分析体能、技术、战术、心理的训练规律和原理，将其运用到自身竞技能力的提高和发挥上，对创造运动成绩产生了更直接的效应。

### （三）从运动训练实践中获得知识能力

**1. 来自实践的隐性运动知识**

运动员根据教练员的示范和语言指导来完成动作，就是运用教练员提供的知识来进行的一种实践活动。在这个实践活动中，运动员的技术得到了提高，也获得了相应的隐性运动知识。例如，优秀的乒乓球运动员可以很好地处理各种来球，能够做出各种漂亮、有效的挥拍动作。这些动作也许是不能准确复制的，而是在特定情境中、根据特定的任务、根据运动员的个人经验而产生的，这体现了隐性知识"情境性"和"个体性"的特点。

**2. 对自身隐性知识的加工**

从隐性知识到显性知识的转化是运动员对隐性知识的显性描述，将其转化为别人容易理解的形式。还以上述学习乒乓球为例。运动员获得了各种击球动作的经验后，开始并不能马上用语言清晰地表达做动作的过程。但是，在一次次反复练习的过程中，运动员对自己做出的动作的意识程度逐渐加深，通过比较成功击球和不成功击球动作的特点，可以总结出，当身体重心处于两脚中间时，最容易做出准确的击球动作。进而，通过一系列的分析、比较，归纳出步法、重心和击球之间的关系。原来的隐性知识从说不清楚变为可以用语言表达的显性运动知识。

### （四）通过专业知识学习提高运动员知识水平

运动员学习、掌握专业理论知识与学习其他文化知识，在方法上既有共同的要求，又有各自的特点。

**1. 学习文化理论知识的一般方法**

阅读自学、教师讲解辅导、小组讨论、完成作业、专题研究等都是文化知识学习经常采用的形式与方法。当然，根据学习者文化层次高低的不同，在学习的组织形式与采用的方法上会各有侧重。在这些方面，运动员的专业理论知识学习也多采用相同或相似的形式与方法。

这种学习主要是分享前人的理论知识成果，大多是陈述性知识，其构成主要是反映一类事物共同属性的概念，以及陈述事物间相互关系的命题。此外，也包括叙述技术规则的程序性知识。这些知识可以通过口头传授、教科书、参考资料、期刊杂志、专利文献、视听媒体、软件和数据库等方式获取，也可以通过语言、书籍、文字、数据库等编码方式得到。

在认知方面也存在隐性知识，包括洞察力、直觉、感悟、价值观、心智模式、团队的默契和组织文化等。

**2. 结合训练实践学习体育专业理论知识**

运动员学习掌握专业理论知识的特殊要求在于紧密结合运动训练的实践，取得实际效果。科学训练理论应该是源于训练实践，高于训练实践，进而有效地指导训练实践。所以学习专业理论知识一定要结合训练实践，特别是结合自己的训练实践来进行。为此，运动员要注意认真理解训练计划，认真记好训练日记，认真进行训练总结。带着训练中发现的问题去学习、思考、学好、学通。运动员在结合自己的训练实践学习理论知识的同时，还应注意观察和研究自己的同伴、对手、国内外优秀运动员的训练实践，并且对其进行科学的分析、比较，从中发现和理解训练成功的规律。

这是一个将学习的理论概念应用到实践中，从而形成新的隐性知识的过程，要求运动员把理论与自己的实践经验相结合，将理论知识置于运动实践中从而领会知识。

3. 广泛学习相关学科的科学知识

科学的运动训练活动要求它的从事者具有丰富的、多领域的科学知识。如运动生理学、运动解剖学、运动心理学、体育社会学、体育美学等体育科学学科的知识，都对科学地组织运动训练活动和成功地参加运动竞赛有着重要的意义。因之，要求运动员不仅要学习本专项运动的理论知识，还必须学习多种科学学科的有关理论知识。

4. 体能、技战术、心理能力的获得

这里所说的是体能、技战术、心理能力的实践部分，也就是程序性知识部分。

这类缄默知识体现出高度个体化、不易言传和模仿的特点，它深植于运动员个人的运动实践和经验之中，包括融于运动中难以明确表达的技能、技巧、经验和诀窍中，并与运动员的个人经验和行为紧密相关，是运动员在长期的训练和比赛中积累和创造的结果。它体现为运动员在训练和比赛时的直觉、灵感、洞察力、信念、价值观和心智模式等，它与运动员的性格、个人经历、修养等因素有着密切的关系。

## 三、运动员知识能力的运用

### （一）提高应用理论知识的自觉性

教练员、运动员应先明确专业理论知识的作用，并主动地、自觉地在自己的训练实践中予以应用，这是提高其应用水平的重要前提。其应用的具体方法，一是由实践到理论，二是先理论，后实践。根据训练实践的需要，去学习、寻找有关的理论知识，学习、理解、掌握后即用于训练实践，从而提高理论知识运用能力。从运动训练实践的需要出发，学习的目的性强，运用的针对性强，便于解决实际问题，常常会取得满意的结果。例如，我国速滑队为了更准确地控制负荷强度，移植了游泳及中长跑选手的成功经验，学习运用血乳酸指标控制负荷强度的理论知识，测定了速度滑冰运动员127个常用手段负荷后的血乳酸峰值，并据此制订了一些优秀选手负荷强度的定量指标，有效地提高了训练质量。

在系统地理论学习中发现问题，主动地改进训练，是提高理论知识应用水平的另一种重要方法。例如，艺术体操教练员从美学理论中学习到"不对称图形"的美学价值，进而主动地在成套动作的编排中，设计了若干不对称队形，提高了整套动作的表现力。

教练员在教学训练中应更多地加入"提问—讨论—讲评"的环节，这种"操作思维引导式"的方法，让运动员更多地观察、分析自己的行为，从被动接受变为主动获取，从而提高自身的技战术水平和观察、分析、判断的能力。

### （二）认真做好赛前分析和赛后总结

运动队应当经常开会集体分析技战术，特别是在大赛之前，分析对手的竞技能力特征，赛后还要及时总结比赛成败的原因。通过科学的总结，可以对理论的认识更加深刻，对于实践的解析更加准确，从而把认识提高到新的层次、新的水平。这也是将个人的隐性知识显性化的过程。要求运动员以有效的方式表达自己的经验。在这个过程中，事物之间

的联系不断被揭示出来，形成新的理论。

经验总结是隐性知识显性化的过程，是一种语言过程，也是一种自我反思的过程。传统知识关注陈述性知识，从而形成了接受性的教学和训练。新知识观中隐性知识向显性知识的转化要求运动员个人将自己的运动经验总结、提炼出来，因此需要运动员积极反思。

作为一种自我反思的过程，既有运动员自己经验的反思，也有教练员帮助运动员反思，使运动员学会不断地在自己已经产生的观点和想法中来分析自己的经验。

从经验的缄默知识到理论的显性知识是经验的不断积累的过程，同时也需要使用显性的概念和理论。在训练过程中，运动员与教练员之间的交流是最好的方式。在训练之后，队友之间也要交流，一起分析自己、队友、对手的情况。

只有在交流中，每个人内隐的立场、观点才能伴随具体的见解显现出来，从而既可以为自己也可以被他人所认识和理解。因此，应当多在交流中反思，并在此过程中让缄默知识得以显性化。

### （三）在实践运用中提高知识能力

在竞技体育中，周而复始的训练和比赛过程就是一个学习、实践，再学习、再实践的过程。在这个过程中，运动员不断将所获得的经验、知识运用到训练和比赛中去。

1. 总结应用自身的实践经验

不断总结自己的经验，并应用于其后的训练和比赛中。很多运动队都有赛后要求运动员总结比赛的传统，运动员回视自己的过去经验，分析其积极或消极的作用，并据此对未来提出设想。

2. 学习应用他人的成功经验

将他人的实践经验运用于自己的训练和比赛过程中。比如，运动员将教练员对动作特征、要领的描述用于实际动作当中。在"师徒相传模式"中，运动员把教练员所做的示范和语言提示的动作要领，应用到自己的实际动作当中，并在大量练习后，可以一气呵成地自动操作，从而成为运动员个人的隐性知识。

3. 学习应用有关科研成果

将专业人员的研究成果运用到运动训练和比赛中。比如，根据营养学知识，一日三餐食物合理搭配，以保障营养补充；根据乳酸生成和消除的原理，采取积极性的放松、按摩、补充碱性食物等，帮助中和机体内的酸，促进身体恢复的措施，保障训练任务的完成；根据人体循环系统的工作原理，认真做好训练前的准备活动和训练后的整理恢复活动。

**复习思考题**

1. 简要叙述竞技战术的定义及其构成。
2. 影响战术的因素有几大类？请详细叙述其中一类。
3. 战术方案的基本内容有哪些？
4. 运动员的心理能力与体能、技能及战术能力是何种关系？
5. 常用的心理训练方法有哪些？如何运用？
6. 运动员心理训练应注意哪几个主要问题？

7. 试述运动员知识能力的重要作用及其构成。
8. 结合所学专项，试说明隐性运动知识向显性运动知识的转化。
9. 结合现实，谈谈提高运动员知识能力的途径有哪些。

# 第五章 运动训练方法及其应用

**本章导读**：本章主要包括运动训练方法概述、运动训练基本方法、运动训练控制方法和运动训练基本手段等主要内容。其中，运动训练方法概述主要阐述训练方法的基本定义与意义、分类与依据、要素与功能；运动训练基本方法主要阐述 8 种操作性训练法的基本定义、主要分类和应用方式；运动训练控制方法主要阐述 3 种控制性训练法的基本定义、结构特点及其应用方式；运动训练基本手段主要阐述训练手段的基本功能与结构、基本类型与应用。通过本章的教学与学习，旨在促使学生能够基本掌握和科学应用本章提供的运动训练方法的知识体系。

**学习目标**：促使学生能够掌握运动训练方法的基本概念，科学应用运动训练的基本方法及其应用方式，深刻认识运动训练控制方法的基本原理和主要功能，合理设计运动训练的基本手段。能够在运动训练的实践教学中自觉运用运动训练基本方法，在理论研究领域基本理解运动训练控制方法的主要特点，旨在提高理论与实践相结合的水平。

## 第一节 运动训练方法概述

运动训练方法概述主要阐述运动训练方法基本定义与意义、运动训练方法基本分类与依据、运动训练方法基本要素与功能等内容。运动训练方法是竞技体育，乃至军事体育、休闲体育、康复体育领域实施科学训练的基本工具，是现代运动训练过程提升竞技能力的通用实施办法。工欲善其事，必先利其器。显然，全面科学地掌握现代运动训练方法的意义十分重大。

### 一、训练方法基本定义与意义

（一）训练方法基本定义

运动训练方法是指在运动训练活动中，为提高竞技运动水平、实现科学训练目的、完成运动训练任务所采取的途径和办法的总称。运动训练方法是在运动训练中，教练员执教团队和运动员为实现共同目标，共同完成训练任务的办法；是训练过程中各种具体有效的训练方式和办法的高度概括和科学总结，是运动训练基本原理应用于运动训练具体实践的各种途径与办法的集中表述。在运动训练过程中，运动训练方法既是运动训练总体设计和制订计划必须思考的重要内容，又是运动训练具体实践和落实任务必须采用的实施工具，也是运动训练过程监控和评价效果必须注意的有效手段。实践中，许多优秀的教练员及其团队高度重视运动训练方法的创新、开发和应用，十分重视运动训练方法的功能、功效和价值，特别重视运动训练方法的类别、内容和效果。因此，从方法论角度科学认识现代运动训练方法及其功效十分必要。

（二）训练方法的基本意义

现代运动训练方法不仅集中概括了教练员和运动员从事训练工作、完成训练任务和提高竞技能力的应用工具，同时蕴含着丰富的科学训练知识、基本的科学训练原理和相应的科学训练思想。教练员和运动员正是通过现代训练方法，将相应的科学训练知识、原理和思想，贯彻到相应的训练过程之中，落实到明确的训练任务之中。现代竞技运动的发展历程表明，任何一种科学训练方法的诞生和完善，既是科学训练原理实践应用的具体体现，也是科学训练实践成功经验的高度总结。因此，从方法学角度全面掌握和熟练应用现代运动训练方法，有助于科学认识和深入理解现代运动训练理论；从认识论角度全面学习和科学认识现代运动训练理论，有助于科学掌握和灵活应用现代运动训练方法。当然，正确认识和掌握不同训练方法的功能和特点，更有助于顺利完成不同时期的训练任务，有效控制竞技能力的发展进程，最终实现科学提高竞技状态和运动成绩的目的。

### 二、训练方法的基本分类与依据

（一）训练方法的基本分类

现代运动训练方法已呈现出多元化、系统化特点。有些方法具有广泛的普适性。换言之，某些方法对发展不同运动项目的主要竞技能力具有共同作用，如重复训练法普遍有助于发展竞技能力的体能要素，比赛训练法普遍有助于发展竞技能力的心智要素；有些方法的适用领域则较为专门化，对某一竞技能力的子因素具有特殊的发展作用，如等动力量训练方法（Isokinetic Training）和超长收缩力量训练方法（又称增强性力量训练方法，Plyometric Training）；有些方法属于过程控制性的，即在运动训练的某一阶段对运动员训练内容的掌握或竞技能力因素的系统提高具有控制作用的方法，如模式训练法（Model Training）、程序训练法（Program Training）等；有些方法属于现场操作性的，即在训练课中用于发展若干竞技能力的方法，如间歇训练法、循环训练法等。因此，对运动训练方法进行科学分类，建立科学体系是十分必要的一项理论建设工程。

任何事物的类别划分与体系建立均需依据一定的分类标准。同理，现代运动训练方法可依不同的分类标准，建立具有不同功能、不同作用的若干训练方法分类的体系。例如，依据竞技能力发展目的，可分为体能训练方法、技能训练方法和心智训练方法等；如果继续细化，可将其中的体能训练方法细分为力量素质训练方法、速度素质训练方法、耐力素质训练方法、柔韧素质训练方法和灵敏素质训练方法等；依据训练内容组合特点，可分为分解训练方法、完整训练方法、变换训练方法和循环训练方法等；依据训练负荷与间歇的关系，可分为持续训练方法、重复训练方法和间歇训练方法等；依据训练负荷代谢特点，可分为无氧训练方法、有氧训练方法、混氧训练方法等；依据训练过程外部条件，可分为语言训练方法、示范训练方法、助力训练方法和加难训练方法等。由此可见，训练方法的类别划分与体系建立，均需依据科学分类标准、应用目的和实践效果而定。

在训练实践中，现代运动训练方法还可以列出许多不同的关于运动训练方法的分类标准和体系。考虑到理论上的相对完整和实践应用的方便，我们依据不同训练方法的基本作用和适用范围，将现代运动训练方法分为训练控制方法和训练基本方法两大类。训练控制方法主要包括模式训练法、程序训练法和微机辅训法（Computer Assistant Direction Training）3种具有整体控制特征的训练方法，参见表5-1-1。

表 5-1-1  运动训练控制方法体系

| 模式训练法 | 程序训练法 | 微机辅训法 |
| --- | --- | --- |
| 建立阶段性专项竞技能力发展的数学控制模型 | 建立阶段性专项竞技能力发展的逻辑控制模型 | 建立硬件与软件高度结合或相关软件的训练控制模型 |
| 训练模式、检查手段、评定标准、训练手段 | 训练程序、检查手段、评定标准、训练手段 | 信息传感装置、信息处理装置信息分析软件、信息显示装置 |
| 通过试验过程论证 | 通过试验过程论证 | 通过试验过程论证 |
| 数学模型 | 逻辑模型 | 数学和逻辑模型 |
| 适用于全部或部分训练过程 | 适用于全部或部分训练过程 | 适用于全部或部分训练过程 |

（改编自胡亦海，2014）

训练基本方法又可称为基本操作方法，主要包括完整训练法、分解训练法、持续训练法、间歇训练法、重复训练法、变换训练法、循环训练法、比赛训练法8种具体的能够在运动训练的现场直接操作的训练方法，参见表5-1-2。

运动训练基本方法主要是用于完成运动训练实践具体任务的操作方法，它是遴选训练手段的依据，是运动训练理论认识作用于具体实践的途径。运动训练控制方法主要用于科学控制运动训练阶段和阶段训练质量。

表 5-1-2　运动训练基本方法体系

| 方法 | 亚类 | | | |
|---|---|---|---|---|
| 分解训练方法 | 单纯分解训练 | 递进分解训练 | 顺进分解训练 | 逆进分解训练 |
| 完整训练方法 | 动作完整训练 | 技术完整训练 | | 战术完整训练 |
| 重复训练方法 | 短时重复训练 | 中时重复训练 | | 长时重复训练 |
| 间歇训练方法 | 高强性间歇训练 | 强化性间歇训练 | | 发展性间歇训练 |
| 持续训练方法 | 短时持续训练 | 中时持续训练 | | 长时持续训练 |
| 变换训练方法 | 负荷变换训练 | 内容变换训练 | | 形式变换训练 |
| 循环训练方法 | 循环重复训练 | 循环间歇训练 | | 循环持续训练 |
| 比赛训练方法 | 教学性比赛 | 检查性比赛 | 模拟性比赛 | 适应性比赛 |

（胡亦海，2014）

（二）训练方法的基本依据

运动训练控制方法提出的理论依据源于其信息学原理、系统论原理和工程学原理。信息学原理包括信息采集基本原理、信息分析基本原理、信息传递基本原理和信息利用基本原理等。信息采集强调真实可靠，信息分析强调客观科学，信息传递强调及时准确。系统论原理包括系统结构基本原理、系统动态基本原理、系统时序基本原理和系统关联基本原理等。系统结构强调完整稳定，系统动态强调辩证适时，系统时序强调有序递进，系统关联强调层次衔接。工程学原理包括工程设计系统原理、工程实施人本原理、工程控制动态原理、工程管理效益原理等。工程设计强调整体关联，工程实施强调人本调控，工程控制强调动态变化，工程管理强调成本核算。毋庸赘述，运动训练控制方法提出的理论依据当然还要包括运动训练基本方法所依据的生物学、工艺学和训练学的基本原理。显而易见，全面掌握这些方法的基本理论是科学驾驭和应用控制方法的前提。

运动训练基本方法提出的理论依据源于其生理学原理、工艺学原理和训练学原理。生理学原理包括条件反射形成原理、能量代谢基本原理、超量恢复基本原理、运动适应基本原理、运动应激基本原理等，同时包括某些机能系统方面的基本原理，如复杂反应形成原理、负荷刺激交替原理、神经过程传导原理、心血输出动力原理、神经肌肉兴奋原理、运动单位募集原理等。工艺学原理包括训练场所布局原理、训练器材适宜原理、训练流程编制原理、训练质量评价原理等。训练学原理包括运动训练结构原理、运动技能形成原理、竞技能力形成原理、运动负荷安排原理、负荷恢复基本原理、运动训练分期原理等。当然，还要依据相关的其他学科所提供的理论基础，如教育学的教育技术应用原理、心理学的心理能量激活原理等。同时必须考虑各个专项运动的基本特征等因素。

## 三、训练方法基本要素与功能

### （一）控制方法要素与功能

运动训练控制方法如表 5-1-1 所示，是由三种控制方法及其亚类方式组成的。运动训练控制方法的应用作用，类似工程建设中任何一项工程的框架结构的施工。运动训练控制方法十分强调：训练过程的设计指标具体、正确；训练过程的实施步骤严谨、明确；训练过程的监控内容清晰、有效。因此，教练员不仅需要掌握高超的"工艺"技术手段，还应掌握科学控制训练进程的"工程"方法。唯有如此，教练员才能科学驾驭整个运动训练过程及其各个分期的训练工作。运动训练控制方法是现代运动训练方法创新的标志性成果，也是现代运动训练理论创新的历程性成果。本章第二节将从方法论角度，着重介绍模式、程序和微机辅训方法的应用原理和具体应用。

一般认为，构成运动训练控制方法的基本要素是：控制模型、评价方法、训练手段。其中，控制模型由数学模型或者逻辑模型组成，主要是由经过论证证明可靠的数学或逻辑依据组成的，目的是为运动训练过程提供可靠的训练目标；评价方法主要是以控制模型为依据，按照标准对训练过程及阶段结果进行测量，并给予价值判断的分析方式，目的是鉴别运动训练现实状况与训练目标的差异性质；训练手段则是指在运动训练过程中，为提高某一竞技运动能力、完成某一具体的训练任务或解决现实状况与训练目标之间所存在的主要差异问题，而采用的身体练习。显然，运动训练控制方法的控制模型具有具体训练导向和提供训练目标的目的，评价方法具有检查训练质量和鉴别训练效果的功能，训练手段具有纠正训练偏态和解决训练结症的作用。运动训练控制方法正是通过控制模型导向，评价方法诊断，训练手段对症的方式，科学推进和控制运动训练过程的。

运动训练控制方法是现代运动训练理论与实践高度结合的创新成果，是现代竞技运动训练理论创新的思维方法。运动训练控制方法要求将现代运动训练过程视为一项具有框架结构特征的训练工程，为实现这一训练过程的阶段目标乃至最终目标而设计的具有控制作用的训练方法，可为运动训练计划提供明确的阶段设计目标，可为运动训练实施提供具体的阶段实施步骤，可为运动训练监控提供有效的阶段监控指标。运动训练控制方法将运动训练过程设计、过程实施和过程监控的三个环节，有效地合为一体并形成具有操作特征的控制方法，从而在方法学的层面上，将运动训练计划的设计、运动训练过程的实施和运动训练监控的操作，完整地形成了具有实际使用价值和具体操作功能的控制方法。

运动训练控制方法主要由模式训练法、程序训练法和微机辅助训练法三种控制方法组成。其中，模式训练法主要是以训练模式为控制依据，训练模式着重体现信息化、定量化和循环化特征；程序训练法主要是以训练程序为控制依据，训练程序着重体现系统化、逻辑化和程序化特征；微机辅训法主要是以微机程序为控制依据，微机程序着重体现自动化、菜单化和一体化特征。由此可见，模式训练法、程序训练法和微机辅助训练法三种控制方法，具有不同的功能特征和功能价值。科学采集数据、科学分析内容、科学反馈信息，是模式训练法、程序训练法和微机辅训法共同遵循的基本环节。正因如此，运动训练控制方法在认识论上极大地强化了运动训练控制理论的具体要素，在方法论上有效地提供了运动训练过程控制方法的操作步骤。因此，教练员和运动员科学地掌握运动训练控制方法，对于科学推进运动训练的进程具有十分重要的意义。

### (二) 基本方法要素与功能

运动训练基本方法如表 5-1-2 所示，是由 8 种操作方法及其亚类方法组成的。一般认为，构成运动训练基本方法的基本要素是：练习动作及其组合方式、运动负荷及其变化方式、过程安排及其变化方式、信息媒体及其传递方式、外部条件及其变化方式等要素。其中，练习动作及其组合方式是指运动员为完成具体训练任务而进行的身体练习及其组合方式；运动负荷及其变化方式是指各种身体练习所施加的刺激及其变化形式；过程安排及其变化方式是指训练进程的安排及其变化形式；信息媒体及其传递方式主要是指教练员指导信息的载体及其信息传出方式；外部条件及其变化方式主要是指各种客观因素及其变化。运动训练中的许多基本方法正是由这 5 类因素构成，这些因素的不同组合及其变化，可以形成具有不同功能和作用的多种训练方法。实践中，运动训练基本方法的核心要素主要是：练习动作及其组合方式、运动负荷及其变化方式和过程安排及其变化方式。

运动训练基本方法的构成要素及其因子，对于不同的运动训练基本方法具有不同的影响权重（图 5-1-1）。例如，分解训练法中，练习动作、练习顺序、讲解示范的影响权重通常比较大；重复训练法中，练习动作、练习顺序、负荷安排的影响权重通常比较大；变换训练法中，动作组合、过程安排、组织教法的影响权重通常比较大；循环训练法中，练习顺序、负荷安排、器械布局、组织教法的影响权重通常比较大；比赛训练法（游戏训练法）中，比赛组织、规则要求和负荷强度的影响权重通常比较大。正因如此，运动训练基本方法及其亚类对于提高身体机能、身体素质、运动技术和运动战术具有不同的功能和效果。有人认为，重复训练法、间歇训练法和持续训练法是运动训练基本方法中的基础方法。其他基本训练方法都是建立在基础方法平台上所演变出来的组织方法。换言之，过程安排、信息传递和外部条件等要素对于组织性的基本训练方法的影响权重可能最大。

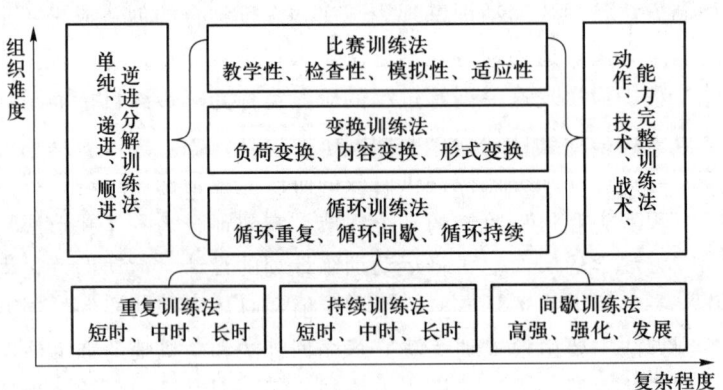

图 5-1-1 运动训练的基本方法的复杂程度与组织难度的比较
(胡亦海，2013)

实践中，运动训练基本方法主要体现于单元课时训练教案的设计和训练场所具体实践的应用之中，身体练习的动作设计、负荷安排、内容排序、组织方式是运动训练基本方法的主要思考和实施要素。通常，身体练习的动作设计、形态规范和组织配合至关重要，因此分解训练法和完整训练法是运动训练内容进入学习阶段的主要训练方法；身体练习的负荷性质、负荷强度和负荷频度的内容安排十分重要，因此重复、间歇、持续和循环训练法是运动训练内容进入熟练阶段的主要训练方法；身体练习的动作技巧、应变能力和组织方式尤为重要，因此变换训练法、比赛训练法是运动训练内容进入实战阶段的主要训练方法。当然，这些基本训练方法的应用，必须根据专项运动项目的表现特征、不同竞技能力的发展特征和不同训练阶段的任务要求，辩证性地采用和应用于运动训练的不同时期、不同阶段。唯有如此才能最大限度地发挥运动训练基本方法的功效。

## 第二节　运动训练控制方法

运动训练控制方法是运动训练过程实施的控制性方法。这种方法的作用，类似工程建设中的框架结构的施工。该方法可将运动训练过程的设计、实施和监控三个不同环节，有机地链接为一体，从而达到提高运动训练过程设计质量、实施质量和监控质量的目的。因此，教练员不仅需要掌握单元训练过程中的高超"工艺"手段，还应掌握科学控制阶段训练进程的科学"工程"方法。唯有如此，教练员才能科学驾驭整个运动训练过程及其各个阶段的训练工作。本节着重介绍模式训练、程序训练和微机辅训法的应用原理和具体应用方式。

### 一、模式训练法及其应用

模式训练法是一种依靠训练信息指标从宏观上控制运动训练过程的训练方法，亦即根据信息理论，运用数学方法，将各种影响专项运动成绩的主因素指标参数与不同运动成绩之间构成具有定量关系的训练模式和评定标准，并据此对训练过程实施控制的方法。模式训练法的基本功能主要是：便于教练员科学确定某一运动训练过程中各个训练阶段具体发展的训练目标，从而有利于未来将某一运动训练过程置于科学控制的状态之下；便于教练员全面认识某一运动训练过程中各个训练内容具体发展的内在关系，从而有利于将未来某一运动训练过程置于系统控制的状态之下；便于教练员科学地诊断现实状态，修正训练目标，纠正过程偏态，从而可将训练过程置于反馈控制的状态之下。

#### （一）模式训练法的基本结构

模式训练法的基本结构主要由训练模式、检查手段、评定标准、训练手段4种构件组成：训练模式是未来运动训练过程目标发展的指标体系；检查手段是采集运动训练现实状态的信息工具；评定标准是甄别现实状态与训练模式间差异性质的鉴标体系；训练手段是根据训练模式所采取的身体练习。

训练模式的基本构件包括榜样对象、相关因素、数学模型三个要素：榜样对象由最优秀的运动员组成，揭示榜样对象特点有利于后人科学训练；相关因素是指影响运动成绩提高的主项因素，揭示主项因素间的内在关系可有利于系统训练；数学模型是表述主项因素与运动成绩间定量关系的一种方式，揭示两者之间内在关系有利于科学实施目标的训练。因此应重视上述构件的研制。

检查手段的基本构件包括检查项目、检查方式、检查工具三个要素：检查项目可按竞技能力及其因素划分；检查工具可按物理性质分类，这样可分为电测、机测、光测、磁测、化测等工具；检查方式则涉及群体、个体、环境等诸多因素。三者的高度结合形成了称之为检查手段的信息采集工具。其功能是采集真实、客观的信息。

评定标准的基本构件包括对照标准、评定方法两个要素：对照标准是采用数理统计方法或其他数学方法将训练模式标准化，以便根据训练模式了解运动员现实状况所达到的训练程度；评定方法则是采用数学公式甄别现实状态与训练模式间的差异程度。两者结合形成了评定标准的鉴标体系，其主要的功能是提供训练监控和客观评价的重要依据。

（二）模式训练法的基本特点

模式训练法的基本特点有三：一是信息化。模式训练法的实施过程以训练模式作为控制依据，以评定标准作为监督、检查指标，整个训练过程的发展与变化均置于信息控制状态之下，有助于及时纠正运动训练过程的偏态。二是定量化。模式训练法所依据的训练模式与评定标准均具有定量特点，整个训练过程的发展与变化均置于数字控制的状态之下，有助于定量控制运动训练的过程。三是循环性。模式训练法实际上是以训练过程作为应用对象的。由于任一运动训练过程结构均由设计、实施、监控三个过程组成并重复循环于整个训练过程之中，由于模式训练法与运动训练工程的结构特征具有相似性，因此，模式训练法的应用特点，实质上反映的是运动训练工程实施过程的特点。

（三）模式训练法的应用方式

模式训练法的应用过程实际上是一种闭环式的过程。其具体应用过程如图5-2-1所示。在现代运动训练过程中，模式训练法应用的精髓之处是：教练员通过正向控制通道，运用训练模式、训练手段控制运动员竞技能力的发展方向；通过反馈调控通道，运用评定标准、评定结果了解运动员的现实情况，以便修正教练员的指导方案或根据训练模式目标提出新的训练方案。经过如此多次闭环式的控制过程，使运动员的训练结果科学地逐渐逼近训练模式指示的预定目标。本例是模式训练法的具体应用范例，曾在我国青年女排弹跳力的训练过程中进行了实验与应用，研究证明效果很好。这里所引用的弹跳力训练的发展模式及其应用，基本说明了模式训练法的具体应用方式。

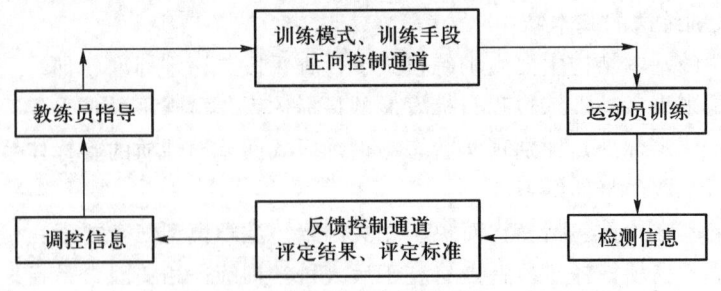

图 5-2-1 模式训练法的控制通道
（胡亦海，2014）

表5-2-1、表5-2-2是弹跳力训练数学模型及训练模式。表5-2-3、表5-2-4是评定方法和控制步骤。表5-2-5是拳击运动员运动素质发展模式。由此可见，模式训练法的应用至少需经三个步骤：一是按照检测项目要求测验，并对照评分标准找出与检测成绩对应的标准分数，同时按照"综合性、均衡性、适应性"的计算方法评出等级，确诊运

动员现实状况。二是根据训练模式确定下一阶段发展目标和训练重点，选择训练手段，实施模式训练。三是在预定的时间按照检测项目的要求进行测验，以检查模式训练的结果，并对照评分标准找出问题（重复第一步骤）。至此，可以看出模式训练法的应用过程实际上是一种多重性的循环往复、循序渐进的过程。

表 5-2-1 助跑弹跳力发展的数学模型

| 类型 | 逐步回归方程（预测数学模型） | 相关性（F） | P | S | D |
|---|---|---|---|---|---|
| 助跑弹跳 | Y = 18.411 35+2.093 3X1+60.255 14X2 +0.413 351 8X3+0.368 894 3X4 | 0.860 3 | 54.1 | ** | 2.4 厘米 |

注：助跑弹跳=Y 负重深蹲=X1 半蹲快起=X2 连续纵跳=X3 原地弹跳=X4 ** 表示：非常显著

（胡亦海，2014）

表 5-2-2 助跑弹跳训练模式（节选）

| 评定标准 | Y（厘米） | X4（厘米） | X3（厘米） | X2（系数） | X1（系数） |
|---|---|---|---|---|---|
| 56.25 | 79.5 | 68.9 | 59.7 | 0.116 | 2.033 |
| 53.69 | 78.5 | 67.9 | 58.9 | 0.114 | 1.992 |
| 51.21 | 77.6 | 66.9 | 58.0 | 0.112 | 1.950 |
| 48.81 | 76.7 | 65.9 | 57.2 | 0.110 | 1.908 |
| 46.49 | 75.7 | 64.9 | 56.3 | 0.108 | 1.867 |
| 44.25 | 74.8 | 64.0 | 55.5 | 0.106 | 1.825 |
| 42.09 | 73.9 | 63.0 | 54.6 | 0.103 | 1.784 |
| 40.01 | 73.0 | 62.0 | 53.7 | 0.101 | 1.742 |
| 38.01 | 72.0 | 61.0 | 52.9 | 0.099 | 1.701 |
| 36.09 | 71.1 | 60.0 | 52.0 | 0.097 | 1.659 |
| 34.25 | 70.2 | 59.1 | 51.2 | 0.095 | 1.618 |
| 32.49 | 69.2 | 58.1 | 50.3 | 0.093 | 1.576 |
| 30.81 | 68.3 | 57.1 | 49.4 | 0.091 | 1.535 |
| 29.21 | 67.4 | 56.1 | 48.6 | 0.089 | 1.493 |

（胡亦海，2014）

表 5-2-3 助跑弹跳水平评定计算方法

| 综合发展水平 | 均衡发展水平 | 适合发展水平 |
|---|---|---|
| $Hn = \dfrac{H1+H2+H3+H4}{4}$<br>Hn：弹跳力综合发展水平<br>H1～H4：四项检测分数 | $S \cdot D = \sqrt{\dfrac{\sum_{i=1}^{4}(Hi - Hn)^2}{4}}$<br>S·D：各因素发展的均衡程度<br>Hi：单项检测成绩标准分数<br>Hn：弹跳力的综合发展程度 | D.F = Hn−F<br>D.F：差异程度<br>F：弹跳实测分数 |

续表

| 综合发展水平 | 均衡发展水平 | 适合发展水平 |
|---|---|---|
| 高等水平≥27.280 0<br>中等水平≥20.723 6<br>低等水平<20.723 6 | 均衡≤2.235 2<br>基本均衡≤3.105<br>不均衡>5.105 | 吻合-0.98～0.98<br>基本吻合中间值<br>不吻合<-1.71，>1.71 |

表 5-2-4　模式训练控制步骤与结果

| 步骤 | 检查 | 助跑弹跳检测项目 | | | | 弹跳高度 | | 训练水平 | | |
|---|---|---|---|---|---|---|---|---|---|---|
| | | X4 | X3 | X2 | X1 | Y | Y1 | 综合 | 均衡 | 适应 |
| 1 | 检测成绩<br>标准分数 | 50<br>21 | 42<br>19.5 | 0.066<br>18.41 | 1.32<br>23.45 | 63<br>20.35 | 61.2 | 20.6<br>中等 | 2.18<br>基本 | 0.24<br>吻合 |
| 2 | 发展目标<br>标准分数<br>成绩差距 | 53<br>25<br>3 | 46.5<br>25<br>4.5 | 0.079<br>25<br>0.013 | 1.39<br>25<br>0.07 | 65<br>25<br>4 | — | — | — | — |
| 3 | 结果成绩<br>标准分数 | 52<br>23.3 | 46<br>24.8 | 0.083<br>28.3 | 1.38<br>25.1 | 64.8 | 65.9 | 25.4<br>中等 | 2.1<br>基本 | 0.9<br>吻合 |

注：Y1=实测高度

（胡亦海，2014）

表 5-2-5　拳击运动员运动素质发展模式

| 分值 | X1 | X2 | X3 | X4 | X5 | X6 | X7 | X8 | X9 | X10 | X11 |
|---|---|---|---|---|---|---|---|---|---|---|---|
| 60.0 | 7.080 | 62.00 | 103.80 | 667.0 | 2.530 | 34.00 | 14.32 | 29.29 | 183.0 | 85 | 48.360 |
| 61.5 | 7.054 | 61.87 | 103.40 | 665.3 | 2.545 | 34.25 | 14.53 | 29.59 | 184.1 | 86 | 48.903 |
| 63.0 | 7.028 | 61.74 | 103.10 | 663.5 | 2.560 | 34.50 | 14.73 | 29.89 | 185.2 | 87 | 49.446 |
| 64.5 | 7.002 | 61.62 | 102.80 | 661.8 | 2.575 | 34.75 | 14.94 | 30.19 | 186.3 | 88 | 49.989 |
| 66.0 | 6.976 | 61.49 | 102.40 | 660.0 | 2.590 | 35.00 | 15.14 | 30.49 | 187.4 | 89 | 50.532 |
| 67.5 | 6.950 | 61.36 | 102.10 | 658.3 | 2.605 | 35.25 | 15.35 | 30.79 | 188.5 | 90 | 51.075 |
| 69.0 | 6.924 | 61.23 | 101.80 | 656.6 | 2.620 | 35.50 | 15.55 | 31.09 | 189.6 | 91 | 51.618 |
| 70.5 | 6.898 | 61.10 | 101.40 | 654.8 | 2.635 | 35.75 | 15.76 | 31.39 | 190.7 | 92 | 52.161 |
| 72.0 | 6.872 | 60.98 | 101.10 | 653.1 | 2.650 | 36.00 | 15.96 | 31.69 | 191.8 | 93 | 52.704 |
| 73.5 | 6.846 | 60.85 | 100.80 | 651.3 | 2.665 | 36.25 | 16.17 | 31.99 | 192.9 | 94 | 53.247 |
| 75.0 | 6.820 | 60.72 | 100.40 | 649.6 | 2.680 | 36.50 | 16.37 | 32.29 | 194.0 | 95 | 53.790 |
| 76.5 | 6.794 | 60.59 | 100.10 | 647.9 | 2.695 | 36.75 | 16.58 | 32.59 | 195.1 | 96 | 54.333 |
| 78.0 | 6.768 | 60.46 | 99.79 | 646.1 | 2.710 | 37.00 | 16.78 | 32.89 | 196.2 | 97 | 54.876 |

续表

| 分值 | X1 | X2 | X3 | X4 | X5 | X6 | X7 | X8 | X9 | X10 | X11 |
|---|---|---|---|---|---|---|---|---|---|---|---|
| 79.5 | 6.742 | 60.34 | 99.46 | 644.4 | 2.725 | 37.25 | 16.99 | 33.19 | 197.3 | 98 | 55.419 |
| 81.0 | 6.716 | 60.21 | 99.13 | 642.6 | 2.740 | 37.50 | 17.19 | 33.49 | 198.4 | 99 | 55.962 |
| 82.5 | 6.690 | 60.08 | 98.80 | 640.9 | 2.755 | 37.75 | 17.40 | 33.79 | 199.5 | 100 | 56.505 |
| 84.0 | 6.664 | 59.95 | 98.47 | 639.2 | 2.770 | 38.00 | 17.60 | 34.09 | 200.6 | 101 | 57.048 |
| 85.5 | 6.638 | 59.82 | 98.14 | 637.4 | 2.785 | 38.25 | 17.81 | 34.39 | 201.7 | 102 | 57.591 |
| 87.0 | 6.612 | 59.70 | 97.81 | 635.7 | 2.800 | 38.50 | 18.01 | 34.69 | 202.8 | 103 | 58.134 |
| 88.5 | 6.586 | 59.57 | 97.48 | 633.9 | 2.815 | 38.75 | 18.22 | 34.99 | 203.9 | 104 | 58.677 |
| 90.0 | 6.560 | 59.44 | 97.15 | 632.2 | 2.830 | 39.00 | 18.42 | 35.29 | 205.0 | 105 | 59.220 |
| 91.5 | 6.534 | 59.31 | 96.82 | 630.5 | 2.845 | 39.25 | 18.63 | 35.59 | 206.1 | 106 | 59.763 |
| 93.0 | 6.508 | 59.18 | 96.49 | 628.7 | 2.860 | 39.50 | 18.83 | 35.89 | 207.2 | 107 | 60.306 |
| 94.5 | 6.482 | 59.06 | 96.16 | 627.0 | 2.875 | 39.75 | 19.04 | 36.19 | 208.3 | 108 | 60.849 |
| 96.0 | 6.456 | 58.93 | 95.83 | 625.2 | 2.890 | 40.00 | 19.24 | 36.49 | 209.4 | 109 | 61.392 |
| 97.5 | 6.430 | 58.80 | 95.50 | 623.5 | 2.905 | 40.25 | 19.45 | 36.79 | 210.5 | 110 | 61.935 |
| 99.0 | 6.404 | 58.67 | 95.17 | 621.8 | 2.920 | 40.50 | 19.65 | 37.09 | 211.6 | 111 | 62.478 |
| 100.0 | 6.378 | 58.54 | 94.84 | 620.0 | 2.935 | 40.75 | 19.86 | 37.39 | 212.7 | 112 | 63.021 |

注：X2＝50米跑、X2＝30秒连续蹲起、X3＝15秒左旋、X4＝30秒仰卧起坐、X5＝3 000米、X6＝400米跑、X7＝1分钟击打沙袋、X8＝立定跳远、X9＝600米跑、X10＝1分钟跳绳、X11＝30秒俯卧撑

(胡亦海，2005)

## 二、程序训练法及其应用

程序训练法是一种依靠训练内容系统和严格的逻辑顺序控制运动训练过程的方法。亦即根据系统理论，运用逻辑方法，按照训练过程的时序性和训练内容的系统性特点，将多种训练内容分层地、有序地、逻辑地编制成训练程序，并制成评定标准，尔后，在实践中根据训练程序和评定标准对训练过程实施科学控制的方法。程序训练法的基本功能主要是：便于教练员科学地确定各个阶段的具体训练内容，系统地认识各个训练内容之间的内在关系，从而有利于将未来运动训练过程置于系统控制的状态之下。

### (一) 程序训练法的基本结构

程序训练法的基本结构主要由训练程序、检查手段、评定标准、训练手段4个构件组成。其中，每一构件又由不同的要素组成，并以训练程序为控制依据。训练程序的基本构件则由训练内容、时间序列、联系形式三大要素组成。其中，训练内容通常是指运动训练的机能训练、素质训练、技术训练、战术训练、心理训练、智力训练等。训练程序要求必须将庞大、复杂的训练内容，按照系统分解成最小训练内容或内容因子，有人称单元

（步子），然后将其编制成具有相关性、逻辑性特点的训练内容体系。可见，构建训练内容体系至关重要。

时间序列通常是指将训练过程与训练内容有机排序与衔接。训练程序要求必须将整个训练过程分解成有机相连的时间段落，以便将特定的最小训练内容单元（步子）置于特定的时空之中，使不同的训练内容通过时间序列有机相联。显而易见，训练程序使得训练过程中任何一个时间域值内，都有一个或几个不同的训练内容与之对应。

联系形式通常是指在特定的时间范畴内不同训练内容衔接的方式，或者不同时间范畴内不同训练内容的衔接方式。一般来讲，训练内容的联系方式主要有"直线"和"网络"两类。由这两类联系方式分别编制的训练程序，分别称为直线训练程序和网络训练程序。无论何种结构的训练程序，最终程序必须具有逻辑性、相关性、层次性，以便做到整体训练。

### （二）程序训练法基本特点

程序训练的基本特点有三：一是系统化。程序训练法实施的整个过程，是以训练程序的内容体系为控制依据，以评定标准体系为监督和检查工具的。过程的发展与变化均置于系统控制的状态之下。显然，程序训练法的这种特点将更有助于系统控制运动训练过程。二是定性化。程序训练法所依据的训练程序具有鲜明的定性化特点，以便教练员能够抓住训练过程中的主要矛盾和提出明确的未来训练方向。三是程序化。由于训练内容规划在训练程序的过程之中，因此，训练过程中训练内容的确定或变更，实质上是在严格检查、监督和评定之下，按照训练内容内在关系的本质联系，有步骤、有计划地进行的。

### （三）程序训练法应用方式

程序训练法的应用过程类似于模式训练法，实际上也是一种闭环式的控制过程。两者不同的是：前者的控制依据是训练程序，后者的控制依据则是训练模式。程序训练法的应用过程如图5-2-2。程序训练法应用的精髓之处是：教练员通过正向控制通道，运用所设定的训练程序和所确立的训练手段控制运动员竞技能力的发展方向；通过反馈控制通道，运用所建立的评定标准和所确立的检测手段了解运动员的现实情况，以便修正教练员的指导方案或根据训练程序指出的内容继续实施程序训练。经过如此多次闭环式的控制过程，使运动员的训练结果通过科学的程序逼近预定训练目标。图5-2-3是根据背越式跳高的技术环节和技术细节标准、技术基础要求，所制定的训练程序框架图。

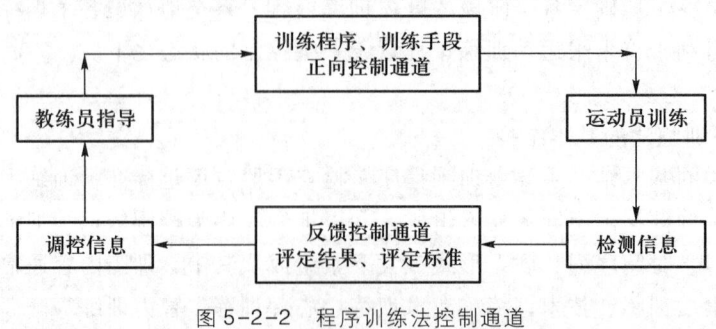

图 5-2-2　程序训练法控制通道

（胡亦海，2014）

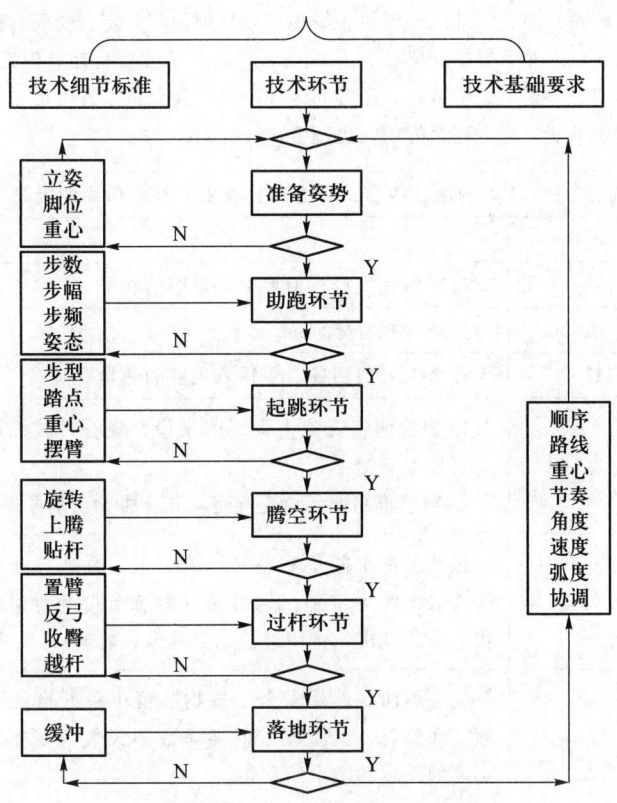

图 5-2-3　背越式跳高的训练程序框架
（胡亦海，2013）

实践中，程序训练法的应用往往扩展到重大赛事的准备。换言之，现代竞技运动重大赛事的参赛准备，往往借助程序训练法中训练程序的编程思路，将训练内容（准备内容）、时间序列、联系形式三大要素有机地构成整体，编制出教练员和运动员需要备用的参赛程序。这种程序设计的要求类似训练程序，即：一是每个模块内容必须清晰，要求必须具体。二是每个模块流程必须清楚，时间序列准确。三是模块内容与模块流程的链接必须紧密，各个环节环环相扣。正是现代运动训练中程序训练法的应用，使重大赛事参赛准备出现程序化趋势，也将程序训练法更为广泛地应用在机能、素质、技术、战术乃至竞技能力的耦合训练中。表 5-2-6 为中国自由式滑雪空中技巧队参加第 20 届冬奥会的程序化参赛方案。

**表 5-2-6　中国自由式滑雪空中技巧队参加第 20 届冬奥会程序化参赛方案**

比赛项目：自由式滑雪空中技巧男子决赛
比赛时间：2006 年 2 月 23 日　18：30
比赛地点：意大利 Sauze d'Oulx 自由式滑雪空中技巧场地
制订方案的意义：

　　程序化参赛方案要使每一个人清楚在赛前、赛中、赛后该做何种准备，并且在收到指令后知道自己立即该做什么。考虑到我们是室外比赛项目，场地处高原地带，定会受到自然环境的制约，比赛时间可能会由于天气的原因如下雪、刮风、大雾而推迟，甚至是改变日期。但无论是推迟还是改期，比赛的组织程序是不变的，整个比赛过程约用时间为 4 小时。我们将本着灵活、机动的原则去掌握时间，但参赛的基本程序不变，每一程序的用时也不变。

赛前：下午 14 点的活动内容，检查器材及备品是该单元的重要工作

| 项目 | 时间 | 内容 | 备注 |
| --- | --- | --- | --- |
| 起床及早餐 |  | 时间自我安排，但要保证足够的睡眠 |  |
| 身体训练 | 10：30 | 男队常规身体训练 | 40 分钟 |
| 午饭 | 11：30 | 按个人习惯用餐，要摄入足够的热量 |  |
| 看录像准备会 | 12：00 | 1. 观看前一天晚上训练的录像，观看时教练员给运动员技术反馈<br>2. 赛前准备会，确定参赛动作，告知出场顺序 |  |
| 器材准备 | 13：30 | 运动员在房间里准备好两副雪板，教练员到每个房间去取，然后带到场地打蜡（教练员带好对讲机、备用电池、耳机、备用耳机、工具包、雨伞） |  |
| 出发前准备工作 | 14：00 | 先去厕所，然后着装。按物品清单备好自己需要的服装和器材。准备服装时要考虑到天气的变化，准备必要的保暖和防水的衣物。<br>物品清单：号码布、胸卡、旗标、头盔、眼镜、备用镜片、眼镜布、雪板、备板、雪鞋、护膝、腰带、手套、水壶、毛巾、MP3（队医带好对讲机、备用电池、耳机、备用耳机、绷带、支持带、急救医药包、大浴巾两条） | 1 小时 |
| 搭乘班车 | 15：00 | 15：00 在 A 地点集合，乘 15：10 的班车去场地。途中听音乐，闭目养神，表象训练 2~3 次（按个人习惯） | 15~20 分钟 |
| 到达场地后准备工作 | 15：30 | 在运动员休息区内集中放好雪板、备板、物品，然后打支持带。更换雪鞋、护具，检查雪板、脱落器、头盔、眼镜。然后去厕所 | 55 分钟 |
| 准备活动 | 16：25 | 16：25 准时到达场地，同外教辛蒂做陆地准备活动，利用重球、橡皮筋等小器材使身体四肢活动开，为雪上训练做好准备 | 20 分钟 |

续表

| 项目 | 时间 | 内容 | 备注 |
|---|---|---|---|
| 测速 | 16：45<br>16：55 | 可准备3次左右。每人要在同一起点准确测速两次，用时10分钟<br>测好速后，把标志旗插得结实点，并且要有一个固定的参照物，防止风大将标志旗刮倒或其他的运动员碰倒 | 10分钟 |
| 赛前训练 | 17：00<br>18：25 | 训练时间为1小时25分钟。如天气好没风，每人可做5跳左右；如天气不好有风或雾，每人可做4跳左右。跳的内容可按个人习惯适当调整<br>韩晓鹏：LFF，FFF，FDFF，FDFF，LDFF<br>邱森：LFF，FFF，FDFF，FDFF，LDFF | |
| 介绍<br>出场运动员<br>（Showcase） | 18：30 | 宣告员按预赛成绩逆序介绍每位运动员，当念到你的名字时，你从平台滑向停止区，待所有运动员介绍完毕后，排成一列向观众致意。致意结束后立即乘索道回到出发区待命 | 5~7分钟 |
| 试滑员 | 18：37<br>18：39 | 试滑员出发 | 2分钟 |
| 男预决赛<br>第一跳 | 18：45 | 出发顺序是按预赛成绩的逆序出发<br>邱森第7，韩晓鹏第12<br>等待阶段：<br>最晚在你出发前还有5名队员的时候到达起点。表象训练1~2次（比赛动作）。按心理训练时的要求做，表象之前，对自己大声地说一句鼓励的话，然后默念动作要领，体会身体感觉，表象你最完美的一次动作，动作要一遍过<br>如果此时出现情绪波动，呼吸急促，心跳加快，就采用心理训练的自我鼓励替换法。教练员就在你的身边，他随时可以向你提供任何方面的帮助和鼓励。相信自己的实力，我行，我们中国队个个行，我已经整装待发，我的准备工作是最充分的、最棒的<br>出发阶段：<br>时间为1分~1分30秒<br>该阶段是非常关键的一道准备程序。我们要充分利用这最后的时间让自己准备好。下面是出发阶段的基本程序：<br>1. 你的上一名运动员出发后，发令员会叫你的名字<br>2. 上边的教练会帮助你，你要尽快到达起点（在5秒钟之内） | |

续表

| 项目 | 时间 | 内容 | 备注 |
|---|---|---|---|
| 男预决赛<br>第一跳 | 18：45 | 3. 在起点位置做模仿和自己的习惯动作（20~30秒钟）<br>4. 在着路坡没有整理完的情况下，你可以观察周围情况或与教练进行简短的沟通（10秒钟）<br>5. 竞赛长确认各方面准备完毕，主教练会从着路坡跑向指挥地点，你要做的就是等待教练的示意<br>6. 竞赛长吹哨，倒计时表启动，教练举手示意，一切都已就绪，你就可以出发<br>7. 如果没有风，你可以掌握倒计时表的这15秒时间。但如果有风，你要服从教练的指挥，顶风时教练会让你向上，顺风时教练会让你向下，调整完毕后立即出发。此时运动员不要迟疑，要相信教练的指挥，相信自己的能力和技术，一定能完成好动作（3~5秒内）<br>8. 上述的各项准备程序要在1分钟之内完成。特殊情况除外<br>注意：重要的是要信任上下教练员给你的指示和建议，要相信速度是没有问题的，人体在60公里时速滑行中，即使天气没有风，迎面的风速也会达到17米/秒，所以一些小的变化是不会影响你的动作的，现场直播的比赛在时间安排上是很严格的，只要我们做好我们该做的，任何事情都不会影响到我们的技术，要相信自己<br>"我能赢！"<br>"I can do it！" |  |
| 两跳之间<br>的安排 | 19：10<br>19：20 | 第一跳完成之后，到休息区休息，无论第一跳跳得如何，它已成为过去时。现在要准备跳好第二跳。第二跳的出发顺序按第一跳的成绩逆序出发 |  |
| 男子决赛<br>第二跳 | 19：20<br>19：45 | 准备程序与第一跳相同 |  |
| 改变<br>比赛动作 |  | 至少在你出发前的3名运动员之前通知发令员 |  |
| 颁花仪式 | 20：00 | 获得比赛前3名的运动员参加颁花仪式 |  |
| 新闻采访 | 20：40 | 前3名运动员在新闻中心接受新闻采访 |  |
| 兴奋剂检测 | 21：30 | 获得比赛前5名的运动员及由抽签决定的一名运动员将进行兴奋剂检测。请队医做好相应的准备工作 |  |
| 比赛结束后 | 21：00 | 未获奖和不做兴奋剂检测的运动员拿好备板等物品，集体下山在B地点集合，然后乘班车返回驻地 |  |

续表

教练员、工作人员几项主要工作：
1. 了解当天的天气情况，决定打什么蜡，穿多少衣服；
2. 打蜡时间在比赛当天下午，两副板一样蜡，检查脱落器和螺丝钉，雪鞋、头盔；
3. 备用手套、头盔、工具：螺丝刀（一字、十字）、小搓、砂纸、502胶、钳子、别针、刀；
4. 对讲机充满电，带块备用电池；
5. 随时准备赛场出现状况时，要让队员冷静、保暖，原地活动，或酌情安排，不受外界干扰，自己努力做到心如止水；
6. 工作人员分工：兴奋剂检测、新闻采访、颁花仪式、返回驻地。
注：A 集合点在运动员村主楼一楼的总服务台对过
　　B 集合点在雪场小广场的班车站

（国家体育总局科教司，2015）

## 三、微机辅训法及其应用

微机辅训法是一种依靠微机技术实施控制的训练方法，亦称 CAD。CAD 是"Computer Assistant Direction"的缩写，意指微机辅助指导之意。微机辅训法是现代运动训练控制原理与现代科学技术高度结合而创造出来的具有高科技特点的训练控制方法。微机辅训法的基本功能主要是：可将错综复杂的训练目标转入系统化的目标体系，使训练目标的确定、训练过程的监督、训练结果的评定置于定量分析、自动分析的基础之上；可将众多的训练内容转成系统化的内容体系，使训练内容结构、训练手段选择、训练进程安排置于逻辑分析的基础之上；可模拟过程实际状态、预测运动训练结果、收集控制反馈信息，使整个运动训练过程的控制置于系统分析的基础之上。

### （一）微机辅训法的基本结构

微机辅训法的基本结构是由信息传感装置、中央处理装置、信息显示装置、信息存储装置以及 CAD 训练软件组成。其中，信息传感装置是微机接收外来信息的物理装置。犹如人体头部的五官，其作用是采集、接收并传输信息进入中央处理装置，使训练中的各类信息经传感装置转化为可以处理、分析的信息；中央处理装置是微机分析信息的物理装置，犹如人的大脑，其作用是根据 CAD 训练软件对所传入的信息进行处理、分析、加工并将结果传入信息显示装置。信息显示装置是一种输出计算结果并使计算结果或分析结论具有可读性的物理装置。信息存储装置是一种储存各类原始信息、指标，并使储存信息在计算机中央处理装置下，可以反复再次处理、加工和使用的物理装置。

CAD 训练软件是一种利用计算机技术分析、处理训练信息的计算机程序。信息传感装置、中央处理装置、信息显示装置、信息存储装置通常均称之为硬件，CAD 的训练分析程序则称之为软件。在一般情况下，计算机硬件设备部分是由厂家定型生产并由质检机构检验的。CAD 训练软件则是由教练员、科研人员共同研制并应用的。由此可见，CAD 训练软件研制与应用是微机辅训法运用的关键。CAD 训练软件的基本结构由内容体系、数学模型、程序语言组成。内容体系是决定 CAD 训练方法运用目的的基础；数学模型是分析信息的计算公式；程序语言是计算机处理信息容量、信息类型的识别符号。CAD 训练软件这三种要素,是决定 CAD 训练方法功能的关键。微机辅训法目前在欧美国家较为盛行。

### (二) 微机辅训法的基本特点

微机辅训法的基本特点有三:一是自动化。微机辅训法实施的整个过程是以 CAD 训练软件为控制依据的。由于训练目标确定、过程监督、结果评定、信息反馈、方案修正等环节可以借助微机自动处理,因此,加快了科学设计、控制训练过程的步骤。二是菜单化。微机辅训法所依据的 CAD 训练软件由多种子程序系统组成。其中,各子程序既可独立操作使用,又可共享信息资源。这就极大地提高了控制训练内容发展进程的灵活性和科学变更训练过程的效率。三是一体化。微机辅训法所依据的软件与硬件是为科学控制训练过程而设计的,实质上是将高科技及其原理与训练工程结构有机链接组成一体,这就极大地提高了训练控制的科学性,加强了控制训练各个环节的力度。

### (三) 微机辅训法的应用

在实际训练过程中,微机辅训法应用的具体方法是非常广泛的。但是,无论何种方式的微机辅训法,其制作基本原理都是利用计算机硬件、CAD 软件、传感装置和具有传感装置的硬件设备组装成套,将训练过程的基本信息和训练处方以物态的形式构成整体,使得运动训练过程规划、运动训练过程实施、运动训练过程监督的各个环节有机链接,使训练过程的进程处在自动或半自动循环控制状态下。其应用领域是:辅助规划训练过程、辅助仿真模拟动作、辅助诊断训练结症、辅助设计运动战术、辅助安排运动负荷、辅助临场统计分析、辅助制订训练方案等。这些方法经过近十年的广泛应用,特别是遥感技术、信息技术等科学技术的引入,使得微机辅训法已在实践中取得了极大成效。

1. 微机辅助规划训练过程

微机辅助规划训练过程是指利用微机辅助设计软件,根据运动训练过程结构及其要素,科学确定不同时期训练任务、内容、指标、方案的方法。其作用是:科学协助教练员设计训练计划、编写训练方案、规划训练进度、提出变更措施。

2. 微机辅助仿真模拟动作

微机辅助仿真模拟动作方法是指利用力学方法以及动画分析软件,动态模拟人体技术动作,指出关键环节及其影响要素,以供动作模拟训练的方法。其作用是:协助教练员科学解决技术难点、模拟技术过程、预测技术效果、改进技术动作 (图 5-2-4)。

图 5-2-4 仿真技术动作的分析图

### 3. 微机辅助诊断训练症结

微机辅助诊断训练症结是指采用检测手段、数学模型、相应分析程序和标准指标，对影响训练的症结提供科学诊断结论和改进训练方案的方法。其作用是：协助教练员科学监督训练过程、评定训练结果、诊断训练问题、提出改进方案（图 5-2-5）。

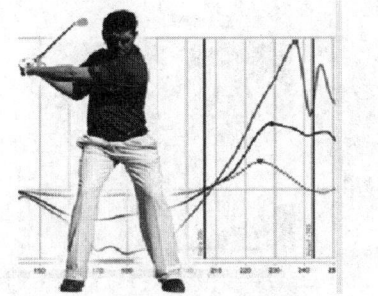
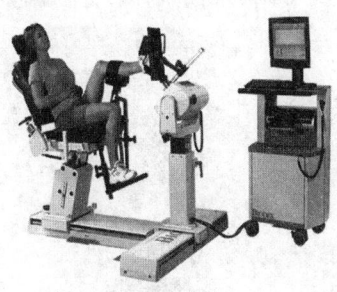

图 5-2-5　辅助诊断训练症结

### 4. 微机辅助设计运动战术

微机辅助设计运动战术是指采用微机三维动画技术，将各种运动战术形成过程编制成各种直观、立体、动态等形式变化的方法。其作用是：协助教练员科学确定战术思想、优选战术方案、制定战术对策、讲解战术结构、强化战术意识（图 5-2-6）。

图 5-2-6　足球训练动态演示

### 5. 微机辅助安排运动负荷

微机辅助安排运动负荷是指利用有关检测手段、数学模型以及分析软件，提出机体承受负荷刺激参数的方法。其作用是：协助教练员科学分析运动员现实状况、评定机体反应、检查训练方法手段效果、安排运动负荷、确定负荷性质（图 5-2-7）。

图 5-2-7　辅助安排运动负荷

### 6. 微机辅助临场统计分析

微机辅助临场统计分析是指利用各种光学摄像手段和相应的微机分析软件进行临场技、战术统计分析的方法。其作用是：协助教练员捕捉竞技表现的极端状态、重点记载临场状况、寻觅对手主要弱点、调整训练和改进比赛的主要谋略（图5-2-8）。

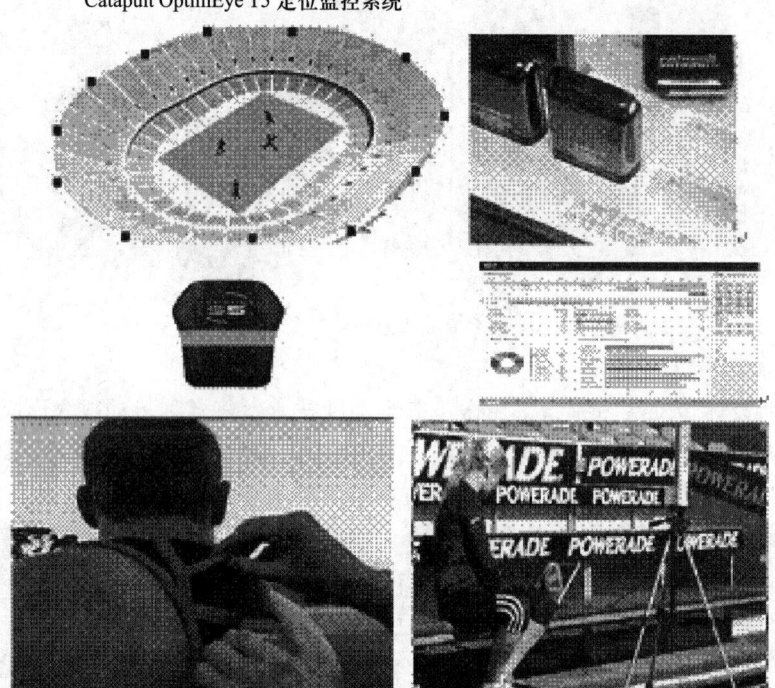

图 5-2-8　辅助临场统计分析

总之，微机辅训法是当前体育发达国家利用微机技术、遥感技术、传感技术、电子技术和机械技术等硬件技术和软件开发技术，结合生物学、物理学、训练学、工程学等原理与方法，所创造出来的用于控制运动训练过程的具有高新技术特征的控制方法。实践证明，微机辅训法正在日益显示出其重要的作用和广泛的功能。三种训练控制方法既有共同之处，又有不同的特点。它们从不同的角度帮助教练员提高训练效果和比赛成绩（表5-2-7）。

表 5-2-7　三种训练控制方法异同点的比较

| 类别 | 模式训练法 | 程序训练法 | 微机辅训法 |
| --- | --- | --- | --- |
| 目的 | 建立阶段性专项竞技能力发展的数学控制模型 | 建立阶段性专项竞技能力发展的逻辑控制模型 | 建立硬件与软件高度结合或相关软件的训练控制模型 |
| 结构 | 训练模式、检查手段、评定标准、训练手段 | 训练程序、检查手段、评定标准、训练手段 | 信息传感装置、信息处理装置信息分析软件、信息显示装置 |
| 研制 | 通过试验过程论证 | 通过试验过程论证 | 通过试验过程论证 |

续表

| 类别 | 模式训练法 | 程序训练法 | 微机辅训法 |
|---|---|---|---|
| 依据 | 数学模型 | 逻辑模型 | 数学和逻辑模型 |
| 应用 | 适用于全部或部分过程 | 适用于全部或部分过程 | 适用于全部或部分过程 |

（胡亦海，2014）

## 第三节 操作性训练方法

运动训练基本方法是运动训练过程实施的操作性方法。此类方法的应用方式与作用，类似工程技术领域工艺产品的制造。因此，在运动员获取优异运动成绩的培养过程中，教练员乃至运动员都必须全面科学地掌握运动训练的基本方法，以便提升"工艺制造"水平。由此可见，运动训练基本方法的掌握与应用，直接影响着运动训练的结构链接、计划设计、单元训练等各个方面的质量。为此，本节着重介绍运动训练基本方法中的分解、完整、重复、间歇、持续、变换、循环和比赛训练法及其应用。包括各个训练方法的基本含义、主要类型、重要特点、应用领域及其要求。

### 一、分解训练法的类型及应用

#### （一）分解训练法的类型

分解训练法是指将完整的技术动作或战术配合过程合理地分成若干个环节或部分，分别进行训练的方法。运用分解训练法可集中精力完成专门的训练任务，加强主要技术动作和战术配合环节的训练，从而获得更高的训练效益。当技术动作或战术配合过程较为复杂，且运用完整训练法又不易使运动员直接掌握的情况下，或者技术动作、战术配合的某些环节需要较为细致地专门训练时，常采用分解训练法。分解训练法的基本类型主要有4种，即单纯分解训练法、递进分解训练法、顺进分解训练法和逆进分解训练法（表5-3-1）。分解训练法的4个亚类对于不同运动技术特征的分解具有不同的功能，因此选择和采用分解训练法时应根据运动技术特点和复杂程度决定。

表 5-3-1 分解训练方法基本类型及其特点

| 类别 | 合成步骤图解 |
|---|---|
| 单纯分解训练法 | 第四步 / 第一步 第二步 第三步 |
| 递进分解训练法 | 第三步 / 第一步 第二步 第四步 |

续表

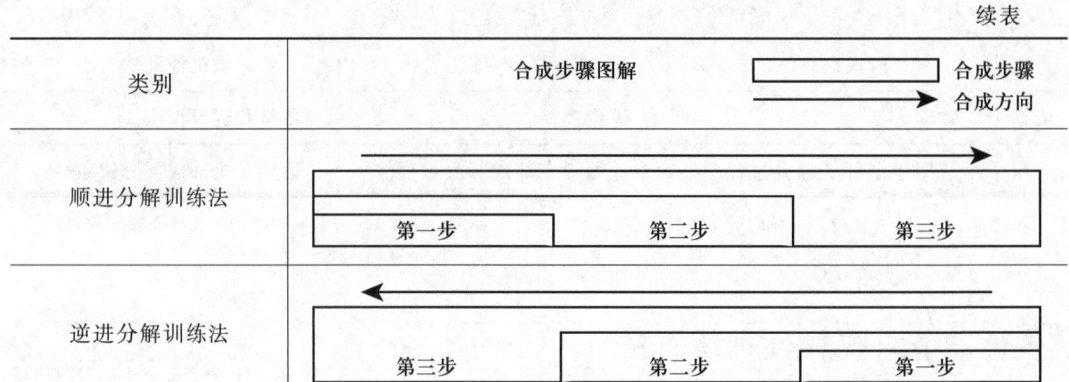

（胡亦海，2014）

（二）分解训练法的应用

1. 单纯分解训练法的应用

应用单纯分解训练法，需首先把训练内容分成若干部分，通过分别学习、掌握各个部分或环节的内容后，再综合各部分进行整体学习。这种方法在技术和战术的学习与训练中被广泛采用。单纯分解训练法的应用特点是：分解的技术动作和战术配合相对复杂，分解后的各个部分可以独立训练。练习的顺序不必提出特别要求，以便教练员安排训练。例如，采用此法进行标枪技术的训练，可将整个标枪技术过程分解成三个部分，即持枪加速跑、最后交叉跑和挥臂投掷。训练进程是：可先训练"持枪加速跑"，掌握后再训练"交叉跑"和"原地挥臂投掷"；也可先练习"原地挥臂投掷"，再练"持枪加速跑"和"交叉跑"，最后把这三个部分合成起来完整训练。如此实现了单纯分解训练法的应用。

2. 递进分解训练法的应用

应用递进分解训练法，需把训练内容分成若干部分，先训练第一部分；掌握后，再训练第二部分；掌握后，将一、二两部分合成起来训练；掌握两部分后，再训练第三部分；待掌握后，将三部分合成起来训练。如此递进式地训练，直至完整地掌握技术或战术。此方法虽然对练习内容各个环节的练习顺序并不刻意要求，但对相邻环节的衔接部分则有专门的要求。例如，采用此法进行标枪训练时，其训练进程是：可先训练"持枪加速跑"；掌握后再进行"交叉跑"的训练；而后，将"持枪加速跑"与"交叉跑"两环节进行合成训练。掌握后再训练"原地挥臂投掷"；掌握后再把三个部分合成起来进行完整训练。显然，递进分解训练法的应用目的是逐步合成技术动作或战术环节的过程。

3. 顺进分解训练法的应用

应用顺进分解训练法，需把训练内容分成若干部分，先训练第一部分；掌握后，再训练第一部分和第二部分；掌握后，再将三个部分一起训练；如此步步前进，直至完整地掌握技术或战术。例如，采用此法进行标枪训练的训练进程是：先训练"持枪加速跑"；掌握后再训练"持枪加速跑"环节及"交叉跑"环节，使其衔接为一体；掌握后再训练"持枪加速跑""交叉跑"和"挥臂投掷"动作，直至掌握完整的标枪技术。顺进分解训练法的应用特点是：训练内容的进程与技术动作、战术配合过程的顺序大体一致；后一步骤的练习内容包括前一部分的内容。此方法便于建立技术动作过程和战术配合过程的完整概念，较易形成良好动力定型和战术意识。

4. 逆进分解训练法的应用

逆进分解训练方法与顺进分解训练方法相反，应用时把训练内容分成若干部分，先训练最后一部分，逐次增加训练内容到最前一部分，如此进行直至掌握完整的技术或战术。例如，采用此法进行标枪技术训练的进程是：先训练"原地挥臂投掷"；掌握后再结合"挥臂投掷"训练"交叉步"；掌握后再将"挥臂投掷""交叉步"与"持枪加速跑"串成一体训练，直至掌握完整的标枪技术。逆进分解训练法的应用特点是：训练内容的进程与技术动作、战术配合过程的顺序恰恰相反；多运用于最后一个环节为关键环节的技术和战术的训练，如投掷、扣杀、踢踹等动作。

## 二、完整训练法及应用

完整训练法是指从技术动作或战术配合的开始到结束，不分部分和环节，完整地进行练习的训练方法。运用完整训练法便于运动员完整地掌握技术动作和战术配合，保持技术动作和战术配合的完整结构和各个部分之间的内在联系。完整训练法可用于单一动作的训练，也可用于多元动作的训练；可用于个人成套动作的训练，也可用于集体配合动作的训练。用于单一动作训练时，要注意各个动作环节之间的紧密联系，注意逐步提高负荷强度练习质量；用于多元动作训练时，在完成好各单个动作的同时，要特别注意掌握多个动作之间的串联和衔接。当用于个人成套动作训练时，着重强调全套动作的流畅性；当用于集体配合战术的训练时，着重强调技术串联的密切配合和衔接技术的熟练应用。

## 三、重复训练法的类型及应用

### （一）重复训练法的类型

重复训练法是指多次重复同一练习，两次（组）练习之间安排相对充分休息的练习方法。通过同一动作或同组动作的多次重复，经过不断强化运动条件反射的过程，有利于运动员掌握和巩固技术动作；通过相对稳定的负荷强度的多次刺激，可使机体尽快产生较高的适应性机制，有利于运动员发展和提高身体素质。构成重复训练法的主要因素有单次（组）练习的负荷量、负荷强度及每两次（组）练习之间的休息时间。休息方式可采用慢走、慢跑、静坐或肌肉按摩等。依单次练习时间的长短，可将重复训练法分为短时间重复训练法、中时间重复训练法和长时间重复训练法三种类型（表5-3-2）。重复训练法的三个亚类具有不同的功能。因此选择和采用重复训练法时，应根据训练课的训练目的和任务决定。

表 5-3-2 重复训练法基本类型及其特点

| 基本类型 | 短时间重复训练 | 中时间重复训练 | 长时间重复训练 |
| --- | --- | --- | --- |
| 负荷时间 | <6秒 | 6~30秒 | 30~120秒 |
| 负荷强度 | 最大 | 次大 | 较大 |

续表

| 基本类型 | 短时间重复训练 | 中时间重复训练 | 长时间重复训练 |
| --- | --- | --- | --- |
| 间歇时间 | 相对充分 | 相对充分 | 相对充分 |
| 间歇方式 | 走步、按摩 | 抖动四肢、按摩、深呼吸 | 抖动四肢、按摩、深呼吸 |
| 供能形式 | 以磷酸盐系统为主的供能 | 以磷酸盐系统和快速糖酵解为主的混合供能 | 以磷酸盐系统和慢速糖酵解为主的混合供能 |

（胡亦海，2014）

### （二）重复训练法的应用

#### 1. 短时间重复训练法的应用

短时间重复训练法普遍适用于磷酸盐系统供能条件下的爆发力强、速度快的运动技术和运动素质的训练。例如，排球单个扣球技术动作练习，足球单个射门技术动作的练习或接与传、接与投、掷（踢）技术动作的组合练习，拳击各种直拳、勾拳的练习或组合练习等。此法的应用特点是：一次（组）练习持续负荷时间短（约在6秒内），负荷强度最大，动作速度最快，间歇时间充分，单一动作或组合动作的各个环节前后稳定。间歇过程多采用肌肉按摩放松方式，以便尽快促使机体恢复机能。重复次数和组数相对较少。此方法可有效提高负荷强度很高的单个技术关键动作的熟练性、规范性和技巧性；可有效提高磷酸盐系统的储能和供能能力；可有效提高运动员有关肌群的收缩速度和爆发力。

#### 2. 中时间重复训练法的应用

中时间重复训练法普遍适用于磷酸盐系统和快速糖酵解供能条件下的运动技术、战术和素质的训练。如多种技、战术的串联技术练习；单个技术动作的变异组合练习；成套动作的固定组合练习等。此法应用特点是：一次（组）练习的持续负荷时间通常为6~30秒不等；练习时，负荷时间可略长于主项比赛时间，负荷距离可略长于主项比赛距离；负荷强度较大（负荷心率应在180次/分以上），并与负荷时间呈现负相关性；间歇时间应当充分。间歇方式应采用慢跑、深呼吸以及按摩放松方式进行，以便尽快清除体内乳酸。此方法可有效提高磷酸盐系统和快速糖酵解供能条件下的速度素质、速度耐力和力量耐力以及机体的耐酸能力，可有效提高技术串联和衔接技术的熟练性、稳定性。

#### 3. 长时间重复训练法的应用

长时间重复训练法主要适用于以慢速糖酵解供能为主条件下的运动技术、战术、素质的训练。如技战能主导类运动项群多种技战术的串联练习，一次（组）负荷持续时间为30~120秒的各种运动素质的练习等。此法的应用特点是：一次（组）练习的持续负荷时间通常在30~120秒之间；采用此法的战术训练必须具有慢速糖酵解混合供能的负荷强度特点，因此必须精心组织战术训练。一次（组）练习完毕后间歇时间应当充分。此法可有效提高运动员以慢速糖酵解供能为主的混合代谢的能力，可有效提高慢速糖酵解混合供能状态下的速度和力量耐力、机体耐酸能力以及各种技战术应用的熟练性和稳定性。在实践中，此法与间歇、持续训练法的有机结合，可以更好地提高训练的效果。

## 四、间歇训练法的类型及应用

### (一) 间歇训练法的类型

间歇训练法是指对练习过程中次间、组间间歇时间做出严格规定，使机体处于不完全恢复状态下，反复进行训练的练习方法。实践证明：通过严格的间歇训练，可使运动员心脏功能得到明显增强；可使机体的磷酸盐与糖酵解混合代谢的供能能力，或糖酵解与有氧代谢混合供能能力得到有效的发展和提高；通过严格控制间歇时间，有利于运动员在激烈对抗和复杂困难的比赛环境中稳定、巩固技术动作；通过较高负荷心率的刺激，可使机体抗乳酸能力得到提高，以确保运动员在保持较高强度的情况下具有持续运动的能力。间歇训练法的基本类型主要分为三种，即：高强性间歇训练法、强化性间歇训练法和发展性间歇训练法（表5-3-3）。实践中，负荷时间为Ⅰ型的负荷强度相比Ⅱ型为更高。

表 5-3-3　间歇训练法基本类型及其特点

| 基本类型 | 高强性间歇训练 | 强化性间歇训练 | | 发展性间歇训练 |
| --- | --- | --- | --- | --- |
|  |  | A 型 | B 型 |  |
| 负荷时间<br>Ⅰ 型<br>Ⅱ 型 | <30 秒<br><40 秒 | 30~90 秒<br>40~90 秒 | 90~180 秒<br>90~180 秒 | >3 分钟<br>>5 分钟 |
| 负荷强度 | 大 | 大 | 大 | 中 |
| 心率指标 | 190 次左右 | 180 次左右 | 170 次左右 | 160 次左右 |
| 间歇时间 | 不充分 | 不充分 | 不充分 | 不充分 |
| 间歇方式 | 走、轻跑或其他 | 走、轻跑或其他 | 走、轻跑或其他 | 走、轻跑或其他 |
| 每分心率 | 120 次 | 120 次 | 120 次 | 110 次 |
| 供能形式 | 以磷酸盐系统和快速糖酵解为主的混合代谢供能 | 以磷酸盐系统和慢速糖酵解为主的混合代谢供能 | 以慢速糖酵解和有氧代谢为主的混合代谢供能 | 以有氧代谢为主的混合代谢供能 |

（依胡亦海改编，2014）

### (二) 间歇训练法的应用

**1. 高强度间歇训练法的应用**

高强性间歇训练法又称极强性间歇训练法，是发展磷酸盐与快速糖酵解代谢系统混合供能能力和心脏功能的一种重要训练方法。此方法特别适用于体能主导类速度耐力性或力量耐力性项群和技战能主导类对抗性项群的素质、技术或战术训练。如球类项群的攻防技术、战术训练，格斗项群的各种格斗训练等。高强性间歇训练法的应用特点是：一次（组）练习持续负荷时间为 20~40 秒之内（Ⅰ型<30 秒、Ⅱ型<40 秒）；负荷强度心率指标为每分钟 190 次左右；间歇时间不充分，心率降至每分钟 120 次左右则开始下一次（组）的练习。此方法可有效地提高以磷酸盐系统和快速糖酵解为主的混合代谢供能能力，可有效地提高此类供能条件下的速度耐力、力量耐力素质和技、战术的稳定性以及熟练性。

## 2. 强化性间歇训练法的应用

强化性间歇训练法是发展磷酸盐与慢速糖酵解或慢速糖酵解与有氧代谢系统混合供能能力以及心脏功能的一种重要训练方法。此方法适用于一切需要这种混合系统供能能力和良好心脏功能的机能、素质、技术、战术的训练。如羽毛球训练中底线连续的扣杀与上网截击技术的衔接练习,网球多球训练中的底线跑动击球的组合练习,篮球训练中的连续快攻跑动练习或摔跤、拳击各种格斗组合练习等。体能主导类中、短距离项目更是广泛运用此训练法。此法的应用特点是:一次(组)练习持续负荷时间在 30~90 秒或者 90~180 秒。其中,A 型方法有利于提高以磷酸盐与慢速糖酵解系统混合供能为主的速度耐力;B 型方法有利于提高以慢速糖酵解与有氧代谢系统混合供能为主的速度耐力。

## 3. 发展性间歇训练法的应用

发展性间歇训练法是发展以有氧代谢为主的供能能力以及心脏功能的一种重要训练方法。发展性间歇训练法适用于需要较高耐力素质的项群训练。例如,赛艇、皮划艇、游泳、速度滑冰、中长跑等运动项目有氧代谢能力的训练,往往借助此法提高有氧负荷强度。甚至比赛成绩约为 1 分钟的体能主导类周期性项目也常用此法。此外,在技战能主导类的对抗性运动项群中也常常采用此法。如篮球、五人制足球的"三对三"的全场攻防转换训练、羽毛球的"一攻二防"或"一防二攻"训练等。此法的应用特点是:一次(组)练习负荷时间至少应在 3 分钟或 5 分钟以上;平均负荷强度较低,心率约为每分钟 160 次;间歇时间则以心率降至 110 次左右为下次练习开始的依据。

## 五、持续训练法的类型及应用

### (一)持续训练法的类型

持续训练法是指负荷强度较低、负荷时间较长、无间断连续进行训练的方法。练习时,平均心率应在每分钟 130~170 次之间。持续训练主要用于发展一般耐力素质,并有助于完善负荷强度不高但过程细腻的技术动作,可使机体运动机能在较长时间的负荷刺激下产生稳定的适应,内脏器官产生适应性的变化;可提高有氧代谢系统供能能力以及该供能状态下有氧运动的强度;可为进一步提高无氧代谢能力及无氧工作强度奠定坚实的基础。根据训练时持续时间的长短,持续训练法可分三种基本类型,即短时间持续训练法、中时间持续训练法和长时间持续训练法(表 5-3-4)。实践中,技战能主导类对抗性项群采用此法的方式是以多球方式体现。这种方式也常用在重复训练法和间歇训练法中。

表 5-3-4 持续训练法基本类型及其特点

| 基本类型 | 短时间持续训练 | 中时间持续训练 | 长时间持续训练 |
| --- | --- | --- | --- |
| 负荷时间 | 5~10 分钟 | 10~30 分钟 | >30 分钟 |
| 心率强度 | 170 次左右 | 160 次左右 | 150 次左右 |
| 间歇时间 | 没有 | 没有 | 没有 |
| 动作结构 | 基本稳定 | 基本稳定 | 基本稳定 |

续表

| 基本类型 | 短时间持续训练 | 中时间持续训练 | 长时间持续训练 |
|---|---|---|---|
| 有氧强度 | 最大 | 次大 | 适中 |
| 供能形式 | 以有氧代谢系统为主混合供能 | 以有氧代谢系统为主混合供能 | 有氧代谢系统供能 |

（胡亦海，2014）

## （二）持续训练法的应用

### 1. 短时间持续训练法的应用

短时间持续训练法广泛应用于体能主导类项目的运动素质训练之中，也适用于技战能主导类运动项群中动作强度较高的素质、技术和战术的训练工作。例如，排球中传球、防守等组合技术的练习；篮球、足球中接球、运球、传球、投篮（射门）等组合技术的攻防战术练习等。此法的应用特点是：一次持续练习负荷时间为5~10分钟；负荷强度相对较高，平均心率负荷指标控制在每分钟170次左右；练习动作的组合可以固定亦可变异；练习过程不中断。此方法可有效提高运动员以有氧代谢为主的供能能力和该供能状态下所表现出来的速度耐力和力量耐力，可有效提高攻防战术的转换性、强度变换的节奏性、攻防技术的衔接性。此法与间歇训练方法结合可提高以有氧供能为主的运动强度。

### 2. 中时间持续训练法的应用

中时间持续训练法普遍适用于技能、技战能主导类运动项群各个项目中多种技术的串联、攻防技术的局部对抗、整体配合战术或技术、编排成套的技术或战术训练，以及体能主导类耐力性运动项群训练。中时间持续训练法具有两种典型的练习形式，即匀速持续训练和变速持续训练：匀速持续训练是一种以发展有氧代谢供能为主要目的的方法，负荷强度心率指标平均为每分钟160次左右，负荷强度变化较小，运动速度相对均匀，运动能量消耗较小；变速持续训练是一种以发展混合供能能力为目的的方法，负荷强度一般在心率每分钟180~150次之间，负荷强度变化较大，运动速度变化较多，运动能量消耗较大。此法的应用特点是：一次练习持续负荷时间应为10~30分钟，过程不得中断。

### 3. 长时间持续训练法的应用

长时间持续训练法对于体能主导类耐力性运动项群训练具有直接的效果。实践中，长时间持续训练方法具有三种典型的变化形式，即匀速持续训练、变速持续训练和法特莱克训练。其中，匀速持续训练、变速持续训练形式与中时间持续训练法的主要不同之处是负荷强度相对更低，负荷时间相对更长；法特莱克训练是一种在自然环境下利用不同地形，以发展有氧代谢系统为主，适当发展有氧与无氧代谢系统混合供能能力的耐力训练方法。此法的应用特点是：运动路线不固定，负荷时间较长；运动速度快慢变化具有明显的随意性；运动过程始终不断，练习过程负荷强度呈现高、低交错，心率指标为每分钟160~130次之间；心理感受相对轻松。

## 六、变换训练法的类型及应用

### （一）变换训练法的类型

变换训练法是指一种对运动负荷、练习内容、练习形式及其条件实施变换，以提高运动员积极性、趣味性、适应性及应变能力的训练方法。变换训练法是根据运动项目实际比赛过程的复杂性、对抗程度的激烈性、运动技术的变异性、运动战术的变化性、运动能力的多样性、中枢神经系统的灵活性等一般特性而提出的。通过变换训练，可使机体产生与有关运动项目相匹配的适应性变化，可使运动员不同运动素质、运动技术和运动战术得到系统的训练和协调的发展，从而有助于提高比赛时承受不同运动负荷的能力，有助于提高战术应变能力、技术串联和衔接能力。依变换的内容可将变换训练法分为三种，即负荷变换训练法、内容变换训练法和形式变换训练法（表 5-3-5）。

表 5-3-5 变换训练法基本类型及其特点

| 基本类型 | 负荷变换训练 | 内容变换训练 | 形式变换训练 |
| --- | --- | --- | --- |
| 负荷强度 | 变化最大 | 可变或不变 | 可变可不变 |
| 动作结构 | 相对固定 | 变换 | 固定或变换 |
| 供能形式 | 可在多种代谢形式之间变换 | 以某种代谢形式供能为主 | 以某种代谢形式供能为主 |

（胡亦海，2014）

（二）变换训练法的应用

1. 负荷变换训练法的应用

负荷变换训练法是一种功能独特的重要的训练方法，不仅适用于身体训练，而且适用于技、战术训练。负荷的变换主要体现在负荷强度或负荷量的变换上。由于负荷强度与负荷量的变化具有多种不同搭配形式（图 5-3-1），因此负荷变换的训练方式也是多种多样的。此法的应用特点是：降低负荷强度，可利于学习和掌握运动技术；提高负荷强度及密度，可使机体适应比赛的需要。此方法可通过变换练习动作的负荷强度、练习次数与时间、练习质量、间歇时间、间歇方式和练习组数等变量方式，促使运动素质、能量代谢系统的发展与提高，以满足专项运动的需要；可有效地促使机体适应比赛强度的变化特点，使运动员机体产生与比赛相符的生理适应以及与之相配的运动能力。

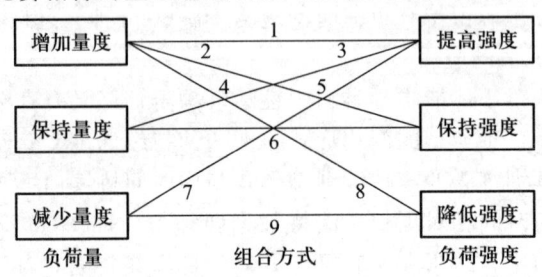

图 5-3-1 负荷量与强度变化的几种组合形式

（胡亦海，2014）

2. 内容变换训练法的应用

内容变换训练法是技能主导类运动项群中广泛应用的一种重要的训练方法。该方法主要适用于对抗性项群各种技术串联和衔接技术的练习，也适用于难美性运动项目的技术动作的组合练习。此法的应用特点是：练习内容的动作结构可为变异组合或固定组合；技术串联或衔接技术的训练负荷性质多以无氧代谢为主。练习内容的变换顺序符合比赛规律；练习动作的用力程度符合专项要求；科学地采用内容变换训练法，可使训练内容的变换节奏适应专项运动技术和战术变化的基本范式；可使训练内容的变化种类适合运动技术、战术应用的要求；可使练习内容之间的变换，符合实际比赛变化的需要，进而提高运动员比赛的应变能力。此法若与间歇训练结合效果将更好。

3. 形式变换训练法的应用

形式变换训练法的运用主要反映在场地、线路、落点和方位等条件或环境的变换上。例如，隔网类运动项群中的发球练习，在负荷、动作大体一致的情况下，可以发出各种不同直线、斜线、前区、后区的球；同场类运动项群中侧身带球技术的运用，在交叉换位的战术配合时，可以形成"掩护"或"反掩护"的不同战术形式。经常变换不同的训练场所可促使运动员尽快适应不同环境的比赛场地。此法的应用特点是：通过变换训练环境、变换训练气氛、变换训练路径、变换训练时间和变换练习形式进行训练。例如，通过变换训练形式，可使各种技术更好地串联和衔接起来；变换训练环境，可使运动员产生新的刺激，激发起较高的训练情绪，并产生强烈的表现欲望。

## 七、循环训练法的类型及应用

### （一）循环训练法的类型

循环训练法是指根据训练的具体任务，将若干练习手段设置为相应的若干个练习站（点），运动员按照既定顺序和路线，依次完成每站（点）练习任务的训练方法。运用循环训练法可有效激发训练情绪、累积负荷"痕迹"、交替刺激不同体位。循环训练法的结构因素有：每站练习内容、每站运动负荷、练习站安排顺序、练习站之间间歇、每遍循环的间歇、练习的站数与循环练习的组数。实践中，循环训练法中所说的"站"是练习点，如果一个循环内的站数中有若干个练习点是以一种无间歇方式衔接，那么这几个练习点的集合可称之为练习"段"。依各组练习之间间歇的负荷特征，循环训练法的基本类型主要分为三种，即循环重复训练法、循环间歇训练法和循环持续训练法（表5-3-6）。图示参见图5-3-2、图5-3-3。

表 5-3-6 循环训练法基本类型及其特点

| 基本类型 | 循环重复训练 | 循环间歇训练 | 循环持续训练 |
| --- | --- | --- | --- |
| 循环过程 | 间歇且充分 | 间歇不充分 | 基本无间歇 |
| 负荷强度 | 最大 | 次大 | 较小 |
| 负荷性质 | 速度、爆发力 | 速度耐力、力量耐力 | 耐力 |
| 供能形式 | 以磷酸盐代谢系统供能为主 | 以糖酵解代谢系统供能为主 | 以有氧代谢系统供能为主 |

（胡亦海，2014）

三种循环训练法的组织形式共有三类：流水式、轮换式和分配式。其中，流水式循环训练的做法是：建立若干练习站（点）后，运动员按一定的顺序，一站接一站地周而复始地进行循环练习。此种组织形式可以有效地全面发展多种运动能力，并可使机体各个部位以及内脏器官得到训练。轮换式循环训练的做法是：将运动员分成若干组，各组运动员于同一时间内在各自的练习站中练习，然后，按规定要求，依次轮换练习站。此种组织形式可以有效地集中发展某一运动机能和机体的某一部位，使身体局部产生深刻反应。分配式循环训练的做法是：设立较多的练习站，然后根据运动员的具体情况指定每名运动员在特定的若干练习站内训练。可见，循环训练法的关键要素是组织形式的安排。

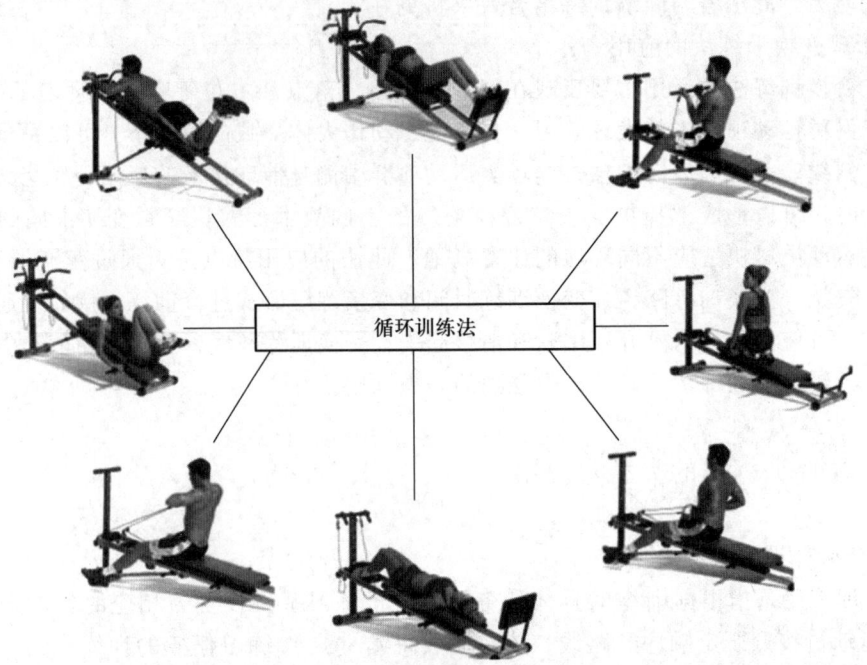

图 5-3-2　循环训练法的应用示意图（1）

图 5-3-3　循环训练法的应用示意图（2）

（二）循环训练法的应用

1. 循环重复训练法的应用

循环重复训练法是指按照重复训练法的要求，对各站之间和各组循环之间的间歇时间不做特殊规定，以使机体得到基本恢复，并全力进行每站或每组循环练习的方法。此法既可用于技术训练，也可用于素质训练。例如，在篮球运动训练中，可将曲线折跑、跑动接球、运球过杆、急停跳投、冲抢篮板球和补篮等作为练习站实施循环重复训练，或者将各个练习站两两结合并成几个有机相连的练习"段"实施循环训练。此法的应用特点是：可将各种练习设置为若干个练习站，练习动作熟练规范，练习顺序符合比赛特点，间歇时间较为充分，两轮循环的间歇时间较长。其应用目的是：提高高强度下的技术规范性、熟练性和攻防过程中的对抗性；提高速度、爆发力及其运动技术有机结合的能力。

2. 循环间歇训练法的应用

循环间歇训练法是指按照间歇训练法的要求，对各站和各组之间的间歇时间做出特殊规定，以使机体处于不完全恢复的状态下进行练习的方法。此法常用于发展运动员体能，也用于协调发展技术、战术、素质和机能之间有机联系的训练。例如排球训练中，可将4号位强攻、3号位快攻、2号位背飞以及2号位拦网、3号位拦网、4号位拦网设定6个练习站，实施循环间歇训练。此法的应用特点是：将各种练习设置为若干个练习站，各练习站的负荷时间至少20秒以上，站与站之间的间歇较不充分。循环组之间间歇可以充分，亦可不充分。其应用目的是：有效提高糖酵解系统的供能能力及这种供能状态下的速度耐力和力量耐力等体能。

3. 循环持续训练法的应用

循环持续训练法是指按照持续训练法的要求，各站和各组之间不安排间歇时间，用较长时间进行连续练习的方法。例如，将隔网项目中的扣球（杀、吊）、拦（截）、传（挡、推、防）等技术练习设定成练习站并编排成技术串联；将同场对抗性项目中的运球、传球、接球、投篮（射门）或跑动、接球、投篮（射门）或跑动、策应、传球、投篮（射门）等练习内容设定为练习站并编排成技术串联。此法的应用特点是：各练习站有机联系，各个练习的平均负荷强度相对较低，各组循环内的站之间无明显中断，一次循环持续时间应在5分钟以上；负荷强度高低搭配，循环组数相对较多；组织方式可采用流水式或轮换式。此方法可提高运动员攻防对抗的转换能力、有氧代谢能力和抗疲劳的能力。

八、比赛训练法的类型及应用

（一）比赛训练法的类型

比赛训练法是指在近似、模拟或真实、严格的比赛条件下，按照比赛的规则和方式，以提高训练质量为目的的训练方法。比赛训练法是根据人类的竞争和表现意识，竞技能力形成过程的基本规律和适应原理，现代竞技运动的比赛规则等因素而提出的一种训练方法。运用比赛训练法可有助于提高竞技能力和比赛的适应能力，有助于形成竞技状态和适度的应激状态。比赛训练法来源于游戏训练法，但是训练的要求又高于游戏。比赛训练法构成要素的核心元素是比赛的氛围和使用的规则。此法的应用目的是：激发运动员的心理能量，从而提高训练质量。依比赛性质可将比赛训练法分为四种，即教学性比赛法、模拟

性比赛法、检查性比赛法和适应性比赛法（表5-3-7）。

表5-3-7 比赛训练法基本类型及其特点

| 基本类型 | 教学性比赛 | 检查性比赛 | 模拟性比赛 | 适应性比赛 |
| --- | --- | --- | --- | --- |
| 比赛规则 | 正式规则或自定规则 | 正式规则或自定规则 | 正式规则 | 正式规则 |
| 比赛环境 | 相对封闭 | 封闭或开放 | 封闭或开放 | 开放 |
| 比赛过程 | 可人为中断 | 不可中断 | 不可中断 | 不可中断 |
| 比赛对手 | 队友或对手 | 对手 | 队友或对手 | 对手 |
| 比赛裁判 | 临时指定 | 正式指定 | 临时或正式指定 | 正式指定 |

（胡亦海，2014）

（二）比赛训练法的应用

1. 教学性比赛训练法的应用

教学性比赛训练法是指在训练条件下，根据教学的规律或原理、专项比赛的基本规则或部分规则，进行专项比赛练习的训练方法。例如，运动队内部之间的对抗性教学比赛，不同运动队之间的邀请性教学比赛，不同训练程度运动员之间的让先性教学比赛，部分基本技术、战术的对抗性教学比赛等，都可视为教学性比赛训练法的应用。此法的应用特点是：可采用部分比赛规则进行局部配合的训练；比赛环境相对封闭，便于集中精力训练；比赛过程可以人为中断以便指导训练；运动员的心理压力小，利于正常发挥技术水平；可激发运动员的训练激情和负荷强度；提高技术串联和衔接技术的熟练程度；强化局部或整体配合的密切程度；激励运动员产生强烈的竞争意识，从而更好地挖掘运动潜力。

2. 检查性比赛训练法的应用

检查性比赛训练法是指在模拟或真实的比赛条件下，严格按照比赛规则，对赛前训练过程的训练质量进行检验的训练法。检查性比赛训练法适用的范围很广，包括专项运动成绩、主要影响因素、运动负荷能力、运动技术质量及训练水平检查性比赛等。由于检查性比赛是在比赛或类似比赛的条件下检查训练质量，因此便于在重大赛事之前发现问题和解决问题。所以有经验的教练员经常采用此法训练。检查性比赛训练法的应用特点是：可采用正式比赛规则的全部或部分规则；比赛环境可以封闭或开放；运动员的心理压力较大；可以设置检查设备进行赛况监控。检查性比赛方法主要应用于检验训练质量，寻找薄弱环节，分析失利因素，提出解决方案，提供改进训练工作的反馈信息。

3. 模拟性比赛训练法的应用

模拟性比赛训练法是指在训练的条件下，模拟真实比赛的环境和对手，并严格按照比赛规则进行比赛的训练方法。模拟比赛环境中的不良因素对于提高运动员的竞技能力是至关重要的。比赛环境中的不良因素，诸如比赛噪声、观众起哄、裁判偏袒、对手干扰、组织紊乱、赛程变更、气候变化等，都可能影响运动水平的正常发挥。因此，有意识地在训练过程中采用此法，可以有效地提高运动员排除不良因素干扰的能力，从而有利于运动员逐步形成心定、心静、心细的竞技心理，为重大比赛中运动技术的正常发挥奠定心理基础。此法的应用特点是：比赛环境类似真实比赛环境，按照比赛规则严格进行，模拟对手类似比赛对手，具有实战特征。另外，此法可以增强运动员心理抗压能力，可以检验训指导思想的正确性，可以加强训练的针对性和提高真实比赛的预见性。

4. 适应性比赛训练法的应用

适应性比赛训练法是指在真实比赛的条件下，力求尽快适应重大比赛环境的训练方法。适应性比赛训练法与模拟性比赛训练法的不同在于，前者在正式比赛的环境下进行，后者则在人为模拟的比赛环境下进行。适应性比赛训练方法的应用形式较多，如重大比赛前的系列邀请赛、访问赛、对抗赛以及表演赛等，都是适应性比赛训练方法的运用形式。一般地说，适应性比赛前应有一套完整的赛前准备、赛中实施及赛间调整的方案。此方法的应用特点是：通过真实的比赛环境，与真实的对手或类似真实的对手比赛，可以提前发现影响重大赛事成绩的关键问题，可以促进各项竞技能力因素实现高质量匹配，可以促使运动员产生旺盛的竞争欲望和形成与重大比赛相适应的最佳竞技状态。

## 第四节 运动训练基本手段

此节主要阐述训练手段的基本功能、发展趋势、基本结构和基本类型等内容。着重指出训练手段作为运动训练方法的重要组成因素和具体体现形式，是本章不可或缺的重要内容。重点讨论构成运动训练手段的姿势、轨迹、时间、速度、速率、力量和节奏7种因素及其关系，并特别指出训练手段的构成因素是学习、掌握和应用训练手段的重点要素。最后集中说明训练手段的分类依据和基本种类。其中，周期性、混合性、固定性和变异性的训练手段是本节重点介绍的内容。显然，全面科学地掌握训练手段的相关内容，对于推动竞技运动乃至其他运动的开展具有积极的作用。

### 一、运动训练手段概述

#### （一）训练手段基本功能

运动训练手段是指在运动训练过程中，为提高某种竞技运动能力、恢复某种运动器官功能、改善某种运动技能、完成某种具体训练任务所采用的身体练习，是构成现代运动训练方法的重要组成因素。它既是一种具体的有目的的身体活动方式，也是现代运动训练方法的一种具体表现形式，更是运动训练基本原理具体应用的一种物质体现形态。在实践中，训练手段又称为身体练习或练习手段。在运动训练的活动中，教练员往往根据训练对象的具体实际、运动训练的主要目的、训练方法的实际功能，选择或设计相应的身体练习。换言之，教练员往往通过设计、遴选和应用具体训练手段，结合运动负荷安排、练习顺序安排等训练方法的构成要素，实现具体的运动训练目的或完成具体的运动训练任务。由于训练手段具有物态性身体活动方式的特点，因此人们更加关注训练手段的研发和应用，以期实现竞技运动乃至康复运动等领域的训练目的。

训练手段在竞技运动领域中的功能特别显著。通常，人们习惯根据竞技能力的构成要素，将运动训练手段分为运动机能训练手段、运动素质训练手段、运动技术训练手段、运动战术训练手段等。尽管这种分类难以体现训练手段的结构特征，但是其功能性目的十分明确。例如，视觉反应练习对提高人体神经系统的反应能力具有益处；5 000米跑或1 000

米中速跑或游泳练习对提高人体心肺系统的机能水平颇有帮助；双摇跳绳练习对提高人体下肢肌群的爆发力具有良好作用。再例如，羽毛球底线挥拍扣杀练习对提高排球扣球击球环节的动作速度效果明显；排球扣球动作的练习对网球发球技术或扣球技术的掌握效果显著。还例如，手球运动的持球战术练习对理解足球运动战术的区域配合颇有帮助；毽球的网前倒钩踢毽练习对足球临门一脚的倒钩射门技术颇有益处。此类范例不胜枚举。显然，竞技运动的训练手段具有鲜明的多样性、专项性、迁移性和功效性的特征。

训练手段在健身运动领域中的功能十分明显。通常，人们习惯根据健身运动的活动方式，将运动训练手段分为休闲性练习手段、养身性练习手段、娱乐性练习手段等。尽管这种分类难以厘清练习手段的具体性质，但是其休闲、健身、养身和娱乐的功能性目的十分明显，甚至某些练习手段发展成为一种固定式的健身运动形态。例如，我们常见的俯卧撑、立卧撑、倒立支撑的练习手段，业已发展成为街舞运动的主要动作元素；垫上瑜伽的许多练习手段，已经发展成为空中瑜伽（Body flying）的动作元素；攀山、攀岩的许多练习手段，现已成为速度攀岩、难度攀岩的技术动作。许多竞技运动的练习手段和运动器材的研发应用，引发了健身领域的身体练习千姿百态、层出不穷。反过来，这些源于健身领域的身体练习，对于丰富目前竞技运动领域身体练习的宝库也具有极大的促进作用。显然，健身运动的训练手段具有鲜明的休闲性、健身性、娱乐性和表演性的特征。

训练手段在康复运动领域中的功能也逐渐显现。目前，借用功能性饮料（Functional drinks）、功能性食品（Functional food）、功能性医学（Functional Medicine）概念而提出的功能性训练（Functional training）概念，不论其内涵还是外延都得到了极大的拓展。来自康复领域的功能性训练理论，不仅为康复运动领域和功能性障碍者提供了丰富的康复性练习手段和相应器材，也为竞技运动领域和优秀运动员提供了有效的预防性练习手段和相应器材。例如，平衡球（stability balls）和药球（medicine balls）等器材的引用，不仅有助于增强功能障碍者核心部位的相关肌力，同时也有助于提高功能障碍者身体运动的平衡能力。当然，这些器材的引用既有助于竞技运动的辅助练习，也有助于受伤运动员的康复练习。显然，康复运动的训练手段具有鲜明的医疗性、康复性、预防性和功能性的特征。

（二）训练手段发展趋势

由于现代科学技术的不断渗透，现代运动训练的手段日益丰富。特别是机械类、悬挂类、弹力类、绳梯类和一些辅助类器材的发明和创造，极大地丰富了竞技体育、军事体育、健身体育和康复体育的训练手段，并形成了以应用不同训练器材为特点的手段群。例如，悬挂类训练手段群可分为：悬臂式、悬带式和悬布式（body flying）训练手段；机械类训练手段群可分为：杠杆式、滑轮式、链条式、气动式、液压式和震动式机械训练手段；弹力类训练手段群可分为：橡皮带拉伸式、弹簧条拉伸式、弹跳阻力带式和移动阻力带式等训练手段；绳梯类训练手段群可分为：脚部各种移动步法、脚部各种移动跳法、手部撑跳移动手法等训练手段（图5-4-1至图5-4-5）。国际竞技运动训练领域就是利用这些训练器材创造了更多的有效训练手段。正是这些训练器材的发明、运用和创造，使现代运动训练手段呈现出更广泛的功能和功效特点。

第四节 运动训练基本手段

悬臂式

悬带式

悬布式

图 5-4-1　悬吊训练手段群

图 5-4-2　机械训练手段群

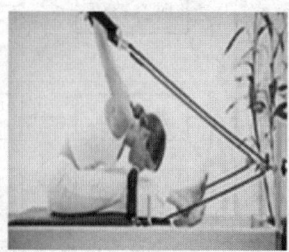
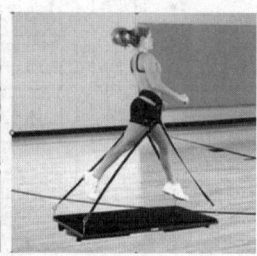

图 5-4-3　弹力带训练手段群

图 5-4-4　绳梯训练手段群

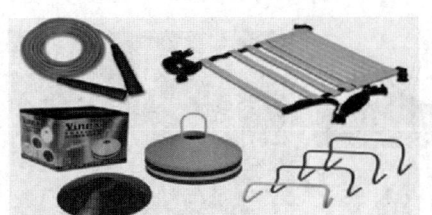

图 5-4-5　辅助训练手段群

### （三）训练手段基本结构

现代运动训练器材的发明、创造和应用，极大地影响着身体练习的活动方式和动作效果。尽管如此，任何训练手段的活动方式仍然具有一切人体运动的动作结构特征，即由动作的姿势、轨迹、时间、速度、速率、力量及节奏 7 种要素组成（图 5-4-6）。任何身体练习的动作过程都具有时间空间特征、动力学特征和运动学特征，因此训练手段的动作过程可分为动作开始、动作进行和动作结束三个阶段。以爬拉测功仪训练手段为例，其动作过程可分为准备、伸臂、划臂、拉臂、抻臂和还原几个环节，动作细节又分别由几个要素组成（图 5-4-7、图 5-4-8）；训练手段正是由于动作结构各个因素的组合及其变化，从而产生或形成成千上万个训练手段。可见训练手段具有多元、多样、多种形态等基本特点。

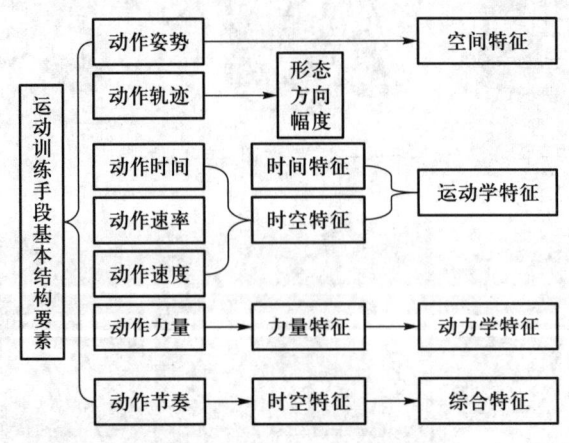

图 5-4-6　训练手段的基本要素

图 5-4-7　爬拉测功仪训练手段

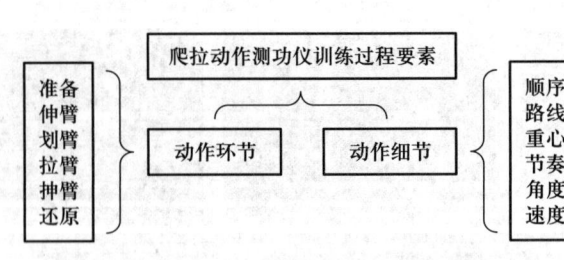

图 5-4-8　爬拉动作测功仪动作要素

在训练手段基本结构的要素中，动力特征决定着训练负荷的强度或受运动负荷的影响；动作形态决定着练习手段的动作姿态或受动作姿态的制约。正因如此，训练手段中的各个要素综合性地决定着围绕三维轴向的各种跑、跳、投、滚、翻、旋、转的运动形态（图5-4-9）。

图 5-4-9 运动元素示意图

跑、跳、投、滚、翻、旋、转的基本动作属于运动的基本形态，因此任何运动项目的初级训练必须严格按照规范动作予以训练。只有形成规范性的跑、跳、投、滚、翻、旋、转的基本动作，方可形成和掌握与之有关的各种专项训练手段和专项运动技能。训练手段本身就是身体练习，因此，严格地按照训练手段的构成要素进行训练，是提高运动机能、运动素质、运动技术和运动战术的重要前提。训练手段的动作姿势、轨迹、速度决定着动作的方向、路径；训练手段的动作时间、速率、力量决定着动作的强度、密度；训练手段的动作节奏决定着动作的连贯、流畅。显然，任何训练手段的应用必须严格规范。换言之，运动员应用各种训练手段于训练实践的前提是，必须按照技术动作那样规范地学习、熟练地掌握、有效地应用。实际上，训练手段的不断创新和科学运用，是任何训练方法创新和应用的前提条件。因此必须高度重视运动训练学习的手段。

## 二、训练手段基本类型

现代运动训练手段亦可依据不同的分类标准，建立具有不同功能、不同作用的若干训练手段分类的体系。例如，依训练手段的应用目的，可将训练手段分为体能训练手段、机能训练手段、技术训练手段、战术训练手段和心智训练手段等；依训练手段的负荷性质，可将训练手段分为力量性训练手段、速度性训练手段、耐力性训练手段、灵敏性训练手段等；依训练手段的专项特点，可将训练手段分为一般性训练手段、辅助性训练手段、专项性训练手段等；依训练手段的作用特点，可将训练手段分为功能性训练手段、功效性训练手段等；依训练手段的适用范畴，可将训练手段分为竞技训练手段、军事训练手段、健身训练手段、康复训练手段等；依训练手段的动作形态，可将训练手段分为跑、跳、投、滚、翻、旋、转等训练手段；依训练手段的结构特点，可将训练手段分为周期性训练手段、混合性训练手段、固定性训练手段和变异性训练手段等。

表 5-4-1 训练手段的分类体系

| 一级指标 | 二级指标 | 具体手段范例 |
|---|---|---|
| 单一动作结构类 | 周期性 | 跑步、游泳等徒手、器械练习 |
|  | 混合性 | 各种跑+跳+投+滚+翻+旋+转等徒手、器械练习 |
| 多元动作结构类 | 固定性 | 各种跑+跳+投+滚+翻+旋+转等动作的固定组合、套路练习 |
|  | 变异性 | 各种跑+跳+投+滚+翻+旋+转等动作的变异组合、游戏练习 |

(胡亦海，2014)

在表 5-4-1 中，将训练手段主要分为单一动作周期性、单一动作混合性、多元动作固定性和多元动作变异性 4 类训练手段（分别简称为周期性、混合性、固定性和变异性手段），此种分类可以最大限度地反映多样化训练手段的动作结构特点。

（一）单一动作周期性的训练手段

单一动作周期性训练手段是指运动训练中采用单一动作结构的动作进行周期性训练的身体练习。各种周期性的跑步、跳跃、游泳、骑车或各种周期性的单一肢体动作如引体向上、俯卧立撑、推举杠铃等身体练习都属此类训练手段。由于此类练习动作相对简单，动作环节相对较少，因此可使练习者较易学习、熟练掌握。由于此类练习的动作方式较易设计，因此可以作为体能主导类速度性、耐力性运动项群的主要练习手段和其他项群的基本练习手段。单一动作周期性训练手段可分为全身周期性和局部周期性练习：全身周期性练习是指全身各部位处于周期性运动状态的练习；局部周期性练习是指身体某部位处于周期性运动状态的练习。

全身周期性练习范例：一是各种跑跳练习，如不同距离或时间的跑或跳的练习。跑步步法可分为向前跑、后退跑、并步跑、垫步跑、前交叉步跑、后交叉步跑、后蹬步跑等身体练习。要求：在动作正确的情况下，强调步法的规范性、连贯性和节奏性，强化速度素质的训练。二是跳推杠铃练习，方法：立姿，两脚自然开立，与肩同宽，两手反握轻重量杠铃放置胸前，全身用力时，两脚交叉步或并步跳起，同时，两手上推杠铃到头顶至两臂伸直，连续练习若干次、若干组。要求：在动作正确的情况下，重点发展无氧供能条件下的力量耐力、爆发力和协调性素质。三是拉测功仪练习，方法：坐在测功仪上，按划船动作，做全身性拉浆练习。练习时上下肢配合，全力做 6~10 分钟若干组。要求：在无氧与有氧混合供能的条件下积极发展速度耐力和力量耐力。显然，动作规格、动作细节、动作要点、动作质量和负荷性质，是全身周期性练习应该高度重视的重点内容。

局部周期性练习范例：一是快速挥臂练习，方法：原地站立，头上方悬吊重沙袋，做扣排球动作，连续挥臂拍击沙袋若干次，练习若干组。要求：在动作正确的情况下，强调挥臂和鞭打速度。二是卧推杠铃练习，方法：仰卧在卧推凳上，两手与肩同宽握杠，由胸前向上推杠铃至两臂伸直，连续上推若干次、若干组。要求：在动作正确的情况下，提高胸、臂部位肌群的最大力量与速度力量。三是拉橡皮带练习，方法：立式，上体前俯或俯卧式，两手由前向后做体侧拉橡皮带练习，反复多次做 3~10 分钟，练习若干组。要求：在动作正确的情况下，提高胸、臂部位的力量耐力。局部周期性练习对于许多运动专项的身体训练、技术训练的意义至关重要。许多局部周期性练习的动作往往与运动专项的技术动作十分相似，或者是某些技术动作关键环节的身体练习，或者是负荷性质十分接近专项运动技术的负荷特点。因此，必须高度重视局部周期性练习的动作质量和负荷要求。

（二）单一动作混合性的训练手段

单一动作混合性训练手段是指运动训练中采用两三个单一动作结构的动作进行混合性训练的身体练习。相对单一动作周期性训练手段而言，由于此类练习动作相对较为复杂，动作环节相对较多，动作形态相对多样，因此有利于形成复杂动作的神经联系，提高技能的储备量，有利于学习和掌握相对较为复杂的技术动作；由于此类练习动作是以非周期的方式表现于练习的整个过程，因此有利于提高运动员的协调性素质和时空感知能力，有利于提高运动员的整个运动能力；由于此类练习涉及的动作环节较多，通常至少涉及两个或两个以上的关键动作环节，因此需要高度重视整个动作过程的练习；由于此类训练手段的动作特点与体能主导类力量性、速度性或速度力量性项群的技术动作特点多为相似，因此单一动作混合性训练手段可作为这些项群体能训练或技术训练的主要练习手段。单一动作混合性训练手段可分为全身混合性练习和局部混合性练习两种类型。

全身混合性练习的动作特点是：整个身体练习属于全身性的动作结构，动作过程属于非周期性的运动方式，动作过程至少具有两三个关键环节。全身混合性练习范例：一是跑跳结合的全身混合性练习，如跑跳结合的连续跑跳，每跑3步跨步跳1次，如此连续跨跳10～15次。如果进行固定距离的跑跳练习，可以采用计时训练。每组练习3～5次，练习组数5～8组。要求：跑跳节奏明快，速度始终如一，双臂摆动有力，跨跳幅度要大，爆发用力明显。二是跑投结合的全身混合性练习，如跑动掷球练习或跑动掷枪练习。要求：助跑过程快速，步法变步清晰，跑动制动有力，躯干伸展充分，上肢挥臂快速，投物出手利索。三是跑跳投综合的全身混合性练习，如助跑起跳腾空掷球、助跑起跳腾空扣球、助跑起跳腾空灌球、助跑起跳腾空摸高等练习。要求：助跑节奏清晰明快，起跳环节快速有力，跃起滞空时间较长，时空判断及时准确。

局部混合性练习的动作特点是：整个身体练习的动作结构可能部分属于全身性的，也有可能部分属于局部性的，动作过程属于非周期性动作结构，动作过程主要包含一个关键环节。这个关键环节也应该是局部混合性练习的重点。局部混合性练习范例：一是助跑起跳的局部混合性练习，如助跑10米的跳跃练习，5、7、9步助跑单脚或双脚起跳手指摸高练习，连续进行的助跑换步起跳练习等。通常这种身体练习的重点是：跑动中起跳关键的强度训练和质量训练。要求：助跑与起跳环节衔接连贯，跑动起跳转换快速。二是起跳收腹的局部混合性练习，如原地连续起跳后收腹训练。要求：起跳爆发用力，腾空收腹抱腿，落地快速跃起。这种练习的关键环节是空中收腹。三是悬挂收腹训练的局部混合性练习，方法：双踝悬挂悬带，身体水平俯卧，双手撑地收腹。要求：双踝腾空悬挂，双手垂直撑地，躯干连续收腹，收腹动作协调。

（三）多元动作固定性的训练手段

多元动作固定性练习手段亦称多元动作固定组合练习手段，是指在多元动作的结构下，将多种练习手段依固定形式组合起来的身体练习。通过各种多元动作的固定组合，可将多元动作形成成套动作练习。此类身体练习较易学习、掌握和巩固具有固定组合特征的成套动作，使之关键动作重点突出，动作衔接环节连贯，动作技能逐渐形成技巧；此类身体练习较易获得与技术动作相匹配的运动机能和运动节奏，进而有利于提高运动能力；此类身体练习较易形成复杂动作的暂时性神经联系，提高技能的储备量；此类身体练习较易获得运动的协调性素质和时空感知力。此类练习动作特点与表现性项群技术动作的特点类似，因此，此类练习手段是上述项群的主要练习手段。由于此类练习属于固定组合，因此可以作为变异组合技术的引导性练习手段，或者作为技能主导类对抗性项群的组合练习手段。固定性练习手段多种多样。核心要素是各种练习组合的衔接过程。

固定性组合练习范例：一是有氧健身操练习，按编排动作进行包括各种跳跃、滚翻及换步跑动作在内的成套动作的组合动作进行练习。要求：在动作正确的情况下，持续练习10分钟以上并达到提高有氧代谢能力的目的。二是各种自选拳练习，根据武术规则将各种拳法、腿法及身法动作编排为成套的自选组合动作进行练习。要求：在动作正确的情况下，按规定时间和技法完成练习并达到提高无氧代谢能力的目的。三是各种协调性练习，将各种脚步动作、跳跃动作和滚翻动作有机地编排成为各种成套的组合动作练习。要求：提高各个基本动作之间的衔接能力和动作的协调性。四是彩带操的螺形练习，将不同方向、部位的水平螺形与垂直螺形变换的组合练习。要求：手臂伸直，手腕转动规范。总之，固定性组合练习手段所涉及的多元动作，必须动作规范、姿态正确、过程协调、节奏清晰和衔接流畅。这是设计和采用任何固定性的组合练习手段的基本要求。

（四）多元动作变异性的训练手段

多元动作变异性练习手段亦称多元动作变异组合练习手段，是指在多元动作结构下，将多种练习手段依变异形式组合进行的身体练习。通过各种多元动作的变异组合，可将多元动作形成变异动作练习。实践中，通过各种变异组合的身体练习，可以有效提高运动员的应变能力及其对复杂环境的预见能力，可以提高实战中各种运动战术的应用能力，可以提高与运动技术、运动战术相匹配的运动机能能力，可以提高比赛中面对突发事件的复杂反应能力，可以提高变异性运动技能的储备量和掌握较为复杂的技术动作，可以有效提高运动员的灵敏性素质和时空感知能力。此类身体练习的动作特点与技能主导类对抗性项群技、战术动作的特点类似，因此此类身体练习手段是上述项群的主要练习手段。应该说，变异性练习手段是战术合成训练和技术串联训练的主要手段。运用变异性练习手段的主要目的是提高动作变换、技术串联和战术意识水平。

变异性组合练习范例：一是各种格斗性对抗练习，如摔跤、散手、拳击等格斗性项目的半场或全场实战练习。要求：战术动作选择快，攻防格斗动作快，脚步移动变换快。二是各种同场性对抗练习，要求：集体战术配合快，攻防技术转换快，个人战术应变快。三是各种隔网性对抗练习，如排球、网球、羽毛球等项目半场或全场实战练习。要求：临场变化反应快，应变技术准狠快，衔接技术灵巧快。四是进攻战术配合练习，在设置防守对手的情况下，专门进行少人或多人的进攻战术配合练习。要求：选择适宜的进攻战术形式，并能合理地形成战术配合。五是防守战术配合练习，在设置进攻对手的情况下，专门进行少人或多人的某几种防守战术配合应用的练习。要求：在对手变换进攻方式时，能及时选择适宜的防守阵型并形成防守战术配合。总之，变异性组合的身体练习手段十分强调多元动作的动作规范，变异过程的应变能力和变异动作的正确选择。

**复习思考题**

1. 试论运动训练方法的定义、结构要素、类别及其功能。
2. 试论运动训练手段的定义、结构要素、类别及其功能。
3. 举例说明运动训练基本方法中某一训练法的定义、类别及其在专项中的应用。
4. 举例说明运动训练控制方法中某一训练法的定义、功能及其在专项中的应用。
5. 试论运动训练基本方法中各个训练法的主要区别之处。
6. 试论运动训练控制方法中各个训练法的主要异同之处。
7. 试论运动训练手段在竞技运动、健身运动和康复运动中的各自功能。

# 第六章 运动训练负荷及其设计与安排

**本章导读**：训练负荷的设计与安排是运动训练活动设计与安排的一项重要内容。本章在简要介绍运动负荷及其构成要素、功能与分类的基础上，重点介绍训练负荷设计与安排的依据，一般方法和要求，基于不同训练目的的训练负荷设计模式及其在实践中的应用。对不同项群的训练负荷特征作了概括总结，对不同项目的运动员，不同时期的训练负荷诊断、评价、监控的指标和基本方法作了介绍。

**学习目标**：通过学习，重点了解训练负荷的构成及其相互关系，基本掌握训练负荷设计与安排的原理和影响因素，训练负荷设计与安排的基本原则和方法。通过学习，能够根据不同对象和项目实际，结合不同单元（课）或不同阶段（周期）的目标与任务以及内容的需要设计训练负荷，并与训练计划相匹配，科学、有效地指导运动训练实践。

"运动负荷"是竞技体育活动中最活跃的因素之一。没有运动负荷,就没有运动训练和运动竞赛。人体机能的改善与促进,运动素质的挖掘与提升,运动技能、运动战术能力、运动心理能力和运动知识能力的完善与发展都离不开"负荷"的作用,运动员竞技能力的挖掘、获得、发展与表现,乃至教练员执教能力的发展与表现都是他们在特定的时间里承受专门负荷进而适应环境的过程。在运动训练全过程中,意欲实现训练目标、控制训练过程和提高训练绩效就必须加强"负荷"的科学设计与合理安排。

## 第一节 运动训练负荷概述

运动训练是在教练员指导下有目的、有组织地培养与发展运动员竞技能力的体育活动。运动员竞技能力的获得与发展,只有通过专门和特殊的身体练习才能达到。身体练习的数量、强度、密度作为负荷刺激机体,并引起机体应答,继而促进机体的适应和运动机能的改变,具体体现在运动员体能、技能、战能、心能和知能的形成与发展各个方面。

### 一、运动负荷概述

(一)运动负荷及其构成要素

作为动力、机械设备以及生理组织范畴的概念,负荷(亦称负载或载荷)是指设备或组织在单位时间担负的工作量或某一物体承受的重量。在体育语境下,运动负荷是指运动者在体育教学、健身锻炼、竞技运动等活动中,在一定时间里完成的活动及其承受的运动量度。

运动量度通过一定的练习数值和练习性质来计量、评价,也可以进行主观的设计和控制。运动量和运动强度共同反映运动负荷的水平,主要包括身体运动(练习)在时间、次数、组数、距离、速度、重量等方面的长短、多少、大小、快慢的数值或总数,也包括在单位时间里的运动量水平,即单位时间里的重复次(组)数、移动距离,次(组)间练习的间隔时间,单次或多次负担的最大重量及其占比,单个或组合动作(套路)的复杂程度及其完成质量。

运动负荷包含了身体练习在数量与质量(强度)上的规定性,只有通过反复多次的身体练习,才能促进人体机能水平、技战术习得、心理水平和知识能力的发展。负荷量是关于身体练习"多少与大小"的规定性,负荷强度是关于单位时间里身体练习的量和练习"质或程度"的规定性。

经典的运动训练学理论对运动负荷的定义是从功能与功效视角出发的。哈雷认为,如果一种刺激能够产生训练效果,也就是说,能够发展、巩固或保持训练状态,那么这种刺激就是训练负荷。而马特维也夫则指出,训练负荷是指与安静状态相比,由完成练习所引起的功能活性的追加值。也就是说,他认为运动负荷是应答水平的变化值。我国学者过家兴、田麦久等在上述两种定义基础上提出,运动负荷是以身体练习为基本手段对运动员有机体施加的训练刺激。

## （二）运动负荷的功能

在一定时间范畴，一定量度大小和性质水平的身体练习形成的负荷施加到人体并产生应答使运动者机体在心率、血压、血乳酸、注意力等生理学、生化学、心理学、训练学多个方面的变化，从而表现出运动负荷在人体机能改善和运动技能掌握方面的价值。运动负荷效应是运动者机体生物性和社会性的变化程度，这种效应具有延迟性。延迟性的形成与负荷量和负荷强度的刺激水平，以及运动者机体的承受水平相关。疲劳是运动负荷延迟效应的典型表现之一。

对于运动员竞技能力不断发展的诉求而言，只有在一定量的基础上提高运动强度才能够满足他们的需要。所以说，决定运动负荷水平的根本因素通常起步于负荷的数量，而最终实现于负荷强度的提高。影响运动负荷的因素主要是运动的目标与内容、年龄性别、运动项目、方法与手段、环境条件、前次运动负荷效应与运动者恢复水平以及当前运动状态。

## （三）运动负荷的分类

依据运动的主体、目的、性质、途径、功能等不同的标准，运动负荷可在多个分类体系中划分为不同类型。

运动的形式和途径是多种多样的，教学、健身、竞技是实现运动目标的三种主要形式和途径。在学校体育中，负荷对象是学生，学生负荷的目的是学习、发展体育技能和提高体质健康水平，主要通过体育课、课外体育锻炼两种途径实现，所以其属于体育教学负荷。对于普通人，尤其是离开学校场所的大多数民众而言，其无论是有组织的还是自发的运动，主要目的都是健身和体育技能的学习、发展，因此他们承受的运动负荷属于健身负荷。竞技负荷则是那些为了参加比赛并将创造理想运动成绩作为最高目标，而发展专门竞技能力的特定人群进行运动时所承受的运动负荷。竞技负荷又包括训练负荷和比赛负荷。前者是运动者在训练活动的单位时间里完成或承受的工作量度，后者是运动者在比赛活动中完成或承受的工作量度。

教学负荷、健身负荷和竞技负荷三者之间虽然是因为主体和途径的区别而形成的，但是也存在一定的联系。这种联系在于运动是人的肢体活动及其对人体会产生一定的作用和影响。三种形式负荷的本质都是肢体活动时机体承受的工作量度，只是其工作的主体、目标、特征、功能，特别是工作的性质和量度大小有别。教学、健身、竞技负荷的划分是为了厘清在体育运动中，根据不同的对象、目标和任务设计与安排相适应的运动负荷，从而有效地实现参加体育运动的目标。

由于运动负荷的本质是工作量度，结合约定俗成的认知，一般以工作量度大小将运动负荷划分为极限负荷、次极限负荷、大负荷、中负荷和小负荷5个水平等级，以便我们在实践中设计、安排与监控运动负荷。

## 二、训练负荷概述

### （一）竞技负荷、训练负荷与比赛负荷

当我们将运动负荷的语境——"工作"指向竞技时，即是指运动员、教练员等为了

实现训练与参赛的目标与任务，在一定时间内完成的竞技活动及其量度。竞技负荷的构成要素基本类同于运动负荷，只是负荷评定方式有别。

训练负荷与比赛负荷构成了竞技负荷，两者的本质属性相同，而一般属性有别。一般属性的差别在于训练和比赛的规定性，主要是在竞技的形式、目标、内容、过程、方法等方面的区别。训练负荷是培养、发展运动员竞技能力时运动员在一定时间里完成和承受的训练量度，比赛负荷是运动员为了创造运动成绩，表现竞技能力时在一定时间里完成和承受的比赛量度。

（二）训练负荷的结构与类型

训练负荷包含着负荷量和负荷强度两个维度。负荷量是指练习的时间、次数、组数、重量，负荷强度则是指练习达到的高度、远度、难度、练习的密度、准确度、节奏等。当练习者在训练中一定时间内完成了相应的负荷量和负荷强度，则意味着练习者承受了一定的训练负荷。

训练负荷的结构是身体练习的数量和强度各要素之间形成的相对稳定的关系及其构架。这一结构的功能就是旨在实现人体运动全过程中为改善机能水平和发展运动能力的目标而施加的训练刺激。

在运动训练语境下，形成了不同训练负荷形式。这些负荷的形式取决于运动的主体与对象、方式与途径、目标与内容、方法与手段、过程与性质、诊断与评价。根据训练的目标与内容、方法与手段、效应强弱的不同，且训练负荷也有练习性质和量度大小的区分，于是形成了不同类型的训练负荷。按照负荷的目标与内容划分为发展各种竞技能力的负荷，例如发展体能的负荷、发展技能的负荷、发展战能的负荷、发展心知能的负荷等。按照训练负荷的方法手段可分为有氧负荷、混氧负荷和无氧负荷。按照训练负荷的效应则有极限、次极限、大、中和小强度负荷之分。

训练负荷的大小具有相对性。所谓相对，一是指不同年龄阶段的运动员的差异，二是指不同项目的运动特征及其主导能力需要之间的差异，三是指运动员不同训练阶段，不同身体状况的差异而言。

（三）训练负荷的功能与效应

在经过一定时间内一定数量和强度的身体练习后，机体的生理、生化、心理、运动能力等方面会产生适应性变化，这是训练负荷的终极效应。当然，在这个过程中，生物学的变化在前，训练学的变化在后。由于生物学的变化是与运动项目、运动者个人特点、训练目标相适应的，所以训练学的适应与变化才有意义。

当不同个体发展不同的竞技能力时，训练量和训练强度的功能是不同的。在一般情况下，训练量的功能是反复多次刺激机体，并形成一定的积累效应。技能的习得就是在反复多次的练习次数和时间上经历形成、稳定和自动化的过程。体能的发展则是在反复多次的刺激下使机体抗疲劳的能力得以提高。训练强度的功能则是加大对机体刺激的深度，提升机体的抗荷载能力，特别是在激烈对抗（比赛）条件下的实战能力。在技能、技心能、技战能主导类项群的技能、战能发展时，训练强度的功能是使技能、战能在较长时间和一定强度下保持其正确、合理或身体稳定性、协调性的能力。体能主导类项群中的体能发展，则是通过增加强度使机体承受激烈对抗并能够在合理技术的前提下保持运动能量的高效率输出和节省化。

在大多数情形下，有刺激就应该有应答。刺激和应答是两个相互依存的因果现象。但是，也有一些刺激并不一定产生应答（如生理学中的"不应期"，训练学中的"高原现象"），至少是不能够产生有效的应答。为了实现运动员竞技能力发展目标，同时适应未来比赛条件下高强度负荷工作的需要，我们往往会强调发展专门的负荷承受能力。所以，适宜负荷与适时恢复原则是一个基本的训练原则。

因为训练负荷可以被主观设计、施加，并进行观察和客观测量，于是我们常常采用生理学、生化学、心理学、训练学的指标去评定、诊断、设计和控制训练负荷。在运动训练学理论中，训练负荷的对象主要指向运动员，并以脉搏、血乳酸以及注意范围、情绪状态等诸多指标来评价其负荷后生理和心理反应的程度，继而推论负荷设计的合理性、有效性和科学性。

常用的训练负荷统计方法有强度区间累积时间法（Time-in-zone）、课次目标心率法（Session-goal）、跟踪记录法（Documentation）、训练日记分析法（Diary）、课次主观疲劳法（Session RPE）等。

强度区间累积时间法是对训练过程中的原始心率数据按强度区间进行时间统计，课次目标心率法是对训练课次的平均心率按强度区间进行统计，跟踪记录法是跟踪记录训练过程并按强度区间进行时间统计，训练日记分析法是对运动员的训练日记记载的内容与数据进行统计分析，课次主观疲劳法是对整堂训练课次主观疲劳度的评分（不同疲劳程度分别对应 0—10）与课次持续时间的乘积进行统计分析。

强度区间累积时间法和跟踪记录法对间歇训练课次中的强度训练和间歇进行了区分，而课次目标心率法和课次主观疲劳法将间歇训练课次中的强度训练和间歇作为一个整体进行统计。因此，前两种方法统计出来的训练负荷呈现"金字塔式"（高强度比例低于中等强度），后两种方法统计出来的训练负荷呈现"两极化式"（高强度比例高于中等强度）。Seiler（2008）的"8—2 定律"对我们进行专项训练时，高低训练强度的匹配，或者说负荷节奏控制具有一定的参考价值，即 80% 低强度训练，20% 中、高强度训练。这一模式主要适合于体能主导类周期性项群，如长距离的走、跑、游、骑、划、滑等项目的训练负荷设计。目前，国内外基本认可的人体运动（训练）强度大小是以最大吸氧量百分比，最大心率百分比和最大重复次数百分比来共同确定的（表 6-1-1）。

表 6-1-1 运动强度五级表

| 运动强度 | 最大摄氧量百分比 | 最大心率百分比 | 最大重复次数百分比 |
| --- | --- | --- | --- |
| 小 | ≤50% | ≤60% | ≤45% |
| 中 | 51%~60% | 61%~75% | 46%~70% |
| 大 | 61%~75% | 76%~85% | 71%~80% |
| 次极限 | 76%~90% | 86%~95% | 81%~90% |
| 极限 | 91%~100% | 96%~100% | 91%~100% |

## 第二节 运动训练负荷的设计基础

运动训练活动过程中一个重要的内容就是关于训练目标、内容、方法手段、负荷、场地器材等诸方面在未来训练活动中的设计。训练负荷设计即是其中运动员训练工作量度的设想与计划。

### 一、训练负荷设计的依据

（一）能量物质的供给与利用

人体运动的过程是机体与外界环境产生联系的过程，其动力机制是机体的能量供应和能量利用。为了提升人体运动的能力，专门、系统、科学的运动训练能够帮助人体提高能量物质的储备，同时不断提高机体能量供应和能量利用的能力。人体运动所需的能量物质主要是糖类、蛋白质、脂肪等大分子有机物，它们能为人体的生命活动提供能量。其中，糖类是最主要的供能物质，人体进行各项生命活动所消耗的能量主要来源于糖类的氧化分解，约占人体能量供应的70%。脂肪也是重要的供能物质。大部分脂肪作为备用能源贮存在皮下等处，属于储备能源物质。蛋白质也能为机体活动提供一部分能量，但蛋白质主要是构成组织细胞的基本物质，是人体生长发育、组织更新的重要原料，也是生命活动调节的物质基础。

同样，不同运动项目的运动方式、比赛方式决定了运动员的能量代谢主要方式不同，也就对运动员承受特定的负荷提出了不同的要求（图6-2-1）。

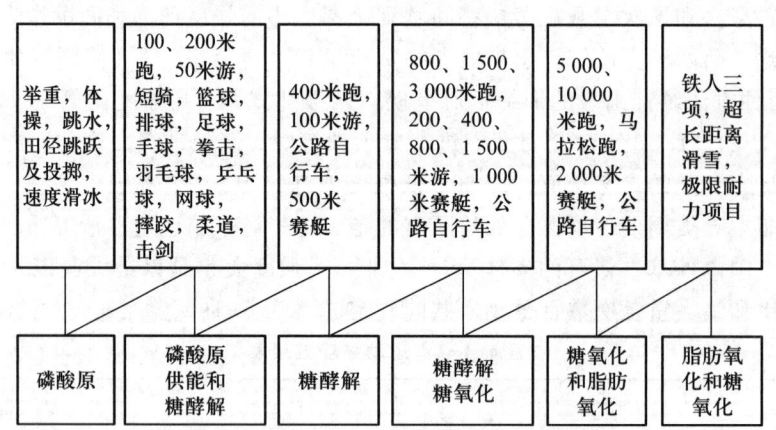

图6-2-1 不同方式运动时的供能类型
（冯连世，2003）

糖类、蛋白质、脂肪三类主要能量物质为机体利用是通过磷酸原、糖酵解和有氧三大供能系统供给实现的。这三大供能系统有着不同的能量供应功率（单位时间内的能量供应量）和能量供应能力（总能量供应量）。研究表明，磷酸原供能系统的功率最大（3~6 mmol/kg/s），但是做功能力最小（20~25 mmol/kg），可持续时间最短（<10 s）；有氧供能系统的功率最小（0.24~0.75 mmol/kg），但是做功能力最大（取决于糖和脂肪的储

量),可持续时间最长(几分钟甚至数小时)。在运动训练过程中,训练强度越大,机体单位时间内所需的能量物质就越多,而人体运动可持续的时间就越短。

### (二)适应与超量恢复原理

在生态学和生物学领域,"适应"表示生物物种通过自身形态结构、生理功能、行为反应、生活习性的改变,提高其对外界环境的协调控制能力的生物进化过程或者现象。其发生机制是通过蛋白质的改变、转换或增多以适应变化的环境。机体适应与时空相关。时间、环境的改变,适应过程和适应性水平也会发生改变,所以说生物的适应是来自生物自身的变异和环境变迁的共同作用。

人类活动的基本形式是运动。由于运动,生命体随之发生变化,变化的结果使生命体获得发展与壮大,这就是体育运动领域里的"运动与适应"。现代生物学认为,适应是有机体在和外界环境取得相对恒定的过程中,由于生物力(运动或劳动)的影响与作用,致使机体在形态结构、生理功能和生物化学等各方面得到发展与扩大的一种现象。适应现象的产生是运动的结果。没有机体的运动,也就不会产生适应,所以,运动与适应是生命体存在和发展相互联系着的自然规律。人们参加体育锻炼和竞技运动,通过有目的、有计划的活动,实现体质增强、技能发展目标都遵循着这一规律。

适应是人体在客观世界里与外部环境中发生联系后的一种自然现象。我们将生物的原有性状或构造在未发生明显改变或调整的情况下,仍然能很好地适应新环境的改变的适应称为"前适应"。将用地形图的方式及象征性的符号来表示生物与环境之间关系的形态称为"适应峰"。适应峰的峰顶表示最完善的适应,坡上各处表示较不完善的适应。

正是因为有适应机制的存在,运动训练活动才可以运行并实现其目标,那就是不断挖掘和发展人体的机能能力和运动能力。运动员训练活动在一定时间内的每一次(组)练习的效果能够形成一定的累积,以对人体产生足够的刺激影响,并使人体在运动能力方面改善与发展的适应在一定范围内得以保持。

在运动训练活动中设计与施加运动负荷的基础是人体一旦承受外部一定的阻力或载荷,负荷能动地发挥其刺激功能,于是人体才会产生必要的、有意义的应答,这个应答过程就是适应过程。适应的结果是通过机体的生理学、生化学、心理学、训练学的改变来予以体现的。

运动训练活动过程不仅遵循着适应的机制,也遵循着"刺激—能量消耗—疲劳产生—负荷取消—超量恢复"的机制和规律。"刺激—适应—恢复"这一模式主导与促进着运动训练活动。

雅科夫列夫(Yakovlev)将负荷后人体肌糖原出现的"下降、恢复和超量恢复"现象及其特性来解释运动训练对人体机能能力的作用。他认为,人体"内环境"平衡的打破与改变首先是负荷的作用效果,同时还能够使机体,主要是肌肉系统产生超量恢复。他提出"刺激—疲劳—恢复"超量恢复模型,用来反映以机能能力变化为代表的运动能力消耗与再生的现象(图6-2-2)。

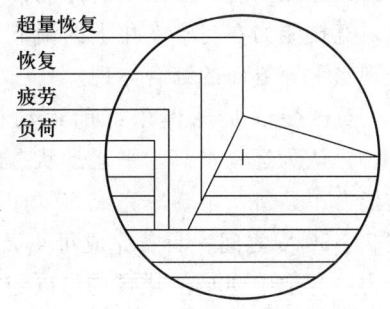

图6-2-2 雅科夫列夫的超量恢复模型

在运动负荷施加以后，机体的疲劳和适应是先后，还是同时出现的呢？拜尼斯特（Banister）认为，疲劳和适应两种效应是同时出现的。于是他在雅科夫列夫的单因素模型基础上提出了"疲劳—适应"的双因素模型。该模型解释了在大负荷作用下，疲劳曲线高于适应曲线。随着负荷的下降，两条曲线逐渐交汇。这一交汇点被认为是最佳竞技状态的临界点。雅科夫列夫和拜尼斯特的超量恢复理论阐明了运动训练能够不断改善与发展机能能力的机制，描述了疲劳与适应之间的关系及其特征，为运动训练活动中训练方法和训练负荷的设计提供了理论基础。同时，这一理论也昭示着，针对不同项目、不同运动员、不同时期的训练，应该根据训练目标、运动员现实状态、训练环境设计不同水平和不同强度的负荷。

（三）竞技状态形成与发展规律

竞技状态就是运动员参加训练和比赛的准备与现实状态，而最佳竞技状态则是运动员创造优异成绩或表现最佳竞技水平时所处的现实状态。竞技状态具有时相性、相对性和可控性等基本特征。

竞技状态的时相性（即周期性）是指在任何一次训练和比赛中，竞技状态因为环境和条件的变化而发生改变，而这种变化是在一定的时间序列上发生的周期性变化，于是我们实现对竞技状态的控制才有了可能。由于竞争方式的不同，体能主导类项群运动员的竞技状态波动性一般要小于其他项群的运动员，这是因为体能主导类项群大多为间隔对抗，竞技状态形成后，受对手的影响要小。而在技战能主导类项群的比赛中，双方运动员是有身体接触和直接对抗的，因此运动员的竞技状态更容易出现明显的上下波动。

竞技状态的"周期性"特征决定了它的"相对性"。对个体它是绝对的，对训练和比赛来讲却是相对的。进入最佳竞技状态，并不一定获得理想结果，最佳竞技状态也可以发生在训练过程中，这就是竞技状态的相对性。竞技状态水平的高低最终取决于竞技能力整体和整合水平的高低。对于不同水平的运动员来说，运动训练的目的是不同的。我们强调根据不同对象、阶段的目标和任务安排运动负荷，以此调控竞技状态的渐进变化，从而适应艰苦、复杂的运动训练活动。

运动员的竞技状态是需要培养的，并且是能够控制的。可控性的自然基础是人体运动的周期性，客观基础是运动竞赛日程的安排。所以，在这种情形下，就应当解决竞赛系统的周期与竞技训练周期之间同步化（在时间方面）的问题。如果说对竞技能力的培养是运动训练在内容和因素上的体现，是运动员参赛的"物质基础"，那么竞技状态的培养则是对竞技能力在时空变化上的调节，它是已经内化了的竞技能力在动员水平、准备水平和表现水平等方面的综合体现。

英国曼联足球俱乐部前运动科学与体能训练主管斯特拉德威克（A. J. Strudwick, 2013）认为运动员高水平运动状态的具体表现为：无伤病；具备完成高强度的比赛/训练的能力；具备一个赛季完成50场以上比赛的能力；表现出高水平运动状态的适宜年龄段在22~30岁之间；具备完成每4天一场，连续打5场以上比赛的能力；具备良好的恢复能力；赛季中90%的比赛均可以随时出场；赛季中训练课的出勤率在85%以上。

### （四）运动项目特征与比赛情景

运动方式是关于运动项目的运动形态、技术形态的描述，也就是对动作方式和项目特征的描述。训练负荷的设计与实施必须考虑到不同的运动方式和专项特征。例如，同样是一定距离的竞速运动，走、跑、游、骑、划、滑则因为运动方式不同，其负荷内容与方法也不尽相同。

运动训练活动中负荷的设计与实施还必须考虑到运动项目的表现形态和竞赛规则的约定。例如，不同球类项目在运动形态的本质上并无差别，却因为时空范围的不同，并且有不同的工作规范和工作方式，于是体现出不同的专项要求，继而形成了不同的专项特征。篮球和足球基本工作方式和比赛方式的差异，使得两项运动员在身体形态、速度、力量、耐力等运动素质及技战术之间都表现出不同的项目特征。同样是反映人体移动快慢，或者说在规定距离内通过计时长短决定运动成绩的跑步、游泳、自行车、速滑等运动，尽管其基本空间关系是相似的，但是其工作方式和比赛要求却不尽相同。与跑步不同，游泳、自行车运动员在位移中克服空气阻力的同时，还要协调人与水，人与车的关系。所以说，专项特征是以项目特征，即运动形态特征为基础，以比赛规范为指向，以特定的个体为载体的竞技能力的表现特征。这一特征也影响着运动负荷的设计与施加。

在训练和比赛中，运动员不仅要承受完成特定的运动（跑动距离、时间等）负荷，还要承受教练员、裁判员、观众乃至场地器材、天气条件的负荷刺激。这些负荷在训练中通常难以达到比赛时的负荷效应，哪怕是在模拟比赛、适应性比赛中也是如此。在比赛中，运动员全力争取胜利，其神经肌肉的动员程度和兴奋性都会远远超过训练，这样的场景在训练中很难出现。所以，刘建和指出，无论多么合理的训练，和比赛相比总会有一定的差距，训练只能使运动员所承受的负荷、技术、心理等尽可能接近比赛的要求，但难以完全达到比赛的要求。

比赛情景几乎不同于训练情景。在奥运会和世锦赛这样的重大比赛中，运动员承受着来自社会、家庭、自身以及对手的巨大压力，比赛负荷会被放大。即使是在赛前专门准备和强化训练时期的各类模拟比赛训练也难以达到这种现实的刺激水平。事实上，每一次训练都能够像比赛一样投入以保证训练质量，也只是一种理论假设。因为，在训练中我们对赛会性质、对手、观众支持度等客观要素的把控是有限的，而它们又是增加比赛负荷的重要推手。因此，只有紧密结合专项特征和比赛负荷特征，在训练中准确地把握负荷量与负荷强度的关系，合理调配量与强度的比例，才能使训练更加具有针对性和实效性。

### （五）训练的阶段性与周期性

运动训练过程具有长期性、阶段性的时空特点。任何运动员必须经过不同的阶段完成不同的目标，从基础训练阶段到专项提高阶段，再到最佳竞技阶段以及高水平竞技保持阶段都有不同的负荷施加。所以，我们在长期的运动训练活动中，训练目标、训练内容、训练方法、训练负荷的设计与施加都必须结合运动员不同训练阶段的目标、内容来进行，这样才能够持续、科学、有效地促进运动员机体生物学改善与训练学上的竞技能力发展。

运动训练活动过程的形成与发展是训练目标导向作用的结果。不同时期、不同阶段、不同参训人员的训练目标不同。训练目标指引着训练活动的方向，也决定着每一次训练课、每一个训练周期的运动负荷大小。不同的运动训练负荷大小制约着运动员的竞技状态形成及其发展。运动训练的目标是运动员竞技能力的挖掘与发展，同时也是对运动员参加训练活动时身体、心理状态的控制，以适应长期训练和未来比赛的需要。

运动训练负荷的实施因运动员竞技能力发展过程中的不同阶段、不同个体、不同内容而有所不同。清楚地认识与把握不同阶段、不同对象、不同内容的运动负荷特征正是为运动训练计划的制订、运动训练过程的监控和运动员适宜竞技状态的调控提供重要的理论支持。

## 二、训练负荷设计需考虑的问题

### （一）训练的时期或阶段

完整的运动训练过程是长期的、持续的专门活动，又是分阶段组织实施的。全程性多年训练活动的总目标、总任务和不同时期阶段的分目标、分任务是训练活动设计首先必须考虑和明确的要素。因为人体运动适应过程和运动能力发展是一个渐进性、阶段性的变化过程，所以我们的训练活动必须通过设计不同时期与阶段目标任务下的不同层级的负荷来实现不同时期和阶段的目标与任务。

在训练负荷设计中，不同阶段的周、天训练次数、每天训练时间，完成专项技术的单个和成套动作次数都有非线性的递增变化。田麦久（1997）根据比赛和训练的需要，提出了在赛前专门准备阶段划分加量周、加强度周和连续比赛周的负荷类型（图6-2-3至图6-2-5）。在加量周，训练量呈阶梯形上升，而训练强度变化不大；在加强度周，训练强度呈阶梯形上升，而训练量则呈阶梯形下降。在比赛期，如果每周均有比赛，在周末时因为负荷强度最高，所以赛间训练以保持一定的量，降低强度为基本要求。当然，训练负荷的设计也要考虑比赛性质和运动员的实际情况的不同而有所区别。

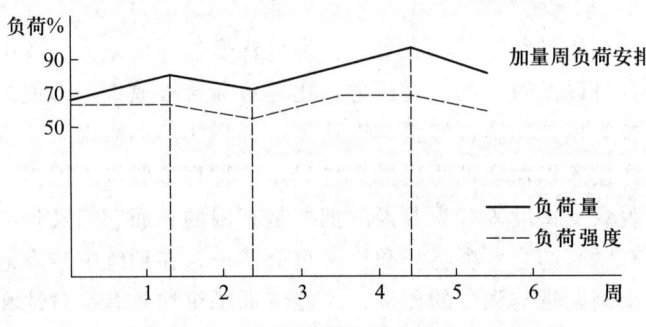

图6-2-3　加量阶段训练负荷变化趋势

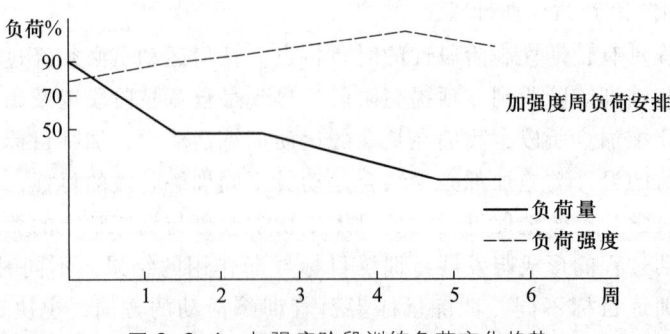

图6-2-4　加强度阶段训练负荷变化趋势

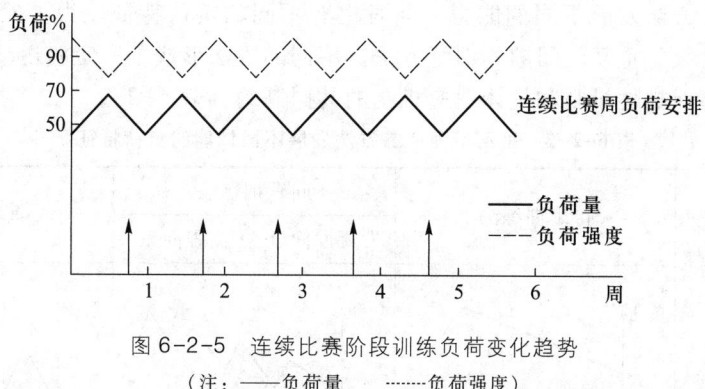

图 6-2-5 连续比赛阶段训练负荷变化趋势

（注：——负荷量 ……负荷强度）

## （二）训练的目标、内容与方法

不同阶段、不同时期的训练目标的递进或变化，训练内容的变化和多样化，训练方法的专门性与多样性都对训练负荷的设计产生着一定的影响。

运动训练活动发掘和发展运动员的竞技能力，包括体能、技能、战术能力、心理能力以及知识能力等几个方面。不同的技艺、能力的发展有其专门的练习方式，并有相对应的运动负荷施加。不同负荷水平也必须与训练内容相匹配，由此实现训练的总体目标。当训练目标和训练内容确定后，训练方法就成为运动负荷设计与实施中的一个最重要的要素。

不同的训练内容，采用不同的训练方法，其运动负荷水平大小不一。如在青少年篮球运动员的技术训练中，个人技术训练和个人对抗性技术训练中的负荷水平要高于集体技战术的训练负荷水平（表 6-2-1）。

表 6-2-1 优秀青年篮球运动员的技术训练内容与负荷

| 训练内容 | 训练要求 | 平均 | 心率<br>最高值 | 最低值 |
| --- | --- | --- | --- | --- |
| 全场一对一攻守 | 两人一组，一攻一守，从端线开始到另一端线结束 | 27.33 | 30.12 | 25.70 |
| 两人快攻上篮 | 两人一组相距10米，从端线开始到另一端线结束 | 27.12 | 20.30 | 24.50 |
| 快速运球练习 | 每人一球，延边线快速运球，然后慢速运回原处 | 28.89 | 28.02 | 23.10 |
| 一分钟快速投篮 | 一分钟之内自投自抢，尽本人最大努力 | 28.15 | 30.02 | 26.47 |
| 20米×5冲刺跑 | 快速冲刺跑20米，然后返回原处 | 28.70 | 30.05 | 26.64 |
| 防守滑步练习 | 沿球场边线往返三次滑步练习，用本人最快速度 | 28.02 | 31.03 | 26.70 |
| 半场紧逼防守 | 紧逼盯人，随进攻者的移动快速调整防守位置 | 27.43 | 29.85 | 25.12 |
| 教学比赛20分钟 | 全场5对5，采用人盯人防守 | 27.78 | 31.03 | 27.04 |

（池建、王耀宗，1990）

不同的训练方法发展不同的能力，同时也有不同的负荷特征。为了发展某种专门能力，必须采用持续、重复、间歇等训练方法。不同的方法形成了一定的运动负荷节奏，以适合运动员机体保护性机制和机体适应机制的共同制约（表6-2-2）。

表6-2-2　采用不同训练方法发展不同体能的负荷特征

| 训练方法 | 持续训练法 | 间歇训练法 | | 重复训练法 |
|---|---|---|---|---|
| | | 发展性间歇 | 高强间歇 | |
| 负荷特征 | （负荷随时间上升后下降曲线） | （负荷随时间波动上升曲线） | | （负荷随时间反复波动曲线） |
| 练习量 | 大 | 中大 | 中小 | 小 |
| 练习强度 | 小 | 中小 | 中大 | 大 |
| 间歇 | 无 | 休息不充分 | | 休息充分 |
| 体能发展重点 | 一般耐力、力量耐力 | 一般耐力、力量耐力、速度耐力；专项耐力 | | 最大力量、快速力量、速度耐力、最大速度 |

（田麦久，1999）

例如在准备期的体能储备训练中，为了发展力量、速度和耐力素质，多采用持续、间歇和重复的训练方法。一般来说，持续训练法的负荷结构为量大强度小，重复训练法的负荷结构为量小强度大，而间歇训练法的负荷结构为量与强度均较大。

（三）性别、年龄与个体特性

生物学、心理学的基本理论告诉我们，不同性别和不同年龄运动员的形态学、机能水平、心理水平及其特点不同，承受不同负荷的条件和能力也不相同。训练量的大小，强度的高低及其对机体的作用都必须与运动员的性别与年龄相适应。如果与目标、形式、内容和运动员的性别、年龄脱节，运动员机体的应答就不能产生相应的良性效应，或者产生过度疲劳，乃至直接引发伤病等现象。

"人体生长发育的年龄规律"是运动员多年训练过程阶段划分的主要依据，也是运动训练负荷设计的重要依据。只有这样，才能够保证和促进不同年龄组运动员的健康成长，延长他们的运动寿命。

个体特性是每个人的自然属性与社会属性在身体形态和心理品质上的综合。先天遗传与后天养成都会深刻影响每个人的身体形态与心理品质，进而决定他们的行为态度与行为方式。不同的个体其言语方式、行为方式和情感方式以及仪态、外表、气质等方面亦不相同。性格是在社会生活中逐渐形成的，同时也受着个体的生物学因素的影响，是一个人的行为表现较为稳定的基本特征。性格也不是偶然出现在一个人身上的心理特征，个人的性格一旦形成就具有稳定性，在某种情况下一个人总是表现出特定的生活情感和态度。

## 第二节　运动训练负荷的设计基础

### （四）疲劳与恢复、损伤与康复

运动员训练中的疲劳是在训练活动中，训练负荷的施加与承受过程中，机体能量物质消耗发生后的必然产物。疲劳产生后，机体会在生理学、心理学、训练学意义上发生一定的变化。肌力水平下降、动作协调性降低、能耗上升、功率与功效下降、注意力水平下降与反应时延迟。既然疲劳是训练的必然，那么可以说，训练的过程就是承受负荷与适应、疲劳与恢复的过程。

恢复不仅发生在运动之后，也发生在运动之中。恢复形成与发生的这一特性既是机体自我保护与防御机制的必然，也是运动训练活动持续进行之所需。所以，训练负荷的设计与应用必须考虑到机体疲劳的程度和恢复的水平，特别是要考虑到运动员激烈或竭力运动后的修复能力。

对于训练活动而言，疲劳的影响程度和运动员恢复能力与运动员个体机能水平、运动技术熟练程度、不同训练时期与阶段、不同训练目的与内容有关，也与运动员的训练水平有关。其中，训练负荷设计的科学性是影响疲劳和恢复的过程及其效应的重要方面之一。

运动疲劳会导致不同程度的伤病。对于绝大多数运动员而言，伤病，不仅仅是训练活动带来的伤病，更有比赛活动带来的伤病，也有非训练和比赛因素造成的伤病，这些都是其最大的敌人。如何防止过度疲劳，如何避免损伤并降低损伤带来的危害，从训练负荷设计与实施的角度而言，是教练员、运动员和科研医务人员在每次课、每个时期和阶段都必须面对的重要问题。

### （五）训练器材与环境

运动训练活动中，除了性别、年龄和专项特征等要素影响着运动负荷之外，运动场地和器材也是影响运动训练量和质的重要因素。在训练目标、内容、方法的设计中必须充分考虑到场地器材的条件。因为场地器材的形态、规格和质地对训练内容的完成，训练方法的运用会产生重要影响，由此影响训练负荷的设计。运动员对场地器材的熟悉程度也会形成一定的外部压力，共同作用到负荷刺激的程度上。

训练场地、气候、训练器材、训练同伴等训练环境对于训练负荷的安排也有着不容忽视的影响，必须给予相应的重视。

## 三、训练负荷设计的要求

### （一）深刻分析与认识专项特征

任何运动项目都有其专门的、特定的运动形态、运动方式和比赛方式。运动形态主要包括运动项目的动作方法形态、场地器材形态。运动方式主要包括运动项目的运动时间和供能方式。比赛方式是指一定比赛规则下的比赛方法。其中，运动形态是区分运动项目所有特征的基础。不同的运动项目都有其不同的运动形态、运动方式和比赛方式，或者虽然有相同的运动形态，却有不同的运动方式和比赛方式。

运动项目特征是关于运动项目在运动形态、运动方式和比赛方式上区别于其他运动项目在形态结构和运行结构方面的特点。专项特征就是某一运动项目在运动形态、运动方式和比赛方式及其机制区别于他项的典型特点，是一个运动项目特点的集中表现，是区别不同运动项目的主要标志。

专项特征主要通过运动形态、运动技术、运动时间、供能方式和比赛方式几方面来反映某一运动项目固有的时间空间特点。分析专项特征首先必须分析运动方式特征，主要是运动形态，即动作技术特征。其次是运动时间特征，即运动时间和这一时间所需的供能方式特征。第三就是分析比赛方式特征，即比赛过程与结果评定的规则与方法特征。

具有相同运动属性的不同运动项目其专项特征常常也有明显的差异。如田径运动中的100米和400米跑在运动方式、运动时间和比赛方式上均有区别。包括跑的技术中有直道技术和弯道技术区别，跑的时间长短不同，能量供应方式不同等。所以，100米跑运动员的训练应该以"速度"为核心，而400米跑运动员在提高速度的基础上还应该注重"速度耐力"的训练。对两个项目运动员训练负荷的设计必须考虑这些区别。

一些运动项目的运动方式相近，但是比赛方式不同，这是因其专项特征不同。篮球、手球、排球、冰球、棒球等项目因为动作技术方法、场地器材质地与规格、规则规程的差异而表现出不同的动作技术、运动时间、供能、比赛方式特征。

以足球运动为例，其专项特征首先是由项目的运动形式所决定的，同时也受到不同个体的竞技能力特征和比赛特征的深刻影响（图6-2-6）。向前和向后的直线运动、侧向运动和旋转运动是足球运动的主要动作形式。这三种形式不仅独立存在，在很多情况下还是两两组合，形成复合型的动作形式。也正是源于动作技能的开放性，所以几乎所有的球类项目都有这一特征。无论是单个动作还是组合动作的技术技能发展就需要匹配相适应的训练负荷，以强化运动员在不同情境下有效完成动作技术的能力。

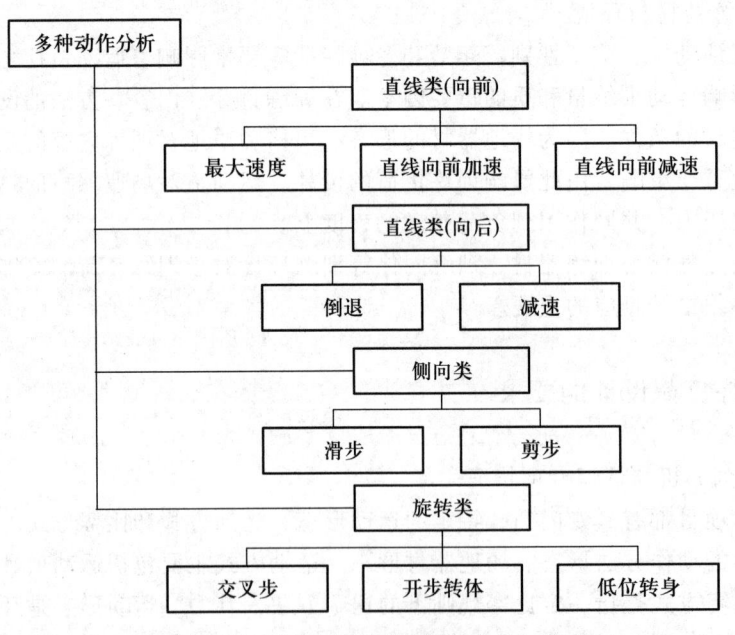

图6-2-6 足球运动员速度训练分类示意图
（尼克，2011）

再如，篮球运动既有短时间的冲刺、爆发式的跳、投、传，又有长时间的肢体对抗。表6-2-3反映了中国女子篮球联赛（WCBA）运动员在比赛中进行不同强度的跑时，供能方式的相应变化。

表 6-2-3　WCBA 运动员在比赛中的不同活动强度与供能方式

| 强度 | 跑及跑速 | 供能方式 |
| --- | --- | --- |
| 高 | 冲刺跑≥5.5 m/s | |
| | 高速跑≥5.3 m/s | 无氧磷酸原供能 |
| 有氧中等 | 中速跑≥4.3 m/s | 以无氧糖酵解供能为主 |
| | 低速跑≥3.3 m/s | 以中等强度有氧供能为主 |
| 有氧低 | 慢跑≥1.5 m/s | 以低强度有氧供能为主 |
| | 走步<1.5 m/s | |

(洪平, 2006)

训练负荷设计指向运动员，了解和掌握专项特征同样是指向运动员，所以分析专项特征不仅要考虑运动方式、运动时间、比赛方式三要素，还要结合运动员（个性和能力）的特征进行综合分析。

在竞技运动竞争日趋激烈的今天，高水平运动员之间的差距越来越小，处于同一水平的运动员数量日益增多。在这种形势下，优秀运动员之间的竞争更多地集中在对训练和比赛细节的把握上，对专项的微观、内在和动态的运动特征进行深入了解和认识，已经成为教练员重新探寻专项特征的重点。

对专项运动特征的认识是一个长期的过程。在这个过程中，人们的认识不断深入、发展和变化，同时也有可能出现停顿、误解甚至错误。正确的认识可以提升运动训练的效果，反之则会阻碍运动训练的进程。在训练负荷设计中强调认识专项运动特征就是为了使我们的负荷设计更加切合项目的实际。

## （二）深入了解运动员训练和比赛的需要

运动员训练的需要与提高训练、参赛效益之间的矛盾是推动运动训练活动运行与发展的动力。运动员不同的个体对竞技能力的发展有着不同的需要，其间反映出运动员高度个性化的人格特质与运动特质。运动训练原则之一的区别对待原则就是为了使我们的训练活动能够坚持针对不同运动员实施个性化的训练理念。所谓个性化训练就是指教练员针对不同项目运动员竞技能力结构和成功参赛需求，根据每个运动员的身心特点和训练目标，全面地、整体地选择适宜的训练内容、负荷、方法和安排的训练行为。

运动员个体对运动负荷的承受能力因训练阶段、训练内容和训练方法的个性化而不同。运动员的个人特点，包括性别、日历年龄、生物年龄与训练年龄、竞技水平、生理和心理特点、身体状况、训练情绪等方面的差异，都对训练负荷的安排提出了不同的要求。此外，同一名运动员的训练状态在不同阶段、不同时刻的表象，不同训练环境和训练条件下也对训练负荷的组织与实施提出了明显不同的要求。

根据竞技需要原则，各个项目的专项需要具有高度的特异性。因此，需要正确分析专项竞技能力的结构特点，按照竞技的需要确定负荷内容与手段。同时，还要求针对比赛目标、项目比赛规则的特点、对手情况、比赛环境条件等采取不同的训练措施。成功参赛是运动员训练的最终目的。因此，在赛前训练阶段，运动员的训练内容和负荷安排应力求符合各个运动项目的比赛特点和竞赛规则的要求，注意训练的间歇，合理分配体能，最终求得在比赛中充分地表现出已经具备的竞技能力，实现比赛的目标。

### （三）准确把握不同阶段的训练负荷特征

系统的多年训练是一个长期的过程，包括基础训练、专项提高、最佳竞技和高水平竞技保持4个阶段。每个阶段的负荷特征不同，是因为运动员生长发育、训练水平与竞技水平等方面的客观现实状态不同所造成的。一般而言，从全程性多年训练的全过程来看，自基础训练阶段到最佳竞技阶段的训练量和训练强度呈交替式增长的基本态势。在高水平竞技保持阶段这一态势的总趋势则是降低的。

在多年训练计划中，基础训练阶段的主要任务是依专项需要发展一般运动能力，其负荷特点是循序渐进、留有余地；专项提高阶段的主要任务是提高专项竞技能力，其负荷特点则是逐年增加、逼近极限；作为最重要的核心阶段的最佳竞技阶段的主要任务是创造专项优异成绩，因此负荷特点是在高水平区间起伏；而在高水平竞技保持阶段的主要任务是努力保持专项竞技水平，负荷特点则是保持强度、明显减量（表6-2-4）。

表6-2-4　不同阶段的训练负荷安排特征

| 阶段 | 训练负荷目标特征 | 训练负荷特点 | 训练负荷安排特征 |
| --- | --- | --- | --- |
| 基础训练阶段 | 促进儿童少年的健康发展、提高身体素质，掌握多种运动技能 | 以训练量的积累为主；训练负荷呈现多样性和趣味性 | 量小和量中，强度小，平稳上升 |
| 专项提高阶段 | 提高肌体各器官系统的机能，发展专项负荷和比赛负荷能力 | 有节奏地以较快的速度和较大的幅度提高训练量和训练强度 | 从中负荷到大负荷的波浪形增加 |
| 最佳竞技阶段 | 根据任务和对象的水平，逐步地加大运动负荷直至最大限度 | 冲击自身的"生理极限"，最大限度地挖掘运动员的内在潜力 | 训练量大，强度大，波浪形和阶梯形变化 |
| 高水平竞技保持阶段 | 采取有效措施，努力保持运动员竞技能力的高峰状态 | 训练量相对减少，训练强度相对稳定，在训练中更加重视大强度成功率的表现 | 训练量中，强度大，波浪形变化 |

### （四）科学构建训练负荷节奏模式

运动员多年训练过程不同阶段的负荷具有不同的特点。从基础训练阶段到专项提高阶段，再到最佳竞技阶段的训练的绝对训练量和训练强度整体上都是逐步提高的。进入高水平竞技保持阶段，整体训练的训练量和强度会有所下降。这4个阶段的负荷变化反映的是运动员在其全程性训练活动中的基本负荷节奏。

在不同时期、不同阶段、不同课次的训练中，训练量与训练强度、负荷密度之间也形成了一组此消彼长的波段。这是由人体适应需要和承受负荷能力阶段性的性质所决定的，亦即任何人的身体活动不可能也不应该始终同时处于高训练强度及大训练量的负荷情景之中。

负荷节奏是指在训练活动的时间空间背景下，训练量和训练强度的高低起伏以及交互性变化及其趋势。训练计划以目标任务为引导，以训练内容为载体，以方法手段为措施，最终通过负荷来予以实现。不同时期、不同对象训练负荷的变化都有一定的规律性，由此形成一定的负荷时间节奏。同时，不同内容和不同方法手段也因为训练需要而发生一定变化，由此形成特定的训练负荷节奏。

一般有三种常用的负荷施加模式。一是增加训练量与保持或降低训练强度。二是增加训练强度与减少或保持训练量。三是训练量与训练强度相对恒定。三种不同的模式反映了不同的训练负荷水平，其产生的效应也不同。这三种模式不仅发生在一次课训练和一个小周期的训练中，也体现在一个大周期或多年训练过程之中。

### （五）紧密结合赛事组织特点安排训练和比赛负荷

比赛制约着训练活动的方向。不同比赛的方式特点不同，也影响着训练负荷的设计安排，所以我们要正确认知赛事模式与比赛负荷的模式。

赛事运行规律与运动员竞技状态发展变化规律决定着训练活动的组织实施。赛事在时间、规模、性质上的差异影响着运动员参赛的选择和训练目标、内容、方法，特别是训练负荷的设计与安排。竞技状态的调控则是以训练目标、内容、方法为基础，通过训练负荷设计安排来满足运动员参赛的需要。

奥运会、亚运会、全运会、省（市、自治区）运会和一些重大单项赛事（例如田径、体操、足球、篮球、乒乓球、羽毛球的世界、洲际、国家锦标赛和杯赛）有固定的比赛时期和前后两届的间隔时间，我们将这类赛事称为赛会制比赛。围绕赛会制比赛所组织的训练需要较长时间（四年、两年、一年）且系统的专门准备，我们把这个从准备到赛会制比赛结束经历的时期称为"赛会周期"，例如奥运周期、亚运周期和全运周期。与赛会制相对应的是非赛会制比赛，并形成了"非赛会周期"。非赛会周期一般以一个年度（大多为非自然年单位，即跨年度）为单位，进行循环制或主客场制比赛，最具代表性的就是当前各大洲、各国的球类项目的联赛。另外一些项目则是在一年的时间里，设计多地、多站、连续的比赛，例如一些单项的大奖赛、分站赛等。在任一阶段，任何水平的运动员都或多或少要经历赛会周期与非赛会周期的叠加及其效应的影响。

赛会制赛事与非赛会制赛事的交替运行决定着运动员必须在相当长的一个时期内保持较为稳定的状态，训练负荷安排也需要表现出一定的稳定性。为了适应频繁的比赛，尤其是比赛环境，不仅在一般准备期，在赛前准备期更要紧密结合竞赛日程的比赛时间安排训练，并安排好相应负荷，形成鲜明的负荷节奏，保证运动员形成与保持适宜的竞技状态。一个完整和系统的赛会周期和非赛会周期的任务就是全面综合地提高、强化竞技能力水平，通过设计安排适宜的训练负荷，促进运动员良好竞技状态的形成。马特维耶夫的训练分期理论告诉我们，只有通过由一年或半年时间的系统训练才能够保证运动员适宜或最佳竞技状态的形成。周期理论以及形成于20世纪20年代的年度训练结构仍然是训练组织实施的基本结构，尽管板块理论提出的特殊安排顺应了精英运动员频繁赛事的需要，但其原理却是相同的。

比赛负荷模式是对比赛全过程中运动员承受的全部负荷要素及其相互关系的集中表述。不同项目的比赛，其负荷特征不同，形成的负荷模式也有不同。

在体能主导类项群中，周期性项目的比赛负荷模式由步频（踏频、滑频、桨频）、步长（踏距、滑距、划距）、最大速度、平均速度、分段速度、高速保持时间等要素所组成。非周期性项目的比赛负荷模式由试掷（跳）总次数，试掷（跳）远度、高度，试举次数及其重量，每次试掷、试跳、试举之间的时间等组成。技能主导类表现难美性项群的比赛负荷模式由难度系数、成套动作完成时间、比赛总时间等要素所构成。技心能主导类表现准确性项群的比赛负荷模式由比赛时间、瞄准时间、单次击发时间等要素构成。技战能主导类各项群的球类项目比赛的负荷模式由比赛时间、移动距离、起跳次数、攻防转换速度、技战术运用效果等要素构成。

## 第三节　运动训练负荷的设计与安排

### 一、运动训练负荷设计与安排的基本模式

#### （一）运动生涯全过程的训练负荷设计与安排

按照运动员生长发育水平、训练与比赛的目标任务和竞技水平，运动员的全程性多年竞技活动包括基础训练阶段、专项提高阶段、最佳竞技阶段和高水平竞技保持阶段。运动生涯的时间长短、绩效大小主要取决于运动员个体的生物学特征，从事竞技运动的起始年龄，从事某一专项的起始时间及其持续时间，这一项目所需的运动技能和比赛方式，进行这一项目的训练内容、方法手段和负荷设计与安排等，除此之外，医学、营养、科技保障、个人动机与价值观、社会等诸多因素也影响着运动生涯的时间与绩效。

在运动生涯之中，训练负荷的设计与安排基本遵循着循序渐进的原则，所以以年度为单位的训练量和训练强度呈现交替非线性上升、稳定和下降的态势。一般训练、辅助训练、专项训练在整个运动生涯中占比不同，其年度训练时间也有一定的曲折变化。普拉托诺夫将一个运动员的训练全过程划分为初始、预备基础、专项基础、提高成绩、能力最大化、保持高水平、成绩降低和退出高水平成绩 8 个阶段，并对其中前 7 个阶段的训练负荷安排做了一般性规定（图6-3-1）。

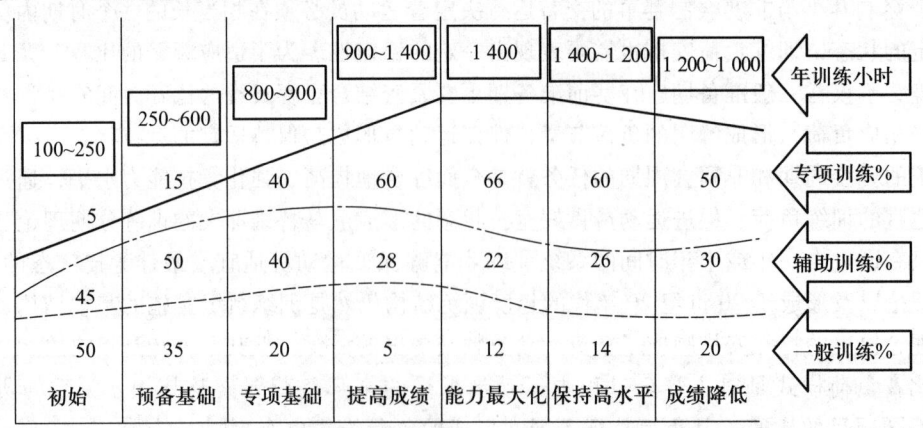

图 6-3-1　多年训练过程中一般、辅助与专项训练占比
（普拉托诺夫，2014）

在基础训练阶段（初始与预备阶段）的一般和辅助训练占比达到85%~95%，而专项训练占比在15%以内，专项提高（专项基础与提高成绩）阶段的专项训练占比提升到40%~60%，在最佳竞技（能力最大化）阶段的专项训练占比达到66%，随后的竞技保持（保持高水平）阶段初期有少许回落，但是其辅助训练和一般训练较最佳竞技阶段提高2%~4%，而在竞技保持阶段后期（成绩下降）则增加7%~8%。

运动生涯全过程的训练负荷设计安排应符合运动员的生物学发展特征和竞技水平状态变化特征的实际情况。

（二）"单、双、多峰"负荷设计与安排

当某一年度里有重要的赛会制赛事时，运动员往往将其竞技状态的调整建立在适合这一比赛的基础之上。为了准备某一赛会制赛事所经过的多年训练是以年度训练为基础实现的。一个自然年或一个为期8~10个月的训练周期（其间包括主要的和次要的比赛）是一个基本结构。在这个周期结构中，时间长短一般以主要的比赛来作为基点，并相应划分出一定时间的准备期与赛后恢复期。训练负荷的安排也是以此为依据，形成了适应比赛需要的波浪形变化模型。

周期理论在遵循竞技状态的基本规律和人的发展适应规律的基础上，提出了以年度作为一个训练时间单元时，训练负荷变化的基本态势是为了满足11月左右（单周期）举办的重要比赛。当上下半年各安排有重要比赛时，年度周期划分为两个大周期，由此形成双周期的训练负荷模式。

单峰、双峰负荷模式适合于那些体能储备要求很高，或者年度比赛次数相对较少，或者年内需要参加诸如奥运会、世锦赛等重大赛事的运动员（队），也适合处于基础训练与专项提高阶段初期的青少年运动员（队）（图6-3-2）。

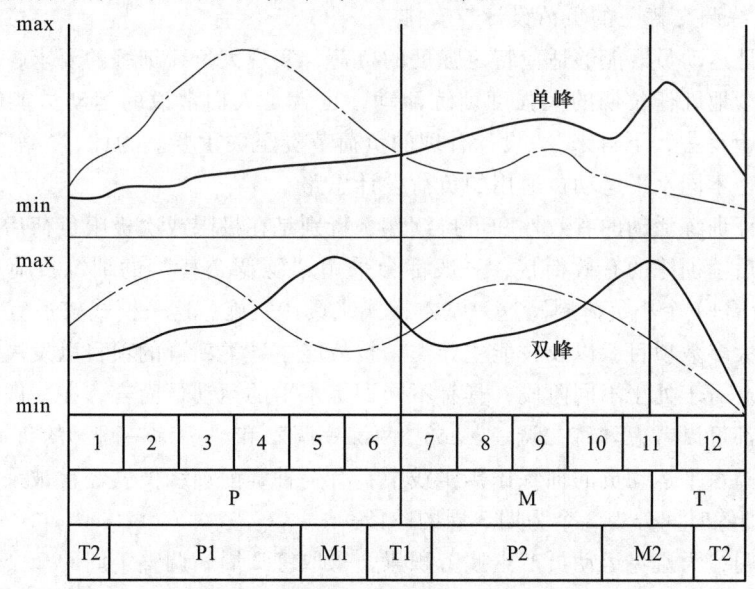

注：P：准备期；M：比赛期；T：过渡期；虚线：量；实线：强度

图6-3-2 年度训练负荷的单峰和双峰安排模型

（依马特维耶夫改编，1965）

以此类推，可以建立一个 3 个及以上多个周期的训练负荷多峰负荷模型。普拉托诺夫提出了这样一个年度或者某一持续时间足够长的周期训练方案，分别包括单周期（Ⅰ）、双周期（Ⅱ）、三周期（Ⅲ）、重叠周期（Ⅳ）和建设性周期（Ⅴ）。由图 6-3-3 可见，在Ⅰ、Ⅱ、Ⅲ型中都有完整的准备期（P）、比赛期（M）和过渡期（T），但是在Ⅳ和Ⅴ型中，计划的目的则是为了直接准备年度或大周期最重要的比赛，前者采用了双重复模式，后者采用了三重复模式。

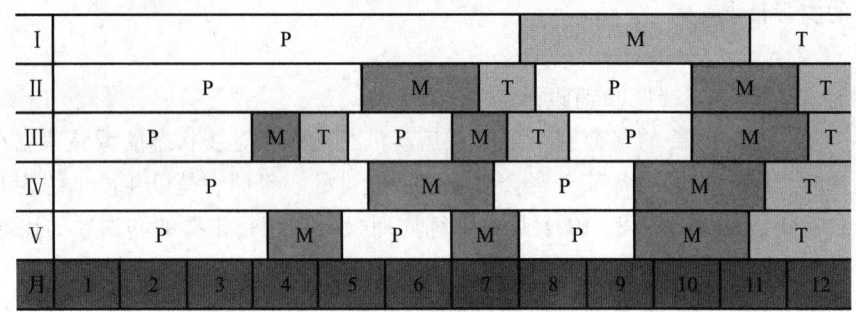

图 6-3-3　年度或大周期训练方案
(普拉托诺夫，2014)

显然，在不同项目、不同运动员的训练比赛活动中，特别是在当今赛事频繁的背景下，单峰和双峰负荷安排还难以满足他们的需要。例如，在非赛会制的洲际、国家联赛中，比赛周期是以周为最小单位安排的，其准备、比赛和过渡期压缩在一周之内，其训练负荷节奏更加紧凑。即使是那些参加年度分站赛和大奖赛的运动员，在一个赛季里的训练周期也是以月（3~5 周）为基本单位进行的，体现了高密度的训练负荷节奏。

### （三）"练调交替"的负荷设计与安排

如何保证运动员既能够适应特定强度的负荷，实现大负荷训练的要求，同时又能够保证他们可持续地胜任长期的大强度训练活动，也就是人们常说的运动员能够在训练过程中，负荷"上得去，下得来"，设计合理的负荷节奏至关重要。为此，"练"与"调"成为不同时期、不同水平运动员通用的负荷设计思路。

为了保证训练活动的有效性和可持续性，特别是在极限或次极限负荷后运动员的迅速恢复及其与后续训练的有效衔接，一般都会采用"练调交替"的训练负荷模式，即通过"2 个大负荷周+1 个小负荷周"这一基本模式来具体实施。这一模式较适宜于体能主导类项群所属的大多数项目，以及技能主导类、技战能主导类项群的项目以发展体能为主的训练安排之中。对于处于不同阶段，具有不同训练水平的运动员而言，在一般准备期、赛前专门准备期都可以考虑"练二调一"或"两练一调"和"一练一调"的负荷安排模式。

目前在高水平运动员的训练比赛实践中，有一种赛前训练模式经常被采用，即将总共 6 周的赛前训练时间分为 2 个为期 3 周的阶段。

实践表明，为避免运动员产生疲劳积累，采取练 2 周、调整 1 周的 2 个循环周期安排既能在训练中达到比赛强度要求，实现预期训练目标，又能够在训练后有充分的调整时间，避免过度训练的发生。

### （四）"冲平交替"的负荷设计与安排

在特定时期，如赛前准备与强化期的训练负荷安排可以采用"冲击型"和"平缓型"两种模式。"冲击型"是指在这一阶段中，从开始的中等运动负荷直至最大运动负荷，然后下调运动负荷至中低训练强度。"平缓型"则是以相对恒定的负荷贯穿整个强化期。

不同任务的周训练，负荷量与强度的安排亦有不同的特点。图 6-3-4 是对基本准备周、赛前准备周、比赛周以及恢复周的训练量和训练强度交替变化的整体设计模式。

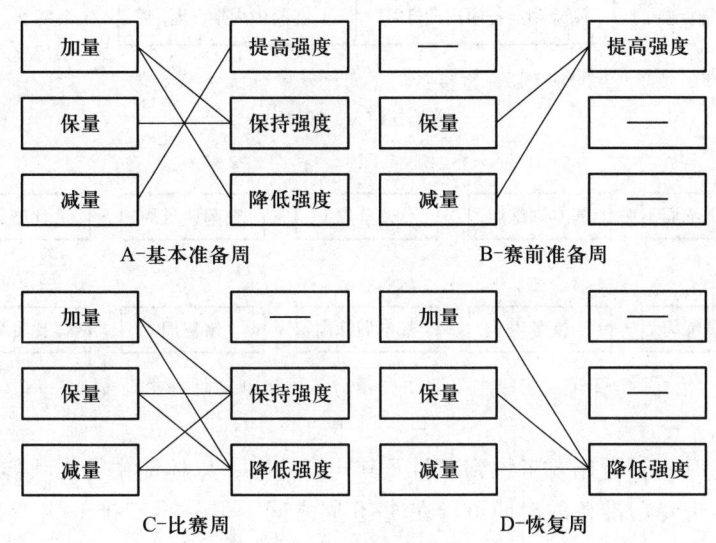

图 6-3-4　一个完整的训练大周期四种训练周的负荷安排模式
（田麦久，1999）

## 二、运动训练负荷设计与安排的专门模式

### （一）备战重大比赛的短期集训的训练负荷设计与安排

赛前集训既是全程性多年训练过程中一种常态的训练组织方式，又是某一国家、地区或地方为了参加高一级综合性运动会，选拔一些优秀运动员，直接备战特定赛事的训练方式。不同项目、不同水平的运动员针对不同赛事的赛前专门准备时间长短各有不同。其目标任务都是要解决未来比赛所必须面对的重点问题，以期在比赛中创造理想的成绩。

在测验和准备中周期里通常不安排一般训练的内容，以专项训练为主，每天训练的总时数为 3~5 小时，训练负荷整体上是逐渐降低的。在赛前中周期的 3 周里，每天训练时数为 1~3 小时，训练总量是全年最高水平的 50%~60%，但是其训练强度可以达到最大（图 6-3-5）。

对于处于基础训练阶段和专项提高阶段早期的运动员来说，赛前集训可以以 5 周为一个阶段，分别将基本训练周与恢复周、赛前诱导周与比赛周进行有节奏的安排。如图 6-3-6 的方案一中，在恢复周的周末安排测验，以检验基本训练周的效果和即时运动员的竞技状态水平，并通过赛前诱导周给予强化。在方案二中，则是基本训练周和恢复周进行一轮重复，然后直接面对比赛。

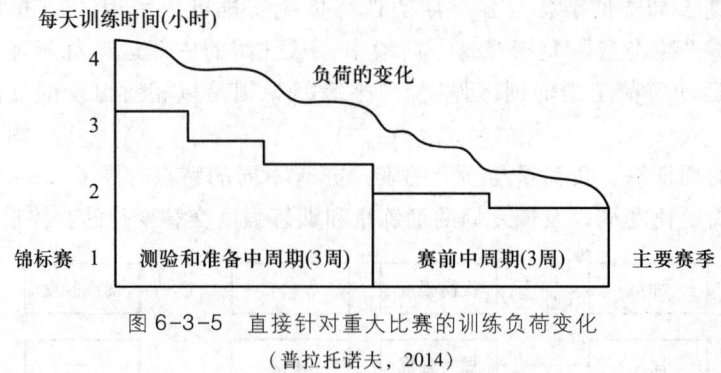

图6-3-5 直接针对重大比赛的训练负荷变化
（普拉托诺夫，2014）

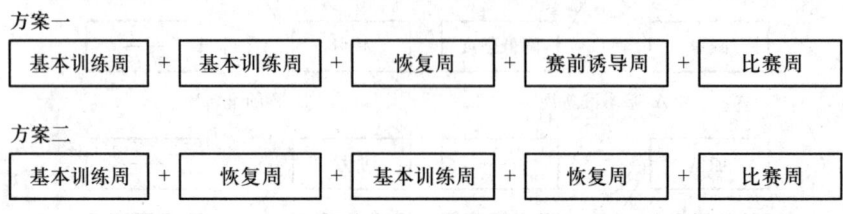

图6-3-6 初级水平运动员赛前5周集训的训练负荷安排
（田麦久，1999）

赛前集训的时间长短还要考虑到项目及其比赛特点，以体能主导类项群为例，其所属大多数项目的赛前专门准备的时间可以在4~8周之间，另外再安排1~4周的调整或减量训练时间。

表6-3-1是某优秀游泳运动员备战2013年全运会的赛前9周负荷设计。前6周为"2练1调双循环"大强度训练。在这一双循环安排中，每周的训练中增加乳酸峰值训练和耐乳酸训练比例，而有氧训练中最大吸氧量训练约占50%，强度也较高，有氧能力也得到保持。虽然训练量较之以前下降30%，但是强度累积高、刺激较深。

表6-3-1 优秀游泳运动员赛前大强度训练周的九周训练负荷安排

|  | 周一 | 周二 | 周三 | 周四 | 周五 | 周六 |
|---|---|---|---|---|---|---|
| 上午 | 一般有氧训练 6×800 fr | 耐乳酸/乳酸峰值训练 3×(5×200) 20′40″包干 | 一般有氧训练 10×400 fr | 一般有氧训练 2×1 500 fr | 最大吸氧量训练 3×(9×100) fr 1′30″ | 耐乳酸训练 25×50 主1′包干 1 000 fr 25×50 主1′包干 |
| 下午 | 最大吸氧量训练 3 000 m 递增强度组合游 | 陆上力量训练 | 休息 | 耐乳酸/乳酸峰值训练 3×(4×50) 主1′包干 | 最大乳酸值训练 3×(2×100) 主1′30″包干 | 力量训练 |

（林丽雅，2015）

在大多数集体球类项目的赛前集训安排中,训练的重点任务是关键技术的解决与技战术的磨合与强化,既要通过加强技术训练来实现良好的技能状态,同时又要通过体能训练促进与保持运动员的体能状态。为此,在这一类项目的赛前集训中,体能与技能训练的比重及其节奏直接影响到运动员竞技状态的形成。

中国女子网球队为了迎接2010年度的美国网球公开赛进行了4周赛前集训(表6-3-2)。综合课是集训阶段的主要课型,体能课和技战术课的安排占比少于综合课,但是每课时间超过180分钟的课多达20次,超过职业女子网球120分钟左右的基本比赛时间,意在通过大强度负荷的训练来适应即将到来的比赛。

表6-3-2 中国女子网球队备战2010美网集训期的周训练负荷安排

| 训练时间与类型 | 第一周 | 第二周 | 第三周 | 第四周 | 合计 |
| --- | --- | --- | --- | --- | --- |
| 训练课最长时间<br>(分钟)/类型 | 210/综合课 | 250/综合课 | 240/综合课 | 225/综合课 | |
| 训练课最短时间<br>(分钟)/类型 | 152/体能课 | 74/体能课 | 180/综合课 | 80/技战术课 | |
| 达到180分钟<br>课次/类型 | 0 | 1/技战术课 | 4/综合课 | 3/综合课 | 1/技战术课<br>7/综合课 |
| 超过180分钟<br>课次/类型 | 1/技战术课<br>5/综合课 | 5/综合课 | 6/综合课 | 3/综合课 | 1/技战术课<br>19/综合课 |
| 每课平均时间(分钟) | 180 | 176 | 199 | 153 | 176 |

(中国网球队科技服务组,2010)

网球运动员赛前集训时,体能训练与技战术训练的负荷可做交叉安排。第一周主要是体能训练,既有恢复的目的,也有通过体能训练为技战术训练奠定基础的目的。随着技战术内容的增加,体能训练占比逐渐减少。

(二)高度集中比赛阶段的训练负荷设计与安排

对于一些高水平和精英运动员来说,他们的参赛往往是赛会周期与非赛会周期的比赛叠加在一起,既要参加奥运会、洲际运动会、世界或洲际的锦标赛、杯赛等赛会制比赛,也要参加诸如联赛、年度分站赛等非赛会制比赛。为此,根据各个阶段不同的训练目标和任务,必须加强调整各大周期训练负荷内容和量度的连续性,同时也必须保证每个阶段的相对独立性。

我国著名击剑运动员王海滨在备战2000年悉尼奥运会、2002年世界杯、2004年雅典奥运会的训练负荷安排中,均采用了逐渐增加负荷至最大,然后再调节下降的负荷节奏。这种负荷安排使机体产生较深的疲劳,因此在达到最大负荷后,安排1~2周的过渡和调整。2003年在法国期间的33周训练则是采用了连续中等负荷。从图6-3-7可见,每年划分为5个阶段,各个阶段的负荷安排有两种模式,一是传统的惯用的备战大赛的跳跃方式,二是旨在负荷调节的直线方式。

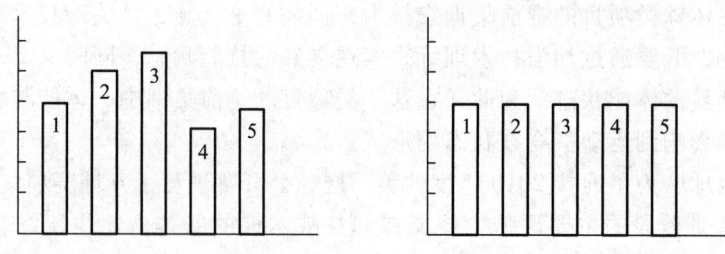

图 6-3-7 王海滨大周期训练负荷节奏安排

（王海滨，2006）

在一个自然年度里，或者一个非自然年度的阶段中，如果有奥运会或洲际运动会与世锦赛、杯赛以及联赛等重叠赛事时，其年度训练周期划分可以设计为集训期和联赛期两个前后联系的阶段。联赛期与集训期是两个性质不同的时期，尤其是联赛期体能训练的实施在年度体能训练周期内的重要性地位突出，对于确保体能训练的系统性、完整性，以及集训期保有充沛体能具有重要作用。

如图 6-3-8 所示，中国女篮在一个完整年度内经历联赛阶段与集训阶段两个阶段。针对中国选手与欧美运动员相比体能明显落后的现实，在集训阶段安排了较多的体能训练，力求利用集训阶段所获得较好的体能储备，满足国家队训练与比赛需要。

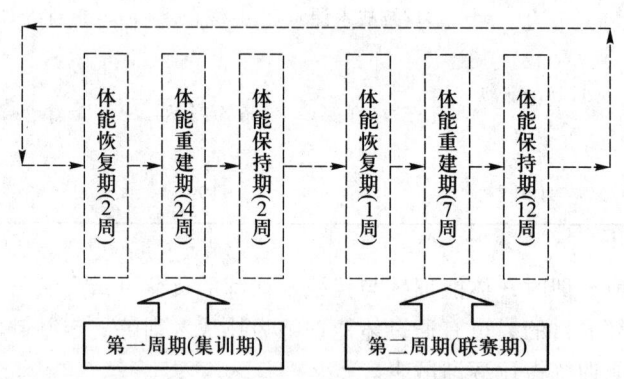

图 6-3-8 中国女篮体能训练年度阶段安排

（洪平，2008）

要求运动员在长达数月，乃至半年左右的联赛中保持高水平的体能非常困难，教练员一方面要充分利用赛前准备期的负荷效应，另一方面要特别注重联赛期间的体能和技战术训练负荷的设计与安排，同时根据每场（每周）比赛的间隔时间、客场环境、对手水平、本队运动员伤病、主力与替补球员的上场比赛时间、对比赛的心理适应能力、恢复及运动员个体训练等因素安排好本队和重点队员的训练负荷。

集体球类项目的技战术课训练负荷安排首先是为了解决运动员的专项技战术问题，其次是通过组合技术的训练，演练本队所需的，或者适合本队技战术风格的各类战术。在非赛季和联赛期间，这种基本技术与组合技术都会是一个阶段的重点。在一次课中，不同训练内容的负荷安排也有不同。叶国治等人的研究表明，在一次课的技战术训练中，单一、对抗、攻防的技战术训练的负荷水平各不相同。

在以技战术训练为主的训练课的对抗性练习时，训练强度在 86% 以上，在进行攻防转换的训练中，特别是在强调加强防守的情况下，其训练强度最大甚至可以超过 100% 的极限强度（图6-3-9）。

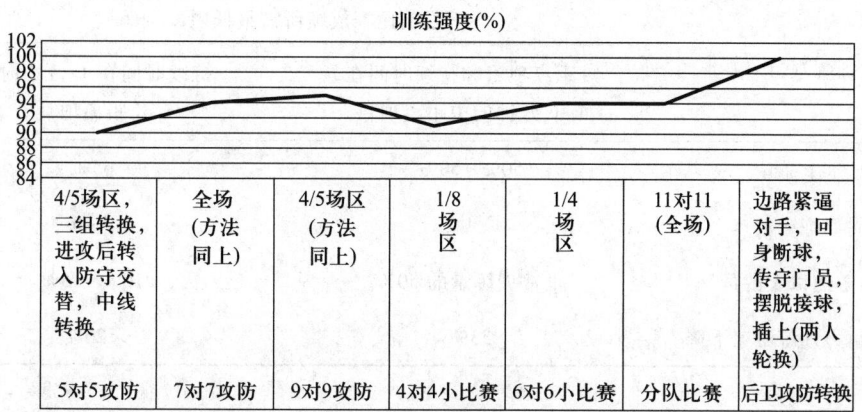

图6-3-9　某职业足球队攻防练习的课负荷安排
（叶国治，1986）

（三）赛前减量训练的负荷设计与安排

恢复性赛前训练，也称为赛前减量训练（tapering）的要求是为了实现机能状态的超量恢复，促进运动员提高竞技状态。这一训练阶段也可称之为"赛前诱导训练"。一般来说，赛前减量阶段持续1~4周。对于大多数项目而言，赛前减量主要通过针对性的减量、赴比赛地点的旅行及其调整、赛场环境适应等方式实现（图6-3-10）。

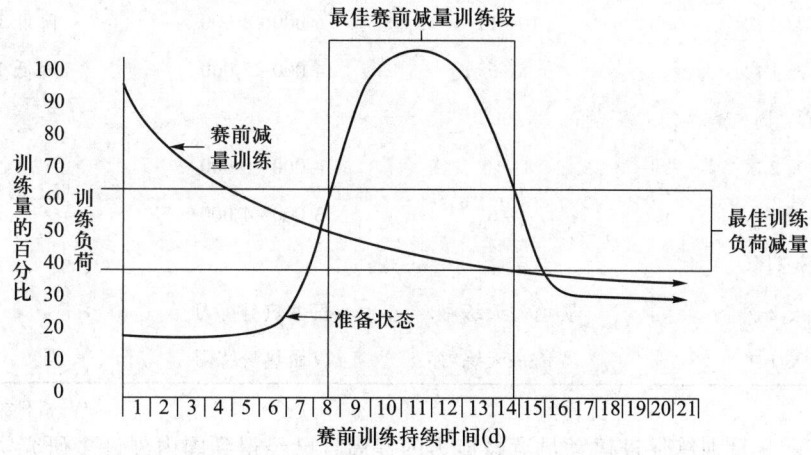

图6-3-10　准备状态和减量训练关系
（Tudoro Bompa，G. Gregory Haff，2011）

赛前减量的生物学机制是代偿机制，即肌糖原供应的超量代偿作用。马格利索认为，能量物质和乏氧能力的改善似乎是对减量训练作用的最合理的解释（表6-3-3、表6-3-4）。

表 6-3-3　高水平游泳运动员保持训练水平的负荷安排

| 训练项目 | 不影响比赛成绩所需最低限度训练量 | |
|---|---|---|
| | 短距离项目和持续时间在4~6分钟的中距离项目 | 持续时间在1~3小时的长距离项目 |
| 日水上总量 | 50%~60% | 65% |
| 周训练天数 | 4 | 4~6 |
| 临界游速以上游量 | 正常训练量的50% | 10%~15% |
| 较正常耐力训练游速下降 | 33% | <25% |

(马格利索, 2011)

表 6-3-4　游泳运动员减量期的训练负荷安排

| 每日课次 | 周训练次数 | 水上总量（米） | 训练强度 |
|---|---|---|---|
| 赛前减量训练前期（2周） | | | |
| 每天2次 | 10~12 | 7 000~9 000 | 降低10% |
| 每天1次 | 5~6 | 5 000~7 000 | 降低10% |
| 赛前减量期（3周） | | | |
| 第一周 | | | |
| 每天2次 | 10~11 | 6 000~8 000 | 降低10% |
| 每天1次 | 5~6 | 4 000~5 000 | 降低10% |
| 第二周 | | | |
| 每天2次 | 8~10 | 4 000~6 000 | 与上周相同 |
| 每天1次 | 5~6 | 3 000~4 000 | |
| 第三周 | | | |
| 每天2次 | 赛前每天练习 | 仅做热身练习 | |
| 每天1次 | 赛前每天练习 | 仅做热身练习 | |

(马格利索, 2011)

通过赛前减量训练促进运动员竞技能力的提高，已经得到国内外许多研究实证。霍马德（Houmard，1994）的研究表明，径赛运动员的周训练量减少70%~80%时，反映其有氧运动能力的 $VO_{2Max}$ 和最快跑速可以保持10~28天不降低。在次极限强度下，跑的经济性和运动后血乳酸浓度，在减少训练量70%~90%后的6~21天时间内呈现出保持，甚至是提高状态。谢普利（Shepley，1992）的研究认为，高训练强度、小训练量的7天赛前减量训练后，出现疲劳的时间明显后延。一些关于游泳、自行车、铁人三项等体能主导类耐力性项目的诸多研究都证实了，赛前减量训练或者能使机能水平明显提高（糖原贮备、氧化酶活性等发生积极性变化，同时通气阈对应的输出功更高，肌肉低速收缩力量），或者使疲劳感明显下降，或者促进运动成绩提高。在大多数情况下，在赛前减量训练期间应减少 40%~60% 的训练量，如果减量训练之前的训练量很高，可减少更多的训练量（60%~90%）；而训练密度应保持在减量训练之前的 80% 以上。减量训练应持续 8~14 天。在减量训练期间应该保持或略微增大训练强度，以维持运动员在减量训练之前所获得的生理适应。有研究表明，中长跑、游泳、骑自行车等项目通过赛前减量训练后运动员竞技水平能够提高 1%~3%。

赛前减量训练提出与实施的实质是，解决大训练量或高强度训练后，竞技能力提高同时疲劳程度加深与最佳或适宜竞技状态形成与保持之间的矛盾。进行减量训练的主要目的在于更好地消除训练引起的疲劳和形成适宜的参赛准备状态，主要采用减少训练量，而以强度训练为主的传统赛前训练手段。

对赛前减量训练时间长短的确定，要综合考虑运动员疲劳程度、减量训练的负荷安排、专项运动特点等有关因素，如疲劳程度较深可适当延长减量训练时间，减量训练中要有高强度的专项练习等。减量时间过短，运动能力和运动成绩增长效果不明显；而减量时间过长，则会对运动员的专项运动能力产生负面的影响。所以一般而言，根据不同项目和不同对象，可以安排 4~28 天的时间进行减量训练。主要采用非线性的逐渐减量模式，而一般不采用阶梯式减量（图 6-3-11）。

一些体能主导类项目的运动员赛前四周的减量训练阶段的一般原则是保持中等负荷水平，减轻减量周之前的大强度训练引起的机体疲劳水平，并能够代偿性地恢复，达到超量恢复。

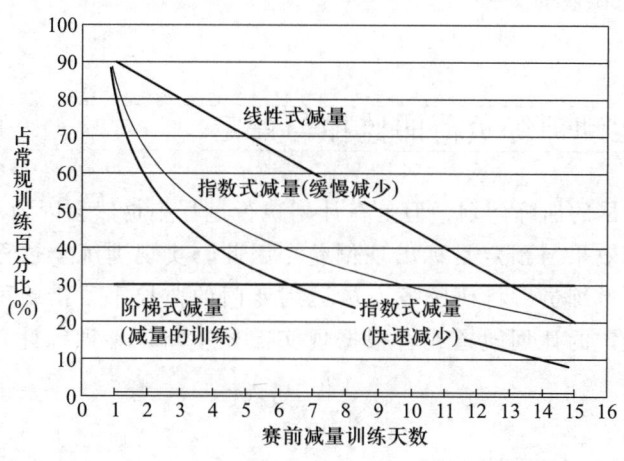

图 6-3-11　赛前减量（TAPER）训练的基本模式
（穆吉卡、帕迪拉，2003）

### （四）高原环境下的训练负荷设计与安排

高原环境下的训练模式主要应用于过渡或准备时期的体能储备，也可以应用于赛前专项体能的发展。高原训练一般划分为平原准备期、高原强化期和平原调整期三个阶段。不同阶段训练负荷的内容和量度不同，具有鲜明的负荷节奏。从高原前准备阶段的平缓疏离节奏模式到高原期的渐进式紧凑模式再到下高原后的调整阶段的"量高强度低"负荷节奏模式，通过提升运动员机体的有氧代谢能力和最大摄氧量水平，进而促进运动员参赛竞技状态的形成。

我国优秀女子中长跑运动员朱晓琳为了备战 2012 年伦敦奥运会的比赛，在赛前进行了为期 40 天的高原训练。在整个训练期间的负荷安排如表 6-3-5 所示。

表 6-3-5　朱晓琳备战伦敦奥运会高原训练阶段负荷安排

| 训练强度（时间/公里） | 课次 | 占比 | 距离 | 占比 | 课均量 | 平均时间 |
| --- | --- | --- | --- | --- | --- | --- |
| ＞4∶35（＜80%） | 15 | 18.75 | 215 | 16.92 | 14.3 | 0∶05∶02 |
| 4∶35-4∶19（80%~85%） | 41 | 51.25 | 566 | 44.53 | 13.8 | 04∶29.0 |
| 4∶19-4∶04.5（85%~90%） | 8 | 10.00 | 174 | 13.69 | 21.8 | 04∶09.0 |
| 4∶04.5-3∶51.7（90%~95%） | 6 | 7.50 | 158 | 12.43 | 26.4 | 03∶57.0 |
| 3∶51.7-3∶40（95%~100%） | 6 | 7.50 | 136 | 10.70 | 22.7 | 03∶48.0 |
| ＜3∶40（＞100%） | 4 | 5.00 | 22 | 1.73 | 5.4 | 03∶36.0 |
| 总天数 40 天 | 总课次 80 | | 总量 1 271 km | | 日均 31.8 km | |

（张敬军，2013）

从训练课次上看，40 天多巴高原训练的总课次为 80 次。其中 80% 无氧阈强度以下负荷的训练课次为 15 次（占高原训练阶段总课次的 19%），80%~90% 无氧阈强度负荷的训练课共计 49 次（占高原训练阶段总课次的 61%），90%~100% 无氧阈强度负荷的训练课共计 12 次（占高原训练阶段总课次的 16%），100% 无氧阈强度以上负荷的训练为 4 次（占高原训练阶段总课次的 5%）。

## 第四节　运动训练负荷的监控与评定

虽然制订了详尽的训练计划，但是在计划执行过程中仍然会因为一些原因而影响计划的实施，使训练效果与预定目标出现偏差。因此，实现训练全过程的监控和评定是极其重要的工作。教练员、科研医务人员运用专门的监控手段措施可以及时调控与纠偏，使训练回到预定的计划轨道或者根据现实需要重新调整训练计划，力求最佳训练效果的实现。

### 一、训练负荷监控及其作用

（一）运动训练监控与训练负荷监控

对运动训练活动及其成效进行的检查、评价和调控称为运动训练监控。完整的、高效能的运动训练监控应该通过专门的理论和方法对训练目标、训练内容、训练方法手段、训练负荷、训练组织安排与实施等方面全过程、全方位的检测与矫正（图 6-4-1）。当前，人们主要综合采用生理学、生物力学和心理学的方法来实现运动训练监控，其目的是保证运动训练过程的最优化，以求达到运动训练绩效的最大化。

运动训练过程监控实施的主体是教练员和科研人员，他们负责运动训练监控计划的制定、监控方法的选择与设计、监控过程的实施、监测结果的分析、调控信息的确定，并组织和实施整个训练监控过程。运动训练监控的主要对象是运动员及其竞技状态，亦即训练过程和比赛过程中运动员的竞技能力状态。在训练过程中，运动员承担的训练负荷、竞技能力状况、机体机能的变化与疲劳恢复、伤病、营养等均是运动训练过程监控的直接对象。对运动员及其竞技能力状态监控的内容包括运动员机能水平、运动素质及其健康状况的挖掘、发展和表现反映其体能水平、运动技术、战术的习得、改善及其效果反映其技能、战能水平；一般与个性心理品质的塑造与发展及其效果反映其心能、知能水平。

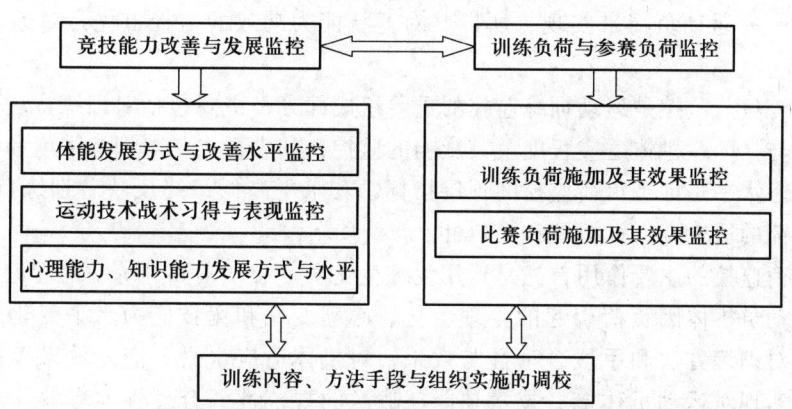

图 6-4-1　运动训练监控内容及其相互关系

（综合有关材料编制）

在运动训练中，人体各个能量系统几乎是同时开始动员的，只是各自达到最大输出功率需要的时间不同，而作用时间也是交叉的。因此，各供能系统的供能比例很难准确定量。在实践中，我们习惯将 ATP-CP 与糖酵解供能为主的训练称为无氧训练；将糖氧化供能为主的训练称为有氧训练；将较长时间、较大强度的训练称为有氧、无氧混合训练。尼曼总结了不同运动时间全力运动的强度以及有氧代谢、无氧代谢供能站的比例（见表6-4-1）。

表 6-4-1　运动员在不同时间全力运动能量供应比例

|  | 全力运动时间 | | | | | |
| --- | --- | --- | --- | --- | --- | --- |
|  | <35 s | 35 s~2 min. | 2~10 min. | 10~35 min. | 35~90 min. | 90~360 min. |
| 强度/最大摄氧量 | >100 | 100 | 95~100 | 90~95 | 80~95 | 60~70 |
| 有氧代谢比例（%） | <5 | 20 | 60 | 70 | 80 | 95 |
| 无氧代谢比例（%） | >95 | 80 | 40 | 30 | 20 | 5 |
| 肌糖原消耗比例（%） | <10 | 10 | 30 | 40 | 60 | 80 |
| 心率水平（b/min.） |  | 185~200 | 190~210 | 180~190 | 170~190 | 150~180 |
| 血乳酸（mmol/L） | <10 | 18 | 20 | 14 | 8 | 4 |

（尼曼，1988）

随着运动医学、运动生物力学、心理学、生理学、生物化学等诸多学科最新成果的出现，竞技体育领域里的运动训练与竞技参赛，尤其是高水平运动员的训练与参赛活动越来越离不开多学科、综合性的训练监控，这是运动训练科学化的重要内容和标志。

### （二）训练负荷监控的作用

对人体运动时的功率与功效等问题的监控是运动训练监控的重要内容。竞技能力能量供给与技术技能功率、功效的产生必须通过在特定的时空条件下身体一定的、专门的工作量度——运动负荷来实现，所以，对竞技能力功效的监控首先是对运动负荷实施监控。

运动训练负荷监控是运动训练监控的重要组成部分，主要包括对训练方法手段和身体练习的数量与强度、机体适应程度及其影响的监控，其中重点是对训练强度和训练量的监控。竞技状态水平是训练负荷监控的顶层指标，其水平高低最终反映着训练负荷的效果，亦即训练负荷的适宜性、针对性和实效性。

训练负荷监控的主要作用首先是运用生理生化学、心理学和训练学的理论和技术对训练活动中运动员机体因负荷引起的生理生化、心理变化和竞技能力水平变化进行诊断评价。其次是对训练方法和手段合理性与效果，对机体适应水平、恢复效果等进行诊断评价。第三是实现对运动员体能、技术技能、战术的规范性、合理性、有效性进行诊断评价。第四是通过训练负荷监控，辅助教练员评价训练效果，并为训练计划的临时性调整和未来训练计划的制订与修订提供参考和依据（图6-4-2）。

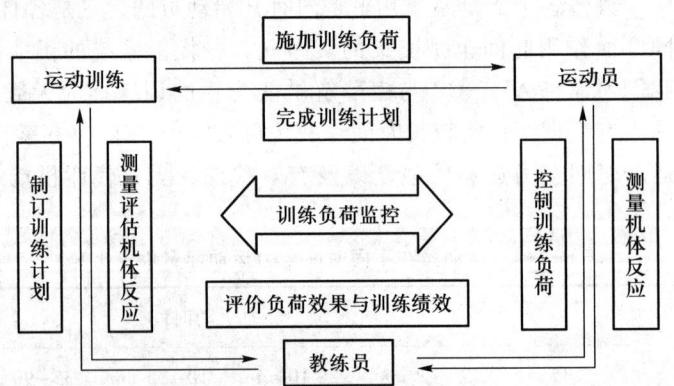

图 6-4-2　训练负荷监控在运动训练控制中的作用

（综合有关材料编制）

## 二、运动训练负荷生物学监控的主要指标与评定标准

运动训练负荷的生物学评定主要以记录运动员在不同运动中机体物质代谢产物的变化情况来反映运动负荷的大小。在运动训练实践中较为实用，并具有可操作性的监控与评定训练负荷的指标主要有心率、血压、血乳酸、血尿素、血红蛋白、尿蛋白等。

### （一）心率

随着训练强度的增加，训练者的心率也会升高，而以同样的强度持续运动2~10分钟，心率就停留在一定水平上，达到稳定状态。有关研究证实，在运动中，负荷在递增至次最大负荷的过程中，即达到稳定状态之前，心率变化范围介于110～180次/分区间时，心率与训练强度之间基本上是呈线性相关。因此，可以通过测定运动时的心率来推测训练强度的大小（图6-4-3）。

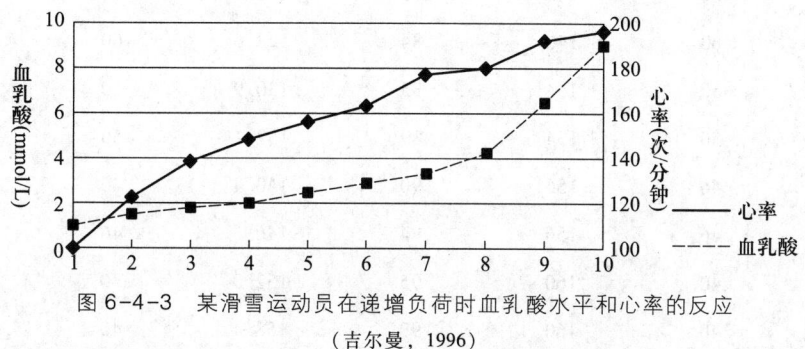

图6-4-3　某滑雪运动员在递增负荷时血乳酸水平和心率的反应
（吉尔曼，1996）

例如，通过记录运动员24小时总的心率次数评价运动应激的程度。有研究对德国滑雪队的训练观察显示，优秀运动员的每日总心率为85 000次，而大强度训练时则超过105 000次，休息日则为72 000次。

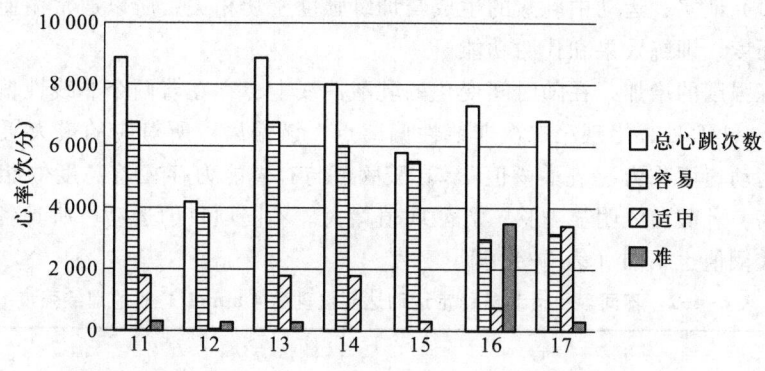

图6-4-4　某滑雪运动员赛季1周训练时心率总数及强度分布
（吉尔曼，1996）

图6-4-4为一滑雪运动员赛季1周训练每日心率总数及强度分布，其中11日完成的是间歇训练，总心率为8 875，17日进行的是一次长度为9公里的比赛，总心率为6 850。从总心率来说，11日比17日多了2 000多次，相比较而言，11日的间歇训练比17日的热身和比赛有更大的运动刺激。

通过靶心率评定特定工作时负荷的大小具有一定的参考价值（表6-4-1）。所谓靶心率是指通过有氧运动提高心血管循环系统的机能时有效而安全的运动心率。靶心率范围在60%与80%的最大心率之间。一般来说，运动心率低于靶心率的下限，则训练强度过低，效果不明显。若训练强度高于靶心率上限，则此时脂肪供能不足，将会分解蛋白质。蛋白质储存于肌肉中，则会导致基础代谢降低。靶心率是判断有氧运动的重要依据。基本公式是：

靶心率＝220-年龄＝最大心率-安静心率＝运动心率×%+安静心率

表 6-4-1 靶心率计算示例（部分年龄段）

| 220减去年龄 | 减去安静心率 | 等于运动心率 | 乘以最大心率百分比（%） | 最大心率减去安静心率 | 加上安静心率 | 靶心率 |
|---|---|---|---|---|---|---|
| 14 岁 | 60 | 146 | 70 | 102.2 | 60 | 162.2 |
| 206 | 60 | 146 | 84 | 122.6 | 60 | 182.6 |
| 16 岁 | 50 | 154 | 85 | 130.9 | 50 | 180.9 |
| 204 | 50 | 154 | 89 | 137.1 | 50 | 187.1 |
| 18 岁 | 46 | 156 | 90 | 140.4 | 46 | 186.4 |
| 202 | 46 | 156 | 94 | 146.6 | 46 | 192.6 |
| 20 岁 | 40 | 160 | 95 | 152.0 | 40 | 192.0 |
| 200 | 40 | 160 | 99 | 158.4 | 40 | 198.4 |

（马腾斯，2007）

（二）血乳酸

大量的研究证实，运动中乳酸的生成与训练强度密切相关，所以通常用血乳酸来评定运动负荷的强度、训练效果和代谢功能。

随着训练强度的增加，在随时间变化的乳酸曲线上，存在着两个非线性偏离点，大约在血乳酸 4 mmol/L 处，出现第二次非线性偏离点，该偏离点所对应的最大摄氧量的百分数、功率或运动速度称为"乳酸阈值"。乳酸阈值与有氧能力存在着高度的相关，随着耐力水平的提高，乳酸曲线明显右移，乳酸阈值增大。不同项目的运动员所具备的耐力水平不同，其乳酸阈值也不同（表 6-4-2）。

表 6-4-2 不同项目运动员稳定运动达到血乳酸 4 mmol/L 时的训练强度

| 运动项目 | 强度 | 测试方法 | 备注 |
|---|---|---|---|
| 男子举重 | 10 w | | |
| 男子长跑 | 5.15 m/s | 跑台、坡度 1.4% | Hess（1984） |
| 男子 400 米 | 4.50 m/s | 跑台、水平 | Svedenbag |
| 男子 800 米 | 4.98 m/s | | |
| 女子 800 米 | 3.99 m/s | 跑台、坡度 1.4% | Fohrenbach（1984） |
| 男子 1 500 米 | 5.2 m/s | 跑台、水平 | Svedenbag（1984） |
| 男子 5 000 米 | 5.6 m/s | | |
| 女子 15 000 米 | 4.26 m/s | 跑台、坡度 1.4% | Fohrenbach（1981） |
| 男子马拉松 | 5.5 m/s | 跑台、水平 | Svedenbag（1984） |
| 男子现代五项 | 4.7 m/s | 跑台、坡度 1.4% | Hess（1984） |
| 男子曲棍球 | 4.21 m/s | | |
| 女子曲棍球 | 3.40 m/s | | |

续表

| 运动项目 | 强度 | 测试方法 | 备注 |
|---|---|---|---|
| 男子划船 | 340 w | 功率车 | |
| 男子职业自行车 | 390 w | 功率车 | Roth（1981） |
| 男子游泳 | 1.35 m/s | 自行车 | otbrechf |

（雅各布森，1986）

在短时间剧烈运动时（如 1~3 分钟全力跑），血乳酸浓度可达到 15 mmol/L 以上；短时间间歇运动时，血乳酸浓度最高可达 32 mmol/L。同时，训练水平也可以影响运动后的血乳酸浓度，在长时间耐力运动后，血乳酸浓度上升较少。速度性运动项目的优秀运动员，运动负荷达到一定水平时，血乳酸最大浓度值也高；耐力性运动项目的优秀运动员在完成相同运动负荷时，其血乳酸浓度值就相对较低。不同个体参加同一运动项目的运动，乳酸生成量也不同，运动后人体内乳酸的消除速率也不同，这一现象与训练负荷和人体代谢能力密切相关（表 6-4-3）。

表 6-4-3 适合于优秀运动员的心率和血乳酸监控训练的方法

| 训练方法 | 发展目的 | 心率 | 血乳酸 | 负荷安排 | 代谢特点与作用 |
|---|---|---|---|---|---|
| ATP-CP 系统训练 | 最大速度、力量 | >180 次/分钟 | <3~4 mmol/L | 强度>95%，时间 10 秒，间歇 2~30 秒 | ATP、CP 以最大代谢速率分解供能，尽可能多消耗 CP，乳酸产生少 |
| 最大乳酸训练 | 最大速度、力量耐力 | >180 次/分钟 | <15 mmol/L | 1 分钟左右最大速度（力量）重复，间隔 3~5 分钟 | 最大速率的糖酵解供能，数次运动后乳酸积累达最高 |
| 耐乳酸训练 | 亚最大速度、力量耐力 | >180 次/分钟 | 10~12 mmol/L | 1 分钟左右 85%~90% 最大速度（力量），间隔 4~5 分钟重复使用，使血乳酸升高到 12 mmol/L 以上 | 以较高血乳酸水平，维持较长时间运动，各器官组织受到深度酸化刺激，提高在高乳酸环境下工作的能力，提高速度耐力 |
| 乳酸阈训练 | 最大有氧代谢能力 | 160~170 次/分钟 | 4 mmol/L | 乳酸阈水平时的训练强度，运动时间 60 分钟以上 | 刺激运动肌乳酸生成和最大速率消除乳酸 |
| 最大稳态乳酸训练 | 有氧耐力 | <160 次/分钟 | <4 mmol/L | 低于乳酸阈强度 10%~15%，时间 60 分钟以上 | 有氧代谢能力的最大训练强度和量度的综合 |

续表

| 训练方法 | 发展目的 | 心率 | 血乳酸 | 负荷安排 | 代谢特点与作用 |
|---|---|---|---|---|---|
| 乳酸消除训练 | 迅速消除乳酸 | 120~140次/分钟 | 下降越快越好，训练后<3 mmol/L | 60%~70%最大摄氧量强度匀速运动，以40%~60%最大摄氧量速度进行恢复 | 有氧代谢最大速率消除乳酸 |

（冯连世，2007）

### （三）血尿素

运动时，尿蛋白的分解代谢加强，尿素生成增多。一般运动在 30 分钟内，血尿素的变化较小，只有在长时间较大强度的运动时，血尿素的变化才比较明显。研究表明，训练负荷的大小与训练前后的血尿素变化值相关。大负荷前后，运动员的血尿素值变化均在 1~3.5 mmol/L 之间。一般来说，当运动前后血尿素值增加超过 3 mmol/L 时，说明训练负荷偏大，运动员已达疲劳阈值；当增加值在 2 mmol/L 左右时，虽然运动负荷较大，但是运动员可以适应；当血尿素变化值为 1 mmol/L 时，说明其运动负荷较小。

运动引起血清肌酸激酶（CK）等指标的变化与运动负荷的强度、持续时间、运动类型、个体差异都有着密切的联系。

由于运动引起的生化指标的特征和规律不同，因此在测量时需要精确地掌握测定的时间与过程。血乳酸的测定一般在运动后 1、3、5 分钟，尿蛋白在运动后 20 分钟，血尿素和血清 CK 在运动后即刻，而血红蛋白则要在清晨安静状态下进行测量。有的生化指标单独用运动后的值来评定运动负荷，有一定的误差，需要追踪测量，并且测量运动前后的变化值更有效果。有的生化指标只测定一两次也不能说明问题，必须多次、反复测试才能准确作出判定。

综合评定训练负荷时，还应视运动员年龄、竞技水平等具体情况而定，以确保生化指标选择、测定、评价的有效性。在评定短时间内的运动负荷时，一般主要测定血乳酸和血尿素，同时以尿蛋白和血清 CK 作为辅助指标；在评定周期性或阶段性运动负荷时主要对血红蛋白、血尿素和血清 CK 等指标进行测定，以血乳酸为辅助指标（表 6-4-4）。

表 6-4-4 运动负荷评价的其他生理生化指标

| 评价指标 | 运动中发生的变化 |
|---|---|
| 血红蛋白（Hb） | 运动员在大运动量训练开始时，易出现 Hb 下降，经过一个阶段训练后，运动员对训练量逐步适应时，其机能状态好转，Hb 的含量又会回升，这是机能状态改善和运动能力提高的表现 |
| 血清肌酸激酶 | 在运动时 CK 活性升高，因为在运动时缺氧，代谢产物堆积，引起细胞膜透性升高或细胞膜受到损伤，促使 CK 从细胞内进入血液进行循环 |
| 血睾酮 | 不同的运动项目，由于训练强度、训练量的不同，运动后血睾酮的变化也不同，许多研究表明，血睾酮与长时间的大训练量运动关系密切 |

续表

| 评价指标 | 运动中发生的变化 |
| --- | --- |
| 尿蛋白 | 许多研究表明，运动员经激烈的比赛或运动训练后，尿中蛋白质明显增加。尿蛋白的出现不仅与运动有关，而且与训练强度关系密切，训练强度越大，尿蛋白增高越明显，因此尿蛋白可以作为评定训练强度的指标 |
| 尿胆原 | 正常晨尿中尿胆原浓度低于 2 mg%，当晨尿中尿胆原高于正常范围，并伴有尿蛋白出现时，说明运动员机体有疲劳迹象 |

（姚鸿恩，2003）

在运动训练中，对同一训练强度的刺激，由于运动者年龄、性别、体质、健康状况和训练水平等条件的不同，即使承担同样的运动刺激，所引起的生理效应也是不同的，故在应用运动生理生化负荷指标对训练负荷进行监控时，应充分考虑到各种影响因素。由于影响训练负荷的因素是多方面的，单一生物学指标评定训练负荷往往有一定的局限性。训练负荷的生物学评定应是多指标、多层次、多因素的整体综合评定，从而更科学地掌握和指导运动训练过程，提高训练效果。

### 三、训练负荷心理学监控的主要指标与评定标准

在运动训练中，运动员受施加负荷的作用，会引起情绪、意志、注意力、动机等方面的一系列变化。这些变化会使运动员神经系统产生一定的应激反应，从而造成一定的心理能量消耗。相对于生理生化指标而言，训练负荷大小的心理指标的度量较难，并具有更大的不确定性。目前一般采用注意力集中程度、握力时间估计、焦虑量表等手段测试评价动机、认知、情绪、意志等心理水平。

#### （一）动机

对于长期从事竞技训练活动的运动员而言，需要不断激发其参与训练和比赛活动的动机，以保持足够的应对训练与比赛的心理能力。但是，训练中过于强烈的动机水平又会造成心理压力的增大。而心理压力的增大，会导致运动员认知水平发生变异，由此也增加了无效负荷水平。目前，张力为（2001）的"运动动机量表"，Guay（2000）的"运动情景动机量表"较为广泛地运用于运动员动机水平的测量。

#### （二）认知

运动员对训练和比赛活动的认知决定了其参与训练和比赛的态度。在主动与被动完成训练与比赛活动时，一些运动员往往将失败归因于任务太难、运气不好等，于是极有可能在压力之下放弃主观努力；如果把失败归于可控的、不稳定的内部因素，运动员就可能把压力化为动力。

#### （三）情绪

训练过程中的情绪状态及其影响虽然不如比赛活动中情绪变化所产生的影响大，且可调控性也会更强，但是，较长时间负面情绪的积累也势必会影响运动员完成训练活动的质

量与效果。一般采用焦虑量表对运动员的情绪进行测量。

### （四）注意力

通常采用"舒尔特表"测定运动员注意力的水平，要求测试者以最快速度按递增顺序找到并指出随机排列在表上的 25 个数字。在正常情况下，运动员要用 30~25 秒完成，心理负荷越大，完成此项任务的时间越长。

### （五）主观感知

主观疲劳感知程度表（RPE）用于测试运动时机体自身对运动负荷的主观感觉程度，RPE 等级表的划分涉及了从最轻强度到最剧烈强度的全部感觉范围。

## 四、训练负荷的训练学评定

### （一）一般训练负荷评价

训练负荷评价既有训练量指标，包括以小时或里程计算的工作总量、训练课的数量等，也有训练强度指标，如速度、运动的速率、通过训练段落与距离的时间、在力量性素质培养过程中负重的大小等。主要指标有时间、次数、组数、距离、重量等。

我们以 RM（Repetition Maximum）测量与评价运动员完成某一特定练习时的强度（表 6-4-5）。RM 是指能够重复举起或完成一定次数的负荷（重量），例如 6~12RM 即"最多能够重复或连续举起 6~12 次的重量"。一般而言，1RM 每减少 2.5%，重复次数就增加 1 次。

表 6-4-5 练习量度与最大重复次数练习强度的关系

| 1RM 百分比 | | | | | | | | | | | | |
|---|---|---|---|---|---|---|---|---|---|---|---|---|
| %1RM | 100 | 95 | 93 | 90 | 87 | 85 | 83 | 80 | 77 | 75 | 70 | 67 | 65 |
| 次数 | 1 | 2 | 3 | 4 | 5 | 6 | 7 | 8 | 9 | 10 | 11 | 12 | 15 |

（美国体能协会，2011）

评价训练强度的训练学指标主要有密度、速度、远度、高度、难度等。一般来说，密度越大，强度越大；速度越快，强度越大；跳得越远、越高，强度越大。在监控训练强度时常用的有两种方法：第一种是以绝对成绩确定其强度，比如 100 米跑，10 秒的强度比 11 秒的强度大。第二种则是用相对成绩，即某次练习的实际成绩与该运动员最佳成绩的比值确定相对训练强度。

$$百分比强度 = \frac{最佳成绩}{训练成绩} \times 100\%$$

在周期性项目中，以翼项平均跑速与专项平均跑速为基础，计算翼项跑的平均速度占专项跑速的百分比（田麦久，1978）。

$$相对强度 = \frac{翼项平均跑速}{专项平均跑速} \times 100\%$$

一次课的强度用大强度训练总量占所有同类练习总量的百分比来计算。

$$相对强度 = \frac{大强度训练总量}{同类所有练习总量} \times 100\%$$

人体疲劳反应可以通过自我感觉和生理指标测定法评定。博格（Borg）的主观体力感觉等级表（RPE）显示，当自觉疲劳程度等级达到19—20，大汗、呼吸困难，经反复鼓励仍不能继续坚持运动，即达到重度疲劳。

（二）专项训练负荷评价

以上关于训练量的评价主要是解决运动员训练活动中练习的数量及其强度。但是，不同项目的专项训练负荷不仅只是练习量的测量与评价，还需要完成专项技术训练或比赛时的量与强度的测量与评价。进行这类评价时，一般采用反映该项目特征的主要动作方式和核心技术为主要指标。以集体球类项目为例，在同场对抗性项目的篮球、足球运动员的训练负荷评价中，可以分为走、跑、跳基本动作技术和传、运、投（射）专项技术等指标。

专项训练负荷包括负荷的专项性、供能系统的主导性、专项技术的复杂性与难度、动作技术完成的协调性等。负荷的专项性是指运动员训练中的专项性质及其与比赛符合的量和强度；供能系统的主导性是指练习时肌肉工作是由何种供能系统在产生作用；专项技术的复杂性和难度是指技术结构的复杂程度和动作技术的规范程度与难易程度；动作技术完成的协调性是指运动员完成不同难易程度的动作技术时的协调性程度，一般来说，专项性程度越高，人体承受的负荷总水平就越高。以有氧代谢供能为主的练习负荷的量大，强度则相对较小，以无氧或混氧供能为主的练习负荷的强度大，量则相对较小。专项技术的难度越大，完成动作技术的协调性越低，则其训练负荷水平就越大。这里要指出的是，动作技术的规范程度，完成动作技术尤其是专项技术的协调性水平越高，完成训练量和强度的总量就会因为节省化、高效化而越小，但是其承受负荷的能力也越强。

在体能主导类项群的一些周期性项目中，动作协调的复杂性即技术动作难度不高，对训练负荷的影响较小，不像在技能主导类表现难美性项群和技战能主导类对抗性项群的运动项目中，动作协调性的复杂程度一般都决定着负荷大小与比赛的结果。但在评价运动负荷的时候也不能只看运动项目的协调性和复杂程度，例如技能主导类表现难美项群的跳水、体操、艺术体操等项目的动作技术是复杂的，且具有较高难度，但是其负荷水平不一定比走、跑、游、骑、划、滑这些动作技术相对单一，且难度相对较低的项目运动时高。所以说有些情况下，技术动作的难易程度并不一定完全决定负荷大小。

目前，运动技术分析适时跟踪与评定系统越来越广泛地运用到训练监控活动之中。这些测量与评定系统以运动学、技能学、生物力学的原理与方法，利用专门的仪器设备解析运动技术的准确度、复杂性与难度，但是还未能将其与训练负荷水平密切关联，难以定性地分析训练负荷。因此，在大多数情形下仍然依靠教练员的经验，将运动技术难易程度粗略地分为简单、中等或高度复杂等几个层次进行评定。

## 第五节 运动训练负荷的项群特征

基于竞技能力、动作结构和运动成绩评定标准进行项目分类而构建的项群训练理论体系,勾勒了不同群落项目的共有特征,也比较了不同项群的训练特征与比赛特征。毫无疑问,关于训练负荷特征的概括与认知及其理论也是项群训练理论中重要的内容之一。

### 一、不同项群训练负荷特征概要

运动项目特征、不同阶段目标任务和运动员的竞技状态决定了训练负荷的安排。不同项群训练负荷的安排通常也有着各自的特点(表6-5-1)。

表6-5-1 不同项群大周期中阶段训练的安排要点

| 项群 | 训练安排要点 |
| --- | --- |
| 体能主导类 | 专项化程度的变化<br>训练强度与训练量的变化 |
| 技能主导类 | 单个动作到成套动作的完成过程<br>单个和成套动作成功率 |
| 技心能主导类 | 空射到实射的转换<br>提高并完善定向的自控能力 |
| 技战能主导类 | 技战术积累及针对性选用<br>组合训练与成队训练<br>实战性对抗训练及热身赛安排 |

(田麦久,2004)

不同项群训练的负荷特点是基于不同项群所属各个项目的运动方式和比赛方式而形成的。体能主导类项群的所属项目大多为周期性、封闭式技能项目。比赛中依据运动员在速度、力量、耐力等维度的绝对水平大小而评定其运动成绩,所以其训练负荷安排更加强调的是某一项目的专项化程度。技能主导类所属各项目虽然大多属于非周期性、封闭式技能项目,但由于其对动作技术难度和表现力的要求,其训练负荷安排更多强调成套动作的成功率。技心能主导类项群所属各项目也属于非周期性、封闭式动作技能项目,所以其训练负荷安排重点强调负荷条件下自控能力的发展。技战能主导类项群所属项目是非周期性、开放式技能项目,十分强调在各种不同的直接或间接对抗中完成技战术的训练负荷承受能力。在集体项目中还极其重视队员之间完成组合与协同时所承受的负荷。

### 二、体能主导类项群的训练负荷特征

以发展和表现力量、速度、耐力为主要竞技能力的体能主导类项群,因为运动方式和比赛方式的特殊性,疲劳程度、恢复时间长短的特殊性,无论是初级水平,还是高水平运动员的训练负荷施加都是遵循循序渐进的基本原则进行的。即使是在技术、战术训练中,

其负荷安排与施加也必须基于体能水平最大和最高效发挥这一前提。从表面上看，以走、跑、骑、游、划、滑等运动方式为主的运动项目的成绩评定是以计时为唯一方式，但是因为有"人—介质"的相互作用，对运动员的技能、战能、心能、知能等要求也相当高。只是其技、战术运用环境相对固定。为此，此类项群所属各项目的训练总是以体能训练为向导，强调绝对训练强度水平的施加，同时也结合项目与个体的需要，在不同时期设计不同的负荷节奏。在设计这一类项群的训练负荷时，"两练一调"成为一种常用的基本模式。

在基础训练阶段，体能主导类项群各项目的训练负荷总体上是，坚持循序渐进的原则，以学习与掌握基本技术，发展多种运动能力为主要目标，主要采用阶梯式递进的训练负荷模式，课、周的训练时间、次数逐渐增加。进入专项提高阶段，运动员身心发展达到一定水平，每课、每周的训练时间、次数增加，上训练强度的次数也有所增加，这一阶段训练负荷总趋势主要可采用递增波浪式模式。进入最佳竞技阶段，运动员的任务是根据比赛次数、重要比赛及赛事性质、伤病及其状况来决定训练负荷，跳跃式和波浪式是这一阶段的主要负荷模式。高水平竞技保持阶段的训练负荷则是通过训练量的适当降低和训练强度的必要保持的波浪式负荷模式为主。

速度性项群的运动员在比赛中是以尽可能高的强度完成比赛，因此其训练负荷设计应以不断提高训练强度为核心。对于已达到熟练掌握专项技术技能的最佳竞技阶段的高水平运动员来说，他们的专项训练则应采用大强度负荷，以巩固技能，提高体能。快速力量性项群的运动员进行专门练习和专项技术练习时大多以保持较高训练强度为主。耐力性项群运动员训练中首先必须遵守那些具有普遍意义的负荷原则，即训练强度是其训练负荷的核心。由于该项群所属项目的运动方式大多为周期性运动，训练内容相对集中，于是训练负荷较大。在训练中，要努力提高对于训练负荷完成质量细微变化的敏感度。通过变换训练内容、变换负荷节奏来减轻运动员的心理负担，保证训练质量。

总体而言，在这一项群的训练中，训练量的变化曲线高峰先于强度的变化曲线高峰。准备期阶段负荷特点是量和强度逐渐增大，其中以量为主，达到全年最高。赛前准备阶段的总训练量减少，强度达到或超过比赛要求，正式比赛前两周根据情况适当调整，赛前3天一般不安排大训练量，训练课的强度大、时间短，总训练时间减少一半到三分之一。赛前2~3天，可适时变换训练内容，避免赛前训练量与训练强度同步增加，这是适应和保证发挥最佳竞技状态极为重要的一环。调整期的训练量和训练强度都有所下降，此时保持一定的训练活动，以积极性休整为主。

### 三、技能主导类项群的训练负荷特征

这一项群各类项目主要通过动作（套路）的难度和艺术表现力来决定成绩，所以体能训练和技术训练都是通过单个、成套动作的完成数量与质量来予以实现。尤其是在赛前准备时期，体能匹配对训练强度的提高产生直接影响。

总体而言，采用逐渐增加训练负荷和逐渐减少训练负荷的"波浪式"施加模式。在基础训练和专项提高阶段的训练负荷多通过"训练量"的施加，达到动作技术掌握与稳定的目标。最佳竞技阶段训练负荷的主要特征表现为高难动作数量、优质套路及其在总数量中所占的百分比增加，应注意负荷后的适宜恢复。

## 四、技心能主导类项群的训练负荷特征

在这一项群中，表现准确性项群所属项目的运动方式和比赛方式特征要求运动员精细地完成技术水平与保持高度的心理稳定性，应以适宜强度进行技术训练，以中等量度的训练负荷进行体能发展。其中，以上肢为主的身体托举枪和弓的时间长短对于运动员长时间保持身体稳定程度及瞄准与击发精细程度有重要影响。这是因为无论是托举还是瞄准都与击发这一精细动作相连，决定其击发效果的首要因素是注意力、稳定性水平。所以，在这一项群的训练负荷安排中，负荷的增加要密切结合运动员的技术与心理的适应水平而定。

在技心能主导类项群的训练中，技术训练和心理训练占比要远大于体能和战术训练，所以学习与掌握、改进基本技术训练中安排中等强度的负荷是适宜的。在运动训练中侧重于改进和提高技术，提高击发的稳定性时可采用大、中、小相结合的负荷安排，以中等负荷为主体进行训练。在大负荷的训练后，要积极采取有力的恢复措施消除精神和体力的疲劳，为运动员机体机能的恢复和提高奠定基础。

## 五、技战能主导类项群的训练负荷特征

技战能主导类项群包括隔网对抗性、同场对抗性、格斗对抗性和轮换攻防对抗性4个子项群。

同场对抗性项群所有项目的运动方式与比赛方式决定了运动员在规则容许范围内在适度的身体接触下发挥体能水平，有效完成技术战术。同时，还十分强调个体竞技能力与团队竞技能力相契合。尽管该项群各项比赛时间不同，但运动员在赛场上的活动方式是一样的，即比赛速度变换很大，有时动作缓慢，有时冲刺疾进，甚至有时停顿放松。根据这一活动特点，在普遍重视训练量的同时，更突出了间歇式高强度的训练，力争使训练强度达到比赛强度，使运动员适应激烈比赛的需要。

隔网对抗性项群所属项目的运动方式和比赛方式的主要特征是身体活动必须通过球或球拍的介质作用实现攻防目的，且双方的攻防转换迅速，每个攻或防的单元时间短暂，由此需要运动员具备频繁的攻防转换中的体能和技战术调配以及面对失误时的应对能力。同时，个人与团队竞技能力的匹配是决定比赛成绩的关键因素。在这一项群的技战术和专项体能训练中，多球和不同方向运动的能力训练是常用的基本方法，以提高运动员在快速变化的运动场景下准确、精细完成动作技术的能力。在这一类项群所属项目的比赛中，场地、器材的特殊性以及对于运动员完成技战术时的情绪与注意力稳定性的要求，也提高了其比赛训练强度。

格斗对抗性项群所属项目的训练负荷因为运动方式和比赛方式都是一对一的动力性（击打、抱摔）和静力性（控制对手）运动，比赛时间相对较短，比赛、训练强度极高，所以大多数情形下的训练负荷是极限强度和次极限强度交替，以实现完成单个技术及其所需体能的发展。总体而言，对训练时间、训练量、间歇时间和对抗强度需要有准确的控制。训练负荷的安排一般会采用大、中、小相结合的方式，有节奏地实施。

攻防轮换性项群的主要运动方式是击打、抛接，比赛方式为攻防不同步，且有一定的时间间隔。棒垒球、板球的进攻方是以1人击打与垒上球员（或在门之间）的跑位来予以实现的。此时，运动员的判断与反应能力以及与击球运动员的默契配合水平对运动成绩有很大的影响。冰壶、台球的攻防则完全不同步，一方进攻，另一方则处于相对休息状态。

所以，本项群所属各项目的训练负荷安排应当强调运动员负荷的长间歇节奏，也就是较长时间暂停状态结束后机体的再调动能力。

总体而言，技战能主导类项群所属项目的训练负荷安排是以准确、有效完成动作技术和灵活执行战术方案为前提的，其负荷内容与负荷节奏在不同的阶段有不同的表现。在准备期阶段，更多地追求较大训练量的技术训练。在强化期阶段则是注意提高追求技术训练的强度。在赛前应非常注重模拟对手或者适应专门比赛环境的训练，其训练强度接近比赛水平。

**复习思考题**

1. 如何理解运动负荷的结构及其各要素间的相互关系？
2. 结合实际谈谈训练负荷的功能与效应及其相互关系。
3. 安排训练负荷要考虑哪些因素？训练负荷安排的要求有哪些？
4. 通过文献收集、走访教练员，比较分析同一项群不同项目和不同项群的不同项目在不同阶段的训练负荷特征。
5. 在观察、了解和掌握校内或院内某一项目运动队（员）的业余训练基础上，设计适合其实际的某一阶段和某一次课的训练负荷，并提交教练员。在训练结束后访谈教练员，总结该设计的经验得失。
6. 运动训练监控与评定的常用指标有哪些？利用课余时间观察某一项目运动队（员）的训练活动，对某一阶段或某一次课的训练负荷进行测试与评定，并提交一份分析报告。

# 第七章 运动训练过程与训练计划

**本章导读**：运动员通过运动训练活动培养与发展竞技能力的过程复杂而富于变化。为了实现运动员竞技能力的持续发展，需要在对专项竞技特征与运动员个人特点进行全面解析的基础上科学地制订训练计划，有序地安排各项训练内容、训练方法和训练负荷，由此实现对运动训练过程的有效调控。本章重点阐释运动训练过程的主体构架与基本流程，分析制订和实施训练计划的关键环节，论述多年、年度、大周期、周课训练计划的结构模式及制订各层级训练计划的操作要点，对训练过程的调控以及运动训练效果的评价。

**学习目标**：学习掌握运动训练过程的基本构架与基本流程；学习掌握制订训练计划的基本要点，以及多年训练计划、年度训练计划、大周期训练计划、周训练计划、课训练计划的基本内容与实施要点；学习掌握控制与评价训练过程的关键环节与基本手段。

运动训练的核心目标是全面培养、提高运动员的竞技能力，进而参加比赛并获得理想成绩。由于运动员竞技能力及其发展具有典型的系统性特点，在训练过程中竞技能力的发展受到许多因素的影响，始终处于不断的变化之中。因此，正确认识运动训练过程的结构特征，对训练过程进行科学设计并有序组织，是控制运动员竞技能力定向发展的关键环节。随着现代科学技术水平的提高，在运动训练过程中主要通过制订多层级的训练计划、组织系统的科学评估，对训练过程进行全面的控制。

## 第一节　运动训练过程的基本构架

培养优秀运动员是一项长期的系统工程。通过科学设计、有序组织的运动训练活动，能够实现运动员竞技能力的定向发展。而为了保证运动员竞技能力的持续发展，运动训练的全过程应是连续进行的。与此同时，运动员竞技能力发展的全过程又具有阶段性的特点。在运动训练过程中，紧密相连的各个阶段的训练所要实现的最终目标是一致的；但由于阶段性的训练目标和训练任务不同，所选择的训练内容、训练负荷、训练方法等也总是有着不同程度的差异。因此，为了实现运动训练的发展目标，组织者必须对训练过程进行系统的规划；既要重视各个阶段的训练特点，又要保证各个阶段训练之间的紧密衔接，从而保证竞技能力发展的持续性。由此，正确分析运动训练过程的基本结构，有助于深刻认识运动训练过程的组织特性，进而对运动员的竞技发展过程进行科学的调控。

### 一、运动训练过程的层级体系

运动训练是竞技体育的重要组成部分，其核心目标是通过科学的训练活动，最大限度地挖掘运动员的竞技潜力，力求有效地促进运动员竞技能力的全面、持续、快速发展，为运动员在竞技体育比赛中创造优异的运动成绩奠定全面的能力基础。

#### （一）运动训练过程的序列层级

体育比赛的竞争非常激烈，要求运动员具备全面的竞技能力，这也决定了运动训练是一个长期而持续的过程。运动员从开始参加运动训练到停止竞技训练活动的完整过程，是一个目标统一、联系紧密的完整组织体系。

与此同时，在不同的训练时期，运动员训练的目标与具体任务不同，适用的方法和手段也不一样。换句话讲，运动员在多年发展过程中，也具有不同时期的组织特点。正是因为这个原因，现在运动训练既是一个完整的长期发展过程，也具有典型的阶段性特点；既要保证统一的发展目标，也要强调不同层级训练的针对性与实效性（表7-1-1）。

表7-1-1　运动训练过程的层级序列安排

| 序号 | 类别 | 适用范围 |
| --- | --- | --- |
| 1 | 多年训练 | 系统训练 |
| 2 | 年度训练 | 系统训练 |

续表

| 序号 | 类别 | 适用范围 |
|---|---|---|
| 3 | 大周期训练 | 阶段训练 |
| 4 | 周训练 | 训练实施 |
| 5 | 课训练 | 训练实施 |

由于运动训练过程具有连续性与阶段性的特点，对长达十几年的训练过程进行合理的阶段划分，是一项非常重要的工作。根据运动训练过程的核心目标与时间特点，可以把运动员的训练过程分成多年训练、年度训练、大周期训练、周训练、课训练 5 个层级，从而也构成了现代竞技运动训练的基本序列体系。

（二）不同层级的训练过程

运动员持续两年以上的训练即可称为多年训练。在此基础上，又可以分为两个层次，即全程性多年训练和区间性多年训练。其中，全程性多年训练过程是指运动员从开始参加竞技训练，经过系统的训练培养达到个人的竞技高峰，直到最终退役的整个发展过程。而区间性多年训练过程则是指全程性多年训练过程中具有特定任务的、阶段性的多年训练过程，一般会持续 2~6 年的时间。

在此基础上，构成区间性多年训练过程的各个年度训练，都有着特定的训练安排。教练员需要根据重点比赛的日程安排，结合运动员的能力特点，把运动员的训练、比赛、休息等各种工作有序地加以安排，保证运动员在重点比赛期间处于良好的竞技状态，力争取得优异的运动成绩。

在现代竞技体育的发展体系中，竞赛是重要的构成要素，多数项目在一个年度里会有多个重要比赛。而为了取得更多的好成绩，运动队也都会针对重要比赛做特定的训练安排，从而也就在一个年度里形成了一个个具有典型阶段性特点的训练大周期，主要包括准备期、比赛期和恢复期，并分别包括数量不同、任务不同的周训练、课训练等。

由此，从课的训练到周的训练，从大周期训练到年度训练，直至构成运动员的多年训练，形成了竞技运动训练的多层级训练过程体系（表 7-1-2）。

表 7-1-2 运动训练过程层级表

| 运动训练过程 | | 时间跨度 | 基本任务 |
|---|---|---|---|
| 多年训练 | 全程性 | 10~20 年 | 系统培养高水平选手 |
| | 区间性 | 2~6 年 | 准备并参加阶段性重要比赛 |
| 年度训练 | | 1 年 | 准备并参加年度重要比赛 |
| 大周期训练 | 准备期 | 5~20 周 | 提高运动员竞技能力 |
| | 比赛期 | 3~20 周 | 参加比赛创造好成绩 |
| | 恢复期 | 1~4 周 | 促进心理/生理恢复 |

续表

| 运动训练过程 | | 时间跨度 | 基本任务 |
|---|---|---|---|
| 周训练 | 训练期 | 4~10 天 | 提高运动员竞技能力 |
| | 比赛期 | | 参加比赛创造好成绩 |
| | 恢复期 | | 促进心理/生理恢复 |
| 课训练 | 综合训练课 | 0.5~4 小时 | 综合完成多项训练任务 |
| | 单一训练课 | 0.5~4 小时 | 集中完成一项训练任务 |

（田麦久，1999）

值得关注的是，在运动员持续多年的训练过程中，相邻的两个训练阶段总是密不可分的；前一阶段是后一阶段的发展基础，后一阶段也是前一阶段的发展延续。在系统设定的训练目标和任务体系的指引下，各个训练阶段通过训练内容、方法以及负荷安排等方面的有序安排实现彼此的协调，由此实现各个阶段训练之间的统一与紧密衔接，共同构成一个有效提高运动员竞技能力、获得并保持竞争优势的系统发展过程。

## 二、多年训练过程的序列安排

### （一）阶段划分

运动员从开始参加运动训练到停止竞技训练活动的完整过程，是一个目标统一、联系紧密的完整体系；与此同时，在训练过程中又具有不同时期的特点。其中，多年训练过程包括全程性多年训练过程和区间性多年训练过程两个层级。由于运动训练过程具有连续性与阶段性的特点，对长达十几年的训练过程进行合理的阶段划分，是一项非常重要的工作。多年来，运动训练工作者从一般训练、项群训练和专项训练三个层面对运动员的多年训练过程进行了分析；做出的训练阶段划分虽然有所差别，但是，对于运动训练过程阶段性特点的认识是基本一致的，都体现了"早期启蒙—打好基础—全面提高—实现最佳—保持水平—终止生涯"的基本组织构架。其中，田麦久总结前人研究成果，在充分考虑不同项目竞技特点的基础上，系统地提出了以最佳竞技阶段为核心的、运动训练全过程的 4 阶段组织模式（表 7-1-3）。

表 7-1-3 全程性多年训练过程的阶段划分

| 训练阶段 | 主要任务 | 年限（年） |
|---|---|---|
| 1. 基础训练阶段 | 依专项需要发展一般运动能力 | 3~5 |
| 2. 专项提高阶段 | 提高专项竞技能力 | 4~6 |
| 3. 最佳竞技阶段 | 创造最佳优异成绩 | 4~8 |
| 4. 高水平保持阶段 | 保持专项竞技水平 | 2~5 |

（田麦久，1988）

运动员的全程性多年训练过程通常包括基础训练阶段、专项提高阶段、最佳竞技阶段以及高水平保持阶段；各个阶段有着不同的训练目标和训练任务，进而对训练内容和运动负荷安排有着不同的要求。

江永华（2008）对中国高水平短距离自行车运动员的竞技生涯的研究发现，该项目女子运动员各阶段训练的持续年限有明显的专项特点。其中，运动员的最佳竞技阶段年限最长，一般能够保持 4~7 年，平均年限接近 5 年；而高水平保持阶段是最佳竞技阶段之外延续最长的区间（3~6 年），比大多数运动项目的平均年限（2~5 年）维持得更长，说明该项目运动员能够在更长的时期里保持比较高的竞技水平。

在此基础上，构成区间性多年训练过程的各个年度训练过程，都有着特定的训练目标与具体安排。例如，雅典奥运会女子摔跤 72 公斤级冠军王旭，备战奥运会的 4 年训练设定为"基础年—积累年—提高年—突破年"，体现了"循序渐进，稳步推进"的特点，进而对各个阶段的主要训练任务也做出了针对性地设定。

由此，每个年度训练都有特定的核心任务。与此同时，各个年度又具有独立性，根据每年的重大比赛安排，相应地包括数量不同的阶段性训练过程；通过组织目标明确、任务具体的周训练与课训练，有序地实现运动员竞技能力的持续发展。由此，从课的训练到周的训练，从年度训练到多年训练，形成了竞技运动训练的多层级训练过程体系。

（二）目标设定

运动员竞技发展全过程的终极目标是创造优异的运动成绩，全部训练活动都是围绕着运动员竞技能力的持续发展而展开的。全程性多年训练过程的几个阶段围绕着这个核心目标分别承担着一定的训练任务，从基础训练阶段的全面发展，到专项提高阶段的提高专项竞技能力，进而在最佳竞技阶段对竞技能力进行整合、达到最佳状态并获得优异的比赛成绩，乃至在高水平保持阶段尽可能延长竞技寿命直到最后退役（表 7-1-4）。

表 7-1-4 全程性多年训练过程的规划

| 训练阶段 | 主要任务 | 训练的重点内容及顺序 | | | 负荷特点 |
|---|---|---|---|---|---|
| | | 体能主导项目 | 技能、技战能主导项目 | 技心能主导项目 | |
| 基础训练阶段 | 依专项需要发展一般运动能力 | 1. 基本运动能力<br>2. 多项基本技术<br>3. 一般心理品质<br>4. 基本运动素质 | | | 循序渐进<br>留有余地 |
| 专项提高阶段 | 提高专项竞技能力 | 1. 专项运动素质<br>2. 专项技战术<br>3. 专项心理品质<br>4. 训练理论知识 | 1. 专项技战术<br>2. 专项运动素质<br>3. 专项心理品质<br>4. 训练理论知识 | 1. 专项技术<br>2. 专项心理品质<br>3. 专项运动素质<br>4. 训练理论知识 | 逐年增加<br>逼近极限 |
| 最佳竞技阶段 | 创造专项优异成绩 | | | | 在高水平区间起伏 |
| 高水平保持阶段 | 努力保持专项竞技水平 | 1. 心理稳定性<br>2. 专项技、战术<br>3. 专项运动素质<br>4. 训练理论知识 | 1. 心理稳定性<br>2. 专项运动素质<br>3. 专项技、战术<br>4. 训练理论知识 | 1. 心理稳定性<br>2. 专项技术<br>3. 专项运动素质<br>4. 训练理论知识 | 保持强度<br>明显减量 |

（田麦久，2002）

在运动员的多年训练过程中,相邻的两个训练阶段总是密不可分的;前一阶段是后一阶段的基础,后一阶段是前一阶段的延续。在系统设定的训练目标和任务体系的指引下,各个训练阶段通过训练内容、方法以及负荷等方面的有序安排而实现彼此的协调,使得各个区间性多年训练过程共同构成一个有效提高运动员竞技能力,获得并保持竞争优势的整体发展过程,实现各个训练阶段之间的统一与紧密衔接。

面对竞技体育可持续发展的客观需要,我国于2009年起编写了各个奥运项目的青少年教学训练大纲。结合各个专项的竞技特点以及我国青少年的生长发育特点,比较系统地规划了运动员基础训练过程。如青少年男子体操教学训练大纲将7—12岁的基础训练划分为7—8岁、9—10岁、11—12岁三个阶段,强调了专项基础动作的教学方法与组织步骤,设定了各个阶段的训练周数、训练次数、训练时数等,突出强调了各个年龄阶段训练安排的连贯性与整体性(表7-1-5),为保证青少年运动员竞技能力的持续发展创造了有利条件。

表7-1-5 青少年男子体操运动员的基础训练安排

| 阶段<br>内容 | 7—8岁 | 9—10岁 | 11—12岁 |
| --- | --- | --- | --- |
| 训练时间(年) | 2 | 2 | 2 |
| 全年训练总周数(周) | 40 | 43 | 45 |
| 平均每周训练次数(次) | 6 | 7 | 7 |
| 每周训练总时数(小时) | 15 | 18 | 18~20 |
| 每个训练组理想运动员人数 | 6~8 | 6 | 4~6 |
| 每个训练组配备教练员人数 | 1 | 1 | 1 |

(依青少年男子体操教学训练大纲改编,2009)

在短距离场地自行车项目的比赛中,运动员的骑行速度无疑是决定运动成绩的关键因素。因此,在训练中提高运动员的专项速度能力,是提高专项运动成绩的关键,也是各个阶段主要的训练任务之一。研究显示,我国女子自行车运动员在专项速度训练过程中,主要采用小传动比骑行、摩托车牵引等一系列"借助外界条件减小阻力"为主的训练手段,全面提高骑行速度。各个阶段的主要训练手段有所差别,但是又具有共同的特点,体现出了连续性的特征,与各个阶段的训练目标和训练任务的整体设定紧密联系(表7-1-6)。

表7-1-6 中国高水平女子短距离自行车运动员专项速度的训练手段及其特征

| 阶段 | 专项速度训练手段 | 特征 |
| --- | --- | --- |
| 基础训练阶段 | 公路:快频率冲下坡、小转动比骑行<br>场地:125~250 m、150~200 m加速,场地俯冲100~200 m、125~500 m、小传动比俯冲,小传动比骑行,摩托车牵引200~250 m | 以借助外力减小阻力为主,提高蹬踏频率 |

续表

| 阶段 | 专项速度训练手段 | 特征 |
|---|---|---|
| 专项提高阶段 | 场地：高频率骑行，小传动比骑行，骑行俯冲 100 m、125 m、166 m、200 m、250 m 加速，摩托车牵引 200 m、250 m 骑行，比赛时的传动比骑行，加速跑 60 m、100 m<br>公路：快频率冲下坡 200 m、下坡小传动比（39×17）骑行 200 m、俯冲 100 m、166 m，小转动比骑行 | 以借助外力减小阻力为主，提高蹬踏频率；增加传动比，提高使用较大传动比的能力 |
| 最佳竞技阶段 | 场地：男女 100~500 m 对抗，场地多人配合 125~250 m 俯冲，高速对抗 250~500 m，尾随男队员，摩托车牵引 200 m、100~500 m、125~375 m 骑行，单人俯冲 60 m、100 m、200 m，小传动比骑行，俯冲 60 m、100 m，比赛时的传动比骑行<br>公路：摩托车高速牵引，小传动比骑行，冲下坡 | 多人配合，男队员对抗，增加难度，制造比赛环境，发展比赛所需要的骑行速度，更接近比赛的要求 |
| 高水平保持阶段 | 场地：摩托车牵引 250~500 m，加速 100 m、200 m、300 m，男女 100 m、200 m、500 m 冲刺，短距离俯冲 100 m、200 m、250 m，250 m 比赛，尾随男队员 200 m<br>功率车：加阻 30 s、40 s、60 s 的间歇训练 | 通过场地、功率车等多样化的训练手段，保持专项水平 |

（江永华，2008）

### 三、多年训练过程中的链接模式

事物从简单到复杂、从低级到高级的发展过程，近似于螺旋形的曲线。在高级发展阶段中，总是包含着前期低级发展阶段的部分要素，从而形成紧密衔接的整体发展过程。

（一）运动训练过程中的衔接问题

运动员的竞技能力由体能、技能、战能、心能和知能等要素构成，具有系统性特征；各组成要素之间彼此联系、互相作用，其发展要经历一个长期而持续的循序渐进过程。

在运动训练过程中，无论是哪个时间层级的训练阶段，相邻两个阶段总是密不可分的；前一阶段训练是后一阶段训练的基础，后一阶段训练是前一阶段训练的延续。后续的训练活动总是在前期训练活动所产生的训练效应的基础上进行的。要想实现最佳的竞技发展，就必须保持运动员各个阶段训练效应的统一与连续，保证各个训练阶段之间的紧密衔接。由此，相邻两个训练阶段的连接部分就具有非常重要的组织意义，而不同时间层级的训练过程之间的衔接问题也表现出不同的特点。

相邻的两节训练课、两个训练日乃至两个训练小周期之间，训练衔接主要是通过训练目标和任务以及训练要素设计的总体协调来实现，相邻阶段的连接部分更多的是表现于自然的休息。

相邻两个训练大周期和两个训练年度之间，前一阶段恢复期的后期就应该考虑下一阶段的训练目标而采取一些相应的训练措施，使得在下一个阶段训练开始时，运动员已经有一个适宜的初始状态。

全程性多年训练过程由若干区间性多年训练过程组成。各个区间性多年训练都有自身的训练特点，同时相邻的两个区间也具有一定程度的共性特征；尤其是在两个区间的连接段落，各种训练活动总是兼具前后两个区间的训练特点。也恰恰是这个段落的训练承担了实现运动员训练转换的任务，使得运动员可以从一个区间顺畅地转入下一个区间的训练。所以说，对于全程性多年训练过程来讲，连接段落的训练是实现运动员竞技能力持续发展的重要保障。

### （二）链接模式

在运动员历经十几年的全程性多年训练过程中，各个训练要素的变化是循序渐进、逐步演化的。各个区间性多年训练过程组成连续的整体，训练目标、训练任务，训练内容、训练方法也各有明显的阶段性特征。其中，在前一个训练阶段的后期，训练活动逐渐地开始具有后一阶段的训练特征并且越来越明显，直到在一定时间段后正式进入下一个训练阶段；而这一个过渡时期的训练，既是前一训练区间的终结，也是后一训练区间的开始。也就是说，这个时期的训练同时具有前后两个训练阶段的组织特点，并由此实现两个阶段训练之间的顺畅转换。在此，我们把这个特定的训练阶段称之为"链接区间"。

全程性多年训练过程中的"链接区间"，是指相邻两个区间性多年训练过程之间互相交叉重叠、兼具前后两个阶段特点的训练时期，承载着实现训练目标转换、提高训练效率的任务，包括链接一区、链接二区和链接三区（表 7-1-7）。

表 7-1-7  运动员全程性多年训练过程中的链接区间表

| 序号 | 转出阶段 | 转入阶段 | 链接段落 |
| --- | --- | --- | --- |
| 1 | 基础训练阶段 | 专项提高阶段 | 链接一区 |
| 2 | 专项提高阶段 | 最佳竞技阶段 | 链接二区 |
| 3 | 最佳竞技阶段 | 高水平保持阶段 | 链接三区 |

（徐刚，2005）

三个链接区间的训练，同时具有相邻两个阶段的训练特点，是相邻两个区间性多年训练过程之间有效沟通的桥梁和紧密联系的纽带；在给运动员施加训练刺激、发展竞技能力的基础上，链接区间的训练关键在于实现训练的流畅转换，保持训练的连续性，提高训练的组织效益，这对于保证运动员全程训练的持续发展具有重要的意义。

在全程性多年训练过程中，相邻的两个区间性多年训练过程在训练特点方面具有明显的差异，在实现转换的过程中又体现出柔性的渐变特征。由于各个区间性多年训练阶段的竞技需要不同，持续的时间和组织特点各异，决定了相邻的训练阶段之间的系统发展关系具有一定的差异性，由此也就导致了两个训练阶段之间重叠的方式和表现形式有所不同。由此，4个区间性多年训练过程，通过3个链接区间紧密地联结成为一个相对均衡而又错落有致的、系统的整体，从而形成了一个两两交叉重叠的嵌套链接模式（图 7-1-1）。

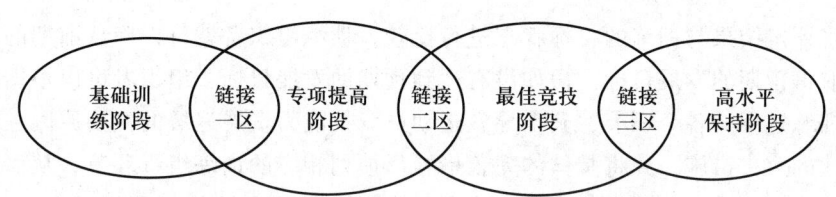

图 7-1-1 全程性多年训练过程的嵌套链接模式图
（徐刚，2005）

在运动员的全程性多年训练过程中，保证训练系统性的关键，就在于全面规划各个阶段的训练目标和训练任务，并且组织好 3 个链接区间的训练，实现各个训练阶段之间的高效转换。因此，在对运动员的训练过程进行全程规划时，应该根据项目的竞技特征和运动员的发展特点，充分重视各个训练阶段之间的紧密联系，实现运动员竞技能力的持续、快速发展。

### 四、运动训练的基本流程

不同运动项目的竞赛方法不同，运动员在比赛中的竞争方式存在差异，由此对运动员的竞技能力有着不同的要求，进而使得训练的组织形式和具体内容也各有不同；但是，不管什么项目、多长时间的训练，完整的训练过程总是按照一定的系统结构组织起来的，主要包括"对运动员起始竞技状态的诊断、运动训练目标的系统设定、运动训练计划的科学制订、运动训练活动的系统组织、对运动训练成效的评估、运动训练发展目标的实现" 6 个基本的组织环节，具有稳定的基本流程（图 7-1-2）。

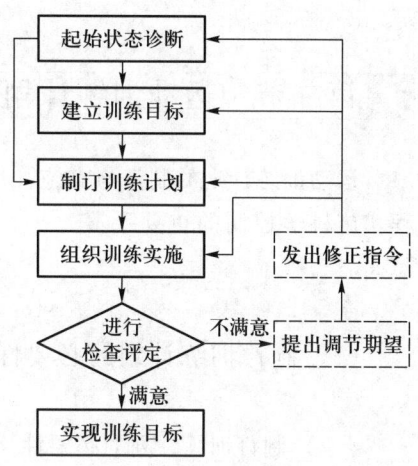

图 7-1-2 运动训练过程的基本结构
（田麦久，1988）

在运动训练过程中，对运动员起始状态的全面诊断是重要的起点。只有经过全面、有效的状态诊断，才能全面把握运动员的竞技能力发展状况，为合理安排后续的训练环节提供基本依据。

在状态诊断的基础上，确定合理的训练目标可以为运动训练过程确立一个理想的目标状态，这是整个运动训练活动的最终目的，也是检查运动训练过程发展状况的基本标准，具有定向与引导的作用。

训练计划是对运动训练发展进程预先做出的理论设计，前提是对运动员现实状态的全面把握，根据训练目标以及客观条件等因素加以规划。而通过训练计划的具体实施，将预先做出的理论设计付诸实施，是实现运动员竞技能力发展的核心环节，也是控制运动训练过程最重要的组织手段之一。

为了更好地控制训练过程，必须及时把握运动员竞技能力的发展状况，需要结合项目特点与训练目标，选择若干特定的竞技状态指标进行定期的科学检测，由此可以对前期训练活动进行有效的检查，从而客观地评价和把握前期训练的成效，进而确定后期训练的发展方向。

通过将评定结果与训练的目标状态进行比较，训练组织者就可以确认前期的训练活动是否已经取得预期的发展目标。假如没有达到预期的发展目标，组织者可以根据检测结果全面核查训练过程的各个环节，确认导致运动员竞技能力发展迟缓的主要原因，进而提出具有针对性的解决措施，并将具体的完善措施反馈到相应的训练组织环节，从而促使运动训练过程的发展逐步趋近理想的状态，直至最终实现理想的竞技发展目标。

在运动训练过程的各个组织环节中，运动训练计划的制订是对训练过程的整体设计和预先规划，训练计划的实施是对运动训练过程设计的操作与落实，而对训练状况的检查评定则是对训练进程的整体评价。三个方面既是运动训练过程必不可少的组织环节，同时也是对运动训练过程实施科学调控的重要手段，是教练员有效把握运动员竞技发展方向的重要途径，具有重要的管理意义。

上述 6 个环节是现代运动训练的基本流程，体现了典型的系统化特征。要想有效提高运动员的竞技能力水平，必须正确把握运动训练过程的基本结构，深刻认识运动训练过程的组织特性，进而对训练过程实施科学的调控。

## 第二节　运动训练计划的制订与实施

运动训练计划的制订与实施，是运动训练过程中的核心组织环节，也是对运动训练过程实施科学控制的重要手段之一，对于保证训练成效、实现长期发展具有重要的组织意义。

### 一、制订训练计划的必要性与认知要点

#### （一）制订训练计划的必要性

事物的发展具有复杂性和多变性的特征。因此，为了实现预期的训练目标，我们必须要对各项工作的组织过程进行系统的规划与周密的设计，以便更好地组织各项工作的实施，控制各项工作按照既定的发展方向有序进行。运动训练是以促进运动员竞技能力持续发展为目标的组织工作，在训练过程中涉及的人员多，持续的时间长，具有较高的复杂性。因此，训练前需要全面规划训练过程，而科学的组织计划也成为训练是否成功的一个重要前提。

训练计划是在运动训练过程开始之前，对训练活动预先做出的理论设计；以对运动员竞技状态诊断为基础规划运动员竞技状态的转移通路。组织者通过科学制订运动训练计划，把训练目标具体细化为若干个紧密联系的训练任务，可以使参加训练活动的运动员、教练员以及科研人员与医务保障人员等统一思想认识；在明确的训练目标指引下，实现训练组织行动的高度统一与紧密协同，以便更加有效地控制运动训练活动的进程，快速、高效、持续地发展运动员的竞技能力，为创造优异的运动成绩奠定竞技基础。

（二）制订训练计划的认知要点

1. 制订训练计划的主要依据

训练计划体现着运动训练活动中的基本对策，在制订运动训练计划时，既要考虑到实现目标的需要，又必须考虑主、客观训练条件的实际情况。

（1）运动训练的客观规律

运动训练规律是指运动训练系统内部各构成因素之间，以及它们与训练系统外部的各个相关因素之间，在结构与功能上的本质联系和发展的必然趋势，是客观存在且不依人的主观意愿改变的，主要包括运动训练过程的连续性与阶段性，运动员的机体在负荷下的适应性与劣变性等基本特性，以及技术、战术、心理品质和各种运动素质的结构特点与发展特征。根据这些客观规律，人们制定了运动训练的基本原则，设计了基本的训练方法和手段。在制订训练计划时必须遵循这些规律，才能取得理想的训练效果。

（2）运动员的起始状态

运动员训练的起始状态是运动训练过程的出发点，也是其状态转移的基础。为实现运动员的状态转移而制订的训练计划，必须符合运动员的现实状态；既是足以促使运动员的竞技能力产生明显变化的，又是运动员的机体发展可以接受的安排。

（3）运动训练目标

运动训练是竞技体育活动的重要组成部分，提高运动员的竞技能力，进而创造优异的运动成绩是其主要的发展目的。作为对训练活动的理论设计，制订训练计划的根本任务就是要把训练目标具体细化，有效控制训练过程，为实现运动员竞技能力持续发展这一根本任务设计最适宜的通路。所以，在制订训练计划时，必须要考虑到全面实现训练目标的需要。

（4）运动训练活动的客观条件

训练场地的好坏、器材的质量和数量、营养条件、恢复条件等，都是组织训练活动的重要物质基础。如没有高低杠、鞍马等器械，就无法进行体操项目的技术训练；没有足够的球，球类项目就无法组织各种形式的多球训练。而恢复条件的好坏则直接影响着运动员连续承受运动负荷的能力。因此，在制订训练计划时，必须充分考虑训练条件的实际情况，因地制宜地设计出有针对性的训练计划。

2. 运动训练计划的基本内容

不同类型、不同阶段的训练计划各有特定的目标与要求，在计划内容上也各有侧重。但是，运动训练过程的基本结构是一样的，对不同训练过程的组织设计也有基本的共同点，反映在训练计划的内容方面，主要包括10项基本要素（图7-2-1）：

① 对运动员起始状态的诊断
② 确定训练的任务及指标
③ 划分训练阶段并确定阶段训练任务
④ 确定实现目标的基本对策
⑤ 安排比赛序列
⑥ 规划训练负荷的动态变化趋势
⑦ 选择训练方法和手段
⑧ 确定训练手段的负荷要求

⑨ 制订训练恢复措施
⑩ 规划检查评定训练效果的时间和标准

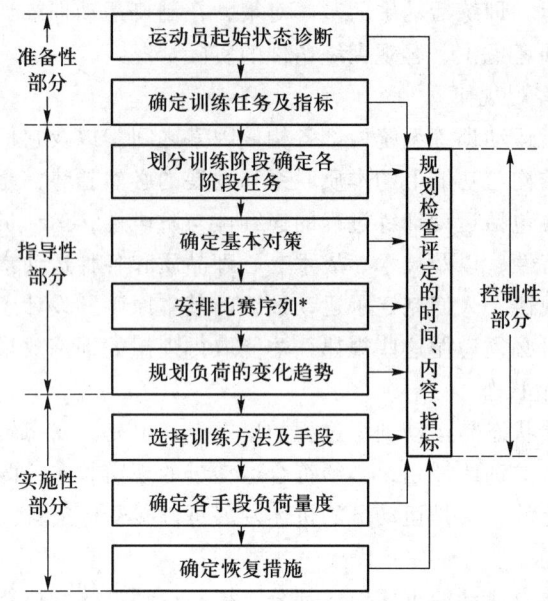

图 7-2-1  运动训练计划的基本内容及制订计划流程图
（田麦久，1999）
注：＊周、课训练计划中不包括此项内容

3. 运动训练计划基本内容的 4 个组成部分

根据训练计划 10 项基本内容在运动训练过程中的意义，我们可以把它们归结为 4 个组成部分，即准备性部分（①②）、指导性部分（③④⑤⑥）、实施性部分（⑦⑧⑨）和控制性部分（⑩）。其中，在制订多年训练计划和年度训练计划时，由于时间跨度长，变化因素多，应特别重视指导性部分，实现科学的宏观控制；而在制订具体的周、课计划时，则应更加详细地规划训练的实施性部分，尤其要强调训练方法的选定与训练负荷的控制，保证对于训练过程的实际把握。

（1）准备性部分

训练计划的准备性部分主要包括对运动员起始状态的诊断和建立训练目标两个部分，为训练计划的制订提供必需的指导信息和规划依据。

起始状态诊断主要从训练负荷、竞技能力和运动成绩三个方面对运动训练过程进行评估，由此确立客观、准确的训练起点，为有效控制运动训练过程提供基本的保证。

各个阶段的训练目标，从运动成绩、竞技能力和训练负荷三个方面为运动训练计划的具体制订提供依据，为训练活动确立明确的发展方向，还可以有效激发运动员和教练员的责任感和进取精神，实现各项训练资源的合理配置，提高训练效果。

（2）指导性部分

在训练计划的总体规划中，指导性部分属于对训练活动的全局性的整体决策。首先，要根据年度重大比赛的日程安排，合理划分训练阶段并确定具体的训练任务。在此基础上，根据年度训练目标和任务，合理安排比赛的序列，力求实现训练与比赛的紧密联系。

继而，根据不同阶段的训练任务和比赛安排的特点，规划训练负荷动态变化的基本趋势，从而完成对整个训练活动的整体配置。

（3）实施性部分

实施性部分包括训练的具体手段和各种手段负荷量度的大小，涉及训练活动的多个具体组织要素，需要更多地考虑运动项目的竞技特性和运动员的个人发展特点。

（4）控制性部分

近年来，运动训练的控制问题日益受到教练员们高度的重视。要对运动训练过程实施有效的控制，必须通过有计划地检查与客观地诊断，全面、及时、准确地收集运动训练过程的有关信息。因此，现代许多优秀的教练员都把计划和组织训练过程中的检查评定列入训练计划之中，这正是现代运动训练重视控制训练过程的反映。

（三）制订训练计划的注意事项

1. 明确训练指导思想，科学建立训练目标体系

实现训练目标是训练活动的终极目的，包括运动成绩指标、竞技能力指标和训练负荷指标。训练目标体系由彼此协调的、不同级别的目标构成，是制订训练计划的重要依据。为了获得理想的训练效果，必须要以运动员（队）的实际情况和项目的竞技特点为基础，以科学预测结果为依据，建立结构合理、层次清晰、联系紧密的训练目标体系，确定明确的训练指导思想，为训练计划的科学制订奠定基础。

2. 注重竞技能力的持续发展与各类训练计划的整体协调

系统的发展具有时空统一性，在时间维度上表现为发展的持续度，在空间维度上则表现为数量维的发展度和质量维的协调度。而运动员竞技能力系统的持续发展既表现于空间维度上的各竞技要素的数量增长以及竞技能力系统结构的质量提高，也表现于时间维度上的竞技能力发展的持续性（徐刚，2005）。

运动员训练的全过程由基础训练阶段、专项提高阶段、最佳竞技阶段和高水平保持阶段组成，各个阶段分别完成不同的训练任务，各个阶段的目标任务之间又彼此协调，为创造最优成绩的终极目标服务。与此相对应的是，在制订不同时空层次的训练计划时，要充分考虑计划与计划之间、计划内部各内容之间的彼此协调。训练计划所包括的竞赛安排、负荷确定、内容选择以及各种指标的选取等都应体现终极目标的统一，下一层次的计划必须参照上一层次的计划制订，以保证训练计划体系的整体性。

3. 保证训练计划的相对稳定和适宜变更

训练计划是对训练过程的理论设计，是建立在科学预测基础之上的。保持计划实施的稳定性是训练活动有序运行的基本保证。但是，事物的变化是绝对的，不变是相对的。训练计划是对一个尚未进行的训练过程的理论预设，在训练实施过程中必然会涉及众多可变因素。在训练环境发生变化的情况下，根据具体情况对原计划进行适当的修改和调整是完全必要的，也是保证训练计划科学性的客观需要。

4. 充分重视多学科协作

运动训练过程是一个复杂的系统工程，涉及的因素众多且富于变化，需要多学科的协同配合。训练计划作为对训练过程的理论规划，其设计也需要教练员同各相关学科的科研人员进行协作，从各个学科的不同角度为计划的制订和实施提供有益的信息，充分保证训

练计划的科学性。

## 二、各层级训练计划的制订

（一）全程性多年训练计划的制订

1. 制订多年训练计划的必要性

（1）有效控制训练过程的客观要求

现代竞技运动水平不断提高，国际大赛的竞争日益激烈，对运动员提出了越来越高的要求。要培养顶级的优秀运动员，科学的多级选材与系统的多年训练是必经之路，而对运动员训练过程的科学控制则是根本的保障。为此，需要系统规划与设计多年训练过程，科学制订多年训练计划，保证运动员的竞技能力得到长期的持续发展。

（2）运动员竞技能力发展长期性的要求

培养优秀运动员是一个长期而持续的过程，构成运动员竞技能力的各个方面都需要经过长时间的专门训练，才能得到明显的改善和提高。

运动员的体能主要表现于力量、速度、耐力等各项运动素质，其发展需要一个长期的过程。要对训练过程系统地做出规划，在训练内容、方法、负荷安排等方面保持必要的连续性，才能保证体能水平的持续提高。

在各个项目比赛中，运动员要完成各种类型的技术动作，需要身体各个器官、系统的协同配合，这就要求必须通过千万次的重复练习，才能使技术动作达到自动化程度，因此，运动员发展技术能力的任务是长期而艰巨的。

另外，现代体育比赛的竞争日趋激烈，而艰苦的训练和激烈紧张的竞争需要运动员具有良好的心理品质。高度发展的心理自控能力、自我激励能力和集中注意力的能力等，都需要在合理规划的多年训练过程中才能有效地得到发展。

土耳其举重"神童"苏莱曼马诺尔古曾经连续三次获得奥运会冠军，可谓"少年成名"。他获得奥运会冠军的时候，已经接受了11年的专门训练，多年训练的科学规划有效保证了运动员竞技能力的长期发展。占旭刚、唐灵生、穆特鲁等世界冠军的竞技运动生涯，也都体现出了具有专项特点的长期训练特征（表7-2-1）。

表 7-2-1  男子举重世界冠军及奥运冠军的阶段性训练年限

| 姓名 | 获得世界冠军年龄 | 训练年限 | 获得奥运冠军年龄 | 训练年限 |
| --- | --- | --- | --- | --- |
| 唐灵生（中国） | 24 | 10 | 25 | 11 |
| 占旭刚（中国） | 19 | 9 | 22 | 12 |
| 迪马斯（希腊） | 21 | 11 | 21 | 11 |
| 弗拉德（罗马） | 21 | 11 | 21 | 11 |
| 穆特鲁（土耳其） | 20 | 11 | 23 | 14 |
| 苏莱马诺尔古（土耳其） | 15 | 5 | 21 | 11 |

（杨素冠，2004）

所以说，运动员在比赛中取胜的关键是竞技能力的综合表现，而各种训练的合理结构，不同阶段训练重点的安排，都需要通过制订多年训练计划来加以科学规划。

（3）运动员竞技能力发展阶段性的要求

在训练过程中，运动员机体的生长发育具有典型的时间性特征和序列性特征。构成运动员竞技能力的体能、技能、战能、心能、知能等要素，都有适宜发展的最佳年龄阶段。另外，各个要素之间的内部结构也具有明显的层次性，这就决定了竞技能力的发展具有时间上的序列性。由此，运动员竞技能力状态转移所具有的阶段性特质，决定了运动训练过程的阶段性特征，也决定了运动员竞技能力状态转移的完整过程，必然是由若干个彼此相联的不同阶段组成的；各个阶段有着各自特定的核心训练任务、关键训练内容、训练负荷要求等，并在总体上实现协调发展，以保证训练过程的整体连续性。

以竞技体操为例，运动员要想在世界大赛中取得优异成绩，必须掌握高难度的成套技术动作，具备高水平的体能水平，并且具有稳定的心理素质。而在历时十多年的多年训练过程中，要系统地安排各项能力要素的有序发展，要处理好基本技术学习与高难度技术创新的关系，要控制好训练负荷量与强度的发展趋势，都需要通过制订科学的多年训练计划来得以实现（表7-2-2）。

表7-2-2 体操运动员多年训练各阶段的训练特征

| 训练阶段 | 主要训练任务 | 负荷特点 |
| --- | --- | --- |
| 启蒙训练阶段 | 1. 培养体操意识和兴趣，养成良好的训练习惯<br>2. 发展协调、灵敏、柔韧等素质，培养时空感知能力<br>3. 进行体操基本动作、基本技术和基本姿态的训练 | 严格控制 |
| 基础训练阶段 | 1. 系统进行基本技术训练，熟练掌握"基础难度动作"<br>2. 培养女子优美形态、节奏感和表现力，强化美的意识<br>3. 增加一般身体素质训练，培养竞技体操专门化感知觉 | 严格控制<br>循序渐进<br>留有余地 |
| 专项提高阶段 | 1. 进行专项化身体素质训练，着重提高专项竞技能力<br>2. 单个动作训练向联合及成套动作训练过渡<br>3. 培养技术创新能力，发展较高难度动作及潮流难度动作<br>4. 参加相应级别的比赛，积累比赛经验 | 逐年增加<br>区别对待 |
| 最佳竞技阶段 | 1. 根据发展趋势，高标准完成成套动作，进行技术创新<br>2. 注重自身恢复，加强运动伤病预防与体能恢复<br>3. 培养坚强意志品质，提高心理稳定性与自我调控能力<br>4. 加强战术意识训练，提高实战能力及连续比赛能力<br>5. 女子运动员注意体重控制与形体保持 | 波浪形负荷<br>保持明显节奏<br>增加负荷强度 |
| 高水平保持阶段 | 1. 注重技术细节雕刻，加强成套动作的节奏与美感<br>2. 解决身体和技术训练的主要矛盾，提高综合竞技能力<br>3. 结合体操规则变化，调整心态，继续参赛 | 明显减量<br>保持强度<br>节奏变化明显 |

（依韩军生改编，2006）

## 2. 全程性多年训练过程的年龄特征

运动员各项身体机能的发育，以及人体生物适应的自然规律，决定了优秀运动员的多年训练过程具有明显的年龄特征。运动员开始参加训练的年龄、进入专项训练的年龄、保持最佳竞技水平的年龄以及竞技能力开始下降的年龄，都有普遍规律，同时又具有典型的专项特点。在最适宜的年龄阶段，使运动员处于最佳的专项竞技水平，是运动训练的最终目标，也是决定整个运动训练过程年龄特征的主要依据。

我国著名篮球运动员姚明和王治郅的多年训练阶段划分，是教练员基于运动员机体能力发展的时间性特征所做的总体设计，是对于运动员多年训练过程的系统规划（表 7-2-3）。

表 7-2-3　姚明和王治郅多年训练阶段划分表

| 训练阶段 | 姚明年度 | 年龄（岁） | 王治郅年度 | 年龄（岁） |
| --- | --- | --- | --- | --- |
| 早期基础训练阶段 | 1988—1993 | 8—13 | 1985—1991 | 8—14 |
| 专项基础训练阶段 | 1994—1996 | 14—16 | 1992—1993 | 15—16 |
| 专项提高阶段 | 1997—2000 | 17—20 | 1994—1996 | 17—19 |
| 最佳竞技阶段 | 2001— | 21 | 1997— | 20 |

（陈兰波，2006）

多年来，由于项目特点以及运动训练理论与实践水平的不断提高，在部分运动项目中出现了优秀运动员年轻化和运动寿命延长的趋向。其中，像体操、跳水、花样游泳、花样滑冰等以完成复杂高难又具有美感的技术动作为主的表现难美性项目，突出地呈现了优秀运动员年轻化的趋向。而像射击、射箭等对运动员心理有更高要求的项目，以及田径、皮划艇等更加强调体能的项目，运动员一般在相对更大的年龄达到顶级水平。

在北京奥运会上获得男女体操团体冠军的中国队中，6 名男子运动员从 5 岁开始参加训练，经过大约 13 年的系统训练，在 18 岁的时候首次成为世界冠军；而 6 名女子运动员在 5 岁左右开始训练，经过将近 11 年的系统训练，在 16 岁时首次成为世界冠军（表 7-2-4）。

表 7-2-4　北京奥运会中国体操队运动员训练年限统计

| | 运动员 | 训练起始年龄（岁） | 首次成为世界冠军 | |
| --- | --- | --- | --- | --- |
| | | | 年龄（岁） | 训练年限（年） |
| 男队 | 李小鹏 | 5 | 16 | 11 |
| | 肖　钦 | 5 | 18 | 13 |
| | 杨　威 | 5 | 19 | 14 |
| | 黄　旭 | 5 | 18 | 13 |
| | 陈一冰 | 5 | 22 | 17 |
| | 邹　凯 | 5 | 18 | 13 |
| 女队 | 程　菲 | 5 | 17 | 12 |
| | 何可欣 | 5 | 16 | 11 |
| | 江钰源 | 4 | 16 | 12 |

续表

| 运动员 | | 训练起始年龄（岁） | 首次成为世界冠军 | |
|---|---|---|---|---|
| | | | 年龄（岁） | 训练年限（年） |
| 女队 | 杨伊琳 | 5 | 16 | 11 |
| | 邓琳琳 | 6 | 16 | 10 |
| | 李珊珊 | 4 | 16 | 12 |

3. 全程性多年训练计划的内容安排

在多年训练过程中，训练的核心内容根据训练阶段的不同而表现出不同的特点，竞技能力的各个要素在不同训练阶段的作用和比重也有所不同。其中，最佳竞技阶段首先要发展决定专项竞技能力的首要因素，体能主导类项目主要是发展专项运动素质，技战能主导类项目主要是发展专项技术与战术能力；在高水平保持阶段，则需要把运动员心理稳定性的保持和提高放在训练的首位，延长运动员竞技寿命。

在对各运动项目的主导竞技能力给予高度重视的同时，也要注意其他竞技能力的发展。例如，自行车是一项周期性运动，体能水平对运动员至关重要。但是，运动员的骑行技术对体能的保持与发挥同样具有非常重要的意义。在短距离自行车运动员的技术体系中，起动、站立式骑行是自行车运动员的基本专项技术，也是每个阶段专项技术训练的必要内容。在全程性多年训练过程的各个阶段训练中，专项技术训练内容的侧重点各有不同，但是起动技术和站立式骑行技术始终是专项技术训练的重要内容。

4. 全程性多年训练计划的负荷安排

在不同的训练阶段，为了实现阶段性的训练目标，需要在训练计划中有针对性地安排适宜的负荷量和负荷强度。

经过基础训练而进入专项提高阶段的运动员，已经可以承受较大的专项训练负荷。要紧密结合专项特征和运动员的个性特点，保证运动员专项能力的全面发展，跳水运动员的专项提高训练就体现了这一特点（表7-2-5）。

表7-2-5　跳水运动员专项提高阶段的训练负荷

| 年龄段 | 全年训练总周数 | 周平均训练次数 | 周平均训练时间（小时） | 年平均训练总时间（小时） | 陆上水上训练比例 |
|---|---|---|---|---|---|
| 9—10岁 | 46 | 6~7 | 12~14（业余）<br>24~28（跳校） | 不少于650（业余）<br>不少于1 000（跳校） | 6∶4 |
| 11—12岁 | 46 | 6~8 | 24~28（跳校）<br>30~35（专业） | 不少于1 000（跳校）<br>不少于1 500（专业） | 5∶5 |

（唐玉成，2011）

在最佳竞技阶段，运动员的身体已经具备承担更高水平训练负荷的能力；为了参加高水平的比赛，运动员在训练中要承受更大的负荷。因此，这个阶段训练负荷的安排，接近运动员的负荷极限；也正是在这个过程中，运动员的机体受到了更高水平的训练刺激，竞技能力逐渐达到了最高水平。而到了高水平保持阶段，运动员的机能水平开始下降，训练负荷的安排更要根据运动员的个体状况来设计，训练的强度可以保持很高的水平，但是总体的负荷量通常要明显地减少。

在对运动员的多年训练进行规划时，对周训练次数的安排也体现着区间性的阶段特征。由基础训练阶段到专项提高阶段，周训练的课次是增加的；而由最佳竞技发展阶段转入高水平保持阶段，周训练的课次则逐渐减少。举重运动员的多年训练安排就体现了这个趋势，无论是训练天数还是训练时数都表现出渐进性的变化（表7-2-6）。

表7-2-6 国际水平举重运动员多年训练参数对比表

| 训练阶段 | 基础训练阶段 | 专项提高阶段 | 最佳竞技阶段 | 高水平保持阶段 |
| --- | --- | --- | --- | --- |
| 全年训练天数 | 224 | 260 | 280 | 300 |
| 月训练天数 | 20 | 24 | 26 | 26 |
| 全年训练次数 | 224 | 370 | 420 | 450 |
| 全年训练总时数 | 224~336 | 555~740 | 840~1 050 | 900~1 125 |

（改编自杨素冠，2004）

在各个训练阶段中，各类比赛是运动员竞技发展历程的重要组成部分。组织者需要结合各个阶段运动员的发展特点，合理设定比赛的水平和次数等，使得训练和比赛成为有机的统一体。根据我国《篮球教学训练大纲》的要求，我国篮球运动员各个年龄阶段正式比赛的场次有一个框架式的设定，也体现了循序渐进的特点（表7-2-7）。

表7-2-7 篮球各年龄阶段比赛场次统计表

| 年龄（岁） | 7—8 | 9—12 | 13—17 | 18—19 | 20—25 |
| --- | --- | --- | --- | --- | --- |
| 组别 | 启蒙组 | 儿童组 | 少年组 | 青年组 | 成年组 |
| 比赛（场/年） | 游戏性比赛 | 20~30 | 30~40 | 40~50 | 60~80 |

（篮球教学训练大纲，2008）

（二）区间性多年训练计划的制订

在运动员的多年训练过程中，每一个特定的阶段都构成一个训练区间。对两年以上的一个特定时间段的训练过程的设计，就称为区间性多年训练计划。对于高水平运动员来讲，最佳的竞技年龄处于竞技提高阶段和最佳竞技阶段，这两个区间是创造优异成绩的关键时期。

1. 基础训练阶段

儿童开始参加基础训练的年龄，与项目的竞技特点息息相关。为了使有才能的竞技选手从一开始就能得到系统的科学训练，教练员应该对儿童少年3~5年的基础训练进行统一的筹划，制订出区间性的多年训练计划。

（1）基本特征与训练任务

运动训练是一个长期的发展过程，运动员专项能力的发展，建立在一般运动能力的基础之上。在基础训练过程中，基本任务是发展运动员的多种运动能力。根据人体机能发展的基本规律，在基础训练阶段的训练中，首先要发展运动员的协调能力及基本的运动技能，学习和掌握多种运动项目的基本技术。通过多样化的练习和参加初级的比赛，培养运动员的一般心理品质，并相应地发展基本运动素质。

在当代运动训练理论和实践中，把协调能力看作是发展运动员技术和战术能力的基础，而儿童时期正是有效发展协调能力的最佳时期。因此，基础训练阶段应将发展协调能力放在首位，还要注意不同年龄适宜训练内容的整体安排。德国学者认为，儿童从五六岁起，即可有效地发展节奏感，继而应安排发展灵活性、反应及空间定向能力的练习，9岁起可着力提高其平衡与准确能力（图 7-2-2）。

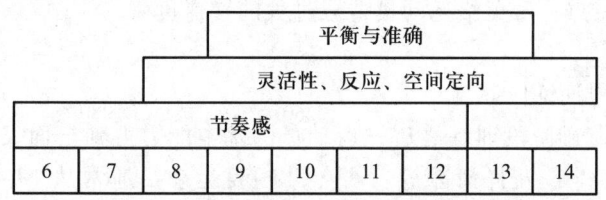

图 7-2-2　发展各种协调能力的适宜年龄区间
（改编自［德］葛欧瑟，1981）

基础训练阶段，在发展各种运动素质训练内容的配置上，随年龄的增长，应该按照柔韧→有氧耐力及反应速度→最大速度及速度力量→最大力量、无氧耐力及力量耐力的顺序进行安排（表 7-2-8）。

表 7-2-8　儿童少年运动员身体训练的内容安排

| 年龄阶段（岁） | 身体训练内容 |
| --- | --- |
| 5—8 | 以一般协调能力为主，同时注意有氧能力和柔韧性的训练 |
| 9—10 | 以灵敏性和速度素质为主，同时进行速度力量的训练 |
| 11—12 | 以爆发力和速度素质为主，可适当增加有氧耐力的训练 |

（依董国珍改编）

（2）负荷特征与竞赛安排

训练负荷是运动训练中最基本、最活跃的因素之一，贯穿运动训练的整个过程。运动员的形态、机能、素质的改善，专项技术的掌握与完善，战术配合的熟练等，都需要在有节奏的递增负荷刺激下才能实现。基于人体的生物适应性，基础训练的负荷安排要充分考虑儿童少年运动员的承受能力，通过施加比例适宜的训练负荷，促使运动员各种能力产生定向性变化。

在基础训练阶段，安排儿童少年运动员的训练负荷时，必须严格遵循循序渐进的原则，使有机体通过"增加负荷—适应—再增加—再适应"的过程逐步产生新的生物适应现象，进而有效地提高运动员的竞技能力。由于儿童少年运动员年纪小，还处于身体发育的过程之中，身体承受负荷的能力还比较差，过度的负荷会对他们的机体系统造成严重的损害，甚至会葬送他们的运动前程，由此需要特别慎重地安排适宜的训练负荷。根据我国的具体条件和儿童训练的组织方式，对于一般基础训练阶段的儿童，以一周 2~4 次训练，每次 1~1.5 小时为宜；对于进入专项基础训练阶段的儿童少年，则以一周训练 4~6 次，每次 1~2 小时为宜。

体操运动技术是以等级的技术概念来划分运动员技术水平的，优秀体操运动员技术水平的提高是一个长期而艰苦的训练过程，并且具有显著的阶段性特征，反映着运动员从初期训练阶段走向高级阶段的长期发展过程。根据实践中总结出来的我国优秀体操运动员的成长规律，我国教练员对基础训练阶段的负荷进行了有针对性的规划，比较详尽地设定了青少年运动员年度训练的周数、每周训练的次数以及时数等，为有效地控制运动员的发展创造了良好的条件（参见表7-1-5）。

儿童少年运动员的竞赛，应该与基础训练阶段的训练负荷特征保持一致，予以科学的安排。在此，特别要注意竞赛水平和竞赛负荷的循序渐进，注意结合儿童少年运动员的身体发育与能力发展特点，避免给运动员造成过大的参赛负荷。

2. 专项提高阶段

（1）基本特征与训练任务

经过3~5年的基础阶段训练之后，运动员的基本能力得到全面发展，开始进入专项提高阶段。体操、跳水、花样滑冰等"少年"项目运动员通常从10~12岁起，"成人"项目运动员从14~16岁起，开始集中精力发展专项竞技能力。一般情况下，经过4~6年的系统专项训练，可以使运动员的体能得到较充分的发展，熟练地掌握专项运动技术，并培养出适应激烈比赛所必需的心理品质，开始进入最佳竞技阶段。

在前期训练的基础上，专项提高阶段首先要发展决定专项竞技能力的主导因素。例如，对于田径、游泳、举重、自行车等体能主导类项目，首先发展专项运动素质，同时要不断完善专项运动技术；对于体操、跳水、花样滑冰等技能主导类项目，首先要发展运动员的技术水平，进一步打好全面的技术基础，同时要继续增强运动素质；而对于射击、射箭等技心能主导类项目，以及击剑、拳击、排球、篮球等技战能主导类项目，除了技术之外，心理能力和战术能力也是训练中必须重点发展的竞技能力要素。

例如，在专项提高阶段中，举重运动员一直都要坚持一般身体训练。但是，一般身体训练的比例逐年下降，专项身体训练的比例逐年上升，二者之间的比例大致维持在3:7。土耳其举重神童苏莱曼马诺尔古在12—14岁之间完成了为期三年的专项提高阶段的训练，其训练任务的核心就是"提高专项技术水平和专项力量水平"。在技术训练中，还特别注重体会专项的运动感觉和精确用力的技巧，通过反复练习逐渐形成牢固的动力定型。

（2）负荷特征与竞赛安排

进入专项提高阶段，运动员已经具备了基本的身体能力，可以承受较大的训练负荷。优秀运动员的训练经历告诉我们，在多年训练过程中，确定适宜的训练负荷节奏具有战略性意义，对运动员竞技能力的长期发展至关重要。对此，要紧密结合专项特征和运动员的个性特点；有些运动员的训练负荷可以逐年提高，有些则应波浪式的发展。而对于比赛的安排，同样需要根据运动员能力的发展节奏，与训练负荷的安排相统一，保证运动员阶段训练的全面发展。

我国优秀的自行车运动员江永华（2008）研究发现，在专项提高阶段的过程之中，高水平女子自行车短距离项目运动员的负荷表现出逐渐增加的趋势，为下一阶段的训练打下了重要的基础。从整个4年的发展过程来看，年度负荷呈现波浪式的变化趋势，体现了现代运动训练负荷安排的特点，也保证了运动员竞技能力的持续发展。

3. 最佳竞技阶段

（1）基本特征与训练任务

最佳竞技阶段是运动员竞技生涯最重要的训练阶段，要参加各种重大的比赛并争取好成绩。皮划艇运动员费舍尔（德国）、羽毛球运动员张宁（中国）、射击奥运会冠军王义夫（中国）等许多著名运动员的运动生涯，都表明优秀运动员的最佳竞技阶段一般可延续4~8年，有的甚至更长。

参加重大比赛并争取优异的运动成绩，是最佳竞技阶段的核心目标。这个阶段的训练紧密围绕比赛来予规划，运动员集中发展专项竞技能力的主导要素，同时加强竞技能力的全面发展；在此基础上，还要注意完善运动员对于项目发展规律的认识，提高参赛能力，从而更好地完成各种比赛任务。由于重大比赛的举办多数以4年为一个周期，区间性多年训练计划也常以4年为单位，进而又分成若干个年度训练计划。

2000年与2004年两届奥运会女子跆拳道冠军，中国运动员陈中备战北京奥运会的区间性多年训练过程划分为"基础恢复年、专项提高年、竞技突破年"三个时期（表7-2-9）。在备战工作的核心训练阶段中，系统规划了训练时间以及训练内容比例，为参加北京奥运会奠定了重要的能力基础。

表7-2-9 陈中备战北京奥运会的训练阶段与比例表

| 阶段划分 | | 基础阶段<br>（2007.6.20—2007.8.12） | 强化、巩固、提高阶段<br>（2007.8.13—2008.6.22） | | | | 赛前阶段<br>（2008.6.23—2008.8.23） |
|---|---|---|---|---|---|---|---|
| 时间 | | 54天 | 84天 | 89天 | 77天 | 65天 | 62天 |
| 训练比例<br>（%） | 基础能力 | 60 | 50 | 60 | 40 | 30 | 10 |
|  | 专项能力 | 30 | 30 | 30 | 30 | 30 | 30 |
|  | 竞赛能力 | 10 | 20 | 10 | 30 | 40 | 60 |

（卢秀栋，2010）

（2）负荷特征与竞赛安排

运动员进入最佳竞技阶段之后，由于多年承受高强度负荷与参加高水平激烈竞赛的影响，常常出现伤病的问题。因此，在这一阶段训练中，要特别注意细致地安排训练负荷，通常呈波浪形并保持明显的节奏。为此，需要结合专项训练的关键环节，对训练负荷进行全面的监控和评价。

在中国举重队备战2008年北京奥运会的最后一个年度周期中，重点运动员的训练以负荷强度为主旋律，体现出"高强度、快节奏、小步子"的特点，负荷强度和负荷量搭配合理，为在奥运会上取得优异成绩打下了良好的基础（表7-2-10）。

表7-2-10 中国女子举重队重点队员2007—2008年度训练负荷强度安排（%）

| 序号 | 姓名 | 2007年 | | | 2008年 | | | | | | |
|---|---|---|---|---|---|---|---|---|---|---|---|
|  |  | 10月 | 11月 | 12月 | 1月 | 2月 | 3月 | 4月 | 5月 | 6月 | 7月 |
| 1 | YL | 70 | 86 | 90 | 95 | 90 | 95 | 95 | 90 | 98 | 90 |
| 2 | WMJ | 80 | 90 | 85 | 80 | 83 | 80 | 90 | 84 | 80 | 70 |

续表

| 序号 | 姓名 | 2007年 | | | 2008年 | | | | | | |
|---|---|---|---|---|---|---|---|---|---|---|---|
| | | 10月 | 11月 | 12月 | 1月 | 2月 | 3月 | 4月 | 5月 | 6月 | 7月 |
| 3 | LP | 80 | 85 | 90 | 90 | 85 | 95 | 98 | 80 | 77 | 75 |
| 4 | CYQ | 78 | 85 | 93 | 97 | 96 | 85 | 98 | 80 | 95 | 90 |
| 5 | QHM | 85 | 91 | 95 | 87 | 85 | 95 | 98 | 80 | 87 | 70 |
| 6 | SCY | 60 | 70 | 80 | 87 | 90 | 83 | 90 | 80 | 70 | 0 |
| 7 | LX | 80 | 90 | 95 | 89 | 85 | 95 | 99 | 85 | 80 | 65 |
| 8 | LHX | 85 | 80 | 92 | 98 | 93 | 85 | 97 | 90 | 95 | 95 |
| 9 | MSS | 70 | 80 | 83 | 85 | 90 | 88 | 98 | 70 | 75 | 60 |

（依马文辉改编，2010）

4. 高水平保持阶段

运动员度过自己的最佳竞技年龄区间之后，体能开始下降，心理产生疲劳感，对参加竞技比赛、创造优异成绩的激情下降；加上训练伤病的积累，以及社会因素的影响，使运动员会产生退出竞技舞台的愿望。而实际上，随着现代科技的发展与广泛应用，这个时期运动员的竞技水平仍然可以保持相当高的水平，能够继续在比赛中取得好的成绩。

在现代竞技体育领域中，日益重视延长优秀运动员的竞技生涯，因此高水平保持阶段的训练组织就显得至关重要。在这一阶段，首先要努力保持和提高运动员的心理稳定性，激励他们继续参加训练、比赛并力争表现优异成绩。在此基础上，根据专项竞技的需要，安排相应的素质训练和技术训练，延缓运动员竞技能力的消退。同时，还要让运动员加强相关理论的学习，充分利用丰富的实践经验和理论知识，有效地参加运动训练和竞赛，延长竞技寿命。

在高水平保持阶段，运动员训练的负荷通常低于专项提高阶段和最佳竞技阶段。运动员更多地按照自我的实际情况，灵活地掌握和控制训练过程。江永华（2008）分析发现，女子短距离场地自行车的运动员，在高水平保持阶段的训练负荷仍然保持波浪式的年度趋势，但是负荷总体明显低于最佳竞技阶段，主要是在保持一定强度的基础上降低训练量，力求延长训练和竞赛年限。

（三）年度训练计划的制订

各个项目的系列比赛，基本上都是按照年度来安排的。因此，运动队通常以年度作为组织运动训练过程的基本单位。为了保证运动员在一年里始终保持良好的训练状态，制订年度训练计划是必需的。

1. 主要任务

在一个完整的年度训练计划中，教练员需要将运动员的训练、比赛、休息等各种工作有序地加以安排，保证各项工作能彼此协同，使运动员在年度重大比赛中处于最佳竞技状态。因此，作为对运动员全年训练过程整体调控的重要指导性文件，制订年度训练计划的主要任务，就是对一个年度的训练过程进行系统设定，将发展运动员竞技能力的各项任务有序地分布到各个训练阶段。在有限的训练时间内，力争全面发展运动员的竞技能力，形成良好的竞技状态，进而在比赛中创造理想的运动成绩。

在制订年度训练计划时，教练员要充分考虑各个专项的竞技特征以及运动员的个人特点，同时还要特别注意年度训练在运动员长期发展中的地位，根据运动员上一年度的具体发展情况，结合后期的发展需求进行系统安排，保证运动员竞技发展的长期持续性。

我国优秀跳高运动员张树峰在备战2009年全运会的训练过程中，教练员对其赛前一年的训练进行了有针对性的专门设计。在全面考虑前期训练状况的基础上，对全年的训练进行了系统的安排，训练任务前后协调，保证张树峰保持良好的竞技状态，使其在全运会上蝉联了男子跳高项目的冠军（表7-2-11）。

表 7-2-11　跳高运动员张树峰全运会年度训练安排

| 阶段划分 | | 时间 | 训练任务 |
| --- | --- | --- | --- |
| 第一周期 | 准备期 | 2008.11.10—2009.4.26 | 提高专项能力和技术水平，利用比赛检验训练效果及运动员的竞技能力 |
| | 比赛期 | 2009.4.27—5.17 | 比赛和训练相结合，适应比赛环境，培养运动员高度的自控能力 |
| | 恢复期 | 2009.5.18—5.24 | 消除心理和生理的疲劳 |
| 第二周期 | 准备期 | 2009.5.25—8.30 | 以专项训练为主，提高爆发力和神经冲动能力，为比赛做好生理和心理的准备 |
| | 比赛期 | 2009.8.3—10.25 | 获得最高竞技能力 |
| | 恢复期 | 2009.10.26—11.1 | 采取积极恢复措施，消除疲劳 |

（周青，2011）

我国优秀举重运动员廖辉在备战2013年全运会前，将最后一年的训练分成紧密联系的4个阶段，包括专项力量训练期（9周）、专项技术训练期（9周）、选拔赛及调整期（6周）、全运会赛前准备期（10周），取得了良好的训练效果（薛新轩，2014）。

2. 训练负荷与竞赛安排

训练负荷是刺激运动员机体能力发生变化的关键因素。因此，在年度训练计划中，训练负荷的合理安排是重要内容之一。教练员需要全面监测运动员的现实状态，全面考虑运动员长期的发展目标，还要整体分析整个年度的训练和竞赛安排，对年度训练进行有针对性的设计。

2008年北京奥运会是各个项目国家队最重要的年度比赛。因此，各个队伍的训练计划都以奥运会参赛工作为核心进行规划。国家乒乓球队在制订年度训练和比赛安排计划时，突出强调了北京奥运会的重点地位；结合奥运会的比赛特点和参赛需要，有针对性地安排了两次封闭性集中训练，分别持续10周左右，收到了良好的训练效果（表7-2-12）。

表 7-2-12　中国乒乓球队 2008 年度的训练和比赛安排

| 日期 | 阶段 | 参加赛事 | 目的 |
|---|---|---|---|
| 1月6日—3月2日 | 微缩大周期 | 斯洛文尼亚公开赛，第49届团体世锦赛 | 加强针对性训练，培养参赛竞技状态 |
| 3月3日—6月20日 | 赛事密集期 | 奥运会亚洲预选赛，亚洲杯，中国公开赛，日本公开赛，韩国公开赛，新加坡公开赛 | 提高综合竞技能力，保持较高竞技水平，针对比赛解决个别技战术问题 |
| 6月26日—8月24日 | 微缩大周期 | 第29届北京奥运会 | 加强针对性训练，培养良好竞技状态，做好适应性训练，全力参加奥运会 |
| 9月 | 调整和恢复性训练 | 男、女世界杯，中国公开赛 | 积极恢复调整，适应新规则，尽快投入正常训练 |
| 10月—12月 | 联赛期 | 中国乒超联赛，全国锦标赛，职业巡回赛总决赛，世界冠军总决赛，女子挑战赛 | 以赛促练，保持技战术水平，解决个别技战术问题 |

（赵霞，2010）

### 3. 周期类型

运动员的竞技训练是为了参加比赛并取得好成绩服务的。由于比赛的安排以及运动员的能力发展都具有阶段性特征，运动员的状态水平也始终处于变化之中。在一个大赛的参赛周期中，运动员的竞技状态通常会经历"发展与提高"、"优化与保持"以及"减退与调整"三个阶段。这是竞技训练的基本规律，也是安排训练实践的重要依据。与此相对应，在对运动员的阶段性训练过程进行规划时，就要相应地组织准备期、比赛期和恢复期的训练，由此构成一个完整的训练大周期（表 7-2-13）。

表 7-2-13　竞技状态的阶段性发展与训练大周期的时期划分

| 竞技状态发展过程 | 生物学基础 | 训练任务 | 训练时期 |
|---|---|---|---|
| 竞技状态发展与提高阶段 | 适应性机制：机体对外界刺激的适应性现象 | 提高竞技能力，促进竞技状态的形成 | 准备期 |
| 竞技状态优化与保持阶段 | 动员性机制：心理/生理能力充分动员，各系统高度协调 | 发展稳定的竞技状态，参赛创造好成绩 | 比赛期 |
| 竞技状态减退与调整阶段 | 保护性机制：机体自动停止积极的应激反应 | 积极恢复，消除心理与生理疲劳 | 恢复期 |

（田麦久，2006）

由于各个项目的比赛特点以及运动员在比赛中消耗的能量不同，各个项目年度比赛安排也各不相同，由此对运动员的竞技状态变化也有着不同的要求。其中，部分项目一年里主要服务一个重要比赛，有一个完整的训练周期；有的项目则安排两个乃至更多的大周期，以适应更多的年度重要比赛。

（1）单周期

全年训练按照一个完整的大周期组织实施，称为"单周期"，主要适用于马拉松、长距离竞走、越野滑雪等需要较长时间才能完成的项目以及冬季项目等受气候条件限制较大的项目。此外，对于一些处于特定发展阶段的集体球类运动队，为了全面提高运动队的整体实力，需要较长时间的基本训练，也会按照一个周期的结构安排年度训练。这样，运动员全年的核心比赛主要集中在一个时期，运动员大多只有一次达到竞技状态的最高峰。随着现代体育竞赛的发展，各个项目的比赛逐渐增多，单周期训练安排模式的应用相对有所减少。

中国女子水球队为了全面提高运动员的竞技能力水平，更好地备战重大比赛，在2005—2006年度采取了单周期训练安排。通过为期36周的、较长时间的准备期训练，系统提高了运动员的个人能力水平与全队配合水平，取得了较好的训练效果，为后期全队实力的持续提高奠定了重要的基础（表7-2-14）。

表7-2-14　中国女子水球队2005—2006年度训练计划

| 训练期 | 训练阶段 | 时间安排 | 周数 | 训练目标 |
| --- | --- | --- | --- | --- |
| 准备期 | 冬训体能积累阶段 | 2005.8.20—2006.1.27 | 23 | 重点实现体能和专项技能的储备，为第二阶段高强度的战术演练打下坚实基础 |
| | 专项竞技提高阶段 | 2006.2.3—5.14 | 13 | 实现从冬训期间获得的体能及技能积累到专项比赛能力的有机过渡，逐步使运动员出现竞技状态 |
| 比赛期 | 状态保持阶段 | 2006.5.15—8.14 | 11 | 促使运动员达到最佳竞技状态，实现参赛目标 |
| 过渡期 | 恢复阶段 | 2006.8.15—9.3 | 2.5 | 合理安排休整期间的计划，实现向下一训练周期的有机过渡 |

（依雷鸣改编，2007）

（2）双周期

在传统的竞赛体系安排中，有些项目在一个年度里会安排两次重要的比赛或者两个重要的比赛阶段，运动员的训练也相应地按照两个大周期来设计和实施，称为"双周期安排"。

随着现代体育竞技的发展，各种比赛的数量逐渐增多，但是一个年份里最重要的比赛仍然是有限的。因此，很多项目全年度的训练过程仍然是分成上下半年两个大周期来实施的，属于现代竞技训练中一种常见的周期安排类型（图7-2-3）。在双周期训练安排中，前一个周期结束并适度恢复后，马上进入第二个大周期的准备期训练。两个周期之间紧密衔接，没有明显的间歇，保持了运动员能力水平的不断发展。

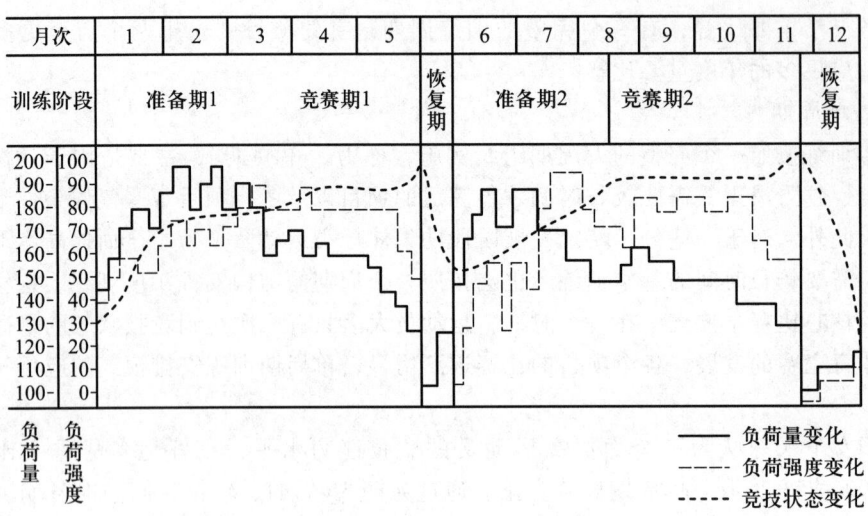

图 7-2-3　年度双周期训练计划模型
（郑晓鸿，2012）

根据现代比赛安排的特点，很多优秀的田径运动员采用双周期的训练模式。如 2000 年悉尼奥运会女子竞走冠军王丽萍的备战训练就采用了典型的双周期安排。在 1999—2000 年度训练中，训练包括了两个紧密衔接的大周期，保证了王丽萍在一个完整的年度里保持了良好的能力发展态势，并且获得了 2000 年奥运会女子 20 公里竞走比赛金牌（表 7-2-15）。

表 7-2-15　王丽萍 1999—2000 年度训练的双周期安排

| | 阶段划分 | 时间 | 周数 | 训练任务 |
|---|---|---|---|---|
| 第一周期 | 准备期 | 1999.10.7—2000.4.26 | 29 | 提高对竞走技术概念的认识，从细节中改良竞走技术，注重专项训练，加强各项素质的训练，提高综合素质能力 |
| | 比赛期 | 2000.4.25—6.1 | 5 | 强化综合素质，注重解决比赛中的关键问题，有针对性地提高比赛能力，提高心理稳定能力，创造优异比赛成绩 |
| | 恢复期 | 2000.6.2—6.8 | 1 | 加强医务监督，促进伤病的恢复 |
| 第二周期 | 准备期 | 2000.6.9—9.21 | 15 | 完善竞走技术，高度发展与专项相关的各项身体素质，挖掘专项能力提高的潜质，高度发展心理训练水平 |
| | 比赛期 | 2000.9.22—9.28 | 1 | 进行有针对性的训练，调整训练量和强度，提高对比赛复杂情况的应变能力，提高运动员在高水平比赛中的稳定心态 |
| | 恢复期 | 2000.9.29—10.5 | 1 | 放假 |

（陈文佳，2011）

（3）多周期

当代运动竞技发展迅速，各种类型的比赛不断增多，一个年份里会有多个重要比赛，这就要求运动队结合实际情况，对年度训练过程进行多周期的整体设计。一年里出现三个或者三个以上的大周期，称为多周期安排。

2009—2010赛季是中国短道速滑队备战并参加温哥华冬奥会的关键时期。根据四站世界杯分站赛、世界锦标赛以及冬奥会等年度重大比赛的日程安排，教练员将年度训练过程分为三个大周期，每个大周期又分为三个训练阶段，有效地保证了运动员在大赛中保持良好的竞技状态，女子接力队还获得了冬奥会3000米接力项目的冠军（表7-2-16）。

表7-2-16 中国短道速滑女子接力队备战冬奥会年度训练分期表

| 大周期 | 第一周期<br>（5.18—10.1） | | | 第二周期<br>（10.2—11.22） | | | 第三周期<br>（11.23—3.30） | | |
| --- | --- | --- | --- | --- | --- | --- | --- | --- | --- |
| 阶段 | 准备期 | 比赛期 | 恢复期 | 准备期 | 比赛期 | 恢复期 | 准备期 | 比赛期 | 恢复期 |
| 日期 | 5.18—<br>8.23 | 8.24—<br>9.27 | 9.28—<br>10.1 | 10.2—<br>10.24 | 10.25—<br>11.15 | 11.16—<br>11.22 | 11.23—<br>1.29 | 1.30—<br>3.21 | 3.22—<br>3.30 |

（依张会改编，2015）

中国女子网球运动员近年来水平提高较快，世界排名提高，几名高水平运动员基本上按照年度四大公开赛以及奥运会等世界重大比赛的时间来安排年度的训练节奏。由于重要的年度比赛较多，运动员按照多周期的模式组织安排年度训练，全年一般分为3~4个大周期，即澳网周期、法网温网周期、美网周期以及奥运会或亚运会等重大运动会周期（陈正，2010）。

其中，2006年度运动员采取了4周期安排，主要目标是为了满足四大网球公开赛以及亚运会的比赛需要。由于重要比赛的次数较多，比赛持续时间长，训练和比赛的紧密衔接就显得尤为重要。

其实，在现代多赛制的竞赛体制下，运动员要连续参加多场高级别的比赛。为了实现有效的恢复并保持良好的竞技状态，赛间训练的意义非常重要，是高水平运动队的核心工作之一。与此同时，一些重要性相对较低的比赛，则已成为年度训练的重要组成部分。

每年3个以上的大周期安排，适应了年度重要比赛的参赛需求，为运动员在各项比赛中取得好成绩提供了重要的训练基础，已经成为现代很多项目尤其是那些职业化程度高的项目的重要训练组织形式。与此同时，在数目众多的比赛中，运动员每个年度里最重要的比赛仍然是有限的。因此，虽然年度有多个竞赛期，但是最重要的比赛期仍然只有2~3个。

4."板块"训练安排

半个多世纪以来，以马特维也夫为代表的苏联训练学家提出的"训练分期理论"，为竞技运动训练中的周期安排提供了重要的理论基础，有力地支持了运动训练科学化水平的提高。近年来，随着世界竞技体育的发展，广受关注的运动训练活动表现出新的特征，相关学者在长期研究的基础上提出了一些新的训练过程设计与控制理念，有效地丰富了现代训练理论。

20世纪90年代，维尔霍山斯基（俄）提出了"板块"训练理念。他指出在高水平运动员的训练中，应该在一个时段训练中采用专门训练手段集中刺激机体，重点发展关键身体能力要素，利用"集中负荷效应"实现运动员核心竞技能力的专门发展。

根据"板块"训练理念，运动员的年度训练可以根据比赛的需要，按照"适应大周期"的模式组织，包括基础训练阶段（板块 A）、专项训练阶段（板块 B）和主要比赛阶段（板块 C）。其中，基础阶段集中采用专项身体训练手段，提高运动员的运动能力，打好基础；专项阶段主要提高专项技能，训练强度逐渐增加到最大；主要比赛阶段则在比赛中充分发挥运动潜力，实现参赛制胜。

"板块"训练理念的核心在于对运动员关键身体能力的集中刺激与深度发展，强调竞技训练的集中效应。训练过程根据运动员能力发展的适应性变化来安排，通过训练课的重点刺激实现运动员机体适应性水平的提高，由此实现竞技能力的持续发展。

高水平运动员在加强定向竞技能力训练时，可以在特定时段采用"板块"模式安排训练。"板块"结构也逐渐融入年度训练的周期安排之中，成为可供运动员选择运用的训练结构模式之一。

（四）大周期训练计划的制订

为了准备并参加一个或者连续进行的系列比赛，运动队需要制订大周期计划。在一个完整的大周期中，准备期、比赛期和恢复期紧密衔接，构成一个结构完整、目标统一的阶段性训练过程。在这个过程中，三个时期的训练紧密围绕阶段性训练目标，彼此协同又各有特点，需要从训练内容、训练方法、负荷控制等方面加以专门设计。

1. 准备期

准备期是训练大周期的第一个阶段，一般也是持续时间最长的一个阶段，处于基础性地位。在这个阶段的训练中，运动员要完成大量的基本能力训练，有重点地全面提高竞技能力水平；在此基础上，结合参加重要比赛的特定需求，逐步培养竞技状态，准备参加比赛并争取好成绩。

竞技能力包括多项子能力，同时又具有典型的专项特点。因此，准备期的训练要全面提高运动员的体能、技术和战术等能力，持续的时间一般都比较长。其中，在体能方面，准备期的训练要系统提高运动员的健康水平，发展核心运动素质，有效提高身体机能的整体水平。在技能方面，可有重点地对运动员技术动作进行较大的"改造"，改进基本技术结构，提高核心技术水平。而球类项目等对战术能力要求高的项目，还需要在准备期完成大量的基本战术训练，提高团队配合的默契程度，打下更好的参赛基础。

根据夺取 2016 年里约奥运会参赛资格的训练目标，国家艺术体操队集体项目组 2015 年的训练分为三个周期，而冬训就属于第一周期的准备期，担负着全面发展运动员竞技能力的基础性任务。这个阶段技术训练的手段主要包括：成套动作训练、1/2 成套动作训练、1/4 成套动作训练、重点片段动作训练、单个动作训练等，充分体现了训练的全面性（表 7-2-17）。

表 7-2-17　第一周期冬季训练期技术训练手段表

| 序号 | 训练内容 | 训练手段 |
| --- | --- | --- |
| 1 | 抛接训练 | 5 个抛接（10 组） |
| 2 | 协作训练 | 7 个有旋转的协作（2 组） |
| 3 | 分段训练 | 1/4—4/4 段（3 组）1/2—2/2 段（2 组） |

续表

| 序号 | 训练内容 | 训练手段 |
|---|---|---|
| 4 | 完整成套训练 | 无伴奏（2套）伴奏（2套） |
| 5 | 重、难点片段补缺 | 单个抛接（10组）身体难度（5组）<br>重点片段（5组） |

（王美荣，2016）

古德利娅（俄）研究指出，手球运动员准备期训练负荷直接影响训练活动和比赛活动的效果，最佳的负荷分配方案为：有氧负荷 30%、有氧—无氧混合负荷 43%、非乳酸无氧负荷 12%、无氧酵解负荷 15%。在这种强调全面性的训练结构下，运动员的一般工作能力和专项工作能力都得到较大的提高，保证了心脏—呼吸系统和肌肉能量保障系统产生重要的适应性变化（古德利娅，2012）。

2. 比赛期

比赛期的主要任务是参加比赛并争取好成绩。由于有些比赛持续的时间比较长，要保持运动员的竞技状态，还需要安排一定的训练，主要目的在于进一步做好身心准备，在比赛中更好地发挥出竞技水平。

由此，比赛期的训练应当充分考虑特定比赛的实际需要，主要发展运动员的核心竞技能力，要把主要的训练精力用于对专项成绩影响最大的竞技能力要素上。在此基础上，系统整合各项竞技能力，做好参加比赛的各项准备，形成稳定的竞技状态，创造优异的运动成绩。

为了保证训练任务的完成，比赛期的训练要注意在全面发展的前提下，突出专项能力的重点发展；要控制好训练负荷，保证运动员有足够的能量积累。在一般情况下，这个阶段训练的负荷强度较大，负荷量较小。在此基础上，要特别注意心理状态对运动员参赛的重要影响，将运动员的心理状态调整到适宜的水平。

2008 年奥运会期间，中国艺术体操队结合比赛的实际情况，有针对性地制订了参赛期的训练内容（表 7-2-18）。根据艺术体操比赛的心理特点，从主场压力消解、突发情况应对、团队士气提高、临赛准备与调整等方面，制订了详细的心理训练方案，为保证运动员更好地完成奥运会的参赛任务提供了重要的心理支持。

表 7-2-18  2008 年奥运会艺术体操集体项目组比赛期训练内容

| 时期 | 训练内容 | 分量（每天） |
|---|---|---|
| 第一周 | 专项身体难度训练，结合成套动作的身体难度组合，结合器械动作的平衡，柔韧，转体，跳步 | 30 分钟 |
| 第二周 | 专项身体难度训练，结合成套动作的身体难度组合，结合器械动作的平衡，柔韧，转体，跳步 | 30 分钟 |
| 第三周 | 专项身体难度训练，结合成套动作的身体难度组合，结合器械动作的平衡，柔韧，转体，跳步 | 20 分钟 |

续表

| 时期 | 训练内容 | 分量（每天） |
|---|---|---|
| 第四周 | 专项身体难度训练，结合成套动作的身体难度组合，结合器械动作的平衡，柔韧，转体，跳步 | 20分钟 |
| 第五周 | 专项身体难度训练，结合成套动作的身体难度组合，结合器械动作的平衡，柔韧，转体，跳步 | 20分钟 |

（孙丹，2010）

飞碟射击是一项对运动员心理能力要求很高的表现准确性竞技项目，在不同的训练阶段都要安排相应的心理能力训练。而临赛的准备阶段和比赛阶段的训练，更是直接影响比赛的结果，因此心理训练的内容就更加重要（表7-2-19）。

表7-2-19 飞碟运动员比赛周期各阶段心理训练内容

| 阶段划分 | 基本技术训练阶段 | 综合训练阶段 | 赛前调整阶段 | 比赛阶段 |
|---|---|---|---|---|
| 心理训练内容 | 导入意识：注意力集中能力训练<br>主动意识：放松训练；念动表象训练 | 导入意识：心理负荷承载能力训练<br>主动意识：放松训练；念动表象训练 | 主动意识：念动表象训练；自我谈话训练 | 主动意识：念动表象；自我谈话；自我放松 |

（王正，2011）

3. 恢复期

运动员在紧张的训练和比赛中，无论心理还是生理上都长期处于高度动员状态，能量消耗很大。由于后期还要参加比赛，又需要尽快恢复身体机能。因此，为了更好地完成多赛制下的持续训练和系列比赛，在大周期训练计划中要特别注意合理安排处于间歇阶段的恢复期训练，结合项目特点以及前期比赛的情况，通过自然恢复和积极恢复等多种方式，实现运动员身体机能的尽快恢复。

为了达到恢复的目的，恢复期训练一般持续1~2周。主要通过较低负荷强度的积极训练，在保持身体活性的基础上实现身体能量的快速恢复，更多地采用持续训练和游戏等形式。

陈最新对2005年第10届全运会女子七项全能冠军沈盛妃2004—2005年度的备战训练分析后指出，运动员在比赛期后的恢复期采用了积极休息的调整方式，训练内容以一般训练为主，训练负荷保持小强度小量，充分缓解前期大负荷训练和比赛对运动员身心所造成的疲劳，为运动员顺利过渡到下一个训练周期创造了良好的条件（陈最新，2007）。

（五）周训练计划的制订

为了全面发展运动员的竞技能力，需要在一定时间内完成各项能力的训练，进而不断地加以重复，而周训练中就要合理安排不同能力的训练内容。根据不同时期的训练任务，训练的重点有所不同，可以把训练过程中每一周的训练分为基本训练周、赛前训练周、比赛周以及恢复周4种类型。不同类型的训练周中，训练的目标和具体任务有所不同，由此需要设计有针对性的训练内容，选取有效的训练方法，采用各有特点的训练负荷控制手段。

1. 基本训练周

(1) 主要任务与内容

基本训练周是运动训练过程中最基本的训练周型,运动员竞技能力的提高主要得益于这个阶段的训练,其主要任务在于通过大量反复的练习,有效提高运动员专项身体能力与技战术水平,通过训练负荷的深刻刺激全面改善身体的能力状态,以期实现竞技能力的全面提高,为参加比赛并取得优异成绩奠定基础。

决定训练内容的依据,主要在于特定训练阶段的竞技发展目标与实际的训练条件,涉及各个专项的特点以及运动员自身的特点等。由于基本训练周的主要任务是全面发展运动员的竞技能力,在周训练计划中会安排多项训练内容,通过比重有所不同、方式各有变化的各种训练内容,有效刺激运动员机体能力的全面发展。

以北京奥运会男子举重62公斤级冠军张湘祥的训练为例。1999年夏训的前6周(7月4日—8月15日)为基本训练周,主要围绕举重专项技术展开,周一、周二、周四上午为专项训练,其他时间为专项素质训练,内容全面,节奏鲜明,收到了良好的效果(表7-2-20)。

表7-2-20 北京奥运会举重冠军张湘祥夏训周训练计划
(1999年7月19—25日)

| | 上午 | 下午 |
|---|---|---|
| 周一 | 1. 抓举+膝上抓举<br>2. 垫铃抓举<br>3. 垫铃宽拉 | 1. 颈后宽借力推+支撑<br>2. 后蹲<br>3. 山羊、腹肌、坐推、单臂拉<br>4. 篮球活动 |
| 周二 | 1. 架上挺<br>2. 前蹲<br>3. 前半蹲 | 1. 垫铃下翻<br>2. 垫铃窄拉<br>3. 推壶铃、提肘拉、三头肌<br>4. 篮球活动 |
| 周三 | 休息 | 1. 高抓+膝上高抓<br>2. 高翻+半挺<br>3. 宽挺蹲<br>4. 山羊、腹肌、单臂拉、三头肌、跑步 |
| 周四 | 1. 后蹲<br>2. 半蹲<br>3. 架上挺 | 篮球活动 |
| 周五 | 休息 | 1. 悬垂抓举<br>2. 垫铃抓举<br>3. 宽拉<br>4. 颈后宽挺蹲<br>5. 跑步 |

续表

|  | 上午 | 下午 |
|---|---|---|
| 周六 | 1. 垫铃下翻<br>2. 垫铃窄拉<br>3. 架上挺 | 1. 挺举<br>2. 窄硬拉<br>3. 前蹲<br>4. 山羊、腹肌、提肘拉、单臂拉、三头肌 |
| 周日 | 休息 | |

(谢勇，2010)

(2) 负荷安排特点

基本训练周中，不同阶段运动员的训练课次安排不同。处于基础训练阶段初期的儿童少年运动员每周训练 3~4 次。随着年龄的增长和水平的提高，运动员逐渐能够承受更大的负荷，课次也随之逐渐增多，直至高水平运动员每周训练 12~14 次，每次训练 2~3 小时。

高水平运动员一般每天安排两次训练，其中一次为基本课，主要安排专项体能以及核心技术和战术的训练，训练负荷较大，持续时间较长；另一次为补充课，根据专项特点安排补充性的训练内容，目的在于弥补运动员竞技能力的不足，训练负荷相对较小。通过这种有节奏的安排，可以保证一周的训练负荷呈现周期性的变化，大小负荷训练错落有致，取得理想的训练效果。

国家女子网球队在北京奥运会前，每周训练 6 天，周三下午休息，共安排 11 次课，基本上也形成了分别由 5 节训练课和 6 节训练课组成的两个半周训练，保证了训练节奏与运动员良好的身体状态，较好地实现了全面发展运动员综合能力的训练目标（陈正，2010）。

2. 赛前训练周

(1) 主要任务与内容

赛前训练直接针对运动员参加重大比赛而展开，训练的内容更集中，专项特点更突出，主要任务在于完善专项竞技能力的核心要素，为形成良好的竞技状态奠定基础。

赛前训练紧密结合专项需求，通过集中训练完成竞技能力的定向整合，形成稳定的个人能力构架与集体战术配合体系，重点发展专项竞技能力中具有决定意义的关键能力，如速度、力量等体能主导类项目的关键体能要素，技战能主导类项目的核心技术和战术等。为此，技术训练应以完整练习为主，战术训练则结合比赛特点安排个人战术和集体战术的内容，重点结合主要对手的特点安排有针对性的适应性训练。

中国跆拳道队为了备战雅典奥运会，在 2004 年 1—8 月赛前安排的训练过程中，主训部分的训练控制设计为：周二、周三、周六以完整的个人技战术练习为主，而周一、周四、周五则以单一动作、个别连击动作的提高与精雕细刻为主，从而保证了错落有序的训练节奏（贺璐敏，2005）。

(2) 负荷安排特点

在赛前训练的主要课次中，核心训练任务是有效刺激运动员的机体，实现专项竞技能力的定向发展，并形成良好的竞技状态。这个阶段的训练中，总体负荷水平保持在较高的层次，主要以强度刺激为主，并适当安排适应性的热身比赛，不断强化机体能力的转化，逐渐形成预期的临赛状态。

雅典奥运会女子摔跤72公斤级冠军王旭的训练，体现出了对训练负荷的序列安排的高度重视。为了备战奥运会，教练员在2004年3—8月间安排了为期149天的赛前备战训练，其中包括90天的亚高原训练，力求为运动员实现奥运突破提供坚实的基础。为此，在一周的训练中突出了"大量、大强度"课所占的比重，6天里有4天安排4节训练课，每天训练时间接近10小时。在总体训练负荷很大的情况下，也强调了训练负荷的节奏；周三和周六只安排两节训练课，训练负荷相对较小。这样，一周6天形成了负荷节奏鲜明的两个半周训练，保证运动员有相对充足的休整时间，能够长时间投入高负荷的赛前训练（表7-2-21）。

表7-2-21 奥运会女子摔跤冠军王旭2004年的赛前训练周安排

|  | 周一 | 周二 | 周三 | 周四 | 周五 | 周六 | 周日 |
| --- | --- | --- | --- | --- | --- | --- | --- |
| 课次 | 4 | 4 | 2 | 4 | 4 | 2 | （休息） |
| 时间（小时） | ≈10 | ≈10 | ≈5 | ≈10 | ≈10 | ≈5 | 0 |
| 负荷强度 | 大 | 大 | 大 | 大 | 大 | 大 | — |
| 负荷量 | 大 | 大 | 小 | 大 | 大 | 小 | — |

（依王旭改编，2009）

3. 比赛周

（1）主要任务

比赛周的训练直接为完成比赛、争取好成绩服务，核心要点在于培养最佳竞技状态并成功参赛。具体组织过程中，在前期竞技能力发展与状态调整的基础上，通过训练进一步整合能力结构，在比赛日达到竞技状态的高峰，通过竞技能力的充分发挥实现竞技制胜取优的参赛目标。

（2）负荷安排特点

比赛周的训练负荷总体处于较低的水平，尤其是训练量要严格控制。要形成良好的竞技状态，关键在于竞技能力的各个要素同时达到理想水平。由于不同竞技子能力在大负荷训练后达到超量恢复所需的时间不同，就需要通过错落有序的训练内容安排，保证各个方面的子能力在比赛时间同时出现高峰状态。

在比赛周的训练过程中，根据运动员竞技能力恢复的时间不同，可以把高强度的无氧代谢训练、速度训练、力量训练、高强度专项训练等安排在赛前3~5天中，把有氧代谢训练等中低强度的一般训练安排在赛前1~3天进行。以求得在比赛日，运动员竞技能力的各个要素都处于最佳的水平，从而可以形成良好的竞技状态（图7-2-4）。

4. 恢复周

高强度的训练和比赛结束后，运动员的身体能量消耗较大，身体处于疲劳状态。恢复周的主要任务就在于更快、更好地消除运动员身心疲劳，紧密结合专项运动特征以及运动员的个人特点，集中精力促使运动员在生理和心理方面得到恢复。根据前期训练和比赛的

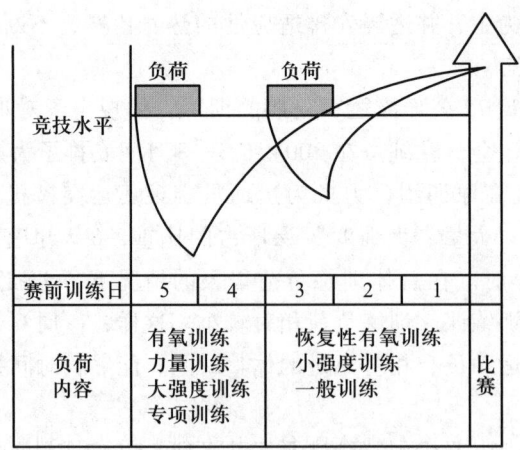

图 7-2-4　超量恢复集合安排模式
（田麦久，1988）

具体情况，主要通过负荷水平较低的训练适度地刺激运动员的机体，保持机体的适度活性，尽快排除代谢废物，更好地实现能量物质的再生。

恢复周的训练主要服务于身体机能的恢复，训练量和强度都大幅降低，总体负荷小；训练内容更灵活，主要包括各种一般性的身体练习、游戏性练习等，为后期训练和比赛提供良好的初始条件。

（六）课训练计划的制订

运动员竞技能力的发展是通过一次次科学设计的训练课来实现的。训练课是运动训练最基本的构成单元，由准备部分、基本部分和结束部分组成。根据训练课的不同任务和具体内容，尤其是重点发展的竞技能力要素，可以把训练课分成身体训练课，技、战术训练课以及综合训练课等。

1. 身体训练课

身体训练课的主要任务，在于全面发展运动员的各项身体能力，提高力量、速度、耐力等各种身体素质的水平。

在身体训练课中，经常在一次课上安排两种或者两种以上素质的练习。由于各种素质练习需要的身体条件不一样，需要合理安排训练次序。一般来说，速度练习、快速力量练习等更强调爆发力的练习，安排在训练课的前一部分进行；在训练课的后一部分，运动员身体出现疲劳，安排以发展耐力素质为主的练习，会取得更好的训练效果。在实践过程中，教练员会特别重视训练的练习次序与间歇安排，重点把握训练负荷的变化节奏。国家单板滑雪U型场地队2010年冬奥会准备期的体能训练就体现了上述要点（表7-2-22）。

表 7-2-22　中国单板滑雪 U 型场地队体能训练课内容安排

| 训练内容 | 安排时段 |
| --- | --- |
| 协调/灵敏 | 通常在训练课最前段，或在力量训练之后 |
| 力量 | 大多在训练课前段，极少数在最后 |

续表

| 训练内容 | 安排时段 |
|---|---|
| 速度耐力 | 训练课后段 |
| 耐力 | 训练课末段 |

（依杨帆改编，2012）

### 2. 技、战术训练课

技术和战术是运动员竞技能力的核心要素，技、战术训练也成为现代竞技训练的关键环节，在训练过程中占有较大的比重。

技、战术训练课的基本任务是使运动员掌握专项技术和战术，并不断提高能力水平，保证在比赛中高质量地完成技术与战术配合。在安排训练课计划时，要紧密结合专项特点与实战要求，根据运动员竞技能力发展的具体需求，合理运用各种训练手段。

在体操、花样游泳等技术动作比较复杂的项目训练中，技术训练所占的比重较大，持续的时间较长，运动员训练中承受的负荷也比较大（表7-2-23）。

表7-2-23 高水平女子体操运动员大负荷训练课内容

| 训练课内容 | 持续时间 | | 基本手段与练习 |
|---|---|---|---|
| | % | 分钟 | |
| 准备部分 | 10~15 | 15~25 | 集中注意力，技巧，蹦床，编舞，一般身体训练，专项身体训练 |
| 开始进入部分 | | 2~3 | |
| 集体准备活动 | | 10~15 | |
| 个人准备活动 | | 5~10 | |
| 基础部分 | 75~90 | 90~150 | 多项全能练习，技巧，蹦床，编舞，一般身体训练，专项身体训练 |
| 在第一个器械上练习： | | | |
| 专项准备活动 | | 25~40 | |
| 方法 | | | |
| 热身准备活动 | | 5~8 | |
| 稳定的 | | | |
| 主要的 | | | |
| 补充的 | | | |
| 在其他器械上的练习 | | 20~40 | |
| （以同样的方式方法） | | | |
| 最后部分 | 5~10 | 10~15 | 纠错练习，放松练习，恢复与卫生学方法 |
| 在健身房 | | | |
| 在康复中心 | | | |

（普拉托诺夫，2014）

### 3. 综合训练课

综合训练课的任务是根据专项发展的需求，全面发展运动员所需要的各项竞技能力。在一节训练课中，通常安排两种以上的训练内容。

由于比赛中的竞争日益激烈，对运动员竞技能力的需求增多，而训练时间又相对有限,需要在较短的时间内完成更多的训练内容。为了实现这个目标,当代运动训练广泛采用了综合训练课的安排形式,在训练课中交替安排不同内容的训练,利用不同练习对身体不同部分、不同供能方式的交互刺激,以保证充分地利用训练时间,提高训练效率。

在综合训练课中,要特别注意不同训练内容的安排次序。一般情况下,训练课中要先进行技术和战术训练,后安排体能训练;先进行灵敏性、速度训练,再安排力量和耐力训练。在此基础上,还要注意训练负荷的合理分配,以便运动员能够高水平地完成各项训练内容,达到预期的训练目标。

中国女子网球队在备战北京奥运会的过程中,对重点队员的训练课进行了详细的设计,训练课中根据运动员能力特点、主攻方向、身体状况等因素,制订个性化训练方案,全面的训练内容、负荷安排等训练要素彼此协同,取得了较好的训练效果(表7-2-24)。

表7-2-24 国家女网北京奥运周期重点队员训练课结构模式

| 课的部分 | 准备部分 | 基本部分 | 结束部分 | 总时间 |
| --- | --- | --- | --- | --- |
| 主要内容 | 一般准备:慢跑、徒手操、拉伸练习、游戏等<br>专门准备:半场、全场对抗、一网一底练习等 | 技、战术练习:3~5项专项技、战术练习(60~90分钟)<br>体能训练:保护性和稳定性康复体能练习(45分钟) | 牵拉、按摩等 | 不超过180分钟 |
| 时间分配 | 20~30分钟 | 110~140分钟 | 10~20分钟 | |

(陈正,2010)

## 第三节 运动训练过程的调控

在运动训练过程中,教练员根据计划完成各项训练任务,力求全面提高运动员的竞技能力。由于影响训练过程的因素很多,由此就需要对训练过程进行全面、系统的控制,保证训练按照既定的方向良性发展。

### 一、控制运动训练过程的实施要点

(一)组织训练过程的基本要求

1. 保证竞技训练过程的系统性

运动员竞技能力的发展是一个长期的过程,需要运动员坚持不懈地参加训练。与此同时,各个阶段的训练又具有鲜明的阶段性特点,需要根据具体要求加以实施。这样,运动员每天的训练,都是在前期训练的基础上进行,承接前期训练的任务,受到前期训练状态的影响;同时又是后期训练的基础,为后期能力的继续发展奠定基础。

所以说,在具体组织运动训练的过程中,必须要全面考虑运动员竞技能力发展的时间序列特点,一方面要全面掌握前期训练的状态,据此确定每天的训练安排;另一方面要考虑后期的训练任务,把运动员的长期训练过程统一起来,准确地分析运动员的现实状态,由此科学确定具体时段的训练要求,从而保证运动员的训练成为一个系统而紧密衔接的整

体过程。

2. 保证运动员竞技能力发展的整体性

决定比赛胜负的是运动员的整体竞技能力，而运动员的竞技能力是一个由关联紧密的多种要素构成的复杂体系，各个要素之间的联系紧密而复杂，这也决定了竞技能力发展的复杂性。在组织训练的过程中，教练员要考虑全面发展运动员的各项竞技能力，还要考虑各个能力要素之间的发展序列关系，同时更要注意各个要素之间的系统整合。为此，需要在训练计划中对训练内容、训练方法等进行整体设计，保证各个训练要素的有机组合。只有这样，才能保证运动员的能力发展处于良性的持续状态，保证运动员的竞技能力可以在专项比赛中得到有效的发挥。

3. 保证训练团队组织的有序性

现代竞技体育的激烈竞争，决定了运动员的竞技能力水平日益提高，对于训练的要求也随之提高。为了保证训练的整体效率，由各司其职的主（总）教练、执行教练、体能教练、心理教练以及科研人员、医务人员、后勤人员等共同组成的"训练团队"日益受到重视。在明确分工、团队合作的机制之下，各个岗位的团队成员根据计划共同实施训练过程，引导运动员竞技能力的全面发展。在这个过程中，彼此之间的工作任务互相影响，互为基础。要想取得高效的训练成果，就需要各个成员紧密配合，协同工作，严格按照工作程序组织实施各项工作。这样，在保证训练组织有序的基础上，保证运动员竞技能力有序发展。

（二）控制训练过程的要点

1. 运动员竞技能力的全面发展是控制训练过程的核心

运动训练的核心任务是全面发展运动员的竞技能力，对运动训练过程实施控制的终极目标自然也就在于保证运动员竞技能力的快速、持续、健康发展。所以说，在对运动训练过程进行调控的过程中，竞技能力的发展始终都是需要重点考虑的核心要素。

竞技能力构成的复杂性，决定了训练过程的多变性，进而也就决定了训练调控的高难性。要想真正控制好训练的发展方向，保证运动员竞技能力的良性发展历程，就必须始终把运动员竞技能力的发展放在首位加以重视，就必须科学控制运动员体能、技能、战能、心理和知能等各个方面能力的全面发展。在具体实施过程中，则要特别注意竞技能力发展的时空协同问题，既要充分重视训练过程中各个能力要素的共同发展，避免出现能力不足；还要特别注意各个阶段能力发展的时间序列特点，保证各个阶段训练的协同与一致，形成长期发展的良性态势。

2. 训练计划的科学制订与据实调整是控制训练过程的基本手段

基于运动员长期发展需要和实际状况而设计的训练计划，是对竞技训练过程的整体设计，也是控制训练过程的有效手段。通过对训练目标与任务、训练方法与手段、负荷安排与监测等要素的详细规划，训练计划可以有力地保证训练的发展方向。

与此同时，训练构成要素的复杂性，又决定了训练过程可能出现各种变数，使得原本设计的训练计划难以实施或者无法取得预期效果。在这种情况下，要保证训练成效，就需要根据实际情况对计划进行适当的调整。在保证基本能力发展的前提下，改变那些无法完成的训练内容或者不适用的训练方法，调整运动员无法完成的训练负荷。这样，通过科学的预先设计与结合实际情况的客观调整，就可以把训练过程的长期协同与具体完成结合在一起，在保证训练客观性的基础上保证训练的科学性，从而实现对训练过程的科学控制。

3. 对运动员身心状态的科学监测与客观评价是控制训练过程的关键环节

运动员的竞技能力是一个复杂的系统，由身心各个方面的多个要素构成，每个要素的变化都会导致能力系统的变化。因此，在组织训练过程中，要时刻保持对能力要素发展状况的把握，通过对各种身心机能发展水平和即时状况的监测，有效反映并整体把握运动员的身体能力状况及心理变化态势，从而对运动员的身心发展过程实施全面的掌控。

在这个过程中，通过各种测试所得到的大多是客观的数据，能够比较直接地反映运动员的相关状态信息；另外一些心理状态方面的信息则具有定性的特点。由此，在对运动员的身心状态进行监测时，可以将定量监测和定性解析结合在一起。通过对测试指标信息的科学分析，对运动员训练状态的系统解析，为把握运动员的发展状态提供关键的事实依据，据此对训练过程实施有效的系统监控，如北京奥运会男子举重56公斤级冠军龙清泉2008年奥运赛前的训练监测体系就体现了这一特点（表7-3-1）。

表 7-3-1  举重运动员龙清泉奥运会赛前训练机能评定数据表

| 日期 | 白细胞 | 红细胞 | 血红蛋白 | 血球压积 | 肌酸激酶 | 血尿酸 | 睾酮 | 皮质醇 | T/C |
| --- | --- | --- | --- | --- | --- | --- | --- | --- | --- |
| 20080525 | 8.0 | 5.28 | 155 | 25.2 | 331 | 9.96 | 336.10 | 13.42 | 0.032 |
| 20080601 | 7.7 | 5.23 | 154 | 44.7 | 345 | 8.19 | 385.18 | 14.14 | 0.035 |
| 20080608 | 8.8 | 5.35 | 156 | 26.4 | 239 | 7.64 | 491.84 | 10.79 | 0.058 |
| 20080615 | 7.8 | 4.99 | 147 | 42.8 | 227 | 8.51 | 502.28 | 15.20 | 0.042 |
| 20080630 | 5.8 | 5.02 | 144 | 43.5 | 232 | 7.19 | 584.02 | 11.01 | 0.067 |

（胡常林，2011）

4. 教练员与运动员的紧密配合是控制训练过程的重要保证

教练员和运动员是运动训练的核心人员，"教"与"练"之间的关系直接决定着训练过程的发展状况。

首先，教练员要充分尊重运动员，特别重视运动员的训练感受。只有这样，才能全面把握运动员的身体和心理发展的实际状况，才能准确了解训练发展的实际问题。尤其是对那些通过机能监测难以客观反映的心理问题，教练员要启发运动员及时把各种心理感受如实地表达出来，以便客观把握运动员的心理状态。

同时，运动员要充分信任教练员。通过多年的共同训练和比赛，运动员应该同教练员建立紧密的合作关系，应该充分信任教练员的执教能力，相信教练员能够有效控制训练进程，实现竞技发展目标，从而可以把各种感受真实地反映给教练员。

另外，随着各种训练团队的打造，团队成员的分工与合作日益重要。只有各个岗位的教练员和科研人员精诚团结，协同配合，才能保证训练的有效与成功。因此，一个高水平的训练团队，其组织紧密性与配合协同性是重中之重，可以有效保证训练过程的顺利进展。

（三）现代运动训练过程的监测指标体系

建立训练监控体系的目的在于全面掌控训练过程，应当主要考虑运动员身体能力的发展、训练负荷安排与实施以及运动员的参赛成绩等。

其中，负荷是训练的核心要素，是实现运动员能力发展的关键；运动员竞技能力的发展状态，涉及体能、技术、战术、心理以及知识等多个方面，是运动训练的直接结果，也是全面反映训练效果的重要指标；运动成绩是对运动员能力水平及其在比赛中发挥程度的综合评价，能够全面而深刻地反映一个阶段训练的整体成效。在具体实施过程中，主要通过对运动员身体能力的生物性测试、技战术解析、心理状态评估等指标获取的信息，对训练过程的效果进行客观评价。

在多年运动训练过程控制实践的基础上，对现代运动训练的监控已经形成了一个比较完整的体系，涵盖了身体机能监控、技战术解析、训练负荷评价、训练方法有效性分析等多方面的因素。其中，生理生化指标监测可以全面反映运动员的基本身体状态，是训练监控的重要组成部分。在训练监控过程中，通过对运动员生理和生化指标的检测与分析，能够比较全面地反映运动员机体对运动训练的应激性反应，从而为教练员提供运动员能力发展的客观信息，为教练员更好地了解训练效果，正确评价和调整训练负荷提供参考依据。

中国女子水球队为科学控制运动队的训练过程，准确把握运动员的身体状态，系统设计身体机能的监测指标。按照计划，每周一进行一次血检，通过血清睾酮、皮质醇、肌酸激酶、血尿素、心律等指标，比较全面地反映运动员的机能状态，为更好地调控训练提供了重要的科学依据。

在雅典奥运会女子72公斤级摔跤冠军王旭2004年的训练中，教练组对训练过程实施了系统的生物学监控，血红蛋白、血尿素、总睾酮、皮质醇、肌酸激酶等指标，比较全面地反映了运动员的机体状态，为更好地组织后续训练提供了重要的参考依据。从指标数据来看，王旭在备战奥运会期间训练负荷强度和负荷量都很大，但休息之后恢复得很好，说明训练安排比较合理（王旭，2009）。

## 二、运动训练效果的评价

（一）评价训练效果的主要途径

1. 运动成绩的提高

运动训练的终极目标，是运动员在比赛中争取好成绩。因此，运动训练的全部安排，都要围绕着创造好成绩这一基本要点展开。因此，通过对运动员参加重要比赛的成绩分析，既可以比较全面、客观地反映运动员的训练效果，也可以为确定后期的训练安排提供重要的参考依据。

需要注意的是，运动成绩涵盖了运动员的水平发挥以及比赛名次等多个要素，还会受到竞赛组织等方面条件的影响。因此，在对运动成绩进行评价时，需要全面分析成绩获得的具体环境，全面分析成绩所包括的能力发挥与名次获得等各个要素，由此确认具体成绩反映出的运动员训练状况。

龙清泉在北京奥运会上获得男子56公斤级举重冠军，总成绩达到292公斤，打破世界青年纪录。在奥运会前，教练员安排了为期13周（2008年5月12日—8月10日）的赛前针对性训练，教练团队对大负荷训练过程进行了全面的调控。临赛时测试的专项成绩以及保障专项成绩的主要能力指标，清晰地反映出训练的成效与存在的问题，为科学地实施训练控制并成功参赛提供了重要的科学依据（表7-3-2）。

表7-3-2 龙清泉备战2008年奥运会训练指标完成情况（kg）

| | 体重 | 抓举 | 挺举 | 高抓 | 高翻 | 前蹲 | 后蹲 | 窄硬拉 |
|---|---|---|---|---|---|---|---|---|
| 训练指标 | 58 | 135 | 170 | 115 | 135 | 190 | 210 | 195 |
| 完成指标 | 58 | 135 | 170 | 110 | 135 | 185 | 205 | 190 |

（胡常林，2011）

2. 竞技能力的发展

运动员竞技能力的全面发展，是运动训练的核心任务，也是评价训练过程的重要指标之一。因此，在一段时期训练结束后，通过对运动员竞技能力全面、系统的分析，可以在很大程度上反映运动员前期训练的结果，比较全面地展现训练成果，揭示训练中可能存在的问题，为更好地开展后期的训练工作提供重要的参考依据。

为了更好地分析运动员竞技能力的发展状况，运动队应建立运动员的个人信息档案，将运动员的个人能力特点以及各阶段能力发展的具体情况进行详细的记录与分析。通过不同状况下运动员竞技能力的发展信息，可以清晰地反映出运动员能力发展的水平与趋势，为后期训练提供参考信息。

在具体内容方面，既要分析竞技能力各个要素的发展水平，如技战术水平，以力量、速度、耐力等身体素质为主要标志的体能水平等；也要分析机体的整体能力，考虑运动员身体的整体功能，如功能训练理念里的"身体功能测试（FMS）"等，从而全面深刻地反映运动员竞技能力的发展状况。

另外，训练中还要特别重视专项能力的需求特点，如难美项目对运动员的身材与体重有着特殊的要求，在训练过程中需要加以全面控制。2008年北京奥运会上，何可欣获得女子体操团体和高低杠项目冠军。作为一名优秀的体操运动员，2010年已经18岁的何可欣处在生长发育期，体重增长速度较快。为了保证运动员的训练，对她的体重进行了持续的监控，并根据实际情况实施了有针对性的训练干预，保证了运动员的身体成分处于合理的状态，实现了相关能力水平的提高，最终何可欣"以体操评分规则创造以来单项最高分获得2010年亚运会女子高低杠项目的金牌"（表7-3-3）。

表7-3-3 何可欣2008年体成分测试结果对比表

| 项目 | 单位 | 1月8日 | 1月29日 | 2月26日 | 4月6日 |
|---|---|---|---|---|---|
| 身高 | cm | 150 | 150 | 150 | 150 |
| 体成分体重 | kg | 41.3 | 40.6 | 42.0 | 41.0 |
| 体脂肪率 | % | 15.2 | 13.3 | 14.3 | 13.7 |
| 肌肉重量 | kg | 32.9 | 33.1 | 33.9 | 33.6 |
| 脂肪重量 | kg | 6.3 | 5.4 | 6.0 | 5.6 |
| 腰臀脂肪分布比率 | % | 0.75 | 0.75 | 0.75 | 0.75 |
| 身体水分总含量 | kg | 24.1 | 24.2 | 24.9 | 24.3 |
| 去脂体重 | kg | 35.0 | 35.2 | 36.0 | 35.8 |

（刘桂成，2011）

3. 训练负荷的影响

在运动训练过程中，运动员竞技能力的变化主要是受训练负荷的影响而产生的。因此，通过对训练负荷的全面分析，可以比较充分地梳理出运动员能力发展的根本原因与主要问题，可以比较深刻地确认运动员创造运动成绩的基本原因所在，从而对一段时间的训练给予一个比较客观而深入的评价与判断。

因此，教练员对训练过程的分析与评价，一个关键途径就是对各个时期训练负荷的整体分析，主要针对负荷强度与负荷量而全面展开。其中，负荷强度反映负荷的刺激深度，通过练习的速度、重量、密度以及难度表现出来；负荷量反映负荷的数量特征，主要通过练习次数、时间、距离等特征表现出来。二者结合在一起构成了对运动员的机体刺激，实现运动员的竞技能力的发展，为创造好的运动成绩提供了基本保证。

优秀运动员张文秀在2008年北京奥运会上以74.32米的好成绩获得女子链球项目的铜牌。教练员对她备战北京奥运会的训练过程的设计与控制，就体现了对成绩、能力与负荷综合效益的整体规划（表7-3-4）。

表7-3-4　张文秀不同训练阶段的训练负荷指标

| 序号 | 内容 | 训练负荷 |
| --- | --- | --- |
| 1 | 一次训练课时间（小时） | 1~2 |
| 2 | 每周训练次数 | 10~14 |
| 3 | 年训练次数 | 520~620 |
| 4 | 年比赛次数 | 5~10 |
| 5 | 年全面身体训练（%） | 20 |
| 6 | 年专项体能训练（%） | 30 |
| 7 | 年专项技术训练（%） | 50 |
| 8 | 年投标准链球次数 | 2 500~3 000 |
| 9 | 年轻投链球次数 | 500~800 |
| 10 | 年重投链球次数 | 3 000~4 000 |

（郭义军，2009）

（二）运动训练效果的综合评价体系

运动训练过程的复杂性，决定了对训练过程进行评价时，必须构建体系完整、方法科学的评价体系，从而全面反映训练的成效。

1. 内部因素指标与外部因素指标的结合

运动员竞技能力的发展是运动训练的核心任务，因此，在构建训练评价指标体系时，运动员自身各种指标的变化，是最根本、也是最重要的技术性指标，主要包括运动员的身体能力、技战术水平、心理状态与比赛成绩等。与此相对应，训练环境是运动员能力发展的重要外部因素，对能力发展具有非常重要的影响，需要考虑的主要有教练员水平、训练条件、营养与医疗条件等。这样，通过对训练过程中，运动员所处的内外环境状况进行全面分析，能够客观地把握运动员的竞技发展状态，从而为后期的训练发展奠定基础。

### 2. 身体状态指标与心理状态指标的结合

运动员的训练发展受到各种社会因素的影响，身体和心理状态都会随之发生变化，进而对后期的训练产生各种积极与消极的作用。

因此，在对训练过程进行评价时，要综合分析身体状况与心理状态发展的实际情况；要通过各种生理、生化测试检验运动员的器官、系统机能，又要采用各种心理评测手段诊断运动员的心理发展特征，从而系统把握运动员的身心能量，客观地评价特定阶段训练的效果与意义，为运动员的长期发展创造重要的基础。

### 3. 过程性指标与终末性指标的结合

运动训练是一个持续发展的过程，一次训练的结束同时也是下一次训练的开始，一次训练的结果则是由训练过程中各种要素所决定的，而且同样的训练结果可能源于不同的过程原因。

因此，在评价指标选定时，既要考虑一个阶段结束时，对运动员各项身心指标的全面检测与分析，形成终末性评价；同时又要特别注意训练过程中所展现的各种训练特点与具体信息，从而为训练结束时运动员竞技能力状态的形成确定具体的原因，也为后期训练的安排提供足够的有益信息。

在此，还要基于运动员信息档案的科学构架，从一个动态的角度分析训练过程中以及训练结束后的发展信息，通过比较身心健康、营养状况、身体机能、技术水平等指标，作出客观的评价。

中国国家女子马拉松队在训练过程中，对运动员完成练习后即刻采血检测运动员血乳酸值，反映运动员通过 400 米间歇训练，有效地刺激了身体的乳酸功能能力以及混氧代谢能力。与此同时，还对运动员完成全部练习过程中的身体信息进行监测，据以解析训练效果产生的根源，更加全面地把握运动员的能力发展信息，更好地控制训练过程（表 7-3-5）。

表 7-3-5　中国女子马拉松队强度训练课安排（2007 年 1 月 13 日）

| 运动员 | 训练内容 | 组数 | 间歇方式 | 间歇时间 | 即刻血乳酸（nmol/L） |
| --- | --- | --- | --- | --- | --- |
| 姜媛媛 | 400 米 | 15 | 200 米 | 60 秒 | 11.3 |
| 孙伟伟 | 400 米 | 15 | 200 米 | 60 秒 | 10.4 |
| 张鑫 | 400 米 | 15 | 200 米 | 60 秒 | 7.2 |
| 周春秀 | 400 米 | 15 | 200 米 | 60 秒 | 5.9 |
| 张淑晶 | 400 米 | 15 | 200 米 | 60 秒 | 9.6 |
| 宋田莉 | 400 米 | 15 | 200 米 | 60 秒 | 12.0 |
| 戴艳艳 | 400 米 | 15 | 200 米 | 60 秒 | 7.6 |

（依焦芳钱改编，2010）

### 4. 共性指标与个性指标的结合

运动训练是一个共性与个性紧密结合的发展过程。一方面，训练活动具有共同的特点，如系统性与周期性等；另一方面，运动训练的个性化特征与日俱增，主要体现于专项特点和运动员的个性特征两个方面。

由此，在构建训练监控体系时，要充分重视训练的个性特征。既要根据专项的竞技特点选择指标，确定那些影响专项能力发展的指标作为评价训练成效的重要因素，如 50 米自由泳等短距离竞速项目运动员的速度素质、马拉松项目运动员的心肺功能等；还要考虑每个运动员的个人特点，如年龄、性别、专项水平、身体状况、技术特长等。

这样，项目的共性特征为运动员的横向比较提供了可能，而个性特征则更加具体地展示了一个运动员的自身发展特点，为有针对性地组织运动训练创造良好的基础条件。

**复习思考题**

1. 如何理解多年训练过程的两个层次和四个阶段？
2. 全程性多年训练计划中各个阶段的训练内容和负荷安排有什么特点？
3. 大周期训练包括哪三个阶段？
4. 不同类型周训练的主要任务是什么？
5. 评价训练效果的主要途径有哪些？

# 第八章 教练员职责与教练行为

**本章导读**：本章以运动训练和体育比赛中的教练员为分析对象，借助教练员执教过程中的典型案例，介绍不同国家对教练员作用与职责的认识，呈现教练员扮演的多重角色，解析不同执教对象对教练员职业分类及其教练等级的要求，解读教练员的有效执教及其执教理念，探索教练员应具备的知识及其能力，梳理教练员执教行为特点及其对运动员的影响，分析教练员领导风格及其变化。主要内容包括教练员的认知、教练员的执教、教练员的知识与能力、教练员的领导行为。

**学习目标**：通过本章学习，使学生对教练员的职责与使命有更加清晰的认识，对执教对象与执教理念有更多的观察，对执教相关知识与能力有更系统的把握，对教练员领导行为及其对运动员的影响有更多的思考，从而全面了解教练职业，胜任教练工作。

## 第一节 教练员的认知

### 一、教练员的作用与职责

训练和参赛就好比制作一部电影或一出戏剧，教练员既是编剧，又是导演，他不仅要亲自挑选竞技场上的"演员"，还要加以悉心的训练与培养，组织和引导执教对象一步步地达到自己参与运动的目标，完成自己的"作品"。为此，各国对教练员的作用与职责都有各自的界定。

（一）欧盟的认识

欧洲教练理事会制定的欧洲体育教练体系（European Sport Coaching Framework）对欧盟体育教练员的作用和职责是这样认识的：

（1）教练员是一项高水平、有能力、有规范的职业，并拥有完整体系以成功培养不同水平的运动员。

（2）教练员应像关心如何使运动员成绩最优化一样关心运动员的身心发展。

（3）教练员应当尊重运动项目中每一位参与者的权利、尊严和价值，无论其性别、种族、宗教或政治身份如何，均应予以平等对待。

（4）教练员应以开放、合作的方式工作，与其他相关责任人一起致力于提升运动员的福利和成绩。

（5）教练员应当发展并维持高水平的训练，他们在训练课上的行为，每时每刻都反映出其科学知识和专业执教水平。

（6）教练员每一层次的执教都须应用科学训练原则。

（7）教练员在从初级资格水平到最终资格水平的发展过程中，须逐渐增进其责任和职业能力。

（二）美国的认识

美国全国体育运动协会和美国全国教练教育鉴定委员会审定的美国运动教育计划（American Sport Education Program）对美国体育教练员的作用和职责是这样认识的：

（1）教练员不仅需要精通本运动项目的技、战术技能，而且要懂得如何把这些技能传授给运动员。

（2）教练员不仅要教给运动员运动技能，而且要教给运动员顺利走向社会需要的技能。

（3）教练员不仅要引导运动员学习技术、战术和生活技能，还要指导运动员把这些技能和谐地呈现出来。

（4）教练员是一名教师，但又不仅是一名教师。与教师不同，教练员的教学技能在每次比赛中都受到他人评价。

（5）教练员是一名领导者，对运动员有着绝对的权力，对自己服务对象的生活有着巨大影响。

### （三）中国的认识

在我国，对于教练员的岗位职责，原人事部和国家体委1994年颁布的《体育教练员职务等级标准》第二章第四条做了明确的规定：体育教练员的基本职责是完成训练教学任务，提高运动技术水平；全面关心运动员的成长，做好运动队的管理工作；参加规定的进修、学习，同时高等级教练员须承担对低等级教练员的业务指导、培训和辅导基层训练工作。

对于教练员的责任，时任国家体育总局副局长的李富荣2000年在全国教练员培训工作会议上的讲话明确提出："从我国体育事业发展的历程看，教练员是竞技体育人才建设的关键，他们在运动训练过程中起主导作用，教练员不仅担负着提高运动技术水平、攀登世界竞技体育高峰的任务，更重要的是我们的教练员也是一个教育者，他们担负着教育运动员、培养他们成人的重大责任。他们必须为人师表，率先垂范。"

对于教练员的作用，时任国家体育总局局长的刘鹏2008年在深入学习实践科学发展观动员会上的讲话中指出，"教练员是竞技体育训练中的关键因素"。2010年在国家体育总局教练员学院成立大会上，刘鹏局长进一步强调："体育强国和人才强国战略需要一大批具有国际视野、战略思维和创新能力的高素质、高水平的教练员。教练员既是训练的设计者、组织者和实践者，又是运动员的教育者、指导者，是竞技体育最重要的人力资源。"

### （四）国际体育教练体系的认识

国际教练教育委员会制定的国际体育教练体系（International Sport Coaching Framework）对体育教练员的作用和职责是这样认识的：

（1）教练员对于促进体育参与和提高运动员及运动队成绩起到核心作用，按照国际认可、本地体育法规要求，指导儿童、游戏者和运动员参与体育活动。

（2）教练员致力于把运动员作为人，把运动队作为具有凝聚力的单位和拥有共同爱好的团体进行发展。

（3）教练员在设计、实施和评估训练和比赛是否适宜时，最关心的应是运动员的幸福问题，是与运动员的积极互动，促进运动员的全面发展，而不是简单的输赢记录。

（4）教练员有责任在其工作环境中去理解他人，与他人进行互动，并去影响他人。

综上所述，世界各国对教练员都非常重视，对教练员的作用和职责作了明确的规范：即训练育人，通过运动训练帮助运动员提高运动成绩，成为社会合格的公民。

## 二、教练员扮演的角色

教练员绝不仅仅是单一的帮助运动员训练的角色，教练员所承担的工作和职责使他在运动训练中扮演着多重角色。多角色思考能够让教练员从运动员的训练、比赛、生活、学习中获取各种信息，统揽全局，从跨学科的高度对运动员的训练进行调控，充分发挥教练员自身的潜能和才智，从而提高训练比赛的质量。

### （一）采购员

教练员就像采购员，要亲自"采购"最适合需要的运动员，要从成千上万的人选中

挑选出有天才的运动员,看准了就把他们选进来进行训练。奥运体操冠军陈一冰的启蒙教练赵奇这样论及教练员采购的重要性:"教练不是无所不能的,手里的运动员,首先必须是块好材料,再经过后期的刻苦努力,才能最终成为一匹千里马。"

### (二)设计员

对"采购"回来的运动员,教练员要根据其具体条件和全队比赛的需要设计其发展方向。射击世界冠军获得者束庆傲的经历就是一个典型的例子:"1979年我进入南京军区成为射击队员,教练员要求采用击发规律打法,刚开始我对打法也不清楚,教练员怎么教我就怎么练,3个月训练成绩越打越差。针对我个人性格特点,教练员改变了我的打法,成绩上升很快,最终站上冠军领奖台。"

### (三)指导员

教练员要对运动员的训练和比赛进行指导,察言观色,及时发现运动员出现的问题,从技术、思想、道德等几个方面花大力气去教、去导。技术上的指导要非常细腻,讲清楚,讲到点子上。思想上的指导,要仔细入微,训练育人。培养出丁美媛等奥运冠军、世界冠军的国家女子举重队教练姜雪辉这样总结了自己执教的成功经验:"选材要精确:专项级别、专项素质、专项能力、专项生化、专项生理、专项心理;训练要准确:年、季、参赛指挥、赛后调整、针对不足、伤病康复;参赛要明确:赛前调整、赛场指挥、赛后恢复。"

### (四)教师

教练员要像教师那样给运动员传道、授业、解惑,给运动员传授新的知识和思想。我国著名的乒乓球教练员、原国家体育总局副局长李富荣曾严肃地告诫教练员:"教练员是老师,运动员都在看着你,你有没有威信,说的东西运动员听不听,他尊重不尊重你,就是看你自己做得怎么样。凡是要求运动员做到的,教练必须要先做到。不能只对运动员马列主义,而对自己自由主义,这样的教练业务水平再高,也不会得到运动员的尊重和信服。老师是人类灵魂的工程师,这个提法用在教练身上也恰如其分。"

### (五)导师

教练员与运动员朝夕相处,其一言一行都在潜移默化地影响着运动员,是运动员人生的向导。速滑世界冠军获得者叶乔波这样回忆她的教练:"我的一个教练,时时觉得胸疼,但因为要带训练,也没有去治,直到比赛结束了才去检查,结果一检查是乳腺癌晚期。医生为了挽留她的生命,将乳腺全部切掉了,还把两个肋骨也切除了。然而,病房中的教练一直担心新的训练季节到来后我们的训练,在手术一个半月以后就返回训练场。这样的教练那种精神是非常非常感动人的,也深深感动了我。这些事情对我影响很大。"

### (六)管理员

教练员要全面负责运动员日常生活的管理和组织。前中国乒乓球女队主教练张燮林是这样管理他的队员的:"教练员要从作息制度上管理队员,从生活上的小事教育队员。凡是运动员来向我请假,我99%都会同意,但要讲真话;还有1%不同意,就是不准在外面过夜,这个关要把住,不管是谁。通过这些小事无形中提高队员的素质,这与打球也是联系在一起的。如要求队员吃饭时不许浪费,养成吃干净碗中每一粒饭的习惯,在比赛中才能做到不放弃每一分球。"

### (七) 外交家

教练员要同新闻媒体、观众和外界保持良好的接触,妥善处理来自新闻媒体、观众和外界的压力。2002年率领中国足球队打进世界杯的原中国足球队主教练米卢是这样对待媒体的:"我对有关中国足球的事很谨慎,对中国足球不利的事,我从来不讲。我知道怎么保护中国的足球事业,尽管有不足、有问题,但为了共同的目标,我们应该多讲积极的方面,使中国足球的发展有更好的环境和气氛。"

### (八) 学生

教练员还要把自己当作学生,善于倾听运动员的意见,时刻反省自己,不断自我完善。曾指导倪志钦和郑凤荣打破男女跳高世界纪录的原国家田径队总教练黄健是这样做的:"60年代,我不止一次地求教于比我年轻的、但已有丰富经验的教练员和运动员。我向举重运动员黄强辉和赵庆奎请教最高限度负荷量的训练经验,向体操运动员们学习他们训练中的'秘密'。像他们那样又快又好地教会学生们做出复杂高难度动作的能力。我很喜欢阅读其他项目的教练员的著作,了解他们的教练经验。如果一个教练像蜗牛那样蜷缩在自己的壳里,把自己同外界隔绝起来,对迅速变化的世界视而不见,他就不是一个好的教练。放下架子,重新做个朴实、勤奋和求知欲强的学生吧!"

### (九) 科研人员

教练员要不断地对自己和队员、对本队和对手的训练和比赛进行分析、评估并做出结论。曾担任法国女排主帅7年之久的中国排球教练白觉刚对此深有感触:"中国国内教练在训练场上的时间多于法国教练员,法国教练员在训练场外用于专业的精力和时间多于中国国内教练员。法国教练员训练之余必须查资料、看录像、观看其他队的比赛、分析数据,以数据来指导训练。这看似简单的东西,背后有很多学问。"

### (十) 推销员

教练员要善于将自己培养的运动员推荐到国内外更高水平的运动队,推销到国内外赛场和再就业的岗位上。正如前国际奥委会主席雅克·罗格所言:"我们要为运动员们结束运动生涯时顺利走向社会创造条件。"

综上所述,教练员承担着比人们想象中要繁重得多的工作。在多角色模式下,要协调好各种角色行为是一件困难的事情。因为在角色转换的过程中每一种角色行为都可能受到别的角色形式的干扰。因此,教练员在角色及角色行为转换的过程中对角色的认知要准确,对角色行为对象与角色行为情景的把握要准确,尽量避免角色之间的冲突,提高多种角色的互补性。

## 第二节 教练员的执教

### 一、教练员的执教对象及其分类

虽然各个运动项目和每个国家的教练执教都有其独有的特征，但全球教练界存在很多相似性，其一便是依据教练员的执教对象进行分类。依据执教对象的不同情况，可以将教练团体分为运动参与型人群教练和运动竞技型人群教练。

（一）运动参与型人群

运动参与型人群指那些以自我为参照，通过参与运动获得乐趣、技能、健康生活方式的人群，可进一步分为儿童、青少年、成年人。

儿童：一般到12岁，刚刚开始接触各种不同的运动项目，"玩"是他们参与运动的核心，通过"玩"而获得的运动技能为他们未来个人选择和发展奠定了基础。

青少年：13岁到19岁，参与运动强调的是娱乐性、互动性和趣味性。参与运动会带来很多积极的成果，如健康的生活方式、社会交流与融合、生活技能的发展。这些青少年中一些人直到成年阶段仍然参与运动，提升了成年人的运动参与度。

成年人：多数人往往由于工作和生活的压力，在青春期阶段后不再参与运动，但是年龄渐长，由于生活压力的减轻、经济条件的宽松、富裕时间的增加而重新加入到体育休闲娱乐活动和促进健康活动中来。

（二）运动竞技型人群

运动竞技型人群指那些以规范标准为参照，通过参与运动发展技能，提高运动技术水平，进行竞争、超越，并进入竞技赛场，在比赛中取得优异运动成绩的人群，可进一步分为青少年运动员、优秀运动员、精英运动员。

青少年运动员：典型特征是从十几岁就开始致力于一个运动项目，并不断增加训练和比赛的时间、频率和强度。主要强调打好技术、战术、身体、认知、社会和个人基础，为目前或更高层次比赛出成绩而努力。对那些在较低年龄就开始专门化的运动项目，有必要认识到低年龄运动员首先还是儿童，在制订训练和比赛计划时应该考虑到他们的全面发展。

优秀运动员：这一类型的运动员主要是成年人，首先要强调比赛和针对成绩提高的技能发展。

精英运动员：这一类型的运动员是少数人，包括参加世界级大赛和高水平联赛的世界级运动员。

执教对象的两种类型及其各分类之间是相互联系的，每个人都可能在各分类之间上下、左右移动，通过不同的方式在两种类型各分类之间变化（图8-2-1）。

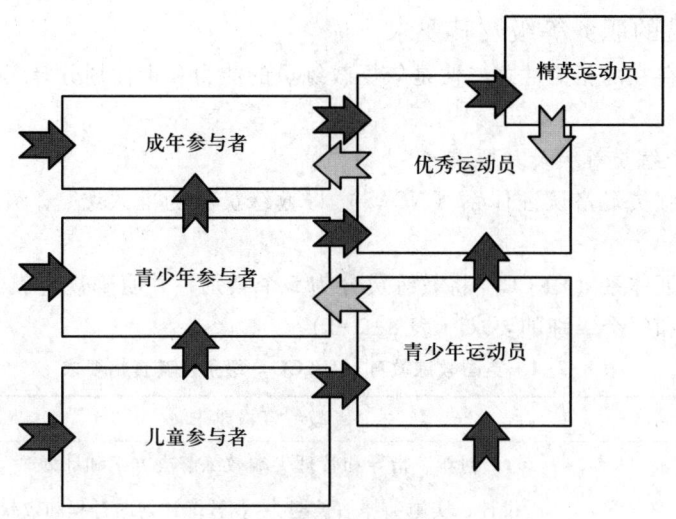

图 8-2-1　运动参与范围及发展通道
(ICCE. ISCF, 2012)

（三）教练职业分类

由于执教对象有运动参与型和运动竞技型两大类人群，欧洲教练能力和资格体系（EFRCCQ）以及国际体育教练体系（ISCF）都采用了参与型教练和竞技型教练两个职业标准分类，并根据两种教练职业，拟定了 6 个教练领域（图 8-2-2）。

| 执教运动参与型人群 | 执教运动竞技型人群 |
| --- | --- |
| 执教成年人 | 执教精英运动员 |
| 执教青少年 | 执教优秀运动员 |
| 执教儿童 | 执教青少年运动员 |

图 8-2-2　教练职业分类
(ICCE. ISCF, 2012)

这一教练职业分类，改变了我国《体育教练员职务等级标准》只注意执教运动竞技型人群教练，将教练员分为优秀运动队教练员、各类体育学校教练员的传统，除了继续强调教练执教优秀运动员和精英运动员的作用外，该分类注意到执教参与型运动人群教练和执教竞技型运动人群教练的差异性，注意到了我国目前大量崛起的私人教练，强调执教参与型运动人群教练同样发挥着重要的作用，有必要针对参与型教练和竞技型教练职业分类来调整教练教育和资格认证的内容。当然，根据其角色特点，教练可以同时横跨上述两个主要职业和不同的领域。

此外，还可依据领取报酬情况，将教练团体分为志愿者教练、受薪兼职教练和受薪全职教练。这种分类中各类的比例因每个运动项目和每个国家的体育组织结构和资源的不同而不同。例如在南非，有很多志愿者教练是父母以及年长的运动员，他们满足了本地对教练的直接需求，从而支持了本地的体育发展。

## 二、教练员的职务等级及其要求

全球教练界存在的相似性之二便是依据教练员的能力和责任划分等级。

### (一) 国外教练员等级及其要求

澳大利亚教练员资格认证体系（NCAS）将教练员分为准入级、2级和3级（高级）三个级别。

英国教练认证体系（UKCC）将教练员分为5个级别，并明确规定教练资格认证必须达到的最低标准和每个级别的要求（表8-2-1）。

表8-2-1　英国教练教育（UKCC）级别及其资格要求

| 级别 | 教练资格要求 |
| --- | --- |
| 5 | 创新、指导和管理尖端教练解决方案和计划 |
| 4 | 设计、实施和评估长期/专业教练计划的过程和效果 |
| 3 | 计划、实施、分析和修订年度训练计划 |
| 2 | 筹备、实施和复习训练内容 |
| 1 | 协助更高水平的教练，在其监督下实施训练活动 |

（Karen. 2008）

德国教练员级别从高到低共分为D、A、B、C4级，各级的主要职责见表8-2-2。

表8-2-2　德国教练级别及其职责

| 级别 | 教练职责 |
| --- | --- |
| D | 作为高级教练或高级技术指导，负责高水平运动员的训练工作，筹划及评估有关的教练计划，并制订、实施与之相关的管理计划，协调队中的教练工作 |
| A | 指导监督一组或多组的参训者，并协调调度运动队中几位教练员之间的工作 |
| B | 作为教练助理或技术指导，组织具有较高要求的训练课程，并指导和督促一组参训者 |
| C | 根据事先制订的计划，着手训练工作 |

（周晓东，2001）

国际体育教练体系将教练划分为4个等级：助理教练、教练、高级教练、专家教练（表8-2-3）。

表8-2-3　国际体育教练体系教练角色和能力

| | 助理教练 | 教练 | 高级教练 | 专家教练 |
| --- | --- | --- | --- | --- |
| 主要责任 | 从事基础教练课程，有时需要指导 | 计划、主导和评估教练课程及课程模块 | 独立计划、主导和评估教练课程及赛季计划 | 计划、主导和评估教练课程及赛季计划和多年计划，吸纳专家和他人意见 |
| | | 独立承担教练课程，但通常接受更大计划中其他教练的指导 | 独立工作，在计划结构形成中起主导作用 | 独立工作，监督整个计划结构 |
| | 鼓励见习教练的参与 | 支持助理教练和见习教练的发展 | 支持经验不够丰富的教练的管理和发展 | 监督和支持其他教练的发展 |

续表

| | 助理教练 | 教练 | 高级教练 | 专家教练 |
|---|---|---|---|---|
| 能力要求 | 基础知识 | 广泛知识 | 广泛知识及综合知识 | 极其广泛的、当今最新综合知识 |
| | 接受指导，具备完成基本教练功能的认知能力和实践能力 | 在开放有序的环境中，完成教练功能的认知能力和实践能力 | 在变化的环境中，独立完成高级教练功能的专项实践能力 | 在变化的环境中，完成更高层次教练功能的广泛综合能力 |
| | 具备基本成绩评估能力，能够完成较低水平的动作纠正 | 具备基本成绩评估能力，能够简单改变实践课程 | 具备高级成绩评估能力，能够调整实践内容，可以提出全面（有时创新）的改变或解决方案 | 具备全方位成绩评估能力，结合科研成果，变换不同标准和环境，能够提出全面、创新的解决方案 |

(ICCE. ISCF, 2012)

国际田联将田径教练分为 5 个等级，并对其能力提出了要求（表 8-2-4）。

表 8-2-4 国际田联教练等级及其能力要求

| 级别 | 一级 | 二级 | 三级 | 四级 | 五级 |
|---|---|---|---|---|---|
| 教练 | 青少年教练 | 俱乐部教练 | 教练 | 高级教练 | 学院教练 |
| 能力要求 | 举办少儿田径活动，准备和鼓励这些青少年继续参与田径运动 | 为青少年运动员实施适当的田径运动计划 | 能为选定专类项目的初学者执教，培养运动员 | 为专类项目运动员执教，提高成绩 | 在学院专业化知识学习的特定领域为会员协会服务 |

(钟秉枢，2008)

（二）我国教练员等级及其要求

1994 年颁布并沿用至今的我国《体育教练员职务等级标准》将体育教练员职务等级划分为三级教练、二级教练、一级教练、高级教练、国家级教练。三级、二级教练为初级职务，一级教练为中级职务，高级、国家级教练为高级职务。各级教练员的岗位职责如下：

三级教练岗位职责：① 按照训练教学任务的要求，拟定和实施训练计划，协助高等级教练员做好运动员的训练教学工作。② 基本掌握运动员的选材和训练方法；总结训练教学实践经验，积累技术资料，建立训练业务档案，主动接受高等级教练员的业务指导。

二级教练岗位职责：① 按照训练教学任务的要求，制订和实施训练教学计划，承担运动员的训练教学和参加比赛的指导工作；培养后备人才。② 了解本项目发展方向，掌握运动选材和训练方法，及时总结训练教学实践经验，积累技术资料，建立训练业务档案；定期做出训练教学工作总结。

一级教练岗位职责：① 按照体育运动人才成长的规律，制订、实施训练规划和训练计划；承担运动员的训练教学和参加国内外比赛的指导工作；选拔、培养和输送后备人才。② 及时了解本项目发展动向，结合训练教学实践，进行有关选材和改进训练方法等方面的科学研究，撰写论文。

高级教练岗位职责：① 按照优秀运动人才成长的规律，制订、实施训练规划和训练计划；承担优秀运动员的训练教学和参加国内外重大比赛的指导工作；选拔、培养和输送优秀后备人才。② 熟悉本项目国内外发展动向，掌握先进的技、战术训练手段、方法，以及科学选材、训练规律；总结培养优秀运动员和优秀后备人才的经验，进行专题研究，撰写科研论文；指导和推动本项目运动技术水平的提高。

国家级教练岗位职责：① 按照高水平运动人才成长的规律，负责制订、实施训练规划和训练计划；承担高水平运动员的训练教学和参加国内外重大比赛的指导工作；选拔、培养和输送高质量后备人才。② 掌握本项目国内外发展动向，先进技、战术和训练方法，以及科学选材、训练规律；总结培养高水平运动员和高质量后备人才的经验，组织并进行专题研究，撰写高质量的科研论文；指导和促进我国运动训练教学和运动技术水平的提高。

### 三、教练员的执教及其执教理念

#### （一）教练员的有效执教

1994年人事部、国家体委颁布至今还在实施的《体育教练员职务等级标准》明确规定，"体育教练员的基本职责是完成训练教学任务，提高运动技术水平；全面关心运动员的成长，做好运动队的管理工作"。据此职责，我们可以将教练员执教目标大体分为两类：指导运动员在比赛中获胜和帮助运动员健康成长。

运动员在比赛中所取得的成绩是检验教练员工作成果的重要标准。教练员的工作成果，需要通过运动员在比赛中表现出优异的运动成绩才能得到社会的认可，才能体现出现实的价值。这是教练员获得社会地位、声望、物质和精神利益的主要方式。运动员获取了优异的运动成绩，教练员才能够利用成绩资本获得政治、经济、文化等方面的各种价值取向，如得到报酬丰厚的奖金等。而如果成绩不理想，就可能被解聘，即便不被解聘，也会影响到其待遇。这在客观上就要求教练员必须培养出具有竞争力的运动员，亦即意味着教练员不得不把获胜放在重要的位置。

在比赛规则允许的前提下努力争取胜利，应该是每一位运动员和教练员的目标。任何比赛直接的短期目标就是在比赛中获胜。帮助运动员健康成长目标所强调的是，带来运动快乐的不是目标本身，而是追求梦想的过程，在这过程中帮助运动员达到身体、心理和社会的健康发展。这就需要教练员把运动员的成长作为执教的首要目标，进而在为实现这一长期目标而奋斗的过程中，达到次要的和短期的目标。在2008年北京奥运会、残奥会总结表彰大会上，时任中共中央总书记的胡锦涛同志就号召全社会，特别是体育界，"要关心运动员的长远利益和全面发展"。国家体育总局副局长蔡振华更是对单纯获胜的观念提出了尖锐的批评，"有些出了世界冠军的省市，其运动员从小不怎么上学，这种拔苗助长、过早投入专业训练的做法将会给运动员造成身心的创伤，导致其过早地夭折，或者伤痛缠身、文化欠缺……这是对社会的不负责任……"

为此，教练员的有效执教可定义如下：教练员灵活运用专业知识、人际知识和个人内省知识，在运动员成长的不同阶段中，发展运动员的能力、自信、沟通和品格。

这一定义包含了如下内容：

谁（Who）：运动员

如何（How）：教练员运用专业知识、人际知识、个人内省知识

情景（When）：运动员成长的不同阶段

结果（What）：能力、自信、沟通、品格

在这里，能力、自信、沟通、品格是教练员帮助运动员获得的最重要的产出。这一产出，将运动员在比赛中的获胜与运动员的健康成长有机联系起来，当运动员在教练员的帮助下成为生活的胜者的时候，在比赛中的获胜也是自然而然的事情了。

**【案例1】痛失金牌与赢得奖牌**

2008年8月14日，奥运会女子佩剑团体决赛中，中国队以44比45的比分，最后1剑惜败乌克兰队屈居亚军。中国佩剑姑娘们抱头痛哭。中国媒体、运动队的领导连声叹息"中国姑娘痛失金牌"。但此时，中国佩剑队的法籍教练鲍埃尔拍着姑娘们的肩头，大声说道："姑娘们，你们获得了奥运会银牌，得了亚军，是个巨大成就，应该高兴呀。"同样一件事情，两种不同的评价，值得我们深思。

（二）教练员的执教理念

在体育比赛中，竞争双方的较量、比赛环境的多变，导致比赛经常出现戏剧性的变化，教练员面临许多困难决策和两难选择。而关于项目特点、制胜规律、训练原则、比赛风格、行为规范、队伍前景、短期与长期目标，以及训练和比赛等也会有各种各样的理论和说法，这些理论和说法具有很大的不确定性。如果没有良好的理念，就会缺乏方向，很容易屈从于外部的压力。

执教理念就是指教练员对运动训练本质及其影响运动训练的多种因素的理解，是教练员对运动队"目标""使命"以及"训练方法"等所具有的明确的基本认识，是指导运动训练的"思想"，包括主要目标和有助于达到目标的信念和原则。这些信念和原则能帮助教练员处理无数训练和比赛中的问题，在众多的理论与说法之中找到适合自己的东西，有助于教练员在困难的情景中做出决策并更加成功地执教。

许多著名教练员都以其独特的执教理念而为人称道，他们不会计较别人是否同意他们独特的执教理念，他们坚持自己的理念而往往获得他人意想不到的成功。我国著名田径教练员黄健就对自己的执教理念有过这样的精彩描述：

**【案例2】黄健的执教理念**

"我一直很喜爱运动员，从不允许自己用粗暴的态度或'铁'的专制手段来对待学生，我和学生的关系建立在相互信任和尊重的基础上。我一生中从未骂过自己的学生，我厌恶'棍棒纪律'，就是在运动员犯了错误时，我也不允许自己对学生不尊重、粗暴命令、嘲讽谩骂，更不能动手打人。多年的实践告诉我，单纯的行政手段是什么也达不到的，爱抚和温柔常常比'棍棒'和谩骂更有效。我的主要原则是：全身心地热爱自己的学生，在工作中才能获得创造性的快乐。"

就是这位被许多人认为太"软"的教练员，遵循全身心的热爱学生的原则，当与学生的关系出现了哪怕是很小的冷淡时，他都会感到十分苦恼，总是竭尽全力维护与运动员

的良好关系以及小组中的良好气氛。当他的工作出现失误时,他总是把难为情和自尊心放在一边,当面向运动员承认自己的错误。这样做的结果是,运动员并没有因此看不起他,相反,他的威信提高了,多次被国际田联和亚洲田联评为"最佳教练员",培养出女子跳高世界纪录创造者郑凤荣、男子跳高世界纪录创造者倪志钦,以及女子跳高亚洲纪录创造者郑达真、杨文琴等一批优秀运动员。

从黄健教练的执教理念中我们可以看到,他的理念强调的是教育和行为,而不是单纯地取胜。按黄健自己的话说,就是"最重要的,是要让运动员确实感到他在你的训练下进步了。我所说的进步不仅仅是比赛和训练成绩的提高,还包括运动员的理论水平和人格修养方面的提高。"

黄健教练的执教理念代表了他毕生执教智慧的积淀,也是诠释何为成功执教理念的最佳范本之一。

## 第三节 教练员的知识与能力

### 一、教练员执教相关知识

训练活动在本质上是教练员对运动员进行长期的生物学、心理学和社会学的改造过程,在这一过程中,教练员的劳动是创造性的脑力和体能、技能相结合的复杂劳动,知识则是教练员进行创造性劳动所必需的,是教练员素养形成的基础。教练员要扮演好自己的角色,除了具有奉献精神,精通专项训练理论与方法之外,其知识结构,对于其素养的提升也有着非常重要的作用。

钟秉枢等于2003年对我国有关单位领导、专家、学者、教练员进行了调查,将60%以上专家认可的教练员必须掌握的学科知识分为哲理知识、基础知识、专业知识和工具知识4大类。李继辉于2008年对我国田径教练员知识结构进行研究后认为,田径教练员知识结构由专项经验、运动训练基础理论知识、运动医疗保健知识、工具性科学知识、哲学和思维科学知识5大类构成。2012年国际教练教育委员会制定的国际体育教练体系则将教练员的知识结构分为专业知识、人际知识、个人内省知识3大类(图8-3-1)。综合3种分类,本文主要采用国际教练体系对教练员知识结构的分类。

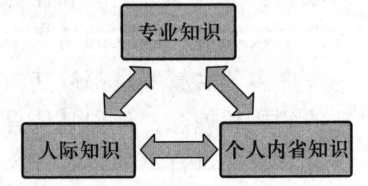

图8-3-1 教练员知识结构
(ICCE. ISCF, 2012)

(一)专业知识

专业知识是与教练员职业紧密相关,完成教练员职责和任务应该具备的,与运动训练和参赛直接相关的相对稳定的系统化的知识。包括运动专项的知识,运动员的知识、运动科学知识以及工具知识等(表8-3-1)。

表 8-3-1　教练员所需专业知识

| 运动专项知识 | 项目基本规律<br>项目发展特征<br>项目制胜因素<br>技术和战术<br>项目管理<br>比赛规则<br>设施设备 |
|---|---|
| 运动员知识 | 专项运动员的能力及其发展阶段<br>运动员动机 |
| 运动科学知识 | 解剖学、生理学<br>医学、营养学<br>生物力学、生物化学<br>急救、损伤预防<br>反兴奋剂<br>哲学、教育学<br>心理学、社会学<br>生活方式<br>体育产业 |
| 工具知识 | 语言（口头、书面、写作、阅读）<br>外语<br>计算机<br>基础数学<br>现代技术 |

(ICCE. ISCF, 2012)

（二）人际知识

人际知识是与教练员职业紧密相关，完成教练员职责和任务应该具备的、与人际关系处理相关的相对稳定的系统化知识，包括处理社会关系知识、处理运动队关系知识、执教方法知识等（表 8-3-2）。

表 8-3-2　教练员所需人际知识

| 社会关系知识 | 宏观和微观的教练文化、伦理和运动员福利；<br>父母和家人、同伴教练、官员、裁判、经纪人；<br>俱乐部、学校、协会、政府、媒体 |
|---|---|
| 运动队关系知识 | 沟通、共情与同情、积极倾听和提问；<br>特定情境下适宜的行为举止；<br>运动员和运动队管理、运动员和运动队教育 |

续表

| 执教方法知识 | 学习理论和方法、训练理论与方法；<br>计划、组织和宣传；<br>创造积极的学习气氛；<br>研究、评价和反馈；<br>示范和讲解、指导和改进 |
| --- | --- |

(ICCE. ISCF, 2012)

（三）内省知识

个人内省知识是与教练员职业紧密相关、完成教练员职责和任务应该具备的、与教练员个人成长相关的相对稳定的系统化的知识，包括执教理念、终身学习等（表 8-3-3）。

表 8-3-3 教练员所需个人内省知识

| 执教理念 | 认同、价值、信念、领导方式 |
| --- | --- |
| 终身学习 | 学习能力、自制力和责任感、理智<br>自我反射、批判思维和综合能力、创新和新知 |

(ICCE. ISCF, 2012)

## 二、教练员执教相关能力

运动训练过程是一个长期的、动态变化的过程，其间会经常遇到挫折、困难、挑战和压力；运动训练是一种富有挑战性、创造性的活动，教练员经常会面对训练场和竞赛场上发生的各种突发事件和意外事件。能力则是教练员应对压力和挑战所必需的主观条件。教练员的经历不同，经验不同，知识水平不同，在完成训练和比赛活动中表现出来的能力也就有所不同。教练员的能力不同，其成就也就不同，能力越强，成就就会越大。因而，教练员的执教能力，对于运动训练的成功有着非常重要的作用。

值得注意的是，训练是科学与艺术的结合。运动训练在任何情况下都是科学，这表现为运动训练都是有规律可循的，有一套科学的训练理论、方法和工具。运动训练的艺术性表现在运动训练和比赛的实践性和创造性上。高水平的运动训练中，训练的艺术性更为重要，它要求教练员在特定的环境和条件下，创造性地运用运动训练的理论，恰到好处地把握训练，有效激励队员的训练热情，调整好周期安排，理顺队内队际关系等，这些训练艺术是高水平教练应力争把握的，也是教练员执教能力的重要内容。

钟秉枢等于 2003 年就高水平教练员应具备的能力对我国有关单位领导、专家、学者、教练调查后得出，高水平教练员应具备的能力依次是：选材能力、制订计划能力、组织实施能力、教育管理能力、获得社会支持能力、情报掌握能力、科研能力、组织竞赛和裁判能力。李继辉 2008 年对我国田径教练员能力结构的研究认为，田径教练员能力结构由专项训练能力、比赛指挥能力、科学研究能力、队伍管理能力和社会交往能力 5 项一级指标构成。国际体育教练体系则将教练员的能力结构分为设定愿景和战略的能力、塑造环境的能力、建立关系的能力、指导训练及安排比赛的能力、观察现场并作出反应的能力、学习并反思的能力这 6 种能力构成。综合 3 种分类，考虑到我国教练员能力培养应与国际教练员教育大体一致，本文以国际教练体系对教练员能力结构的分类为基础，将教练员执教相关能力分为：战略思维能力、环境塑造能力、人际交往能力、练赛指导能力、赛场应变能力和学习总结能力 6 项能力，6 项能力又分别由若干小项构成。

（一）战略思维能力

战略思维能力是教练员对运动队建设中带有全局性、决定运动队发展全局的重大事情进行愿景确立和战略规划的思想方法和工作能力，包括把握全局、预测需求、确定愿景、提出方针、形成任务、制订措施、反馈调整等能力。不同等级教练员所需战略思维能力可用表 8-3-4 表示。

表 8-3-4　不同等级教练员所需战略思维能力

| 能力 | 初级教练员 | 中级教练员 | 高级教练员 | 国家级教练员 |
|---|---|---|---|---|
| 把握全局 | * | * * | * * * | * * * * |
| 预测需求 | * | * * | * * * | * * * * |
| 确定愿景 |  | * |  | * * * * |
| 提出方针 |  | * | * * * | * * * * |
| 形成任务 |  | * | * * * | * * * * |
| 制订措施 | * | * * | * * * | * * * * |
| 反馈调整 | * | * * | * * * | * * * * |

（二）练赛指导能力

科学选材、组织训练队伍、制订训练计划、组织训练实施、发展运动员竞技能力、指导运动员参赛，是教练员的核心职责，对教练员的练赛指导能力提出了很高的要求。

练赛指导能力是教练员指导训练和比赛的能力，包括训练方法设计、训练内容安排、运动伤病预防、运动疲劳消除、训练积极性调动、比赛选择与安排、比赛能力提高、比赛作风培养、比赛情绪调控等能力。不同等级教练员所需练赛指导能力可用表 8-3-5 表示。

表 8-3-5　不同等级教练员所需练赛指导能力

| 能力 | 初级教练员 | 中级教练员 | 高级教练员 | 国家级教练员 |
|---|---|---|---|---|
| 训练方法设计 |  | * | * * | * * * * |
| 训练内容安排 | * | * * | * * * | * * * * |
| 运动伤病预防 | * | * * | * * * | * * * * |
| 运动疲劳消除 | * | * * | * * * | * * * * |
| 训练积极性调动 |  | * * | * * * | * * * * |
| 比赛选择与安排 |  | * | * * |  |
| 比赛能力提高 | * | * * | * * * | * * * * |
| 比赛作风培养 | * | * * | * * * | * * * * |
| 比赛情绪调控 | * | * * | * * * | * * * * |

### （三）赛场应变能力

赛场应变能力是教练员面对赛场内外意外事件等压力，迅速地作出判断与反应，并寻求合适的方法，使事件得以妥善解决的能力，包括观察与发现问题、调整与解决问题、果断决策、应对突发事件、记录和评价等能力。不同等级教练员所需赛场应变能力可用表8-3-6表示。

表8-3-6 不同等级教练员所需赛场应变能力

| 能力 | 初级教练员 | 中级教练员 | 高级教练员 | 国家级教练员 |
|---|---|---|---|---|
| 观察与发现问题 | * | * * | * * * * | * * * * |
| 调整与解决问题 | * | * * | * * * | * * * * |
| 果断决策 |  | * | * * * * | * * * * |
| 应对突发事件 | * | * * | * * * * | * * * * |
| 记录和评价 | * | * * | * * * * | * * * * |

### （四）环境塑造能力

环境塑造能力是教练员为满足运动队发展的需要而与环境发生调节作用的能力。在计划经济时代，运动队的一切都是由"组织"决定的，教练员环境塑造能力的大小一般不会对运动队的发展产生多大影响。但在市场经济条件下，教练员的环境塑造能力往往决定着一支运动队的前途和命运。教练员的环境塑造能力包括创立行动计划、组织环境、选拔队员、招募员工、配置资源等能力。不同等级教练员所需环境塑造能力可用表8-3-7表示。

表8-3-7 不同等级教练员所需环境塑造能力

| 能力 | 初级教练员 | 中级教练员 | 高级教练员 | 国家级教练员 |
|---|---|---|---|---|
| 创立行动计划 |  | * | * * * | * * * * |
| 组织环境 | * | * * * | * * * | * * * * |
| 选拔队员 | * | * * | * * * | * * * * |
| 招募员工 | * | * * | * * * | * * * * |
| 配置资源 | * | * * | * * * | * * * * |

### （五）社会交往能力

人际交往能力是教练员觉察他人情绪意向、有效理解他人和善于同他人交际的能力，亦即社会交往的能力，包括领导和影响、团队管理、沟通与交流、说服教育等能力。不同等级教练员所需人际交往能力可用表8-3-8表示。

表 8-3-8　不同等级教练员所需人际交往能力

| 能力 | 初级教练员 | 中级教练员 | 高级教练员 | 国家级教练员 |
|---|---|---|---|---|
| 领导和影响 | | * | * * * | * * * * |
| 团队管理 | * | * * | * * * * | * * * * |
| 沟通与交流 | * | * * | * * * | * * * * |
| 说服教育 | | * | * * * | * * * * |

（六）学习总结能力

学习总结能力是教练员不断自我完善、反馈与学习的能力，包括自我反思和自我监督、训练及计划评估、赛后总结、终身学习、科学研究、创新等能力。不同等级教练员所需学习总结能力可用表 8-3-9 表示。

表 8-3-9　不同等级教练员所需学习总结能力

| 能力 | 初级教练员 | 中级教练员 | 高级教练员 | 国家级教练员 |
|---|---|---|---|---|
| 自我反思和自我监督 | * | * * | * * * | * * * * |
| 训练及计划评估 | * | * * | * * * | * * * * |
| 赛后总结 | * | * * | * * * | * * * * |
| 终身学习 | * | | * * * | * * * * |
| 科学研究 | | | * * | * * * * |
| 创新 | | * | * * | * * * * |

# 第四节　教练员的领导行为

## 一、教练员领导行为特点

教练员执教过程就是教练员与运动员之间领导与被领导的过程。我们每天都处于领导与被领导之中。但是，与我们脑海中的固有概念不同，教练执教行为不仅是命令、不仅是授权、不仅是管理，而是有着自身的特征。

（一）面对面领导

教练员的执教就是教练员把具有不同背景、天赋、经历和兴趣的运动员聚合在一起，率领和鼓励他们承担责任、持续创造成绩、达到目标。在这一过程中，教练员与运动员天天都要见面，都要沟通与交流，进行着面对面的直接领导。

## (二) 运动员关注

面对面的领导，意味着教练员关注的对象首先应该是运动员，而不是运动项目。在现实情境中，当我们问一位教练员"您是教什么的？"的时候，得到的回答往往会是，"教篮球的""教体操的"等。基于这样的回答，教练员考虑的往往是运动项目的制胜规律，忽略了是运动员在打篮球，是运动员在练体操。只有当教练员将"教篮球""教体操"，变为"教人打篮球""教人练体操"时，教练员执教所关注的焦点才能由运动项目"物"的发展，转变为运动员"人"的发展，把运动员当作全方位的合作伙伴和贡献者，不只是关注运动项目本身，而更应关注运动员，是运动员在创造业绩。

## (三) 全才管理者

与其他专业人员分工合作，专才工作不同，教练员不是按章工作的劳动力，不只是简单地执行上级制订的计划，而是要根据运动员的特点，根据运动项目的特征，根据比赛的特定需求来制定自己的任务、方法与进度，创造性地开展工作。教练员不仅需要在各自不同的岗位上埋头工作，更需要通过团队合作，参与深层次的互动。这就要求教练员，尤其是主教练，不能只做某方面的专家，而要融合团队教练的专业技术，贡献自己的想法，成为运动队管理的全才。

## 二、教练员领导行为对运动员的影响

教练员在运动训练活动中起着主导作用，是运动训练过程的设计者、组织者，是运动员的教育者和指导者。"教练员的水平高低决定了一支队伍水平的高低，这是竞技体育的一大规律。"研究表明：在我国，不论男女运动员都把主教练作为自己在运动队期间关系最近的人；教练员对于训练中人际关系的处理非常重视，认为处理好与运动员之间的人际关系，对提高运动员的训练水平非常重要；队员感受到的教练魅力越高，队员满意度越高，对团队的奉献度越高，教练队员关系越融洽；而教练与队员关系的融洽又直接提高队员满意度和对团队的奉献度（图8-4-1）。

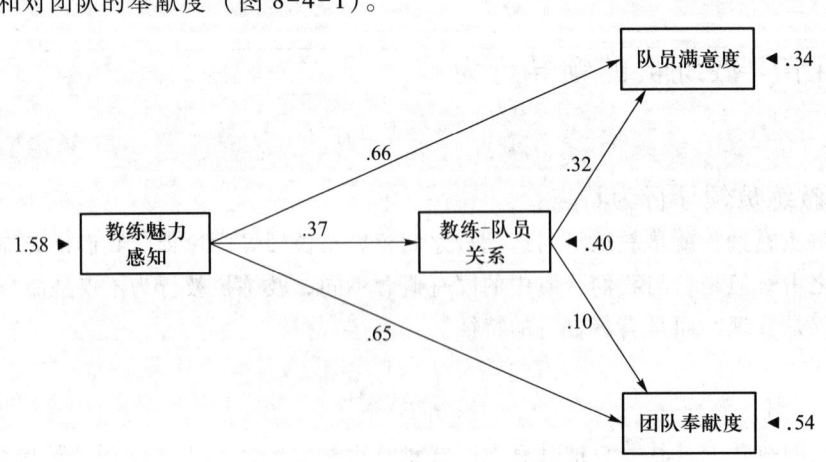

图 8-4-1 教练魅力与队员满意、团队奉献之间的关系
(International Sport Coaching Journal, 2014)

由此可见，教练员在运动训练过程中的行为潜移默化地影响着运动员的成长。

## （一）积极影响

如果带有宽容地训练运动员，运动员就学会耐心；

如果带有鼓励地训练运动员，运动员就学会自信；

如果带有称赞地训练运动员，运动员就学会感激；

如果公正地训练运动员，运动员就学会正义；

如果言行一致地训练运动员，运动员就学会信任；

如果带有尊重地训练运动员，运动员就学会自尊。

那些取得了优异执教成绩的教练员，往往比常人更懂得如何灵活地运用种种沟通技巧，在最恰当的时间、用最恰当的教练方式影响及培养自己的运动员。他们知道，运动员往往崇拜教练员，并将其诸多优秀的品格和特质同化为自己的追求和向往。由此，作为一名教练员必须意识到，通过自己的品格和理念所展示的东西，其重要性可能远大于自己所教授的东西。

**【案例3】 郎平谈袁伟民对自己的影响**

2016年8月22日，中国女排夺得里约奥运会冠军的第二天，主教练郎平和主攻手朱婷来到新华社报道团设在奥运会主新闻中心的新闻工作间，接受了新华社的独家专访。

记者问：那您觉得作为球员和教练，您能有今天这样一个成绩，最重要的特质是什么？大家有的说是女排精神，有的说是对排球的执着等等，您觉得最重要的是什么？

郎平：其实我也没想到我会走这么远，因为作为一个女性教练特别难。另外，最早我当运动员的时候，我特别幸运我的那些老队友能够把我带出来，而且我赶上了袁伟民教练。其实我的所有，包括我的业务水平，我对排球的理解，包括我对工作的执着，其实真的是从袁导身上学到的，他教我们的这些东西让我们受益终身。后来又变成"国际郎"。

从这个案例中，我们可以看到，郎平这样一位优秀的教练，在她功成名就的时候，她还能想到今天的成就源自于30多年前带她的教练，袁伟民教练对她今天业务水平、排球理解、工作执着的影响。由此，我们看到了一名优秀教练员执教过程中对运动员受益终身的积极影响。

## （二）消极影响

如果带有批评指责地训练运动员，运动员就学会指责；

如果带有敌意地训练运动员，运动员就学会勾心斗角；

如果带有嘲讽地训练运动员，运动员就学会憎恨；

如果带有羞辱地训练运动员，运动员就学会罪疚。

**【案例4】 一位软网队员的自述**

我的教练是一位非常严格的教练，我在训练中害怕因为一个球的失误而被骂。所以，我至今为止养成了一个习惯，就是每打一个球都会去看一眼教练，不管是打好了的球还是失误的。我经常会在教练的眼睛里见到他对我的不信任，导致我自己无时无刻不在怀疑自己的能力与技术。

有一段时间我见到他对我充满信心的眼神和表情。说实话，那时候什么运动成绩、选拔比赛，我都抛到脑后，我努力打好每一个球，就是想见到教练信任我的眼神和教练见我打出一个漂亮的好球时脸上的笑容。对于我来说这比什么都重要。我每天都会给自己定一个目标，但大多数还是为了见到教练对我充满信任的笑容。那段日子里，我每天都有一种强烈的成就感。

2005年的全国比赛上，我又一次见到他那怀疑的眼神。在关键的比赛场次中，他不断地鼓励我，让我不要有压力。然而，我从他的眼神里见到的全部都是欺骗。其实，他对我一点信心都没有。就一直带着不自信、怀疑自己能力和技术水平的心理，被选入了参加东亚运动会。

在集训的日子里，我用尽所有的努力只想去换他脸上那真诚的笑容，最后，他还是没有改变一直以来对我抱有的怀疑心理。

我不想再这样训练下去了，我已经没有任何信心和动力再去训练了。最终，我选择了放弃，结束了我的网球生涯。教练至今也不知道我为什么会选择放弃，或许，他永远也不会知道。

由此可见，运动员的终身行为可能更依赖于教练员所树立的榜样。一名教练员有没有威信，说的话运动员听不听，他尊重不尊重你，就是看你自己做得怎么样。凡是要求运动员做到的，教练员必须首先做到。教练员只有清楚自己的个人价值，才能更好地帮助运动员解决冲突和疑惑，才能为运动员提供持续积极的指导。

## 三、教练员领导风格及其变化

领导风格指的是教练员面对运动员时所呈现出的领导行为特点，包括如何处理与运动员的关系并以何种方式实现执教目标。表8-4-1是常见的3种教练员的领导风格：命令式—家长型、合作式—民主型、放任式—随意型。不同类型领导风格的教练员在理念、目标、决策、教练员和运动员的关系、交流风格、成败评价、运动员发展、教练员鼓励作用、训练组织等方面的处理是不同的。

表8-4-1 教练员的领导风格

| 类型 | 命令式—家长型 | 合作式—民主型 | 放任式—随意型 |
| --- | --- | --- | --- |
| 理念 | 以取胜为中心 | 以运动员为中心 | 一切都无所谓 |
| 目标 | 完成任务 | 提高运动员社交本领并完成任务 | 无既定目标 |
| 决策 | 一切决定由教练员做 | 在教练员指导下和运动员参与下做 | 由运动员做 |
| 和运动员关系 | 从属于教练员 | 独立于教练员 | 不明确 |
| 沟通方式 | 做指示 | 询问、听意见、做指示 | 只听不说 |
| 如何评价成败 | 由教练员评价 | 在教练员帮助下由运动员自我评价 | 不明确 |
| 运动员的发展 | 对运动员不太信任 | 教练员对运动员表示信任 | 不明确 |
| 鼓励作用 | 非本质的鼓励 | 本质和实实在在的鼓励 | 不予鼓励 |
| 训练组织 | 呆板的 | 灵活的 | 没有组织 |

（钟秉枢，2012）

## （一）命令式—家长型

命令式—家长型风格的教练员在执教中以取胜为中心，以完成任务为目标，自己做出所有的决策、指示、评价。运动员的角色是对教练员的命令做出反应，从属于教练员。沟通方式是教练员做指示，命令运动员做事情。这种领导风格可以确保强有力的组织管理和运动队的高效运转，但可能压制运动员的动机，阻碍运动员的成长，降低运动员的自我满足，难以使运动员产生最佳表现，最终将疏远极富天赋的运动员。

**【案例5】朱广沪巴西见闻**

2005年朱广沪出任国家男足主教练，在上任前的一次记者采访中他谈到了1993—1998年率领健力宝队留学巴西对自己执教方式的影响。

"我们住的地方对面就有学校，有一次我看了他们一堂绘画课。老师给每个学生发了一张纸，告诉学生想到什么，愿意画什么，就画什么。

第一位学生画完后到老师面前，画的是足球比赛，球打进了，球员跳起来手在上面。我看画得是不怎么样，可老师说太好了，优秀。

然后再叫一个上来，孩子就把他想的什么东西画在纸上面。老师一看你这太好了，三年以后你肯定比这还要画得好。

通过这个事情，我看到他们在鼓励学生，激发学生的创造力和想象力。

可是去巴西以前，我感觉我的训练太过于凶，可以这样说，太凶，甚至有时候挫伤了球员的自尊心，有骂，甚至于打，我觉得我和人家一比这个差距太大了。

在巴西球场上教练对球员也几乎都是和老师与学生关系一样的模式，所以我马上悟出一个，他们的球员为什么敢于做动作，我们的球员为什么在很多方面畏畏缩缩，不敢。"

朱广沪的感悟道出了命令式执教对运动员创造力的压抑和对运动员自主成长的阻碍。

## （二）合作式—民主型

合作式—民主型风格的教练员，以运动员为中心，以提高运动员社交本领并完成任务为目标，他们善于倾听，设法理解运动员的想法，在运动员参与下做出决定，对运动员进行实实在在的鼓励，帮助运动员学习设定自己的目标，并为这些目标而努力奋斗。这种领导风格增强了教练员与运动员的沟通和激励，对运动员自我意识的形成、自我满足的实现具有积极效应。但这种风格要求教练员具有更多的技巧，如在指导运动员和让运动员自己指导自己之间如何取得恰当的平衡；在什么时候发出命令和给予指导；又在什么时候让运动员自己做出决策和承担责任等。

**【案例6】郎平做客新浪访谈**

2014年10月28日获得世界女排锦标赛亚军后的中国女排教练郎平做客新浪《铁榔头和她的孩子们》访谈，接受了主持人的采访。

主持人：大家互助互爱的氛围是执教的一部分，一定要下功夫把球员凝聚在一起，是不是这样？

郎平：首先要尊重运动员，大家是一个大家庭，一定会在想法上，在有一些问题的处理上会不同，会有一些争吵，或者大家心里有一些不舒服，大家尽量要沟通，因为我们的

目标是一致的。作为一个家庭来讲，夫妻之间会吵架，兄弟姐妹也会吵架，孩子和父母之间也会吵架，这都是很正常的，作为一个集体我们也会发生这些事情，大家来沟通，小事就让，大事以原则为主。

这次世锦赛之前，整个球队做了一次目标调整，大家一起来决定目标和任务，我们在这次比赛当中，要以什么样的心态准备每一场比赛，我们既定目标是什么。大家都是开诚布公谈，最后合议。

### （三）放任式—随意型

放任式—随意型风格的教练员，对一切都无所谓，他们宁愿制定尽可能少的决策，很少提供指导，只在绝对必要时才解决训练问题。与人沟通时，很少表达自己的观点，倾向于发表同意的意见。他们遇事不果断，说话软弱无力，常会使用一些"也许、可能、但愿"之类的词，缺乏判断和决定。采用这种风格执教的教练员往往缺乏提供指导的能力；或是过于懒惰，不能满足执教责任的要求；又或是没有树立正确的执教理念。因此他们不具备真正的执教能力，实际上无疑是丢弃了作为一名教练员的职责。

### （四）领导风格的变化

一名优秀的教练员，往往不仅应该知道得心应手地通过合作、民主，实现执教效果，也应该知道何时对执教对象适当地下达命令，实现家长化的管理，以及恰到好处的放任和随意。这一切取决于身处何种情景以及运动员所处何种成长阶段中。著名排球教练员袁伟民在他的《我的执教之道》一书中形象生动地描述了教练员领导风格随运动员成长阶段变化而发生的变化。

**【案例7】袁伟民教学关系三部曲**

刚开始带这支女排队伍时，我们觉得自己是教练，似乎又是个保姆。运动员年轻、活泼，求知欲旺盛，上进心强，但幼稚、单纯，分析能力差，除了打球外，别的事懂得甚少。我们要教技术，带作风，管生活，还要教他们怎么做人。这个时候，教与学之间的关系，依赖性比较大，我们说得多，她们听得多。我们怎么教，她们就怎么做。有点类似中、小学的师生关系。这个时期，关系倒也好相处，能要求得下去。一开始搞严了，所以，后来也能严得下。

教学关系的第二阶段是：随着运动员渐渐长大，有了一定的本事，技术掌握了，思想得到了锤炼，各方面都得到进步，基本上已能管住自己。由于成绩的取得，使教与学之间增加信赖感，友谊加深，平等色彩增浓。这时候的教学关系，就如大学里的师生关系，处理好这一阶段的关系不容易，因为运动员似好管又不好管。如果这一阶段关系处理好，下一阶段就好带了。

教学关系的第三阶段是：随着运动员技术、思想的日趋成熟，取得了显著成绩。她们在胜负的考验中，积累了经验，形成了自己独立的思考，独立的见解。这时候，教练员带她们训练，可以更多地采取点一点，加强辅导的办法，重视教学相长，发扬民主，帮助老运动员把自己在实践中积累的经验，运用到再提高上来。这时的教学关系，仿佛教授带研究生的关系。

袁伟民教学关系"三部曲"来自于他的实践体会，形象地诠释了领导方式与下属成熟之间的关系：对初进队的队员，教练员应该提供明确的说明和密切的监督，让他干啥就干啥；对在运动队训练一段时间，初步走向成熟的运动员，应该在指导运动员按照教练员要求去做的同时，支持运动员动脑筋提出自己的意见和建议；对开始取得优异运动成绩的队员，应该多让运动员发挥自己的主观能动性，让运动员分享你的思想并协助决策；对已经成名的队员则应让运动员懂得尊重教练员，遵守相关规定和要求，完成自己的职责和使命。

**复习思考题**

1. 运动项目不同、各国情况不同，但教练员都要扮演哪些相似的角色？这些角色的作用和职责是什么？
2. 为什么要根据执教对象的情况对教练员进行分类，并提出不同的职务等级要求？
3. 如何理解教练员的有效执教？实施有效执教需要什么样的执教理念？
4. 教练员执教所需的专业知识、人际知识和个人内省知识之间是什么关系？这些知识与教练员执教相关能力是如何相互促进与发展的？
5. 教练员领导行为有何特点？这些行为是如何影响运动员的？
6. 教练员不同领导风格各有哪些优缺点？这些领导风格之间是如何转换的？

# 参考文献

1. D Harre. Trainingslehre [M]. Leipzig Sportverlage, 1965
2. 教材编写组. 体育理论 [M]. 北京：人民体育出版社, 1981
3. 过家兴等. 运动训练学 [M]. 中国体育科学学会运动训练学专业委员会, 1983
4. 田麦久. 负荷原则与训练过程 [M]. 青海省体委, 1985
5. [苏] B. H. 普拉托诺夫. 高水平竞技训练 [M]. 莫斯科体育运动出版社, 1986
6. 过家兴等. 运动训练学 [M]. 北京：人民体育出版社, 1990
7. D Martin. Handbuch Trainingslehre [M]. 2. Auflage, Sehondorf Hoffmann-Verlage, 1993
8. Tudor O Bomba. Periodization-Theory and Methodology of Training [M]. USA, Leisure press, 1996
9. 田麦久, 等. 运动训练学 [M]. 北京：人民体育出版社, 2000
10. Schnabel, Harre, Krug, Borde (HRSG). Trainingswissenschaft [M]. Sportverlaga, Berlin, 2003
11. 田麦久, 等. 运动训练学 [M]. 北京：高等教育出版社, 2006
12. 张庆文."三从一大"理论与实践研究 [D]. 上海体育学院博士论文, 2007
13. 杨桦, 李宗浩, 池建, 等. 运动训练学 [M]. 北京：北京体育大学出版社, 2007
14. [苏] B. H. 普拉托诺夫, 等. 运动训练的理论与方法 [M]. 苏联《高等学校》出版社联合会总出版社, 1984

15. [苏] L. P. 马特维耶夫. 竞技运动理论 [M]. 姚颂平,译. 上海：华东师范大学出版社,1997

16. 田麦久. 项群训练理论 [M]. 北京：人民体育出版社,1998

17. 杨桦. 竞技体育实战制胜案例 [M]. 北京：北京体育大学出版社,2006

18. 国家体育总局竞技体育司. 备战 2012 年伦敦奥运会训练理论与实践创新文集 [M]. 北京：北京体育大学出版社,2011

19. 胡亦海. 现代运动训练基本方法主要特点的多元性比较 [J]. 武汉体育学院学报,1999,33（6）

20. 胡亦海. 竞技运动特征研究 [M]. 北京：人民体育出版社,2013

21. 胡亦海. 竞技运动训练理论与方法 [M]. 北京：人民体育出版社,2014

22. 王清,等. 我国优秀运动员竞技能力状态诊断和监测系统的研究与建立 [M]. 北京：人民体育出版社,2004

23. 谢敏豪,等. 运动员基础训练的人体科学原理 [M]. 北京：北京体育大学出版社,2004

24. 祝大鹏,胡亦海. 优秀运动员心智特征模型研究 [M]. 北京：世界图书出版公司,2013

25. Lonnic D. Bentley,等. 系统分析与设计方法 [M]. 7 版（影印版）. 北京：高等教育出版社,2008

26. Tudor O. Bompa, Greg Haff. Periodization：Thoery and Methodology of Training-5th Edition [M]. Pubished by Human Kinetics Publishers Inc.,2009

27. L P Matveev. Fundamentals of sports training [M]（English）. Moscow：Pubished by Progress Publishers,1981

28. Tudor O. Bompa. Total Training for Young Champions [M]. Pubished by Human Kinetics Publishers Inc.,2000

29. Rhodri S. Lloyd, Jon L. Oliver. Strength and Conditioning for Young Athletes：Science and application [M]. Pubished by Routledge books Inc.,2013

30. Mark Rippetoe, Andy Baker. Practical Programming for Strength Training [M]. Pubished by The Aasgaard Company,2014

31. Dan Lewindon. High-Performance Training for Sports [M]. Pubished by Human Kinetics Publishers Inc.,2013

32. NSCA-National Strength & Conditioning Association. Developing Agility and Quickness（Sport Performance）[M]. Pubished by Human Kinetics Publishers Inc.,2011

33. Yuri Verkhoshansky, Natalia Verkhoshansky. Special Strength Training：Manual for Coaches [M]. Pubished by Verkhoshansky. com,20

34. Yuri Verkhoshansky. Supertraining [M]. Pubished by Verkhoshansky. com,2009

35. 国家体育总局科教司. 现代教练员科学训练理论与实践 [M]. 北京：人民体育出版社,2015

36. J. Olbrecht, The Science of Winning [M]. Luton：Trafalgar Square,2000.

37. Paul G. Strength and Conditioning for Team Sports：Sport-specific Physical Preparation for

High Performance [M]. 2nd ed. New York: Routledge, 2013.

38. 田麦久, 刘大庆. 运动训练学 [M]. 北京: 人民体育出版社, 2012
39. 田麦久. 高水平竞技运动员的科学训练与成功参赛 [M]. 北京: 人民体育出版社, 2014
40. 田麦久, 论运动训练计划 [M]. 北京: 北京体育大学出版社, 1999
41. 田麦久, 熊焰. 竞技参赛学 [M]. 北京: 北京人民体育出版社, 2011
42. 博姆帕. 运动训练理论与方法 [M]. 马铁译. 北京: 人民体育出版社, 1997.
43. 弗拉基米尔·尼古拉耶维奇·普拉托诺夫. 奥林匹克运动员训练的理论与方法 [M]. 黄签名, 等译. 天津: 天津大学出版社, 2014
44. 弗拉基米尔·伊苏林. 板块周期: 运动训练的创新突破 [M]. 王乔君, 毕业, 陈飞飞译. 北京体育大学出版社, 2011
45. 陈小平. 竞技运动训练实践发展的理论思考 [M]. 北京: 北京体育大学出版社, 2008
46. 冯连世, 冯美云, 冯炜权. 运动训练的生理生化监控方法 [M]. 北京: 人民体育出版社, 2006
47. 黎涌明. 周期性耐力项目的训练量与强度 [J]. 体育科学, 2015, 35 (2)
48. 卜建华. 赛前减量训练的应用研究进展 [J]. 武汉体育学院学报, 2013, 47 (9)
49. 上官若男, 苏全生, 尚画雨, 等. 运动强度与运动疲劳程度量化分级研究进展 [J]. 中国运动医学杂志, 2013, 28 (2)
50. 熊焰. 运动负荷本质论 [J]. 山东体育学院学报, 2004, 20 (4)
51. 熊焰. 竞技状态及其特征剖析 [J]. 体育学刊, 2004, 11 (3)
52. 姚颂平. 安排运动训练过程的现代分歧 [J]. 上海体育学院学报, 2010 (7)
53. 周越, 王瑞元. 赛前减量训练生理机制研究进展 [J]. 武汉体育学院学报, 2011, 45 (10)
54. 田麦久, 等. 运动训练科学化探索 [M]. 北京: 人民体育出版社, 1988
55. 田麦久. 论运动训练过程 [M]. 成都: 四川教育出版社, 1988
56. 徐刚. 运动员全程性多年训练过程中的区间链接机制 [M]. 北京: 北京体育大学出版社, 2006
57. 杨素冠. 优秀举重运动员全程性多年训练的阶段性特征 [D]. 北京体育大学博士论文, 2004
58. 陈正. 中国女网北京奥运周期训练过程研究 [J]. 成都体育学院学报, 2010, 36 (8)
59. 胡亦海, 竞技运动训练理论与方法 [M], 湖北人民出版社, 2005
60. 编写组. 青少年男子体操教学训练大纲 [M]. 人民体育出版社, 2009
61. 徐刚. 运动员竞技能力的持续发展观 [J] 沈阳体育学院学报, 2005, 24 (1)
62. 薛新轩. 优秀举重运动员廖辉备战全运会年度训练计划特征 [J]. 武汉体育学院学报, 2014, 48 (12)
63. 江永华. 我国高水平女子短距离自行车运动员全程性多年训练不同阶段的专项训练手段及负荷特征 [D]. 北京: 北京体育大学硕士论文, 2008
64. 赵霞. 我国世界级乒乓球运动员高水平竞技阶段的训练学特征 [D]. 北京体育大学博士论文, 2010
65. [俄] 古德利娅. 全年周期准备期中手球运动员训练过程的优化 [J]. 首都体育学院

学报，2012，24（2）

66. 王旭．王旭的技术特点及备注雅典奥运会的周期训练安排［D］．北京体育大学硕士论文，2009

67. 卢秀栋．优秀跆拳道运动员陈中备战三届奥运会的实践探索［D］．北京体育大学硕士论文，2010

68. 贺璐敏．对陈中、罗微备战2004年奥运会训练过程控制的研究［D］．北京体育大学硕士论文，2005

69. 袁伟民．我的执教之道［M］．北京：人民体育出版社，1988

70. 黄健．挑战高度——一个教练的回忆［M］．北京：同心出版社，2000

71. 钟秉枢．成绩资本和地位获得［M］．北京：北京体育大学出版社，2007

72. 钟秉枢．做No.1的教练——团队管理与领导艺术［M］．北京：北京体育大学出版社，2012

73. ［美］马滕斯·雷纳．钟秉枢，等．译．执教成功之道［M］．北京：北京体育大学出版社，2007

74. 李继辉．我国田径教练员素质结构与岗位培训体系研究［D］．北京体育大学博士论文，2008

75. 许小冬．周新乐．竭晓安．教练员与运动员人际关系及其影响因素，《我国竞技体育可持续发展的科学思考》［M］．北京：北京体育大学出版社，2009

76. The South African Coaching Framework ［M］. South African Sports Confederation and Olympic Committee，2011

77. KarenPetry etc. Higher Education in Sport in Europe ［M］. UK：Meyer & Meyer Sport Ltd.，2008

78. International Council for Coaching Excellence and the Association of Summer Olympic International Federations. International Sport Coaching Framework ［M］. Champaign：Human Kinetics，2012

79. 钟秉枢等．面向竞技体育主战场加强运动训练专业的建设［J］．北京体育大学学报，2003（3）

80. 钟秉枢．澳大利亚教练员培训体系［J］．中国体育教练员，2001（1）

81. 钟秉枢．国际田径教练员培训和认证的5级系统［J］．中国体育教练员，2008（4）

82. 黄诗薇．宋玉梅．钟秉枢．欧洲体育教练员执教能力与资格认证［J］．中国体育教练员，2010（3）

83. 周晓东．德国教练员培训模式［J］．中国体育教练员，2001（1）

84. Ffects of Charismatic Coaches on Players' Coach-Player Relationship, Athlete Satisfaction and Team Commitment. ［J］. International Sport Coaching Journal，2014

85. 胡锦涛．在北京奥运会、残奥会总结表彰大会上的讲话［N］．人民日报，2008-09-29（1）

86. 李富荣谈如何努力成为一名优秀教练员［N］．中国体育报，2002-11-29（1）

87. 董进霞．对叶乔波的访谈［N］．1995

88. 郎平做客新浪访谈《铁榔头和她的孩子们》［N］．新浪体育，2014-10-29

89. 芦苇．陈一冰启蒙教练：如何把好材料打造成千里马［N］．中国体育报，2013-03-25

## 郑重声明

高等教育出版社依法对本书享有专有出版权。任何未经许可的复制、销售行为均违反《中华人民共和国著作权法》，其行为人将承担相应的民事责任和行政责任；构成犯罪的，将被依法追究刑事责任。为了维护市场秩序，保护读者的合法权益，避免读者误用盗版书造成不良后果，我社将配合行政执法部门和司法机关对违法犯罪的单位和个人进行严厉打击。社会各界人士如发现上述侵权行为，希望及时举报，我社将奖励举报有功人员。

反盗版举报电话　　（010）58581999　58582371
反盗版举报邮箱　　dd@hep.com.cn
通信地址　　北京市西城区德外大街4号
　　　　　　高等教育出版社法律事务部
邮政编码　　100120

防伪查询说明

用户购书后刮开封底防伪涂层，使用手机微信等软件扫描二维码，会跳转至防伪查询网页，获得所购图书详细信息。

防伪客服电话
（010）58582300